摩文仁賢和
仲宗根源和 著
摩文仁賢榮 解題

攻防拳法 空手道入門

（普及版）

琉球国 榕樹書林

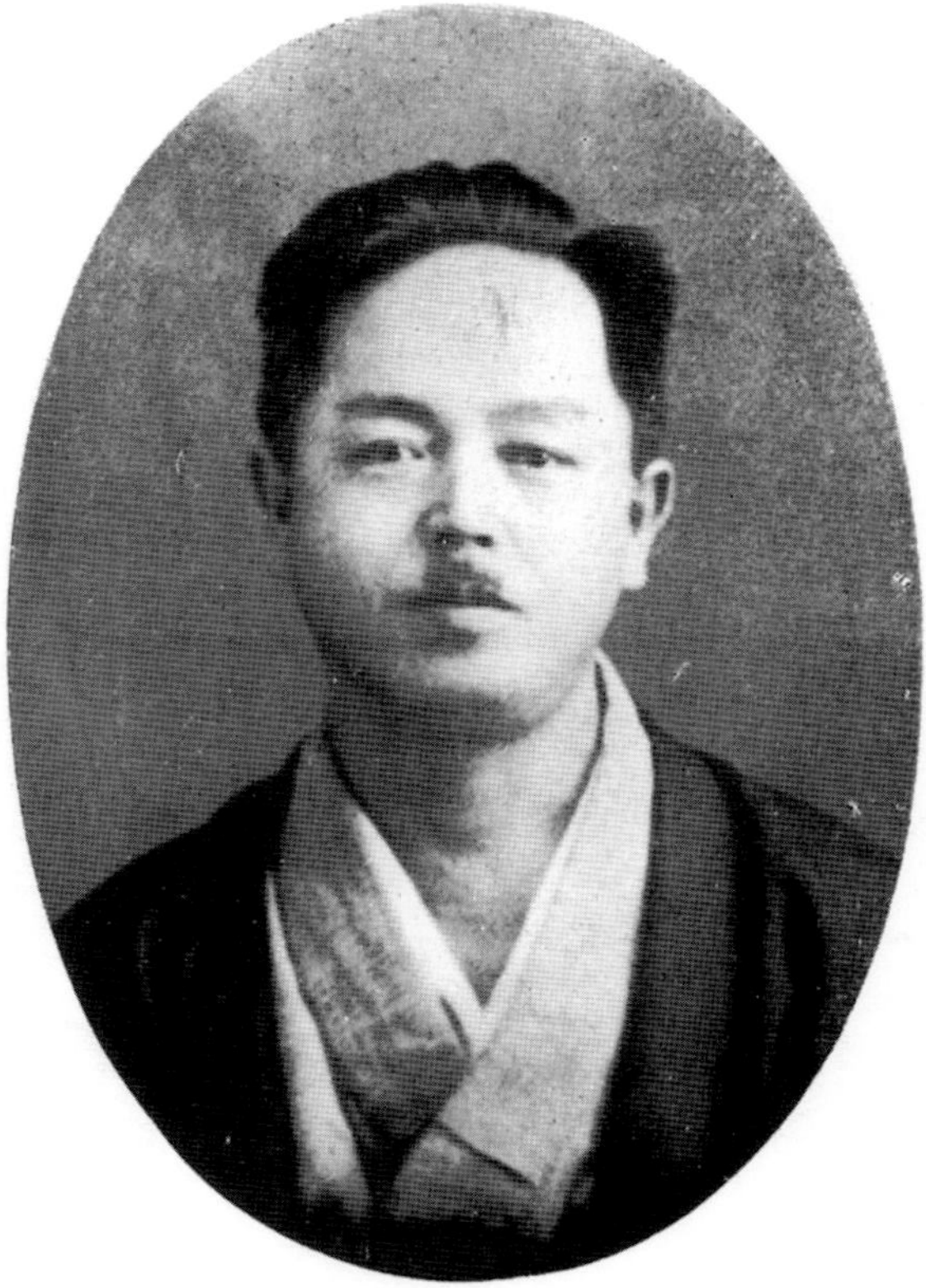

摩文仁賢和先生

摩文仁《まぶに》賢和《けんわ》先生《せんせい》は其の研究の深さと廣さ兼《けん》備《び》の點に於て、我が空手界の第一人者であります。

摩文仁家は舊琉球王國時代の大名家《だいめいか》でありまして、琉球史上に有名な勝連城主《かつれんぐうしゆ》阿《あ》麻和利《まわり》の亂を征討した忠勇無双の豪傑鬼大城《オニオウグスク》の後裔《こうえい》で、先生は鬼大城《オニオウグスク》第十七代目の孫《そん》であります。

幼少の頃頗る虚弱《きよじやく》であつた先生は十三四歳の頃祖先鬼大城《オニオウグスク》以來の武勇談に感ずる所あり、發奮して武藝に志し、寢食を忘れて修業に専心し、首里《しゆり》の糸洲《いとす》先生《せんせい》、那覇《なは》の東恩納先《ひがしおんなせん》生《せい》の兩大家に師事して二流の奥儀を極め併て新垣《ちらかき》先生の棒術及其の派の空手型、多和田派《たわたは》の釵《さい》、其他琉球武術の各流派殆ど渉獵《しようりよう》し盡されたのであります。先生は沖繩縣警察部及水産學校等に空手師範として職を奉じて居られましたが、數年前より居を大阪に移され、目下同地に於て斯道普及のために献身して居られます。

一、平安の型の構へ方（第十三章）

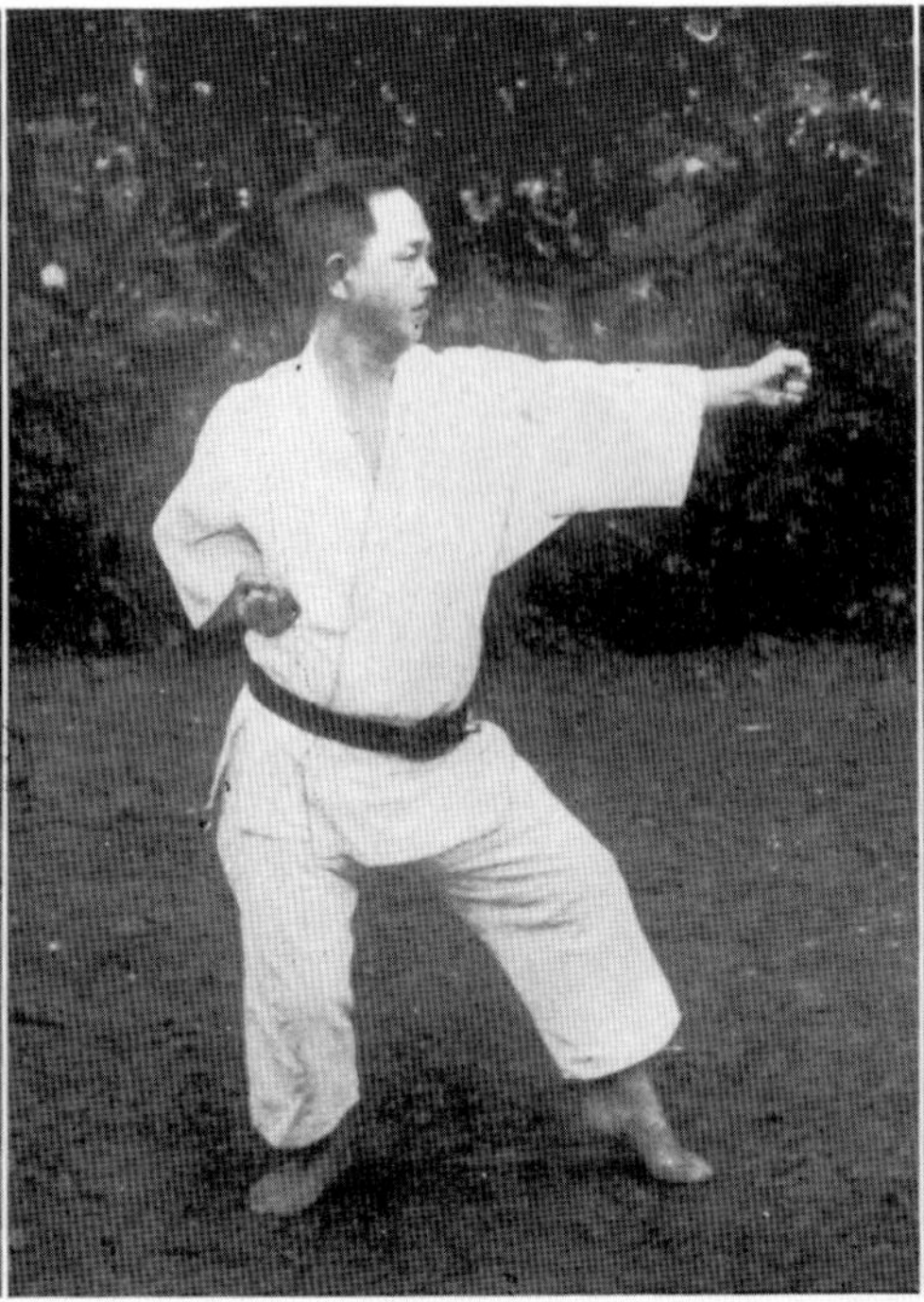

二　平安二段第一動作

三　平安二段第二動作

四　平安二段第三動作

五　平安二段第七動作

六　平安二段第二〇動作

七　平安三段第一動作

八　平安三段第二動作

九　平安三段第八動作

十　平安三段第七動作

十一 平安三段第九動作

十二 平安三段第十動作

十三 平安三段第十一動作

十四 平安三段第十三動作

十五 平安三段第十八動作

十六　補助運動・倒木法(第十二章)

十七　補助運助・反轉法(第十二章)

十八　弧受(第十一章)

十九　外打落と迫撃（第十四章）

二十　下段内拂受（第十四章）

二十一　上段外揚受（第十四章）

二十二 下段外掬ひ止して左足蹴(第十四章)

二十三 内横受(第十七章)

二十四 内横受より外拂受に變じて同時に突く(第十七章)

二十五　措挟咽喉攻め(第十八章)

二十六　外拗ひ止め(第十八章)

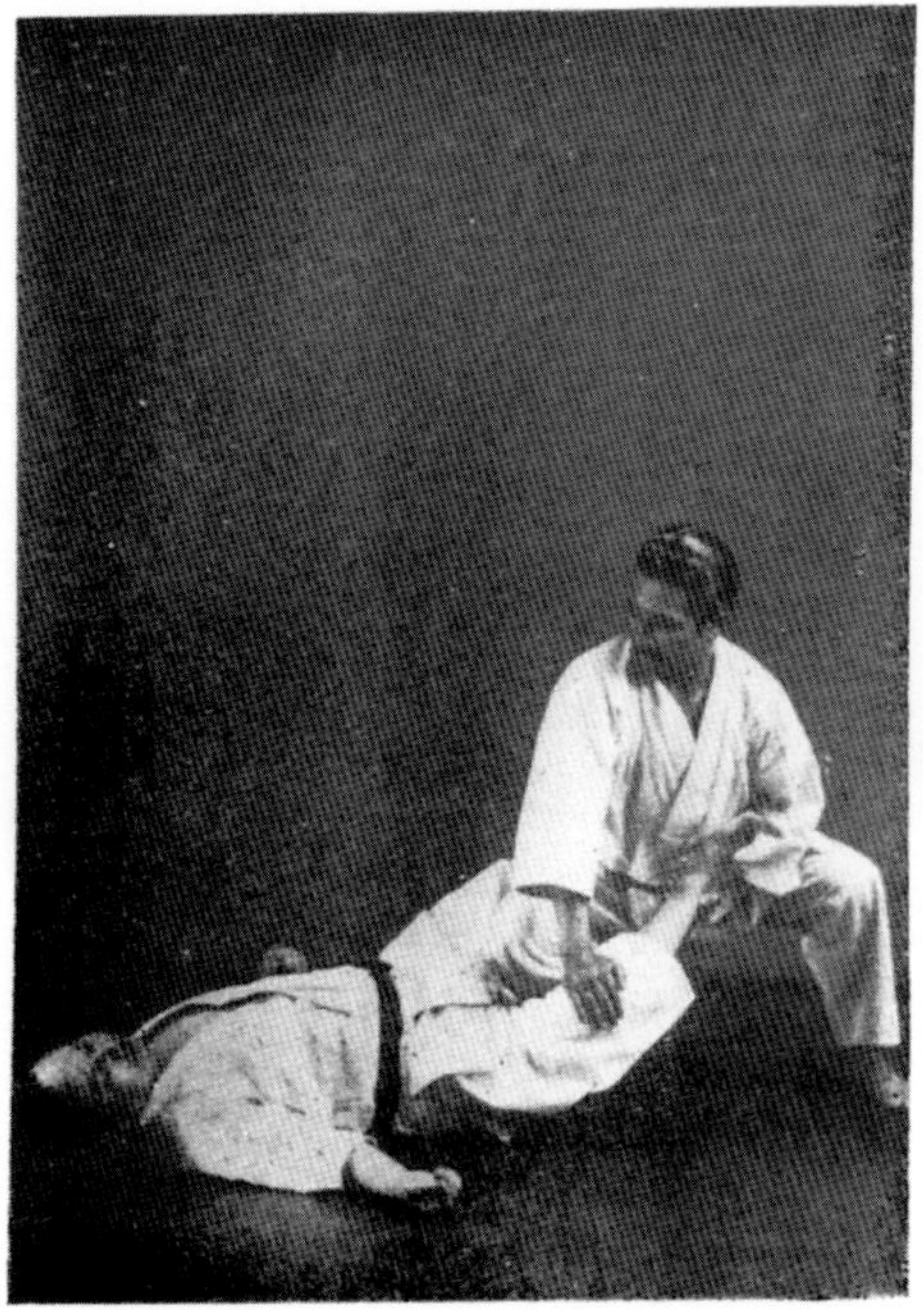

二十七　外拗ひ止めより投(第十八章)

二十八　上段内揚受引落して上段突(第十八章)

二十九　上段外揚受より逆押(第十八章)

三十　上段揚受より寄足投(第十八章)

三十一 左手で胸藏とつて(第十八章)

三十二 右手で突いて來たのを返し裏突して(第十八章)

三十三 更に臂當を入れ逆をとる(第十八章)

三十四　襟を取り片手で打つて来たら投げる（第十八章）

三十五　足だけで逆投即ち剪投（第十八章）

三十六　内横打（第十八章）

三十七　內橫打よりの變手突.(第十八章)

三十八　空受反擊(第十八章)

三十九　內拂ひ止め(第十八章)

四十　中段外手刀手受(第十八章)

四十一　外受裏投(第十八章)

四十二　外受表投(第十八章)

四十三 棒で毆らんとする時(第十八章)

四十四 毆つて來たら空受で押えて(第十八章)

四十五 蹴つておいてから棒を奪ふ(第十八章)

空手練習用防具・右は松原利左衛門氏・左は摩文仁師範

緒《ちよ》言《げん》

本《ほん》朝《ちよう》以武爲先《ぶをもつてさきとなす》とは山《やま》鹿《が》素《そ》行《こう》先《せん》生《せい》の道《どう》破《は》したる至《し》言《げん》にして、尙《しよう》武《ぶ》の風《ふう》は我《わ》が國《こく》初《しよ》からの傳《でん》統《とう》的《てき》精《せい》神《しん》であります。

空手《からて》道《どう》は敎育《きよういく》に關《くわん》する御《お》勅《ちよく》語《ご》の御《ご》趣《しゆ》旨《し》を根《こん》本《ぽん》精《せい》神《しん》として、護《ご》身《しん》保《ほ》健《けん》のために心《しん》身《しん》を鍛《たん》錬《れん》する無《む》手《て》空《くう》手《て》の基《き》本《ほん》武《ぶ》道《どう》であります．之《これ》を單《たん》獨《どく》に修《をさ》むるも可《か》にして又《また》他《た》の武《ぶ》道《どう》と兼《けん》修《しう》する更《さら》に妙《めう》なりと云《い》ふべきでありまして、何《なん》人《ぴと》も入《い》るに易《やす》く修《をさ》むるに速《はや》きこと、他《た》に其《その》比《ひ》なき理《り》想《さう》的《てき》の武《ぶ》道《どう》であります．先《せん》覺《かく》の士《し》は之《これ》を推《すい》賞《しよう》して「國《こく》民《みん》敎化《きようくわ》の良《りよう》資《し》料《りよう》なり」「攻《こう》防《ばう》共《とも》に自《じ》在《ざい》、全《ぜん》國《こく》的《てき》に普《ふ》及《きふ》すべし」となして居《を》られます。

吾《ご》人《じん》の期《き》する所《ところ》は、卽《すなは》ち斯《し》道《どう》を全《ぜん》國《こく》津《つ》々《ゝ》浦《うら》々《く》にまで普《ふ》及《きふ》徹《てつ》底《てい》して、國《こく》民《みん》體《たい》格《かく》の向《こう》上《じやう》並《ならび》に國《こく》民《みん》精《たい》神《かく》の涵《かん》養《やう》に資《し》せんとするにあるのであります。空手《からて》道《どう》とは如《い》何《か》なるものなりや、請《こ》ふ、其《そ》の詳《しよう》細《さい》は本《ほん》書《しよ》に就《つ》きて承《しよう》知《ち》せられんことを。

著　者

例言

一、空手は漸く世に知られ、修業の希望者も多くなつて來たに拘らず、之が教授者の數極めて少く、又適當なる學習書のない爲めに全國各地の同志が頗る困難を感じて居られる實情にかんがみ、本書は直接道場に相對して修業しつつある實感を以て研究し得るやう、くどいほど親切丁寧に講述したものであります。

一、從來東都に傳へられてゐる空手は沖繩の空手の半分《なかば》でしかありません。空手は今日傳へられた當身と蹴りだけのものではなく、投《なげ》もあれば逆もあり、無手空手の武術として全く完成された妙味ある武道でありますから、本入門書に於ては、つとめて從來あまり世に紹介されて居なかつた方面にも觸れて行きたいと思ひます。

一、本書は摩文仁《まぶに》賢和《けんわ》先生の正傳糸洲《いとす》派《は》の空手型を中心に講義を進めて行きますので共著になつて居りますが、これを講述するには筆者（仲宗根）の自由な立場より隨所に私見をさしはさんでありますので、文責はすべて筆者にあることを御ことわりしておきます。

一、先輩方の御高見に對しても疑義は疑義として明かに表示しましたが、之は空手道將來のために止むを得ず苦衷を忍んで筆を執つた次第でありますから、此點特に御諒恕を得たいと思ひます。

一、技術上の說明に當つて筆者の最も困難を感じたことは、從來空手の技術に一定の用語のない點でありましたが、なるべくわかりいゝ具體的、說明的な語を用ひることにしました。

一、組手觀戰記は特定の實戰記錄ではなく、獨習者の方々に組手修業の氣分を味つて頂くために、本書に於て講義した範圍で理解出來る程度に於て、筆者が作つた觀戰記であります。

一、原本では、一二八頁の第五三図と第五四図の図版が入れ替わっておりましたので、復刻にあたり、訂正いたしました。

目次

第五講　平安二段の型の講義…一二五

第十三章　平安二段の型の手數…一二六

第一講　日本精神と空手道

第一章　日本精神と武道教育

第一節　日本の奇蹟的發展

▲日本《にほん》は近々數《きんくすう》十年間《ねんかん》に、あらゆる方面《はうめん》に於《おい》て驚異的發展《けうゐてきはつてん》を遂《と》げて來《き》ました。明治《めいぢ》の初年《しよねん》と今日《こんにち》とに於《お》ける、日《に》本《ほん》の國際的《こくさいてき》地位《ち》の變化《へんくわ》は、奇蹟《きせき》とも云《い》ふべきであります。明治《めいぢ》初年《しよねん》にはあらゆるもの歐米《おうべい》に範《はん》をとらなければならなかつたのが、今日《こんにち》では逆《ぎやく》に歐米《おうべい》をして日《に》本《ほん》に範《はん》を求《もと》めしむるの有樣《ありさま》となりました。

明治《めいぢ》二十七八年日清戰役時代《ねんにつしんせんえきじだい》は、僅《わづか》かに獨佛露《どくふつろ》の三國干渉《こくかんせう》を受《う》けてさへ血《けつ》涙《るゐ》を呑《の》んで隱忍《いんにん》しなければならなかつた日本《にほん》が、その後《ご》四十年《ねん》の後《のち》には全世《ぜんせ》界《かい》を向《むか》ふに廻《ま》はして平氣《へいき》で自己《じこ》の信念《しんねん》に邁進《まいしん》し得《う》るまでに實力《じつりよく》を養《やしな》ひ得《う》るに至《いた》つたことは眞《しん》に痛快《つうくわい》の至《いた》りであるとゝもに、世界歴史《せかいれきし》に於《おい》ける一大奇蹟《だいきせき》と言《い》はなければなりませぬ。此《こ》の實力《じつりよく》たるや單《たん》に軍事的方面《ぐんじてきはうめん》だけではなく、産《さん》業《けふ》や貿易《ぼうえき》の上《うへ》に於《おい》ても先進諸國《せんしんしよこく》を恐怖《きやうふ》せしめ、また發明《はつめい》その他《た》一般化學上《ぱんくわがくじやう》の諸業績《しよげふせき》に於《おい》ても、彼等《かれら》をして瞠若《どうじやく》たらしむる程《ほど》の一大躍進《だいやくしん》を遂《と》げつゝあるのであります。

▲斯《かく》の如《ごと》き驚《おどろ》くべき躍進《やくしん》は如何《いか》にして生《せう》じて來《き》たのでありませうか。

申《まを》すまでもなく日本《にほん》は國土狹小《こくどけうせう》にして天然資源《てんねんしげん》に乏《とぼ》しく、日本人《にほんじん》の體格《たいかく》また彼等歐米人《かれらおうべいじん》に比《くら》べて頗《すこぶ》る貧弱《ひんじやく》なるものであります。此《こ》の貧弱《ひんじやく》なる體格《たいかく》の持《もち》主《ぬし》が、資源《しげん》に乏《とぼ》しき狹小《けうせう》なる國土《こくど》の上《うへ》に於《おい》て、列國環視《れつこくくわんし》のたゞ中《なか》で斯《か》くの如《ごと》き奇蹟《きせき》を實現《じつげん》し得《う》るためには、何《なに》かそこに列國《れつこく》に無《な》い魔術《まじゆつ》の種《たね》がなければなりません。それは何《なに》か？これこそは大《やま》大魂《とだましひ》であり、日本精神《にほんせいしん》であります。これあるがために奇蹟的躍進《きせきてきやくしん》が實現《じつげん》されたのであります。

第二節　日本精神とは何か

▲然《しか》らば日本精神《にほんせいしん》とは如何《いか》なるものかと申《まを》しますと、それは畏《かしこ》くも神代《かみよ》の古《いにしへ》より天津《あまつ》日嗣《ひつぎ》の御標《みしるし》たる三種《しゆ》の神《しん》器《き》を以《もつ》て表象《へうせう》されて居《ゐ》るのであります御鏡《みかゞみ》は公明正大《こうめいせいだい》の智徳《ちとく》を、御玉《みたま》は仁愛《じんあい》

溫和《おんわ》の仁德《じんとく》を、御劍《みつるぎ》は勇斷武俠《ゆうだんぶけう》の武德《ぶとく》を顯彰《けんしやう》せられて居《を》ります。

▲公明正大《こうめいせいだい》なるが故《ゆゑ》に靈智明澄《れいちめいちよう》し、仁愛溫和《じんあいおんわ》なるが故《ゆゑ》に上下《じやうげ》一致《ち》し、勇斷《ゆうだん》武俠《ぶけう》なるが故《ゆゑ》に破邪顯正《はじやけんせう》し得《う》るのであります。智德《ちとく》の赤血球《せきけつきう》、武德《ぶとく》の白血球《はくけつきう》は、仁德《じんとく》の血漿《けつせう》に包含《はうがん》せられて傳統《でんとう》の血液《けつえき》となり、脈々《みやく〳〵》として我等《われら》の體內《たいない》に流《なが》れて居《を》ります。上下《じやうげ》一致《ち》するが故《ゆゑ》に國礎《こくそ》いよ〳〵强國《きやうこく》にして、勇俠武斷《ゆうけうぶだん》よく東亞《とうあ》の平和《へいわ》を確保《かくほ》し、靈智輝《れいちかゞや》くところ發明《はつめい》となり生產《せいさん》となり、以《もつ》て愈々《いよ〳〵》人《じん》類文化《るゐぶんくわ》に無限大《むげんだい》の寄與《きよ》をなし得《う》るのであります。

第三節　自由にして强い日本精神

▲然《しか》しながら飜《ひるがへ》つて思《おも》ふに、智仁《ちじん》勇兼備《ゆうけんび》の日本精神《にほんせいしん》が今日《こんにち》の如《ごと》くその精《せい》華爛漫《くわらんまん》と咲《さ》き誇《ほこ》るに至《いた》る迄《まで》には、三千年《ねん》の長《なが》い年月《ねんげつ》に幾多《いくた》の營養《えいやう》を他《ほか》より攝《せつ》取《しゆ》し來《き》たつたのであります。前陸相荒《ぜんりくさうあら》木《き》貞夫《さだを》大將《たいしやう》は此《こ》の間《かん》の消息《せうそく》を次《つぎ》の樣《やう》に語《かた》つて居《を》られます。

「日本國《にほんこく》は大《おほ》きな强《つよ》い胃袋《ゐぶくろ》のやうだ、佛敎《ぶつけう》でも儒敎《じゆけう》でも何《なん》でも皆消化《みなせうくわ》してしまつた。これは日本精神《にほんせいしん》が、自由《じゆう》にして强《つよ》いからだ。一《ひと》つに凝《こ》り固《かた》まらないで何《なん》でも受《う》け入《い》れる。而《しか》し忽《たちま》ちこれを日本化《にほんくわ》する、この點《てん》が日本國民《にほんこくみん》の最大《さいだい》なる誇《ほこり》である。例《たと》へば文字《もじ》にしても、支那《しな》は大層《たいそう》な骨折《ほねをり》で漢字《かんじ》を作《つく》つた。日本《にほん》はそれを一寸借用《ちよつとしやくよう》して、假名《かな》を作《つく》り漢字《かんじ》を運用《うんよう》して、進化《しんくわ》の道具《どうぐ》とした。支那《しな》は文字《もじ》に凝《こ》り固《かた》まり、文字《もじ》に捕《とら》はれてしまつた。文化《ぶんくわ》の發達《はつたつ》したる今日《こんにち》電報《でんぽう》を打《う》つことも難《む》づかしい。日本《にほん》は千年《ねん》も支那《しな》より進《すゝ》んでゐたことになる――又《また》、明治維新後《めいぢゐしんご》はドシ〳〵歐米文化《おうべいぶんくわ》を輸入《ゆにふ》し、片《かた》つ端《ぱし》から消化《せうくわ》したが、中《なか》には消化《せうくわ》しないで、その儘丸呑《まゝまるの》みにしてゐる人《ひと》がある。これは日本人《にほんじん》ではない、日本國民《にほんこくみん》の軌道《きどう》から脫《はつ》れた人達《ひとたち》だ、日本《にほん》の誇《ほこ》りを忘《わす》れた人々《ひと〴〵》だ。日本《にほん》人《じん》は一人《り》殘《のこ》らず自由《じゆう》にして而《しか》も强《つよ》い胃《ゐ》袋《ぶくろ》の所有者《しよいうしや》でなければならぬ。萬國《ばんこく》に秀《ひい》づる日本魂《にほんだましひ》といふ强《つよ》い消化液《せうくわえき》を多《た》分《ぶん》に排泄《はいせつ》して悉《こと〴〵》く消化《せうくわ》せしむるだけの力《ちから》の所有者《しよいうしや》とならねばならぬ。」(「全日本國民に告ぐ」)

▲日本精神《にほんせいしん》は頑冥固陋《がんめいころう》でもなく、偏《へん》狹邪見《けうじやけん》でもなく、「自由《じゆう》にして强《つよ》い」のであります。「自由《じゆう》にして强《つよ》い」から如《い》何《か》なるものでも平然《へいぜん》として受《う》け入《い》れ、敢然《かんぜん》として消化《せうくわ》し去《さ》るのであります。「自由《じゆう》にして强《つよ》い」ものでなければ、偏狹邪見《へんけうじやけん》に我執《がしう》し、嫉視排他《しつしはいた》の外《ほか》なすこともなく、徒《いたづ》らに營養不良《えいやうふりやう》となつて根幹《こんかん》を枯死《こし》せしむることになるのでありますが、幸《さいはひ》にして日本精神《にほんせいしん》は「自《じ》

由《ゆう》にして強《つよ》い」素質《そしつ》を持《も》つて居《ゐ》たので宗教道徳《しうけうどうとく》はもとより、文藝美術武器武術《ぶんげいびじゆつぶきぶじゆつ》に至《いた》るまで、他國《たこく》のものを平然《へいぜん》として受容《じゆよう》し、敢然《かんぜん》として消化《せうくわ》し去《さ》つて、自己體内《じこたいない》の營養《えいやう》となし來《き》たつたのであります。

第四節　日本精神と武道教育

▲斯《か》くして今日《こんにち》見るが如《ごと》き日本《にほん》の國際的地位《こくさいてきちゐ》が築《きづ》かれたのでありますが、日本精神《にほんせいしん》をして最《もつと》も光彩《くわうさい》を發揮《はつき》せしむるものは一旦緩急《たんくわんきう》の際《さい》でありまして、武士道《ぶしどう》、大和魂《やまとだましひ》の名《な》を以《もつ》て、或《あるひ》は軍人精神《ぐんじんせいしん》の名《な》を以《もつ》てして、上將軍《かみしやうぐん》より下《しも》一卒《そつ》に至《いた》るまで君國《くんこく》のために身命《しんめい》を捧《さゝ》げて奮戰《ふんせん》する勇俠武斷《ゆうけうぶだん》の精神《せいしん》を遺憾《ゐかん》なく發揮《はつき》するのであります。この勇俠武斷《ゆうけうぶだん》の精神《せいしん》を鍛錬《たんれん》するに與《あづか》つて最《もつと》も力《ちから》あつたものは、古來《こらい》の各種武術《かくしゆぶじゆつ》の修業《しうげふ》でありました。

▲最近數《さいきんすう》十年《ねん》歐米《おうべい》物質《ぶつしつ》文明《ぶんめい》の怒濤《どたう》によつて古來《こらい》の武道《ぶどう》がやゝ沈滯化《ちんたいくわ》して居《ゐ》たかに見《み》えましたが、日本《にほん》の東亞《とうあ》に於《お》ける地位《ちゐ》の自覺《じかく》、さらに進《すゝ》んでは世界《せかい》文明《ぶんめい》に對《たい》する重責《じゆうせき》の確認《かくにん》によつて、近《きん》時《じ》歐米心醉《おうべいしんすゐ》より覺《さ》めて再《ふたゝ》び日本精神《にほんせいしん》が高調《かうてう》せられると共《とも》に、武道復興《ぶどうふくこう》が叫《さけ》ばれるやうになつて來《き》ましたのは眞《しん》に所《ゆ》以《えん》あることでありまして、根本《こんぽん》の精神《せいしん》鍛練《たんれん》に如何《いか》に武道修業《ぶどうしうげふ》が不可缺《ふかけつ》のものたるかを示《しめ》すものであります。

第五節　國民修養道としての武道復興

▲復興《ふくこう》は單《たん》なる復古《ふくこ》ではありません大震火災後《だいしんくわさいご》の帝都《ていと》の復興《ふくこう》は舊東京《きうとうきやう》の再《さい》現《げん》ではなく、新東京《しんとうきやう》の出現《しゆつげん》でありました。復興《ふくこう》は常《つね》に新要素《しんえうそ》或《あるひ》は新營養《しんえいやう》を攝《せつ》取《しゆ》してより大《おほ》きく顯現《けんけん》することでなければなりません。幸《さいはひ》にして日本歷史《にほんれきし》に於《お》ける復古運動《ふつこうんどう》は常《つね》に單《たん》なる復舊ではなく、新要素《しんえうそ》を攝取《せつしゆ》した復興《ふくこう》であつたればこそ日本《にほん》の國礎《こくそ》は神勅《しんちよく》の如《ごと》く天《てん》壤《じやう》とともに、窮《きはま》りなく發展《はつてん》して來《き》たのであります。

▲かるが故《ゆゑ》に日本精神《にほんせいしん》の鍛錬場《たんれんじやう》としての武道復興《ぶどうふくこう》は一流《りう》一派《ぱ》の復舊《ふくきう》を目指《めざ》す偏見嫉視《へんけんしつし》の狹量《けふりやう》から出發《しゆつぱつ》したものであつてはいけません。

東亞《とうあ》の平和《へいわ》を確保《かくほ》すべき新日本《しんにほん》、世《せ》界文明《かいぶんめい》を指導《しだう》すべき興國日本《こうにくにほん》としての偉大《ゐだい》なる新日本精神《しんにほんせいしん》を鍛錬《たんれん》せんがために、出來《でき》得《う》る限《かぎ》り優秀《いうしう》なる新要素《しんえうそ》、新《しん》營養《えいやう》を攝取《せつしゆ》して綜合的《そうがふてき》に研究《けんきう》し、發達《はつたつ》せしむる意氣《いき》と大理想《だいりさう》がなければなりません。國民的修養道《こくみんてきしうやうどう》としての新日本《しんにほん》武道大成《ぶどうたいせい》のために、吾人《ごじん》は飽《あく》まで「自《じ》由《ゆう》にして強《つよ》い」日本精神《にほんせいしん》を發揮《はつき》して、各種武術《かくしゆぶじゆつ》の綜合的研究《そうがふてきけんきう》と發達《はつたつ》を企圖《きと》すべきであらうと思《おも》ひます。

第二章　日本武道としての空手道

第六節　日本武道の地方的形態

△近來新興武道《きんらいしんこうぶどう》としての空手拳法《からてけんぱふ》の進出《しんしゆつ》は實《じつ》に目覺《めざ》ましいものがありますが、やゝともすれば誇大《こだい》に失《しつ》する皮相《ひさう》の宣傳《せんでん》にあやまられて、その眞價《しんか》に對《たい》する正當《せいたう》の認識《にんしき》を缺《か》く場合《ばあひ》が往々《わう〳〵》にしてある樣《やう》に見受《みう》けますのは、眞《しん》に遺憾《ゐかん》なことゝ申《まを》さなければなりません。

△空手拳法《からてけんぱふ》は最初《さいしよ》「琉球拳法唐手《りうきうけんぱふからて》」として紹介《せうかい》せられたがために、「琉球《りうきう》」に對《たい》する認識不足《にんしきふそく》と、「唐《から》」の字《じ》から受《う》ける感《かん》じとで、恰《あた》かも異人種《ゐじんしゆ》の武術《ぶじゆつ》であるかの如《ごと》き誤解《ごかい》を持《も》つ人《ひと》が、今日《こんにち》でも多少《たせう》あるやうでありますが、斯《か》る誤《ご》解《かい》は遠《とほ》からず解消《かいせう》するものと確信致《かくしんいた》します。然《しか》し斯《か》る誤解《ごかい》の解消《かいせう》は一日《にち》も早《はや》きことが望《のぞ》ましいのでありますから、その誤解《ごかい》の基《もと》たる諸點《しよてん》に就《つ》いて、茲《こゝ》にお話《はな》しすることは此際最《このさいもつと》も必要《ひつえう》なことであらうと思《おも》ひます。先《ま》づ第《だい》一に「琉《りう》球《きう》」に對《たい》する認識《にんしき》を正確《せいかく》にすることが何《なに》よりも急務《きふむ》だと考《かんが》へられますので、その點《てん》からお話《はな》し致《いた》します。

△琉球人《りうきうじん》は決《けつ》して異人種《ゐじんしゆ》ではなく、純然《じゆんぜん》たる日本人《にほんじん》であります。同《おな》じ天孫《てんそん》民族《みんぞく》の血《ち》をわけた兄弟《けうだい》であります。このことが明《あきら》かになれば琉球拳法《りうきうけんぱふ》は即《すなは》ち日本拳法《にほんけんぱふ》であり琉球武道《りうきうぶどう》は即《すなは》ち日本武《にほんぶ》道《どう》の地方的形體《ちはうてきけいたい》であることが證明《しようめい》されて來《く》るのであります。

琉球人《りうきうじん》は天孫民族《てんそんみんぞく》の一部《ぶ》が南島《なんとう》に分《ぶん》家《け》して居《ゐ》たに過《す》ぎないので、その分家《ぶんけ》時代《じだい》にも彼等《かれら》は決《けつ》して日本民族《にほんみんぞく》としての日本精神《にほんせいしん》――仁愛《じんあい》、叡智《えいち》、武俠《ぶけふ》の民《みん》族精神《ぞくせいしん》――を失《うしな》つたのではありません。琉球《りうきう》は日本々土《にほん〳〵ど》よりも古《ふる》くから築《ちく》城術《じやうじゆつ》が發達《はつたつ》し、精鋭《せいえい》なる武器武具《ぶきぶぐ》を有《いう》して居《を》りましたが、不幸《ふかう》にしてその兄分《あにぶん》たる薩摩藩《さつまはん》のために武器《ぶき》をすつかり取《と》りあげられてしまつたのであります。然《しか》し乍《なが》らいくら薩摩隼人《さつまはやと》でも、武《ぶ》器《き》はとりあげ得《え》たが烈々《れつ〳〵》たる武俠魂《ぶけふだましひ》そのものまでも取《と》りあげることは出來《でき》ませんでした。琉球人《りうきうじん》は假令《たとへ》武器《ぶき》は無《な》くとも、日本民族本來《にほんみんぞくほんらい》の武俠魂《ぶけふだましひ》が内《ない》攻《こう》し醞釀《うんじやう》するところ四肢《し》五體《たい》そのまゝが金鐵《きんてつ》となり、武器《ぶき》となり、肉彈《にくだん》となることを實證《じつしよう》すべく武器《ぶき》なき武術《ぶじゆつ》の特《とく》殊《しゆ》の發達《はつたつ》を地方的《ちはうてき》に完成《くわんせい》したのであります。これが即《すなは》ち今日《こんにち》吾人《ごじん》の眼前《がんぜん》に展《てん》開《かい》されつゝある空手《からて》拳法《けんぱう》そのものであります。

琉球《りうきう》に對《たい》する認識《にんしき》を正確《せいかく》にするために、友人《いうじん》金城《きんじやう》朝永《てうえい》氏《し》の「琉球人《りうきうじん》は日本《にほん》民族《みんぞく》である」と題《だい》する一文《ぶん》を次節《じせつ》に讀《よ》み上《あ》げて見《み》ませう。

第七節　琉球人は日本民族なり

▲『所謂《いはゆる》琉球人《りうきうじん》が決《けつ》して異人種《ゐじんしゆ》ではなく日本民族《にほんみんぞく》の兄弟分《けうだいぶん》であると云《い》ふ事《こと》は、各方面《かくはうめん》の學者達《がくしやたち》が今《いま》までに立派《りつぱ》に證明《しようめい》してゐる所《ところ》でありますので、今更《いまさら》事新《ことあた》らしく論《ろん》じ立《た》てる必要《ひつえう》はないとも思《おも》ひますが、念《ねん》の爲《た》め御參考《ごさんかう》までにお活《はな》して置《お》きませう。その前《まへ》に少《すこ》しばかり、日本民族《にほんみんぞく》といふものが、どんな種族《しゆぞく》から成《な》つてゐるかに就《つ》いて話《はな》して置《お》く必要《ひつえう》があります。

人類學者《じんるゐがくしや》や考古學者達《かうこがくしやたち》の研究《けんきう》した所《ところ》によりますと、日本民族《にほんみんぞく》は單《たん》一の種族《しゆぞく》のみから出來上《できあが》つてゐるものでなくて「固有日本人《こいうにほんじん》」を中心《ちうしん》としてそれにいくつかの人種《じんしゆ》の血液《けつえき》が混合《こんがふ》されてゐるとの事《こと》であります。かつて無人島《むじんとう》であつた日本《にほん》に最初《さいしよ》に渡《わた》つて來《き》たのが、現在《げんざい》北海道《ほくかいどう》の一部《ぶ》に追《お》ひこめられて僅《わづ》か數萬《すうまん》の人口《じんこう》しか有《いう》してゐないアイヌ人《じん》でありました。アイヌ人《じん》は白人種《はくじんしゆ》の一でありまして、いつとも知《し》れぬ太古《たいこ》に西《にし》アジアから東進《とうしん》してシベリアの東《ひがし》の果《はて》に辿《たど》り着《つ》き、今《いま》から三四千年前《ねんぜん》に一部《ぶ》は間宮海峡《まみやかいけう》を渡《わた》つて日本《にほん》に入《はい》り、一部《ぶ》は朝鮮海峡《てうせんかいけう》を經《へ》て本州全土《ほんしうぜんと》に擴《ひろ》がり南《みなみ》は九州《しう》の薩摩《さつま》にまで延《の》び、また遠《とほ》く奄美大島《あまみおほしま》や沖繩《おきなは》までも移住《ゐじう》した形跡《けいせき》があります。明治《めいぢ》三十七年夏《ねんなつ》、沖繩探險《おきなはたんけん》に來《こ》られた鳥居龍藏博士《とりゐりうざうはくし》は中頭郡中城村字荻堂《なかがみぐんなかぐすくむらあざおぎだう》の銀岩《ナンジヤイワ》の貝塚《かひづか》からアイヌ文《ぶん》様《やう》に屬《ぞく》する土器《どき》、石斧《せきふ》、矛等《ほこなど》を發掘《はつくつ》してゐます。沖繩《おきなは》の地名《ちめ》の中《なか》にもアイヌ語《ご》で解《と》いた方《はう》がよい樣《やう》なのが相當《さうたう》あります。例《たと》へば金武《きむ》などもアイヌ語《ご》の山脈《さんみやく》のことで、地形《ちけい》などから推《お》して名《な》づけたものだと云《い》つてゐます。又《また》毛深《けぶか》いのもアイヌの血液《けつえき》が混《まざ》つて居《ゐ》る證據《せうこ》だと云《い》ふ學者《がくしや》もゐます。

然《しか》しアイヌが沖繩《おきなは》に住《す》んでゐたからとて現在《げんざい》の沖繩人《おきなはじん》が凡《すべ》てアイヌの子孫《しそん》であるとは云《い》へないことは日本人全體《にほんじんぜんたい》の場合《ばあひ》と同樣《どうやう》であります。アイヌ人《じん》は只《たゞ》、固有日本人《こいうにほんじん》が沖繩《おきなは》に渡《わた》る前《まへ》に住《す》んで居《ゐ》た人種《じんしゆ》、即《すなは》ち先住民族《せんぢうみんぞく》と云《い》ふに過《す》ぎません。

▲アイヌの外《ほか》に南洋方面《なんやうはうめん》から海潮《かいてう》に乘《の》

つて渡來《どらい》したインドネジアンがありまして、かれらは九州地方《しうちちはう》まで延《の》び、當時《たうじ》「熊襲《クマソ》」と云《よ》ばれてゐたアイヌ人《じん》を追《お》ひ、この地方《ちはう》に勢力《せいりよく》を張《は》つてゐたさうであります。平安朝頃《へいあんてうごろ》まで「隼人《はやと》」と云《い》はれてゐたのがこのインドネジアン系《けい》の人種《じんしゆ》で、日本人《にほんじん》の犢鼻褌《ふんどし》はこの南方系《なんぱうけい》の人種《じんしゆ》が遺《のこ》した慣習《かんしふ》であるさうです。この南方系《なんはうけい》のインドネジアンは九州《しう》に渡《わた》る前《まへ》に琉球列島《りうきうれつとう》にも立《た》ち寄《よ》つたので、この種族《しゆぞく》の血液《けつえき》は沖繩縣人《おきなはけんじん》の血液《けつえき》の中《なか》にも幾分混《いくぶんまじ》つてゐる筈《はず》でありますが、それだから云《い》つて、琉球人《りうきうじん》がインドネジアンの子孫《しそん》だと云《い》へないことは、前《まへ》のアイヌの場合《ばあひ》と同樣《どうやう》でありまして、日本人全體《にほんじんぜんたい》の場合《ばあひ》と何等其《なんらそ》の關係《くわんけい》は異《こと》なるものではありません。

この二種族《しゆぞく》の外《ほか》に印度支那族《いんどしなぞく》の血《ち》が日本人《にほんじん》の血液中《けつえきちう》には混合《こんがふ》してゐまして古代支那《こだいしな》に於《おい》て漢族《かんぞく》が勃興《ぼつこう》した時《とき》に、先住民《せんぢうみん》であつた苗族《びやうぞく》は次第《しだい》に南方《なんぱう》の印度支那方面《いんどしなはうめん》へ驅逐《くちく》され、その一部《ぶ》が海路《かいろ》によつて九州《しう》に上陸《じやうりく》したらしく、かれらの手《て》によつて稻《いね》の栽培《さいばい》は日本《にほん》に齎《わたら》されたさうでありますが、その落《お》ちこぼれが矢張《やは》り沖繩《おきなは》にもあるかも知《し》れません。

△然《しか》しこれらの種族《しゆぞく》は決《けつ》して日本民族《にほんみんぞく》の基本《きほん》をなしたものではありません日本民族《にほんみんぞく》の主體《しゆたい》をなしてゐるものは、古代《こだい》に於《おい》て支那《しな》の歷史《れきし》に「東胡《とうこ》」と呼《よ》ばれてゐた大民族《だいみんぞく》で、滿洲《まんしう》やシベリヤに占據《かんきよ》してゐました。そして又古代支那《またこだいしな》を絶《た》えず脅《おびや》かしてゐた「匈奴《ふんぬ》」と同《おな》じ系統《けいとう》のものだと言《い》はれてゐます。この種族《しゆぞく》の日本《にほん》に渡來《とらい》したのが「原日本人《げんにほんじん》」又《また》は「固有日本人《こいうにほんじん》」と學術名《がくじゆつめい》をつけられてゐます。かれらの一部《ぶ》はアイヌと略同《ほゞおな》じ時期《じき》に矢張《やは》り間宮海峽《まみやかいけう》を渡《わた》つて日本《にほん》に入《はい》り、他《た》の一部《ぶ》は日本海《にほんかい》を渡《わた》つて出雲《いづも》を中心《ちうしん》に殖民《しよくみん》し、第三《だい》には最《もつと》も遲《おく》れて、朝鮮半島《てうせんはんとう》から對島海峽《つしまかいけう》を渡《わた》つて九州《しう》に上陸《じやうりく》し、日向地方《ひうがちはう》を中心《ちうしん》に勢力《せいりよく》を張《は》つたらしく、この最後《さいご》に渡來《とらい》したのが所謂《いはゆる》「天孫族《てんそんぞく》」であらうと云《い》はれてゐます。中《なか》でもこの「天孫族《てんそんぞく》」が最《もつと》も優秀《いうしう》な知力《ちりよく》と武力《ぶりよく》を有《いう》してゐまして、その一部《ぶ》が別《わか》れて遠《とほ》く南《みなみ》の奄美《あまみ》沖繩《おきなは》の島々《しまぐ》に渡《わた》つたのが、琉球人《りうきうじん》の主體《しゆたい》でそして又祖先《またそせん》であります。

これに就《つ》いては嘗《かつ》て（明治《めいぢ》二十七年《ねん》）沖繩《おきなは》に來《き》て、種々《しゆぐ》の方面《はうめん》から琉球《りうきう》を研究《けんきう》したチヤンバレン氏《し》は次《つぎ》の樣《やう》に「彼等《かれら》（日本人《にほんじん》と琉球人《りうきうじん》）の祖先《そせん》は、嘗《かつ》て共同《きようどう》の根元地《こんげんち》に住《ぢう》したりしが、紀《き》元前《げんぜん》三世紀《せいき》の頃大移動《ころだいいどう》を企《くはだ》て對島《つしま》を經過《けいか》して九州《しう》に上陸《じやうりく》し、其大部隊《そのだいぶたい》は道《みち》を東北《とうほく》に取《と》り、行《ゆ》く〳〵先住民《せんぢうみん》を征服《せいふく》して大和地方《やまとちはう》に定住《ていぢう》するに至《いた》れり。其間《そのかん》に南方《なんぱう》に彷徨《はうくわう》しつゝありし小部分《せうぶぶん》の者《もの》は恐《おそ》らく或大事件《あるだいじけん》の爲《ため》に逃《の》がれて海《うみ》に浮《うか》び、遂《つい》に琉球諸島《りうきうしよたう》に定住《ていぢう》せしならん。是《こ》れ地理上《ちりじやう》の位置《ゐち》に於《おい》ても、傳說《でんせつ》の類似《るゐじ》に於《おい》ても、又《また》は言語《げんご》の比較《ひかく》に於《おい》ても容易《ようゐ》に立證《りつしよう》し得《え》らるゝなり。』と書《か》いてあります。

△この固有日本人《こいうにほんじん》の南方移動《なんはうゐどう》のことを、金澤庄《かなざわせう》三郞博士《らうはくし》は言語學上《げんごがくじやう》から證明《せうめい》してゐます。

「言語《げんご》では他《た》のものが知《し》ることの出來《でき》ないものを知《し》ることが出來《でき》るのですが之《これ》を適切《てきせつ》ならしむる爲《た》めに、沖繩人《おきなはじん》は何處《どこ》から來《き》たかと云《い》ふことに付《つい》て、私《わたし》の考《かんが》へを述《の》べることに致《いた》しませう。沖《おき》繩人《なはじん》が何處《どこ》より渡來《とらい》したのであるかに就《つ》いては、歷史《れきし》にもなく、又何等《またなんら》の記《き》錄《ろく》もないのであるが　言語上《げんごじやう》から沖繩《おきなは》の祖先《そせん》が九州《しう》から來《き》たと云《い》ふ事《こと》を證明《せうめい》する二三の事實《じじつ》がある。第一《だいい》方角《はうかく》の名《めい》稱《せう》によりて九州《しう》から來《き》たことが明《あき》かにわかる。（中略《ちうりやく》）今沖繩語《いまおきなはご》を研究《けんきう》してみれば、東《ひがし》をアガリ西《にし》をイリと申《まを》して居《を》るが、太陽《たいやう》の出《で》る所《ところ》をアガリと云《い》ひ太陽《たいやう》の入《はい》る所《ところ》をイリと云《い》ふのは論《ろん》ずるまでもないが、北《きた》の事《こと》を「ニシ」といふのは妙《めう》なことである。何故《なぜ》に北《きた》の事《こと》を「ニシ」といふのか、前《まへ》にも申《まを》した通《とほ》り「ニシ」はイニシ（過去《かこ》）といふ意味《ゐみ》であるから、之《これ》によつて沖繩《おきなは》の人《ひと》が北《きた》から南《みなみ》に向《むか》つて進《すゝ》んで來《き》たことが明《あきら》かに分《わか》ります。」

と述《の》べた後《のち》、沖繩人《おきなはじん》が大和民族《やまとみんぞく》であるといふ第二《だいに》の證據《しようこ》として沖繩語《おきなはご》で城《しろ》の事《こと》をさす gusiku《グスイク》 を擧《あ》げて說明《せつめい》してゐます。

「此《こ》の gusiku といふ言葉《ことば》は、沖繩人《おきなはじん》が大和民族《やまとみんぞく》であるといふことを證《せう》する好資料《かうしれう》となるものである。gusiku の gu は勿論敬語《もちろんけいご》である。朝鮮《てうせん》の古語《こご》では村《むら》のことを suki 村主《むらおさ》のことを sukuri（宿《すく》禰《ね》と同意義《どういぎ》）と申《まを》しますが、この言葉《ことば》は日本語《にほんご》に這入《はい》つて日本《にほん》の位《くらゐ》にもなつてゐたのであるが、それと同意義《どういぎ》の言《こと》葉《ば》が日本語《にほんご》では城《しろ》と書《か》いてシキと讀《よ》んでゐる。大和《やまと》の地名《ちめい》にシキといふ所《ところ》があるが、シキシマ（敷島《しきしま》）といふ日本《にほん》國《こく》の名《な》になつてゐるシキと云《い》ふ言葉《ことば》を研究《けんきう》してみると、シは住《す》むといふ意味《ゐみ》で、キは圍《かこひ》の中《なか》といふ意味《ゐみ》である。即《すなは》ち圍《かこひ》の中《なか》に住《す》むといふ意味《ゐみ》になる。ki は垣《かき》のやうなもので圍《かこ》つた所《ところ》といふ意《ゐ》味《み》である。然《しか》らば日本語《にほんご》でシキ、朝鮮《てうせん》語《ご》でスキといふのは、一體《たい》どういふ所《ところ》を指《さ》していふたのであるかといふと、高《たか》い所《ところ》に在《あ》つて、石《いし》の壁《かべ》で取《と》りかこまれて居《ゐ》る所《ところ》といふ意味《ゐみ》である。是等《これら》の名詞《めいし》で正鵠《せいこう》なる判斷《はんだん》が出來《でき》るので、沖《おき》繩《なは》は敷島《しきしま》即《すなは》ち日本《にほん》の一部分《ぶぶん》であるといふことは爭《あらそ》ふべからざる事實《じじつ》である。歷史《れきし》がなくとも、傳說《でんせつ》がなくとも、記《き》録《ろく》がなくとも、神話《しんわ》がなくとも、沖縄《おきなは》人《じん》の祖先《そせん》は日本人《にほんじん》のそれと同《おな》じく、シキの中《なか》に住《す》んでゐたことが證明《せうめい》されます。」

と力強《ちからつよ》く日琉同祖論《にちりうどうそろん》を主張《しゆちやう》されてゐますが尚《なほ》言葉《ことば》を續《つゞ》けて、琉球語《りうきうご》に就《つ》いて、矢張《やは》り之《これ》が日本《にほん》の一方言《はうげん》に過《す》ぎない證據《せうこ》として次《つぎ》の様《やう》に云《い》つてゐます。

「沖縄《おきなは》の方言中《はうげんちう》には内地《ないち》では、既《すで》に死《し》語《ご》になつた言葉《ことば》、即《すなは》ち七百年前《ねんぜん》に使用《しよう》した大和《やまと》言葉《ことば》が大分《だいぶん》含《ふく》んでゐるのに氣《き》付《づ》いた。たゞ沖縄語《おきなはご》があまり訛《なま》り過《す》ぎた爲《ため》に、一寸《ちよつと》聞《き》いては大分《だいぶん》異《こと》つた言葉《ことば》のやうに聞《きこ》ゆることが分《わか》つた。……沖縄語《おきなはご》が若《も》し訛《なまり》がなかつたならば、今《いま》よりモツトよく分《わか》つたらうと思《おも》はれる。……例《れい》をあげていへば沖縄語《おきなはご》で長持《ながもち》のことを kē《ケー》 と申《まを》しますが、筍《ケ》、玉瓢羅《クマクシ》筍《ガ》、凡《すべ》て kē《ケー》 となるのである。現今内《げんこんない》地語《ちご》ではそれを使《つか》つてゐないけれども古《ふる》くは使《つか》つてゐたのである。御飯茶碗《ごはんちやわん》のことを沖縄語《おきなはご》で makai《マカイ》 と云《い》ふが、それは makari《マカリ》 の訛《なま》つたので、源氏物語《げんじものがたり》の中《なか》にマカリと書《か》いてある。……」

言葉《ことば》の上《うへ》から日琉同祖《にちりうどうそ》を稱《とな》へたのはこゝに御紹介《ごせうかい》する事《こと》の出來《でき》ない程《ほど》、澤《たく》山今《さんいま》までには發表《はつぺう》されてゐますが、之《これ》に就《つ》きましては、既《すで》に二百六十年程《ねんほど》も前《まへ》に沖縄《おきなは》の學者《がくしや》で當時《たうじ》の攝政《せつせい》であつた羽地《はねぢ》朝秀《てうしう》（向象賢《しやうざうけん》）もその仕置書《しおきしよ》（令《れい》達《たつ》及《およ》び意見《いけん》を書《か》いたもの）に、沖縄人《おきなはじん》の祖《そ》先《せん》は内地《ないち》本土《ほんど》から渡來《とらい》したものであるから、天地《てんち》山川《さんせん》五形《けい》五倫《りん》鳥獣草木《てうじうさうもく》の名《な》に至《いた》るまで皆《みな》似《に》てゐる。只言葉《たゞことば》が異《こと》つた様《やう》になつたのは、遠國《ゑんごく》の上《うへ》、久《ひさ》しく交通《かうつう》が杜絶《とぜつ》した爲《た》めであると云《い》ふ意味《いみ》の事《こと》を述《の》べてゐますし、維新前後《いしんぜんご》の琉球最後《りうきうさいご》の大政治家《だいせいぢか》でしかも和歌《わか》の名人《めいじん》宜《ぎ》灣《わん》朝保《てうほ》（向有恒《しやういうこう》）も、羽地《はねぢ》の說《せつ》に共鳴《けうめい》して、記《き》紀萬葉《きまんよう》の中《なか》から日本《にほん》の古語《こご》を採《と》り出《だ》しこれを琉球語《りうきうご》と比較對《ひかくたい》照《せう》して、琉球語彙《りうきうごゐ》といふものを書《か》いてゐます。

△日琉同祖《にちりうどうそ》は唯《たゞ》に言語學上《げんごがくじやう》からばかりではなく、より有力《いうりよく》な體質人類學《たいしつじんるゐがく》の方面《はうめん》からも立派《りつぱ》に證明《せうめい》されてゐますが之《これ》に就《つ》きましては、大正《たいせう》八年《ねん》沖縄《おきなは》に來《こ》られて沖縄人《おきなはじん》の頭形《とうけい》を直接調査研究《ちよくせつてうさけんきう》された東大《とうだい》の松村瞭《まつむらりやう》博士の論文《ろんぶん》があります。その中《なか》に、

「琉球人《りうきうじん》に就《つい》て得《え》たる此《こ》の結果《けつくわ》を琉球《りうきう》附近《ふきん》の人種的集團《じんしゆてきしふだん》と比較《ひかく》するに當《あた》り、最初《さいしよ》に試《こころ》むべきは、所謂内地人《いはゆるないちじん》とのそれであらう。今假《いまかり》に平均上《へいきんじやう》に現《あら》はれた數字《すうじ》を以《もつ》て、比較《ひかく》の材《ざい》とすることを許《ゆる》すならば、琉球人男女《りうきうじんだんぢよ》の長徑最大幅徑《ちやうけいさいだいふくけい》及《およ》び指示數《しじすう》は、三者共《しやとも》に一般日本人《ぱんにほんじん》のそれと全然《ぜん》合致《がつち》するを見《み》る。此《こ》れは單《たん》に平均數《へいきんすう》の上《うへ》からばかりではなく、頭《とう》形《けい》の種類別《しゆるゐべつ》からも亦《また》よく類似《るいじ》するを認《みと》

めることが出來《でき》る。翻《ひるがへ》つて琉球人《りうきうじん》アイヌ同源説《どうげんせつ》のある所《ところ》から、試《こゝろ》みにアイヌのそれと比較《ひかく》すると、著《いちじる》しく相違《さうい》するのを見《み》る。之《こ》れも獨《ひと》り平均數《へいきんすう》ばかりではなく、内容《ないよう》に於《おい》ても大《おほい》に趣《おもむ》きを異《こと》にしてゐるのである。」

と書《か》いてあります。

▲今《いま》まで述《の》べました様《やう》に言語學《げんごがく》、人《じん》類學《るゐがく》の上《うへ》からばかりではなく、尚最近《なほさいきん》の新興《しんこう》の學問《がくもん》たる民俗學《みんぞくがく》の方面《はうめん》からも柳田國男《やなぎだくにを》先生《せんせい》や折口信夫《をりぐちのぶを》博士《はくし》及《およ》びその他《た》の學者《がくしや》も、この點《てん》に就《つ》き立派《りつぱ》な論説《ろんせつ》を發表《はつぺう》されてゐまして、今《いま》まで自他共《じたとも》に珍奇《ちんき》な眼《め》でしか見《み》てゐなかつた沖繩《おきなは》の宗教《しうけう》——祝女《のろ》が神《かみ》に仕《つか》へること——や風俗習慣《ふうぞくしふかん》などが、古代《こだい》の日本々土《にほんほんど》のそれを忠實《ちうじつ》に保存《ほぞん》してゐることが判明《はんめい》しましたので、各方面《かくはうめん》の學者《がくしや》の注意《ちゆうゐ》と興味《きようみ》を惹《ひ》き起《おこ》し、今《いま》では琉球《りうきう》を研究《けんきう》することなくしては、日本《にほん》の古代《こだい》を知《し》るはこと不可能《ふかのう》だとまで云《い》はれる位《くらゐ》になりました。近年《きんねん》、色々《いろいろ》な學者《がくしや》がわざわざ沖繩《おきなは》へ實地《じつち》に資料《しれう》調査《てうさ》や研究材料《けんきうざいれう》の蒐集《しうしふ》に來《く》るものが多《おほ》くなつたのも、亦《また》この爲《た》めであります。實《じつ》に沖繩《おきなは》は大和《やまと》民族《みんぞく》の古代《こだい》の生活様式《せいくわつやうしき》を一堂《だう》に集《あつ》めた「博物館《はくぶつくわん》」の如《ごと》きものであります。

つく〴〵考《かんが》へて見《み》まするに、明治維《めいぢい》新前《しんぜん》まで、特殊《とくしゆ》な歴史的《れきしてき》環境《くわんきやう》の下《もと》に生活《せいくわつ》して來《き》て、言語《げんご》・風俗《ふうぞく》・習慣《しふかん》などが素人《しろと》眼《め》には一見《けん》異様《いやう》に映《えい》じましたが爲《ため》に、久《ひさ》しく繼子扱《まゝこあつか》ひにされてゐた琉《りう》球人《きうじん》が、再《ふたゝ》びその母《はゝ》である日本《にほん》の懷《ふところ》に抱《いだ》かれる様《やう》になつたのは此《こ》の上《うへ》もない幸福《かうふく》であります。』(沖繩縣風景寫眞帖附錄「沖繩歴史」の一節)

第八節　空手及柔術と支那拳法

空手拳法《からてけんぱふ》の培養地《ばいやうち》であり、本場《ほんば》である沖繩《おきなは》は本土《ほんど》と同一民族《どういつみんぞく》であることが前節《ぜんせつ》で十分明《ぶんめい》かにされたことゝ思《おも》ひます。日本民族《にほんみんぞく》の古代生活《こだいせいくわつ》の忠實《ちうじつ》な保存《ほぞん》者《しや》たる沖繩《おきなは》に於《おい》て、空手拳法《からてけんぱう》が理想的《りさうてき》の成長發達《せいちやうはつたつ》をなしたことは、特《とく》に注目《ちゆうもく》すべきことであります。

空手《からて》は武道《ぶだう》の嫡流《てきりう》であり(第《だい》三講《かう》「空《から》手《て》拳法《けんぱふ》の起原《きげん》」の項參照《かうさんせう》)總《す》べての武《ぶ》道《だう》の基本《きほん》となるべきものであります。然《しか》るに空手拳法《からてけんぱふ》が「唐手《からて》」として紹介《せうかい》されたために、これに對《たい》して「外來武《ぐわいらいぶ》術《じゆつ》」であるが如《ごと》き感《かん》じを持《も》つ人《ひと》が多少《たせう》でもあるやうに見《み》えますから、その點《てん》についてお話《はな》ししておきます。

琉球拳法《りうきうけんぱふ》は決《けつ》して支那《しな》拳法《けんぱふ》そのものではありません。なるほど支那《しな》拳法《けんぱふ》を多分《たぶん》に輸入《ゆにふ》しこれを古來《こらい》の武術《ぶじゆつ》の營養《えいやう》として攝取《せつしゆ》したことに相違《さうゐ》はありませんが、問題《もんだい》は支那拳法《しなけんぱふ》を如何《いか》に消化《せうくわ》し如何《いか》に日本民族化《にほんみんぞくくわ》し、日本精神化《にほんせいしんくわ》し、日本《にほん》武道化《ぶどうくわ》し得《え》たかと云《い》ふ點《てん》でなければなません。

▲今日《こんにち》隆盛《りうせい》を極《きわ》めてゐる柔道《じゆどう》の母體《ぼたい》たる古流柔術《こりうじゆじゆつ》でも、明《あき》らかに萬延年間《まんえんねんかん》に明人陳元贇《みんじんチンゲンピン》が傳《つた》へた支那拳法《しなけんぱふ》を營養《えいやう》としてとり入《い》れて發達《はつたつ》して來《き》たものであることは、古《ふる》い武藝書《ぶげいしよ》に多少《たせう》の智識《ちしき》でもある者《もの》は誰《だれ》しも知《し》つて居《ゐ》ることであります。即《すなは》ち支那拳法《しなけんぱう》は本土《ほんど》に於《おい》ては柔術《じゆじゆつ》の營養《えいやう》として、琉球《りうきう》に於《おい》ては空手《からて》拳法《けんぱふ》の營養《えいやう》として攝取《せつしゆ》されて居《を》りますこれはたゞその環境《くわんきやう》の如何《いか》によつて生《せう》じた差異《さゐ》でありまして、假《かり》に本土《ほんど》に於《おい》て武器《ぶき》が無《な》かつたとしたら空拳手法《からてけんぱふ》が發達《はつたつ》したでありませうし、琉球《りうきう》に武器《ぶき》が許《ゆる》されて居《ゐ》たら本土《ほんど》に於《お》ける柔術《じゆじつ》の如《ごと》く補助的立場《ほじよてきたちば》に置《お》かれたでありませう。明治《めいぢ》になつて一般《ぱん》に武器《ぶき》の携帶《けいたい》が禁止《きんし》されると、講道館柔道《こうどうくわんじゆどう》が起《おこ》つて異常《ゐじやう》の發展《はつてん》をなし、今日《こんにち》又《また》空手拳法《からてけんぽう》が隆盛《りうせい》になりつゝあるのは環境《くわんきやう》の如何《いか》によるものであると共《とも》に、武俠魂《ぶけうだましひ》によつて育成《いくせい》され來《き》たつた日本民族《にほんみんぞく》の本能的要求《ほんのうてきえうきう》に合致《がつち》するものあるが爲《ため》に外《ほか》ならないのであります。

第九節　唐手に非ず空手なり

▲さて、『からて』といふ名稱《めいせう》は、明治《めいぢ》三十四、五年頃《ねんころ》から學校教育《がくかうけういく》に採用《さいよう》される樣《やう》になつたとき「唐手《からて》」と云《い》ふ字《じ》を書《か》いて「からて」と讀《よ》ましたのがはじまりで、それまでは沖繩《おきなは》に於《おい》ては拳法《けんぽう》のことを「からて」と云《い》つたことはありません、たゞ單《たん》に「手《テ》」と云《い》つて居《ゐ》たのであります。沖繩拳法《おきなはけんぱふ》のことを單《たん》に「テ」と稱《せう》するのに對《たい》して、支《し》那拳法《なけんぱふ》を「トーデ」と稱《せう》して區別《くべつ》して居《を》りました。（一時代前《じだいぜん》までは一般《ぱん》にトーデと云《い》つたといふ說《せつ》もありますが、これには多少《たせう》疑問《ぎもん》があります。假《かり》にさうだつたとすれば、まだ十分消化《ぜんせうくわ》されない時代《じだい》は「トーデ」と稱《せう》し、これを十分沖繩化《おきなはくわ》したときには「テ」といふ名稱《めいせう》を用《もち》ゐたことになります。）

▲何《いづ》れにしても支那拳法《しなけんぱふ》を「トーデ」と稱《せう》し沖繩拳法《おきなはけんぽふ》を「テ」と稱《せう》して區別《くべつ》したことは、非常《ひじやう》に重大《じゆうだい》な意義《ゐぎ》のあることゝ思《おも》ひます。「テ」とは「術《じゆつ》、業《わざ》、技《わざ》、兵士《へいし》の隊《たい》、部下《ぶか》、配下《はいか》、計略《けいりやく》」等《など》其他《そのた》多《おほ》くの兵法上《へいはふじやう》の意味《ゐみ》を有《いう》する日本《にほん》語《ご》でありまして、日本民族《にほんみんぞく》の分家《ぶんけ》に於《おい》て支那《しな》拳法《けんぱふ》を消化攝取《せうくわせつしゆ》して自分《じぶん》のものとなし、兵法上《へいはふじやう》の日本語《にほんご》「テ」といふ名稱《めいせう》を之《これ》に附《よ》したところは甚《はなは》だ意味《ゐみ》の深《ふか》いものがあるのであります。然《しか》るに之《これ》を學校教育《がくかうけういく》に採用《さいよう》する際《さい》此處《こゝ》まで思《おも》ひ及《およ》ばずして「テ」とは單《たん》に手足《テアシ》の手《て》だ位《くらひ》に考《かんがへ》たか折角《せつかく》祖先《そせん》が本能的選擇《ほんのうてきせんたく》によつて名《な》づけた立派《りつぱ》な母國語《ぼこくご》を捨《す》て

て『唐手《からて》』なる字《じ》を用《もち》ひたために、祖《そ》先《せん》の苦心《くしん》を無《む》にしてしまひ、ひいては今日《こんにち》多少《たせう》とも「唐《から》」の字《じ》が誤解《ごかい》のもととなつてゐるのは、返《かへ》す返《がへ》すも惜《を》しいことゝ云《い》はなければなりません。

▲参《さん》考《かう》

一、先手《サキテ》ノ大將《タイシヤウ》。寄《ヨ》セ手《テ》。討手《ウツテ》。攻《セメ》手《テ》。守手《マモリテ》。

二、先手《センテ》。後手《ゴテ》。

三、手《テ》ホドキ。奥《オク》ノ手《テ》。

四、「アレニシグラウテ見《ミ》エルハ誰《ダレ》ガ手《テ》ヤラム、甲斐《カヒ》ノ一條次郎殿《デウジラウドノ》ノ御手《オンテ》トコソ承《ウケタマハ》リテ候《サフラ》ヘ」（平《へい》家物語《けものがたり》）

五、射手《イテ》。騎手《ノリテ》。ナカ〳〵ノ使《ツカ》ヒ手《テ》（劍《ケン》ヤ槍等《ヤリナド》ノ場合《バアヒ》）手筋《テスジ》ガ善《ヨ》イ悪《ワル》イ。

六、「郎等《ラウトウ》數多《アマタ》ニ手《テ》ヲ負《オ》ハセ」（保元《ほげん》物語《ものがたり》）。「賤奴《イヤシキヤツコ》ガ手《テ》ヲ名《オ》ヒテヤ死《シ》ナム」（古事記《こじき》）。痛手《イタデ》。薄手《ウステ》深手《フカデ》。淺手《アサデ》。手疵《テキズ》——すべて刀《かたな》矢等《やなど》にて受《う》けたる創傷《そうしやう》を云《い》ふ。

八、「手《テ》ニ立《タ》ツカタキノ戀《コ》ヒシサヨ」（謡曲橋辨慶《ようきよくはしべんけい》）——「手《テ》ゴタヘノアル相手《アヒテ》ガ欲《ホ》シイ」の意味《いみ》。

九、手合《テアハ》セ。手《テ》ゴワイ。手《テ》ガ出《デ》ナイ手《テ》ニ餘《アマ》ル。

十、手《テ》ヲ廻《マ》ハス。手《テ》ガハイル。

十一、其《ソ》ノ手《テ》ハ食《ク》ハナイ。其《ソ》ノ手《テ》ニ乘《ノ》セラレタ。

其他《そのほか》いくらでも實例《じつれい》を擧《あ》げることが出來《でき》ますが、これ位《くらゐ》で止《や》めておきます。すべて武術《ぶじゆつ》や兵法《へいはふ》に關《くわん》する言葉《ことば》であることは明白《めいはく》であります。

▲此等《これら》の外《ほか》無數《むすう》の實例《じつれい》から推《お》して考《かんが》へましても「テ」といふ名稱《めいしよう》は決《けつ》して「手足《てあし》」の「テ」ではなく、沖繩拳法《おきなはけんぱふ》そのものゝ固有名詞《こいうめいし》として、そのまゝ保存《ほぞん》すべきであつたと思《おも》ひます。若《も》し「テ」といふ一音《おん》だけで不便《ふべん》だとしたら、沖繩語《おきなはご》の中《なか》に拳法《けんぱふ》を現《あら》はす立派《りつぱ》な「武士手《ブシディ》」と云《い》ふ語《ご》があるのでありますから、これを採用《さいよう》してもよかつたらうと思《おも》ひますが、今更《いまさ》らどうともすることは出來《でき》ません。故《ゆゑ》に我等《われら》は「唐手《からて》」といふ文字《もじ》を廢《はい》し「空手《からて》」を採用《さいよう》して徒手空拳《としゆくうけん》の意味《いみ》で用《もち》ひて行《ゆ》きたいと思《おも》ひます。これがまた、日本民族《にほんみんぞく》の一分《ぶん》家《け》たる沖繩《おきなは》の先人《せんじん》が日本民族化《にほんみんぞくくわ》した拳《けん》法《ぱふ》に日本語《にほんご》「テ」を以《もつ》て名稱《めいせう》とした趣《しゆ》旨《し》にも合致《がつち》し、日本武道《にほんぶどう》として發展《はつてん》する偉大《ゐだい》なる將來性《しやうらいせい》を持《も》つ所以《ゆえん》でもあらうと思《おも》ひます。

▲「唐手《からて》」の唐は「支那《しな》」を意味《いみ》するので假《かり》に「日本武道唐手《にほんぶどうからて》」と稱《せう》すると其《そ》の意味《いみ》は「日本武道支那拳法《にほんぶどうしなけんぱふ》」といふことになり頗《すこぶ》る不見識《ふけんしき》な矛盾《むじゆん》が生《せう》じて來《き》ます。其點《そのてん》より觀《み》ても「空手《からて》」とすべきであります。

第三章　國民教化の良資料

第一〇節　日本精神化せる空手道

▲本土《ほんど》と沖縄《おきなは》と共《とも》に支那《しな》拳法《けんぱふ》の影響《えいきやう》を受《う》けながら、その發展《はつてん》の形《かたち》が多《た》少異《せうこと》なるのは、たゞその環境《くわんきやう》の差異《さゐ》によるもので、決《けつ》して本質的《ほんしつてき》の相違《さうゐ》でないことは前《まへ》にも述《の》べた通《とほ》りであります。本土《ほんど》に於《おい》て支那《しな》拳法《けんぱふ》を十分消化《ぶんせうくわ》したと同様《どうやう》に、沖縄《おきなは》に於《おい》ても之《これ》を十分消化《ぶんせうくわ》して日本民族精神《にほんみんぞくせいしん》に適合《てきがふ》する様《やう》に發展《はつてん》せしめ得《え》たことは見逃《みのが》すべからざる事實《じじつ》であります。

支那拳法《しなけんぱふ》は徒《いたづ》らに肉《にく》をそぎ骨《ほね》をけづるが如《ごと》きことを誇示《こじ》して得々《とく〳〵》として居《を》りますが、沖縄拳法《おきなはけんぱふ》たる空手《からて》は是《これ》を以《もつ》て單《たん》なる鬪爭《とうさう》の術《じゆつ》とせず、仁俠《にんけう》の道《みち》を完《まつと》ふするための身《み》の備《そな》へとなし、君子《くんし》の威嚴《ゐげん》を保持《ほぢ》するための武術《ぶじゆつ》として修《しう》業《げふ》し錬磨《れんま》され來《き》たつたものであります故《ゆゑ》に古來《こらい》より空手《からて》修業《しうげふ》を志《こころざ》す者《もの》は、必《かなら》ずその素行《そかう》を愼《つつし》むべきことを祖先《そせん》の靈前《れいぜん》に誓《ちか》ひ、確實《かくじつ》なる保證人《ほしようにん》を介《かい》して入門《にふもん》することになつて居《ゐ》たのであります。これが敎授《けうじゆ》をなす者《もの》も、入門者《にふもんしや》の品性《ひんせい》をよく調《しら》べ萬《まん》一素行《そかう》をさまらざる者《もの》ならば絶對《ぜつたい》に入門《にふもん》を許《ゆる》さず、一旦《たん》師《し》弟《てい》の關係《くわんけい》が結《むす》ばれたら武德《ぶとく》をけがす行爲《かうゐ》なき様《やう》、師弟共《していとも》に戒愼《かいしん》を怠《おこた》らなかつたのであります。今日坊間皮相《こんにちぼうかんひさう》の見解《けんかい》を以《もつ》て空手拳法《からてけんぱふ》の威力《ゐりよく》を誇示《こじ》せんとして白髪《はくはつ》三千丈式《じやうしき》の支那式誇張《しなしきこちやう》を弄《ろう》して得意然《とくいぜん》たる者《もの》ありとすれば、思《おも》はざるの甚《はなは》だしき者《もの》と云《い》はねばなりません。

▲沖縄《おきなは》に於《おい》て最《もつと》も廣《ひろ》く人口《じんこう》に膾炙《くわいしや》して居《ゐ》る琉歌《りうか》に「我《ワ》が身《ミ》摘《チ》で見《ン》ちる餘所《ユス》の上《ウヘ》や知《シ》ゆる、無理《ムリ》しるな浮世情《ウチユナサケ》ばかり」といふ一首《しゆ》があります。その意《い》は「我《わ》が身《み》をつねつて見《み》てこそ他人《ひと》の痛《いた》さを思《おも》ひ知《し》ることが出來《でき》る、人世《じんせい》たゞ人情《にんじやう》によつて渡《わた》るべきで決《けつ》して無理《むり》を人《ひと》に強《し》いてはいけないぞ」といふ意味《いみ》で、仁愛温和《じんあいおんわ》の日本民族精神《にほんみんぞくせいしん》が滾々《こん〳〵》として流露《りうろ》して居《ゐ》る歌《うた》であります。斯《か》くの如《ごと》き仁愛温和《じんあいおんわ》の情緒《じやうちよ》によつてはぐくまれ、君子《くんし》の身《み》の備《そな》へとして鍛錬《たんれん》せられた武術《ぶじゆつ》なればこそ「空手に先手《せんて》なし」の訓言《くんげん》も生《うま》れたのでありまして、徒《いたづ》ら

に殘忍《ざんこん》なる鬪爭技術《とうさうぎじゆつ》なるかの如《ごと》き誤解《ごかい》をかもす言辭《げんじ》を弄《らう》してその威力《ゐりよく》を誇示《こじ》せんとする者《もの》は、日本民族精神《にほんみんぞくせいしん》の如何《いか》なるものかを知《し》らず、日本武道《にほんぶどう》の本質《ほんしつ》に理解《りかい》なき淺薄皮相《せんはくひさう》の徒《やから》と云《い》はなければなりません。

▲古來空手《こらいからて》の大家《たいか》は如何《いか》に喧嘩《けんくわ》を爲《し》かけられても、決《けつ》して自《みづか》ら積極的《せつきよくてき》に出《で》ず、たゞ相手《あいて》の攻擊力《こうげきりよく》を封《ふう》じて徐《おもむ》ろにその反省《はんせい》を待《ま》つと云《い》ふ態度《たいど》を取《と》つたものでありまして、日本武士道精神《にほんぶしどうせいしん》と期《き》せずして一致《ち》し、皇軍《くわうぐん》の大精神《だいせいしん》と合致《がつち》するのは同《どう》一民族《みんぞく》なればこそであつて拳《けん》と劍《けん》との相違《さうゐ》はありとてもこれを行《かう》使《し》する者《もの》の根本精神《こんぽんせいしん》が同《どう》一であつたことは、輕々《かるぐ》に看過《かんくわ》すべからざる日《に》本武《けんぶ》道史上《どうしじやう》の一大事實《だいじじつ》であります。

第一一節　軍人の龜鑑と空手道

▲然《しか》し乍《なが》ら、仁愛《じんあい》の道《みち》をなみし正義《せいぎ》の光《ひかり》をくもらさんとするものある時《とき》は破邪顯正《はじやけんせい》の劍《けん》は鞘走《さやはし》るのが當然《たうぜん》であります。血《ち》を見《み》ることを好《この》む殘忍《ざんにん》は戒《いまし》むべきも、邪惡《じやあく》を擊破《げきは》する武斷《ぶだん》は無《な》ければなりません。拔《ぬ》けば玉散《たまち》る氷《こほり》の刄《やいば》、その刄《やいは》が一旦故《たんゆえ》あつて鞘《さや》を離《はな》れる瞬間《しゆんかん》に相手《あいて》の玉《たま》の緒《な》は散《ち》つて了《しま》ふ如《ごと》く、拳《こぶし》もまたその意氣《いき》と覺悟《かくご》を以《もつ》て鍛《きた》へられたものであります。故《ゆえ》に本土《ほんど》と南島《なんとう》と土地《とち》は遠《とほ》くへだたつて居《を》り、武器《ぶき》の有《う》無《む》と云《い》ふ相違《さうゐ》はあつたにしても、勇俠《ゆうけう》武斷《ぶだん》の民族精神《みんぞくせいしん》の陶冶《たうや》に於《おい》ては全《まつた》く合《がつ》致《ち》するものがあるのであります。

▲沖繩縣出身兵士《おきなはけんしゆつしんへいし》の戰場《せんぢやう》に於《お》ける勇《ゆう》敢《かん》なる武勳《ぶくん》は本土《ほんど》の何《いづ》れの地方《ちはう》より優《すぐ》れるものはあつても一步《ぽ》もひけをとる所《ところ》の無《な》いのは、幾多《いくた》の事實《じじつ》が雄辯《ゆうべん》に證《しよう》明《めい》して居《を》ります。荒木《あらき》貞夫大將《たいしやう》が第六《だい》師《し》團長當時其《だんちやうたうじそ》の部下《ぶか》たりし田《た》路朝《みちあさ》一大《たい》佐《さ》は、沖繩縣出身兵士《おきなはけんしゆつしんへいし》の實戰場裡《じつせんじやうり》に於《お》ける沈着勇猛《ちんちやくゆうもう》なる行動《かうどう》を軍人《ぐんじん》の龜鑑《きかん》なりと激稱《げきしやう》し、之《これ》を以《もつ》て空手道《からてどう》の眞價《しんか》を發揮《はつき》せるものなりとして、次《つぎ》の樣《やう》に述《の》べて居《を》られます。

「平戰兩時《へいせんりやうじ》に於《お》ける沖繩縣出身兵《おきなはけんしゆつしんへい》の行《かう》動《どう》は終始一貫不屈不撓《しうしかんぷくつふとう》、成就《ぜうじゆう》せざれば已《や》まない信念《しんねん》を堅持《けんぢ》しあること、特《とく》に死地《しち》に入《い》りて尙從容《なほしようよう》內《うち》に恃《たの》む所《ところ》ある修《しう》養《やう》を體得《たいとく》して居《ゐ》る事《こと》である。此《こ》の尊《たふと》き修養《しうやう》、確乎《かくこ》たる信念《しんねん》は果《はた》して何《なん》によりて結成《けつせい》せられたのであらうか、之《こ》れ吾《さ》人《じん》の最《もつと》も知《し》らんと欲《ほつ》する所《ところ》である。

古來沖繩《こらいおきなは》には內地《ないち》の如《ごと》き敬神歸佛《けいしんきぶつ》の風隆昌《ふうりうせう》でない。又劍道《またけんどう》による修業《しうげふ》も未《いま》だ普及《ふきふ》して居《ゐ》ない。唯全縣下《たゞぜんけんか》を通《つう》じて男子《だんし》は元《もと》より婦女子《ふぢよし》に至《いた》るまでもよく徹底《てつてい》してゐる空手《からて》の修業練磨《しゆげふれんま》の有樣《ありさま》は眞《しん》に見事《みごと》で光彩陸離《くわうさいりくり》たるものがある。

私《わたし》は、以上《いじやう》の沖繩縣下《おきなはけんか》の壯丁《さうてい》の共有《きやうゆう》

する立派《りつぱ》な特長《とくちやう》は、大部分《だいぶぶん》この空手道《からてどう》の練磨《れんま》により、不知不識《しらずしらず》の間《ま》に結成《けつせい》せられたものであることを確信《かくしん》し、大《おほ》いに斯道《しどう》の効果《かうくわ》を天下《てんか》に唱導《しやうだう》したいと思《おも》ふものである」と。

個人的殘虐性《こじんてきざんぎやくせい》の發揮《はつき》を誇示《こじ》するのみで民族的精神訓練《みんぞくてきせいしんくんれん》には何等《なんら》役立《やくだ》つて居《ゐ》ない支那拳法《しなけんぱふ》と、個人的溫和性《こじんてきおんわせい》を高潮《かうてう》しながら民族的精神訓練《みんぞくてきせいしんくんれん》に偉大《ゐだい》なる効驗《かうけん》をなしつゝある沖繩空手拳法《おきなはからてけんぱふ》の根本《こんぽん》精神《せいしん》が如何《いか》に格段《かくだん》の相違《さうゐ》があるか田路《たぢ》大佐《たいさ》の一文《もん》によつてもよく理解《りかい》し得《う》ると思《おも》ひます。琉球人《りうきうじん》を以《もつ》て異人種視《ゐじんしゆし》し空手拳法《からてけんぱふ》を以《もつ》て支那拳法《しなけんぱふ》と同一視《どういつし》せんとする短見者流《たんけんしやりう》は此《こ》の事實《じじつ》の前《まへ》に再思《さいし》三考《かう》しなければならぬのであります。

△かつて八代《しろ》六郎《らう》大將《たいしやう》は麾下《きか》の艦隊《かんたい》が沖繩《おきなは》に巡航《じゆんかう》した際《さい》にわざ〳〵下士數《かしすう》名《めい》を選拔《せんばつ》して沖繩縣立《おきなはけんりつ》一中《ちう》に寄宿《きしゆく》せしめて、空手《からて》の稽古《けいこ》をさせられたが、大《たい》將自《しやうみづか》らも終生《しうせい》卷藁《まきわら》を突《つ》き型《かた》の研究《けんきう》を續《つゞ》けられた程熱心《ほどねつしん》なる空手道《からてどう》鼓吹者《こすいしや》でありましたし、前侍從武官長《ぜんじじゆうぶくわんちやう》奈良武次《ならたけじ》大將《たいしやう》、竹下勇《たけしたいさむ》大將《たいしやう》、小笠原長生《ながさはらちやうせい》中將《ちうじやう》等《など》をはじめ陸海軍《りくかいぐん》の多《おほ》くの將星《しやうせい》は空手《からて》道《どう》の眞價《しんか》を認《みと》め、之《これ》を世《よ》に推奬《すいせう》せられつゝあります。東都各大學《とうとかくだいがく》に於《お》ける空《から》手部《てぶ》實施《じつし》の成績《せいせき》も愈々《いよ〳〵》斯道《どう》の眞價《しんか》を世《よ》に示《しめ》すことゝなり、年々隆盛《ねん〳〵りうせい》に趣《おもむ》きつゝあることは喜《よろこ》ぶべきことゝ思《おも》ひます

第一二節　空手は國民敎育の良資料

△日本民族《にほんみんぞく》の一部《ぶ》は數千年《すうせんねん》の間《あひだ》南島《なんとう》に分家《ぶんけ》して不幸《ふかう》なる境遇《きやうぐう》に身《み》を置《お》きながら、よく日本民族精神《にほんみんぞくせいしん》の精髓《せいずゐ》を失《うしな》はず、その境遇《きやうぐう》に於《おい》て許《ゆる》されたる最高《さいかう》の努力《どりよく》を以《もつ》て空手拳法《からてけんぱふ》なる偉大《ゐだい》なるお土《み》産《やげ》を作《つく》り上《あ》げ、之《これ》を持參《ぢさん》して本土《ほんど》に合《がふ》流《りう》することになつたのは思《おも》へば奇《く》しき民族的因緣《みんぞくてきいんねん》と申《まを》さなければなりません。茲《こゝ》に於《おい》てか琉球拳法《りうきうけんぱふ》は即《すなは》ち日本拳法《にほんけんぱふ》であり、沖繩武道《おきなはぶどう》は即《すなは》ち日本武道《にほんぶどう》の一部《ぶ》であるのであります。

△今《いま》や日本精神《にほんせいしん》を高潮《かうてう》し武道復興《ぶどうふくこう》の聲旺《こえさかん》なる時《とき》、奇《く》しき因緣《いんねん》によりて新《あら》たに紹介《せうかい》されつゝある空手道《からてどう》が、廣《ひろ》く日本全土《にほんぜんど》に於《おい》て「自由《じゆう》にして强《つよ》き」日本《にほん》精神《せいしん》の新《あた》らしき營養《えいやう》として攝取《せつしゆ》せられつゝあることは眞《しん》に欣快《きんくわい》の至《いた》りと言《い》はなければなりません。岡千賀松《をかちかまつ》少將《せうしやう》は空手道《からてどう》を以《もつ》て「國民敎化《こくみんけうくわ》の良資料《りやうしれう》なり」として次《つぎ》の樣《やう》に推奬《すいせう》して居《を》られます。

「空手術《からてじゆつ》たる、技《わざ》の構成《こうせい》、術《じゆつ》の演練《えんれん》、悉《ことごと》く現代國民敎育《げんだいこくみんけういく》の良資料《りやうしれう》たり。簡《かん》にして行《おこな》ひ易《やす》く、深《ふか》くして變《へん》に富《と》む。以《もつ》て精神《せいしん》を陶冶《たうや》し得《う》べく、身體《しんたい》を練成《れんせい》し得《う》べし。實《じつ》に活動的國民《くわつどうてきこくみん》を作《つく》る良敎《りやうけう》材《ざい》とす。今日迄汎《こんにちまであまね》く行《おこな》はるゝに至《いた》らざりしは洵《まこと》に遺憾《ゐかん》なり。蓋《けだ》し傳《つた》へざりし

が爲《た》めのみ……。希《こひねが》はくは益々《ますく》之《これ》が普及《ふきう》を圖《はか》り、汎《あまね》く世《よ》に行《おこな》はるゝに至《いた》り國民《こくみん》の元氣《げんき》を發揚《はつよう》し、世界的活動《せかいてきくわつどう》に處《しよ》し得《う》る國民敎化《こくみんけうくわ》の資《し》たらしめん事《こと》を。」

▲空手《からて》道《どう》普及《ふきう》のために本講義錄《ほんこうぎろく》を刊《かん》行《かう》して、老幼男女何人《らうえうだんぢよなにびと》にも容易《ようい》に之《これ》を習得《しふとく》し得《う》るよう道《みち》を拓《ひら》かんとするのも又右《またみぎ》と同《どう》一の趣旨《しゆし》によるものであります。希《こひねが》はくば一人《ひとり》も多《おほ》く空手《からて》道《どう》を修《しう》業《げふ》し、心身兩面《しんしんりやうめん》に於《おい》て斯《し》道《どう》の眞髓《しんずゐ》を了《れう》得《とく》し、一身《しん》の長壽健康《ちやうじゆけんかう》のため、又《また》一旦《たん》緩急《くわんきふ》の際《さい》は勇奮君國《ゆうふんくんこく》のために捧《さゝ》ぐべき心身《しんしん》を鍛錬《たんれん》せられんことを望《のぞ》んで止《や》まぬ次第《しだい》であります。

第二講　體育・武育・氣育としての空手道

第四章　體育としての空手道

第一三節　理想的健康法

▲空手《からて》は實《じつ》に立派《りつぱ》な武術《ぶじつ》である事《こと》は申《まを》すまでもありませんが、又《また》一面《めん》強健《きやうけん》法《はふ》としても理想的《りさうてき》だと云《い》はれて居《を》ります。何故《なぜ》健康法《けんかうはふ》として理想的《りさうてき》であるかその理由《りゆう》を簡單《かんたん》にお話《はな》し致《いた》します。

▲空手《からて》は一人《り》でも多勢《たぜい》でも稽古《けいこ》出來《でき》ます。

空手《からて》が他《た》の武術《ぶじつ》と異《こと》なつて面白《おもしろ》いところは、型《かた》といふものを中心《ちうしん》にして研究《けんきう》して行《ゆ》くことであります。此《こ》の型《かた》は數《すう》十種類《しゆるゐ》ありますが、何《いづ》れもいろ／＼の武術的内容《ぶじつてきないよう》を持《も》つた技法《ぎはふ》を幾《いく》つか繼《つ》ぎ合《あは》せて出來《でき》たものでありまして、敵《てき》を假想《かさう》しつゝ一人《り》で突《つ》いたり受《う》けたり蹴《け》つたりする攻防《こうはう》の動作《どうさ》であります。型《かた》には長《なが》いのは六、七十擧動《きよどう》のものもありますが、短《みぢか》いのは二十擧動前後《きよどうぜんご》のものもあります。

▲型《かた》は手《て》を出《だ》したり足《あし》を出《だ》したり、體《たい》をねぢたり、しやがんだり、伸《の》ばしたり、いろ／＼の形《かたち》をとりながら四方《はう》八方《ぱう》へ動《うご》くのでありますから、やつて居《ゐ》て面白《おもしろ》く氣《き》持《ち》ちよいものでありまして、知《し》らぬ間《ま》に全身《ぜんしん》の運動《うんどう》になるのであります。然《し》かも型《かた》の動作《どうさ》にはすべて一定《てい》の順序《じゆんじよ》があつて、一擧動《きよどう》づつ區切《くぎ》られて居《を》りますから、一人《り》でも多勢《たぜい》一緒《しよ》にでもきちんと行《おこな》へるところに、空《から》手《て》の型《かた》の特徴《とくちやう》と面白味《おもしろみ》があるのであります。

▲空手《からて》は老若男女誰《ろうじやくなんによたれ》にでも出來《でき》ます。

空手《からて》の型《かた》は小供《こども》でも老人《らうじん》でも男《をとこ》でも女《をんな》でも誰《たれ》にでも出來《でき》るものであります

型《かた》を演《や》る際《さい》には自分《じぶん》の力相當《ちからさうたう》に演《や》ればよいのですから、どんな人《ひと》がやつても絶對《ぜつたい》に無理《むり》をしないですみます。對《あい》手《て》と取組《とりく》まなければ稽古《けいこ》の出來《でき》ない武《ぶ》術《じつ》では無理《むり》をしやすいものですが、空《から》手《て》の型《かた》をやるには絶對《ぜつたい》に無理《むり》がなく、自分《じぶん》で適度《てきと》にやれます。同《おな》じ一つの型《かた》でもはじめ二三回《くわい》は輕《かる》くやつて、それから其《そ》の日《ひ》の身體《からだ》の調子《てうし》によつて自分《じぶん》相當《さうたう》の力《ちから》のはいつた演武《えんぶ》をやればよいのですし、型《かた》の種類《しゆるゐ》や回數《かいすう》も自分《じぶん》の好《す》きなだけやればよいのですから、誰《たれ》にでも自由《じゆう》に稽古《けいこ》が出來《でき》るわけであります。

▲空手《からて》の稽古《けいこ》は時間《じかん》も自由《じゆう》に出來《でき》ます

空手《からて》の型《かた》を一回行《かいおこな》ふ時間《じかん》は短《みじ》かいのは僅《わづ》かに一分間《ぶんかん》も掛《かゝ》りません。

前《まへ》にも申《まを》しました通《とほ》り空手《からて》の型《かた》の短《みぢか》いのは二十擧動前後《きよどうぜんご》しかありませんから、これをおぼえることは誰《たれ》でも簡單《かんたん》にわけなく出來《でき》ます。それ故《ゆゑ》五つの型《かた》を一度《ど》づつやれば五分《ふん》しかかゝりません。どんなに多忙《たばう》な人《ひと》でも一日《にち》に五分《ふん》や十分位《ぶんくらゐ》の時間《じかん》を、健康長壽法《けんかうちやうじゆはふ》のために、能率增進法《のうりつぞうしんはふ》のために、割愛出來《かつあいでき》ないことはありますまい。又《また》一度《ど》に型《かた》を幾《いく》つもやらなくても、一つの型《かた》をくりかへしやつてもよいし、或《あるひ》は型《かた》の中《なか》の一部分《ぶぶん》の動作《どうさ》をくりかへしやつても差《さし》支《つか》へありません。運動《うんどう》の分量《ぶんれう》と時間《じかん》が自由《じゆう》に出來《でき》るところは空手《からて》の特徵《とくちよう》の一つであります。

▲空手《からて》の稽古《けいこ》は場所《ばしよ》も道具《だうぐ》もいりません。

空手《からて》の型《かた》をやるには六疊《でう》か八疊位《でうくらゐ》の場所《ばしよ》があれば結構《けつかう》ですが、然《しか》し四疊半《でうはん》や三疊《でう》でもやれないことはありません何故《なぜ》かと云《い》ひますと型《かた》を區切《くぎ》つてやればわけなく狹《せま》いとこで出來《でき》るからであります。特別《とくべつ》の場所《ばしよ》を必要《ひつえう》とせず、疊《たゝみ》の上《うへ》でも板敷《いたじき》でも庭《には》でも椽側《えんがは》でも何處《どこ》でも一向差支《こうさしつか》へありません。

空手《からて》は文字《もじ》通《どほ》り武器《ぶき》を持《も》たない徒手《としゆ》空拳《くうけん》の武術《ぶじゆつ》ですから、道具《だうぐ》を持《も》ちませんので、天井《てんじやう》が低《ひく》くて駄目《だめ》だとか、長《なが》いものを振《ふ》り廻《まは》して物《もの》を壞《こ》はすからいけないとか、さういふ制限《せいげん》も心配《しんぱい》もいりません。

第一四節　健康增進の實例

▲以上《いじやう》のやうな理由《りゆう》で、空手《からて》の稽古《けいこ》は實《じつ》に簡單《かんたん》に誰《たれ》にでも出來《でき》ますが、さて實際《じつさい》に健康法《けんかうはふ》としてそれほど効果《かうか》のあるものかどうか、といふ大事《だいじ》な問題《もんだい》になりますと、それこそ「理想的健康法《りさうてきけんかうはふ》」の文字《もじ》其儘《そのまゝ》だと申《まを》しても差支《さしつか》へないほど、無數《むすう》の實例《じつれい》があるのであります。次《つぎ》に一二だけ實例《じつれい》をあげてお話《はな》し致《いた》します。

◇「現《げん》に私《わたし》の如《ごと》き、生來虛弱《せいらいきよじやく》の質《しつ》であつて徵兵適齡《ちようへいてきれい》の當時《たうじ》に於《おい》てさへ、五尺《しやく》四寸《すん》の身長《しんちやう》を有《いう》しながら、體量僅《たいりやうわづ》か十一貫《かん》百匁《もんめ》といふ貧弱極《ひんじやくきは》まる體軀《たいく》の所有者《しよいうしや》にて、到底《たうてい》一人前《にんまへ》の働《はたら》きは爲《な》し得《え》ざる狀態《じやうたい》であつたが、空手《からて》によつて心身《しんしん》を鍛練《たんれん》せられたる結果《けつか》、今日《こんにち》に於《おい》ては體重《たいぢゆう》十六貫《くわん》を超《こ》ゆるに至《いた》り、常《つね》に愉快《ゆくわい》に活動《くわつどう》し得《う》るに至《いた》りしのも、空手《からて》を修業《しうげふ》した賜《たまもの》と深《ふか》く感謝《かんしや》してゐる次第《しだい》である。」（東京上野松坂屋空手部長丸山清人氏）

◇「昭和《せうわ》八年《ねん》に空手《からて》の本《ほん》を書店《しよてん》にて

勝《か》ひ専《もつぱ》ら型《かた》の修得《しふとく》に意《ゐ》をそゝぎましたそして家業《かげふ》の餘暇《よか》十分《ぶん》二十分《ぶん》の間《あひだ》を汗《あせ》みどろになつて稽古《けいこ》してゐます。在學《ざいがく》當時《たうじ》肋膜《ろくまく》を一度《ど》肺炎《はいえん》を一度《ど》患《わづら》つた程《ほど》の虚弱者《きよじやくしや》でしたが、昨今《さくこん》ではすつかり體《たい》格《かく》が改造《かいざう》されまして風邪《かぜ》一つ引《ひ》かず體《た》重《じゆう》十六貫強《かんきやう》、身長《しんちやう》五尺《しやく》五寸《すん》五分《ぶ》といふ文句《もんく》のない體質《たいしつ》を得《う》る事《こと》が出來《でき》ましたこれも全《まつた》く空手《からて》のおかげと陰《かげ》ながら感《かん》謝《しや》いたして居《を》ります」(北海道札幌市《ほくかいだうさつほろし》深《ふか》井《ゐ》謙《けん》一郎《らう》氏)

▲右《みぎ》の様《やう》な實例《じつれい》を一々《いちく》あげて居《ゐ》たのでは、限《かぎ》りがありませんから、省略致《せうりやくいた》しますが、空手《からて》をやると弱《よわ》い人《ひと》が丈夫《ぢやうぶ》になるだけでなく、太《ふと》りすぎの人《ひと》は餘《よ》分《ぶん》の脂肪《しばう》がとれて肉《にく》がしまつてきて却《かへ》つて活力《くわつりよく》を増《ま》すことになつた例《れい》もいくらもあります。

▲體量《たいじゆう》二十四貫《かん》いくらの人《ひと》で、堂々《だうく》たる體軀《たいく》ではあるが、膝《ひざ》が痛《いた》くて事務《じむ》所《しよ》の階段《かいだん》の上《のぼ》り下《お》りに可《か》なり不自由《ふじゆう》を感《かん》じ將來《しやうらい》の健康《けんかう》に非常《ひじやう》な不安《ふあん》を持《も》ち出《だ》した時《とき》に、偶然友人《ぐうぜんいうじん》のすゝめる儘《まゝ》に空《から》手《て》をはじめたところが、其効果《そのかうくわ》は驚《おどろ》くほど顯著《けんちよ》で、事務所《じむしよ》の階段《かいだん》が若《わか》い給仕《きふじ》にまけずに身輕《みがる》く上《のぼ》り下《お》りが出來《でき》るやうになつたと喜《よろこ》んで居《ゐ》る人《ひと》もあります

▲毎日晩酌《まいにちばんしやく》の量《りやう》の多少《たせう》で奥様《おくさま》とにらめつこして居《ゐ》た人《ひと》が空手《からて》をやるやうになつたら晩酌《ばんしやく》の量《りやう》が減《へ》つて朝食《てうしよく》がおいしくなり、晝間《ひるま》の働《はたら》きもはるかに能率《のうりつ》があがつたといふ人《ひと》もあります。

▲その他《ほか》、神經痛《しんけいつう》がなほつた人《ひと》もあり、永年《ながねん》の胃腸病《ゐちやうびやう》がすつかり根治《こんぢ》した人《ひと》もあり、神經衰弱《しんけいすゐじやく》で不眠症《ふみんしやう》になやまされた學生《がくせい》が空手《からて》をやり出《だ》してから安《あん》眠《みん》が出來《でき》、從《したが》つて學業《がくげふ》の成績《せいせき》もずつとよくなつたとか、健康上《けんかうじやう》の良結果《りやうけつくわ》が筆《ひつ》者《しや》の知《し》つて居《ゐ》るだけでも數《かぞ》へあげたら限《かぎ》りがないほどであります。

第一五節　醫學的に觀ても理想的健康法

▲空手《からて》を醫學《いがく》の方面《はうめん》から見《み》た結果《けつくわ》も「理想的運動法《りさうてきうんどうはふ》」の證明《しようめい》を與《あた》へて居《を》ります。次《つぎ》に専門的《せんもんてき》な研究《けんきう》の一二を御紹《ごせう》介致《かいいた》します。

◇空手術《からてじゆつ》の血壓及《けつあつおよ》び尿《ねう》に及《およ》ぼす影響《えいきやう》
(日本醫科大學《たほんゐくわだいがく》・岡醫學士《をかゐがくし》)

血壓《けつあつ》には最大血壓《さいだいけつあつ》と最小血壓《さいせうけつあつ》とがある。最大血壓《さいだいけつあつ》は心臓《しんざう》の縮《ちゞ》まつたときで最小血壓《さいせうけつあつ》は心臓《しんざう》が開《ひら》いたときである。血壓《けつあつ》が高《たか》いといふことは平均《へいきん》の血壓《けつあつ》の高《たか》いことであつて、血壓《けつあつ》があまり高《たか》いときには、血管《けつくわん》が破裂《はれつ》して腦溢血《のういつけつ》などになるおそれがある。中年以後《ちうねんいご》になるとその心配《しんぱい》が多《おほ》い。然《しか》し若《わか》い時《とき》から適《てき》度《ど》な運動《うんどう》をやつて居《を》れば、血管《けつくわん》の抵抗《ていかう》力《りよく》が強《つよ》くなつて居《ゐ》るから、左様《さやう》な心配《しんぱい》がない。

空手《からて》を血壓《けつあつ》の方《はう》から實驗的《じつけんてき》に見《み》ると先《ま》づ本校《ほんかう》の空手部員《からてぶゐん》で相當稽古《さうたうけいこ》の出來《でき》て居《ゐ》る人《ひと》を、騎馬立《きばだち》(空手《からて》の型《かた》の名稱《めいしよう》)一段《だん》から三段《だん》までと平安《へいあん》(仝上《どうじやう》)一段《だん》から五段《だん》までを、一段《だん》すむごとに二分《ふん》間《かん》づつ立《た》つたまゝで休《やす》ませて、約《やく》四十分間《ぷんかん》つゞけさせ、全部終了《ぜんぶしうれう》してから四十分後《ぷんご》に血壓《けつあつ》をはかつて見《み》ると、平均《へいきん》十五ミリ位《くらゐ》のものである。

これは他《ほか》のものと比《くら》べて、階段《かいだん》を二十位上《ぐらゐのぼ》つたとき、或《あるひ》は膝《ひざ》の屈伸運動《くつしんうんどう》を十回位《くわいぐらゐ》やつたときの血壓《けつあつ》と同《おな》じものであつて擊劍其他《げきけんそのた》の運動《うんどう》に比《くら》べるとはるかに血壓《けつあつ》は少《すくな》いのである。

▲それから尿《ねう》の方《はう》はどうかといふに一般《ぱん》に運動《うんどう》がはげしくなると、尿《ねう》の中《なか》に蛋白《たんぱく》が出《で》て來《く》るものであつて、之《これ》を勞動性蛋白《らうどうせいたんぱく》といつてゐるが、空手《からて》をはじめてから約《やく》一時間繼續《じかんけいぞく》の後《あと》に計《はか》つて見《み》ると、勞動性蛋白《らうどうせいたんぱく》の比重《ひぢゆう》が七又《また》は六であつて、これは普通《ふつう》に歩《ある》いて居《ゐ》る程度《ていど》の運動《うんどう》の場合《ばあひ》と同《おな》じである。故《ゆゑ》に空手《からて》をやつても勞動性蛋白《らうどうせいたんぱく》の出《で》る量《りやう》は、他《た》の諸運動《しよううんどう》のときよりもはるかに少《すくな》い

以上《いじやう》の二點《てん》から考《かんが》へて見《み》ると、空手《からて》術《じゆつ》は急激《きうげき》に猛練習《もうれんしふ》をやらず漸進的《ぜんしんてき》に慣《な》らせば、身體《しんたい》の抵抗力《ていかうりよく》を増《ま》し、理想的《りさうてき》の運動法《うんどうはふ》である。古來《こらい》空手《からて》の大家《たいか》に長《ちやう》壽《じゆ》の方《か》が多《おほ》いといふ事實《じじつ》も、その原因《げんいん》がよく理解《りかい》出來《でき》ると思《おも》ふ」と。

第一六節　體育として觀たる空手の生理學的効果

▲體育上《たいいくじやう》より觀《み》たる空手《からて》の生理學的《せいりがくてき》効果《かうくわ》につき海軍々醫大尉《かいぐんぐんゐたいゐ》林良齋氏《はやしりようさいし》の調査論文《てうさろんぶん》を讀《よ》んで見《み》ます。

徒手體操《としゆたいさう》として觀《み》たる空手術《からてじゆつ》の體育《たいいく》的効果《てきかうくわ》は次《つぎ》の如《ごと》きものである。

(イ)各種《かくしゆ》の運動系統《うんどうけいとう》は、凡《すべ》て能動的《のうどうてき》で活氣充實《くわつきじゆうじつ》、頗《すこぶ》る敏捷《びんせう》である。故《ゆゑ》に純《じゆん》然《ぜん》たる能動的運動法《のうどうてきうんどうはふ》として、循環系《じゆんくわんけい》統《とう》や呼吸系統《こきふけいとう》を迅速《じんそく》に昂進《かうしん》せしめ、新《しん》陳代謝機能《ちんたいしやきのう》を生理的《せいりてき》に促進《そくしん》するばかりでなく、巧緻《かうち》、敏捷《びんせう》などの能力《のうりよく》を養成《やうせい》する事《こと》が出來《でき》る。

(ロ)空手術《からてじゆつ》は脚部《きやくぶ》に種々活潑《しゆ〴〵くわつぱつ》の運動《うんどう》法《はふ》を課《くわ》するばかりではなく、一運動系《うんどうけい》統《とう》の實施中《じつしちう》、度々隻脚《たび〴〵せききやく》にて體重《たいじゆう》を支《さゝ》へ且《か》つ進退《しんたい》するものであるから、平均運《へいきんうん》動《どう》としての効果《かうくわ》も亦認《またみと》めらるゝ點《てん》が多《おほ》い。故《ゆゑ》に身體《しんたい》の平均感《へいきんかん》や、筋肉力《きんにくりよく》の經《けい》濟的使用能力《ざいてきしようのうりよく》や、又《また》は背部筋肉力《はいぶきんにくりよく》など養成《やうせい》する事《こと》が出來《でき》る。

(ハ)空手術《からてじゆつ》の型《かた》を練習《れんしふ》する事《こと》は、上《じやう》文論述《ぶんろんじゆつ》したる如《ごと》く、一種《しゆ》の徒手體操《としゆたいさう》を實施《じつし》するものであるから、身體各部《しんたいかくぶ》の重心點《じゆうしんてん》の移動《いどう》は、凡《すべ》て生理的《せいりてき》である。即《すなは》ち各運動《かくうんどう》に伴《ともな》ふ重心點《じゆうしんてん》の移動範圍《いどうはんゐ》は身體《しんたい》の支撑面《ししようめん》以内《ない》である。故《ゆゑ》に身體自《しんたいじ》身《しん》は、自己《じこ》の平衡《へいこう》を常《つね》に自身《じしん》の筋肉力《きんにくりよく》

のみにて支持《じぢ》し得《う》る範圍《はんゐ》内《ない》に於《おい》て、身《しん》體《たい》各部《かくぶ》を運動《うんどう》するものである、從《したが》つて各部《かくぶ》の運動《うんどう》には無理《むり》がない。加之《くはふるに》空手《からて》術《じゆつ》の型《かた》には、凡《すべ》ての能動的運動形式《のうどうてきうんどうけいしき》が包含《はうがん》されて居《ゐ》るから、此等《これら》の型《かた》を連續《れんぞく》練習《れんしふ》するときは、身體各部《しんたいかくぶ》の發育《はつゝく》は、調和的《てうわてき》に各部《かくぶ》平均《へいきん》するものである。

徒手體操《としゆたいさう》としての空手術《からてじゆつ》は、以上《いじやう》の如《ごと》く體育上頗《たいいくじやうすこぶ》る有効《いうかう》のものである。

而《しか》して一〇歳《さい》より六〇歳位《さいぐらゐ》までは、如何《いか》なる年齢《ねんれい》に於《おい》ても、決《けつ》して體育上弊《たいいくじやうへい》害《がい》を伴《ともな》ふべきものではない」と。

▲空手《からて》が簡單《かんたん》に誰《だれ》にでも出來《でき》て、然《しか》も如何《いか》に健康上理想的《けんかうじやうりさうてき》のものであるかと云《い》ふことは、以上《いじやう》の説明《せつめい》によつて明《あきら》かにされたと思《おも》ひます。次《つぎ》には武術《ぶじゆつ》としての方面《はうめん》から空手《からて》の價値《かち》をお話《はな》し致《いた》しませう。

第五章　武育及び氣育としての空手道

第一七節　理想的武術

▲空手《からて》には健康法《けんかうはふ》としての空手《からて》とか武術《ぶじゆつ》としての空手《からて》とか、特別《とくべつ》の區別《くべつ》が無論《むろん》あるわけではありません。たゞ觀《くわん》察《さつ》の立場《たちば》をいろ〱にかへて各方面《かくはうめん》から考《かんが》へて見《み》て、その全貌《ぜんばう》をはつきりと摑《つか》み、その眞價《しんか》を判斷《はんだん》しやうと云《い》ふのであります。

然《しか》し乍《なが》ら、空手《からて》は普通《ふつう》に健康法《けんかうはふ》として行《おこな》ふだけならば型《かた》を繰《く》り返《かへ》し行《おこな》ふたり、型《かた》の一部《ぶ》分《ぶん》を繰《く》り返《かへ》し練習《れんしふ》して居《ゐ》るだけでもよいのですが、これを武術《ぶじゆつ》として味《あぢ》はひ、鍛練《たんれん》して行《ゆ》くには、いろ〱の補助的鍛練《ほじよてきたんれん》の仕方《しかた》があります。その鍛練方法《たんれんはうはふ》は後《あと》で述《の》べることにして、此處《こゝ》では武術《ぶじゆつ》としての價値《かち》についてお話《はな》し致《いた》します。」

▲空手《からて》は總《すべ》ての武道《ぶだう》の基礎《きそ》

空手《からて》は理想的《りさうてき》の健康法《けんかうはふ》であると共《とも》に理想的《りさうてき》の護身武術《ごしんぶじゆつ》であります。空手《からて》は劍道《けんどう》や柔道其他《じうどうそのた》の武道《ぶだう》と對立《たいりつ》するものではなく、すべての武術《ぶじゆつ》の基礎《きそ》たるべき基本武道《きほんぶだう》であります。

空手《からて》は前《まへ》にもお話《はな》しした通《とほ》り、武道《ぶだう》の嫡流《ちやくりう》であります。原始人類以來《げんしじんるゐいらい》、人《にん》間《げん》の四肢五躰《ししごたい》を以《もつ》て成《な》し得《う》る最强《さいきやう》の無拘束《むかうそく》にして自由自在《じゆうじざい》なる武術《ぶじゆつ》であります。故《ゆゑ》に此《こ》の無拘束《むかうそく》の活動《くわつどう》、自由自在《じゆうじざい》なる運動《うんどう》を基本《きほん》武道《ぶどう》として習練《しふれん》し、然《しか》る後《ご》に各種《かくしゆ》の武道《ぶどう》を敎《をし》へることにすれば、鬼《おに》に金棒《かなぼう》で最《もつと》も理想的《りさうてき》であることは申《まを》すまでもありません。既《すで》にいくらか他《た》の武道《ぶどう》をやつて居《を》る人《ひと》が、空手《からて》をも併《あは》せて稽古《けいこ》することにすれば、其人《そのひと》の従來《じゆうらい》やつて居《ゐ》た武道《ぶどう》に對《たい》しても非常《ひじやう》に大《おほ》きな好影響《かうえいきやう》を及《およ》ぼして居《ゐ》る實例《じつれい》はいくらでもあります。

△空手《からて》は武器《ぶき》なくして攻防共《こうばうとも》に自在《じざい》

空手《からて》は讀《よ》んで字《じ》の如《ごと》く武器《ぶき》を持《も》たないで行《おこな》ふ武術《ぶじゆつ》でありまして、身體《しんたい》のあらゆる部分《ぶぶん》を以《もつ》て攻撃防禦《こうげきばうぎよ》に使用《しよう》するものでありますから、いざといふ場合《ばあひ》何時何處《いつどこ》でも間《ま》に合《あ》ふのであります。空手《からて》は自分《じぶん》の身體《しんたい》そのものが攻撃《こうげき》の武器《ぶき》にもなれば、防禦《ばうぎよ》の楯《たて》にもなるのですから、これほど理想的《りさうてき》な護身《ごしん》の武術《ぶじゆつ》はありません。單《たん》に健康法《けんかうはふ》としてやつて居《ゐ》るだけでも、いざと云《い》ふ場合《ばあひ》には自分《じぶん》の身《み》を護《まも》るに十分《じふぶん》役《やく》に立《た》つた實例《じつれい》がいくらもあります。況《いは》んや武術《ぶじゆつ》として鍛練《たんれん》しておけば、それに越《こ》したことはありません。

△喰《く》はずぎらひの先入的偏見《せんにふてきへんけん》を持《も》つ人《ひと》ならばいざ知《し》らず、眞《しん》に武術家《ぶじゆつか》として謙虚《けんきよ》な氣持《きも》ちで公平《こうへい》に物《もの》を判斷《はんだん》することの出來《でき》る武術家《ぶじゆつか》ならば、空手《からて》の武術的價値《じゆつてきかち》を高《たか》く評價《へうか》しない人《ひと》はありません。空手《からて》が最初東京《さいしよとうきやう》に紹介《せうかい》せられた搖籃時代《えうらんじだい》に、劍道《けんどう》の大家《たいか》中山博道先生《なかやまはくどうせんせい》は自己《じこ》の劍道々場《けんどうどうぢやう》を開放《かいはう》して富名《ふな》腰義《こしぎ》珍先生《ちんせんせい》の空手《からて》宣傳《せんでん》に援助《えんじよ》を與《あた》へられたことがあります。

又《また》、講道館長《かうどうくわんちやう》加《か》納治《なうぢ》五郎先生《ごらうせんせい》は昭《せう》和《わ》二年《ねん》に沖縄縣《おきなはけん》へ旅行《りよかう》して空手《からて》を研究《けんきう》せられたことがあります。その時《とき》、剛《がう》柔流大家《じふりうたいか》宮城《みやぎ》長順先生《ちやうじゆんせんせい》と糸洲派《いとすは》大家《たいか》摩文仁《まぶに》賢和《けんわ》先生《せんせい》とが二日《か》にわたつて空《から》手《て》の型《かた》や組手《くみて》を實演《じつえん》せられたので、加《か》納先生《なうせんせい》は高弟《かうてい》と共《とも》に熱心《ねつしん》に見學《けんがく》せられ自《みづか》ら立《た》つて種々質問《しゆくしつもん》する等眞摯《などしんし》な態度《たいど》を以《もつ》て研究《けんきう》せられた結果《けつくわ》、その術《じゆつ》の精《せい》妙《めう》なるに感歎措《かんたんお》く能《あた》はず「攻防自在《こうばうじざい》、全國《ぜんこく》に宣傳《せんでん》せらるべし」と激稱《げきせう》せられたことがあります。劍柔道兩方《けんじうどうりやうはう》の最高《さいかう》權威者《けんゐしや》の方々《かたがた》が、空手《からて》に對《たい》して示《しめ》された態度《たいど》こそは、眞《しん》に武士道精神《ぶしどうせいしん》を發揮《はつき》せられた日本武人《にほんぶじん》としての謙虚《けんきよ》な美《うつく》しい態度《たいど》と申《まを》さなければなりません。と同時《どうじ》に劍柔道兩方《けんじうどうりやうはう》の最高權威者《さいかうけんゐしや》が如何《いか》に高《たか》く空手《からて》の武道的價値《ぶどうてきかち》を評價《へうか》せられたかを知《し》るに十分《ぶん》であります。

△こゝに一言《ごん》附加《ふか》しておきたいことがあります。空手《からて》は如何《いか》に武器《ぶき》を持《も》たない武術《ぶじゆつ》とはいへ萬止《まんや》むを得《え》ざる際《さい》にたとへば夜中強盜《やちうがうたう》に見舞《みま》はれた時《とき》とか絶對《ぜつたい》に避《さ》くべからざる咄嗟《とつさ》の自己防衛《じこばうゑい》の必要《ひつえう》に迫《せま》られた時《とき》とか、さういふ時《とき》

には何《なん》でも有《あ》り合《あは》せの物《もの》を活用《くわつよう》することは當然《たうぜん》であつて、古來空手《こらいからて》に於《おい》てもそのことは必要《ひつえう》な心得《こゝろえ》の一つとなつて居《ゐ》ることは申《まを》すまでもありません。

▲空手《からて》は武術《ぶじゆつ》として上達《じやうたつ》が早《はや》い

空手《からて》は型《かた》を基《もと》として稽古《けいこ》するもので攻防《こうばう》の技《ぎ》が身體各部《しんたいかくぶ》を殆《ほと》んど殘《のこ》りなく活用《くわつよう》する。此《こ》の二つの理由《りゆう》によつて、他《た》の武術《ぶじゆつ》よりはるかに上達《じやうたつ》が早《はや》いことは注目《ちゆうもく》すべきことだらうと思《おも》ひます。折角護身武術《せつかくごしんぶじゆつ》として稽古《けいこ》をはじめても上達《じやうたつ》がおそくては容易《ようい》に自分《じぶん》のものとすることが出來《でき》ませんが、空手《からて》はその點《てん》が頗《すこぶ》る便利《べんり》であります。早稻田大學《わせだだいがく》空手部趣旨《からてぶしゆし》の一節《せつ》に次《つぎ》の樣《やう》に書《か》いてあります。

「空手術《からてじゆつ》の本質《ほんしつ》は……謹愼《きんしん》、謙讓《けんじやう》と忍《にん》耐《たい》、併《あは》せて沈勇《ちんゆう》、決斷《けつだん》等《とう》の諸徳《しよとく》を涵養《かんやう》するにある。又體育的《またたいいくてき》には、四肢《し》、軀《く》幹《かん》の上下左右《じやうげさいう》の運動《うんどう》は均齊《きんせい》を保《たも》ち、頗《すこぶ》る活潑敏捷《くわつぱつびんせふ》克く短時間《たんじかん》の間《あひだ》に多大《ただい》の運《うん》動効果《どうかうくわ》を得《え》て身體《しんたい》の圓滿《ゑんまん》なる發達《はつたつ》をとげ、一年《ねん》にして全然體格《ぜんぜんたいかく》の改造《かいざう》をなし得《う》るのである。

又練習方法《またれんしふはうはふ》の上《うへ》からは……練習《れんしふ》の容《よう》易《い》にして、上達《じやうたつ》の早《はや》きこと、この空手《からて》術《じゆつ》の如《ごと》きは稀《まれ》である。一年《ねん》の研究《けんきう》は能《よ》く他《た》の武術《ぶじゆつ》の數年《すうねん》の練習《れんしふ》の効果《かうくわ》に匹敵《ひつてき》するものあることを確信《かくしん》する。」

此《これ》は部員諸君《ぶゐんしよくん》の實際《じつさい》に練習《れんしふ》して見《み》た體驗上《たいけんじやう》の確信《かくしん》を語《かた》る言葉《ことば》であつて、單《たん》なる机上《きじやう》の理論《りろん》ではありません。是《これ》を以《もつ》て見《み》ても空手《からて》が如何《いか》に上達《じやうたつ》の早《はや》い効《かう》果的《くわてき》な武術《ぶじゆつ》であるかといふことがわかると思《おも》ひます。

▲空手《からて》は自信《じしん》と落着《おちつき》を與《あた》へる

空手《からて》は前記《ぜんき》のやうに非常《ひじやう》に優《すぐ》れた武《ぶ》術《じゆつ》であると共《とも》に頗《すこぶ》る上達《じやうたつ》が早《はや》いのでありますから、一旦稽古《たんけいこ》をはじめた人《ひと》で眞面目《まじめ》に繼續《けいぞく》してやつて居《ゐ》るならば、何時《いつ》の間《ま》にか腹《はら》の底《そこ》に自信《じしん》が生《うま》れ、自《し》然《ぜん》に落着《おちつき》が出來《でき》てきます。「空手道《からてだう》」第《だい》一號《がう》に次《つぎ》の樣《やう》な記事《きじ》があります。

「上州《じやうしう》は某溫泉場《ぼうおんせんじやう》の大《おほ》きな旅館《りよくわん》の主人《しゆじん》如何《いか》なるものか性來氣《せいらいき》が弱《よわ》く、お客《きやく》が醉《よ》ぱらつて一寸亂暴《ちよつとらんばう》しても、自分《じぶん》の部《へ》屋《や》へかくれて蒲團《ふとん》をひつかぶつてガタガタ慄《ふる》へて居《ゐ》るといふ有樣《ありさま》だつた。これほど氣《き》の弱《よわ》かつた人《ひと》が、空手《からて》を稽古《けいこ》するやうになつてから、今《いま》では亂暴《らんばう》な醉客同志《すゐきやくどうし》の喧嘩《けんくわ》の場《ば》に顏《かほ》を出《だ》して、『まア、まア』と仲裁《ちうさい》する程《ほど》の度胸《どきよう》も出來《でき》、天晴《あつぱ》れ主人《しゆじん》としての貫祿《かんろく》もつき、商賣《しやうばい》も益々精《ますくせい》が出《で》て喜《よろこ》んで居《ゐ》るといふ實例《じつれい》がある。之《これ》は何《なに》を意味《いみ》するか、空手《からて》を稽古《けいこ》したおかげで、體力《たいりよく》を鍛《きた》へるとともに、腹《はら》に自信《じしん》が出來《でき》て勇氣《ゆうき》が生《しやう》ずるからである。」

右《みぎ》の樣《やう》な實例《じつれい》は枚擧《まいきよ》に遑《いとま》なきほどありますが、此處《こゝ》には省略《せうりやく》します。

第一八節　鬪技として觀たる空手の生理學的効果

▲鬪技《とうぎ》としての空手術《からてじゆつ》と――題《だい》する海軍《かいぐん》々醫《くんゐ》林《はやし》良齋《りようさい》大尉《たいゐ》の文章《ぶんしやう》を讀《よ》んで參考《さんかう》に致《いた》します。

『空手術《からてじゆつ》は敵《てき》の、打《う》つ蹴《け》る突《つ》く等《など》の攻擊的《こうげきてき》動作《どうさ》を防止《ばうし》し、且《か》つ進《すゝ》んでは敵《てき》の虛《きよ》を突《つ》かんとするものであるから、二者相對《しやあいたい》して鬪技《とうぎ》として、その技《ぎ》を應用《おうよう》する事《こと》が出來《でき》る。此《こ》の場合《はあひ》に於《お》ける空《から》手術《てじゆつ》は純然《じゆんぜん》たる鬪技《とうぎ》である。鬪技《とうぎ》としての空手術《からてじゆつ》の體育的効果《たいいくてきかうくわ》は次《つ》ぎの如《ごと》きものである。

（イ）空手術《からてじゆつ》の四肢《し》及《およ》び軀幹《くかん》の運動《うんどう》は頗《すこぶ》る活潑《くわつぱつ》で、敏捷《びんせう》で、且《か》つ筋肉運動《きんにくうんどう》は頗《すこぶ》る短切《たんせつ》である。故《ゆえ》に時間《じかん》の割合《わりあひ》に、その運動量《うんどうりやう》は多量《たりやう》である。

（ロ）色々《いろ〳〵》の運動法《うんどうはふ》も同時《どうじ》に課《くわ》する事《こと》が出來《でき》る、即《すなは》ち前進《ぜんしん》、側進《そくしん》、後進《かうしん》又《また》は跳躍運動《ちやうやくうんどう》の如《ごと》きものを、自然的運動形式《しぜんてきうんどうけいしき》のもとに、無意識的《むいしきてき》に習熟《しふじゆく》せしむる事《こと》が出來《でき》る。

（ハ）敏捷《びんせう》や注意《ちゆうゐ》や決斷《けつだん》や沈着《ちんちやく》や勇氣《ゆうき》や速力《そくりよく》などの能力《のうりよく》を養成《やうせい》することが出《で》來《き》る。

（ニ）全身筋肉《ぜんしんきんにく》は各部《かくぶ》殆《ほと》んど均等《きんとう》に運《うん》動《どう》せしめらるゝものであるが、殊《こと》に大《だい》腿《たい》、腹部《ふくぶ》、肩胛《けんかう》及《およ》び背部《はいぶ》の諸筋《しよきん》が主《しゆ》として運動《うんどう》せしめられ、鬪技《とうぎ》中《ちう》神經力《しんけいりよく》を要《えう》する程度《ていど》は頗《すこぶ》る大《だい》にして、脈膊《みやくはく》と血《けつ》壓《あつ》と呼吸《こきふ》とに及《およ》ぼす影響《えいきやう》は中等度《ちうとうど》である。

（ホ）鬪技《とうぎ》として適當《てきたう》の年齡《ねんれい》は一五―四〇歲《さい》である。』

第一九節　理想的氣育法としての空手道

▲『バルチック艦隊發見《かんたいはつけん》の報《はう》を打電《だでん》すべく盡忠報國《じんちうはうこく》の赤誠《せきせい》に燃《も》えた沖繩縣《おきなわけん》宮古島《みやこじま》の六勇士《ゆうし》の決死《けつし》の活躍《くわつやく》は、昭和《せうわ》五年《ねん》五月皇后陛下《がつくわうごうへいか》が女子學習院學藝會《ぢよしがくしふゐんがくげいくわい》に行啓遊《ぎやうけいあそ》ばされた際《さい》、一女生徒《ぢよせいと》が五十嵐《いが》氏《らし》の「遥《はる》かりし一時間《じかん》」を御前《ごぜん》に朗《らう》讀《とく》したことによつて、畏《かしこ》くも皇后陛下《くわうごうへいか》のお耳《みゝ》に達《たつ》する光榮《くわうえい》を得《え》た。皇后陛下《くわうごうへいか》の御下賜金《ごかしきん》をもつて購《か》はれた五本《ほん》の白《はく》扇《せん》へ當時《たうじ》女子學習院長《ぢよしがくしふゐんちやう》であつた松浦寅《まつうらとら》三郎《らう》氏《し》は「陽氣發處金石亦透、精神一《いつ》到何事不成」の揮毫《きがう》をして現存《げんそん》の五勇《ゆう》士《し》に賜《たま》つたが、今《いま》や三十年目《ねんめ》の海軍記《かいぐんき》念日《ねんび》を迎《むか》へてこの五勇士《ゆうし》は改《あらた》めて海軍《かいぐん》省《せう》から表彰《へうせう》を受《う》ける』云々《うんぬん》と新聞記事《しんぶんきじ》は報《はう》じて居《を》ります。木《こ》の葉《は》のやうな一片《ぺん》の刳舟《くりぶね》に乘《の》つて逆卷《さかま》く怒濤《どたう》を十七時《じ》間《かん》も力漕《りきそう》したといふことは、松浦學習《まつうらがくしふ》院長《ゐんちやう》の適確《てきかく》なる評言《へうげん》の如《ごと》く、正《まさ》に理論《りろん》を超越《てうえつ》した「氣《き》」の問題《もんだい》と云《い》はなけれ

ばなりません。

▲荒木《あらき》貞夫《さだを》大將《たいしやう》は「名將《めいしやう》を語《かた》る」といふ文章《ぶんしやう》の中《なか》で次《つぎ》の樣《やう》に云《い》つて居《を》られます。

『武將《ぶしやう》として上杉謙信《うへすぎけんしん》に私淑《ししゆく》する所以《ゆゑん》はその氣魄《きはく》である。戰爭《せんさう》は一面《めん》において緻密《ちみつ》なる作戰《さくせん》を必要《ひつえう》とするが一面《めん》において電光石火《でんくわうせつくわ》の如《ごと》き「氣《き》」の問題《もんだい》であると思《おも》ふ。或《あるひ》はこれを機略《きりやく》といつてもいゝが、機《き》に應《おう》じて鐵火《てつくわ》の如《ごと》き意氣《いき》が閃《ひら》めき、その間《かん》自《おのづか》ら微妙《びみやう》なる智略《ちりやく》が迸《ほとばし》り出《で》るといふのである。

今《いま》謙信《けんしん》と信玄《しんげん》の作戰《さくせん》なりを深《ふか》く觀察《くわんさつ》するに謙信《けんしん》は氣魄《きはく》一點張《てんば》り、信玄《しんげん》は水《みづ》も洩《も》さぬ合理的《がふりてき》作戰《さくせん》によつてゐる。氣《き》が勝《か》つか策《さく》が勝《か》つか川中島《かはなかじま》の戰《たゝか》ひは正《まさ》に五分《ぶ》五分《ぶ》である。……その代《かは》り謙信《けんしん》は用意周到《ようゐしうたう》なる信玄《しんげん》の作戰《さくせん》にひつかゝつて常《つね》に危機に置《お》かれてゐる。この危《き》機《き》を脫出《だつしゆつ》し、且敵《かつてき》を逆《ぎやく》に壓倒《あつたう》するものは策《さく》でもなければ智略《ちりやく》でもない。たゞ烈々《れつ〳〵》たる「氣《き》」である。これが凡將《ぼんしやう》ならば忽《たちま》ち策《さく》の前《まへ》に倒《たふ》れてしまふが、謙《けん》信《しん》は流石《さすが》に名將《めいしやう》であつた。』

名將《めいしやう》が名將《めいしやう》を語《かた》つて「氣《き》」の問題《もんだい》を說《と》くところ、意味深長《いみしんちやう》であります。

▲日本人《にほんじん》の強《つよ》さは體力的《たいりよくてき》なカロリーの量《りやう》で測《はか》るべきものではなく精神的《せいしんてき》な「氣《き》」の歩留《ぶどま》りで測《はか》るべき強《つよ》さであらうと思《おも》ひます。藤田東湖《ふじたとうこ》は「正氣《せいき》の歌《うた》」を作《つく》つて、日本人《にほんじん》の持《も》つ天地正大《てんちせいだい》の氣《き》を「凝《こ》つては百錬《れん》の鐵《てつ》となり、發《はつ》しては萬朶《ばんだ》の櫻《さくら》となる」といみじくも表現《へうげん》して居《を》ります。「病《やまひ》は氣《き》から」と云《い》ひ、愁《うれひ》ある者《もの》には「氣《き》を落《おと》さぬ樣《やう》に」と激勵《げきれい》します。故《ゆゑ》に、小《せう》は個人《こじん》の盛衰《せいすゐ》より大《だい》は國家《こくか》の興亡《こうばう》に至《いた》るまで、最後《さいご》に到《いた》つては結局《けつきよく》「氣《き》」の問題《もんだい》になつて來《き》ます。「氣《き》」の養成《やうせい》は實《じつ》に重大《ぢゆうだい》な問題《もんだい》たることに何人《なにびと》も異存《ゐぞん》はありません。

▲空手《からて》は此《こ》の重大《ぢゆうだい》な「氣《き》」の養成《やうせい》に特殊《とくしゆ》の効果《かうくわ》があると云《い》はれて居《を》ります。慶應大學空手部《けいおうだいがくからてぶ》雜誌《ざつし》に「氣育《きいく》」と題《だい》する記事《きじ》の中《なか》に次《つぎ》の一節《せつ》があります。

『初《はじ》めて空手《からて》を見《み》た人《ひと》に、空手《かつて》はどうですか、と尋《たず》ねたら「空手《からて》は氣《き》ですね」と言《い》つて居《を》られた。「黑帶《くろおび》を締《し》めてゐる人達《ひとたち》のあゝいふ氣《き》を得《う》るだけでも空手《からて》は實《じつ》に尊《たうと》いものだと思《おも》ふ」と。

空手《からて》では自然《しぜん》にその氣育《きいく》を行《おこな》つて居《ゐ》ることが、前《まへ》の言葉《ことば》で證明《しようめい》されて居《ゐ》る樣《やう》に思《おも》はれる。初段位《しよだんぐらひ》なると型《かた》をやつて居《ゐ》る時《とき》の氣《き》は一寸近《ちよつとちか》づき難《がた》い、犯《をか》し難《がた》いと云《い》ふ感《かん》じを相手方《あいてがた》に懷《いだ》かせる。「戰《たゝか》はずして勝《か》つ」と云《い》ふのも此《こ》の邊《へん》の消息《せうそく》を物語《ものがた》るものではないであらうか。

空手《からて》をやつて何處《どこ》が一番疲《ばんつか》れるか、といふ質問《しつもん》は我々《われ〳〵》がよく受《う》ける質問《しつもん》であるが、考《かんが》へてみると練習《れんしふ》さへかたよらなければ特別《とくべつ》に疲《つか》れるところもなければ、又特別《またとくべつ》に疲《つか》れない處《ところ》もない。強《し》いて云《い》へば全身《ぜんしん》が疲《つか》れる。がしかし泳《およ》いだ後《あと》とか湯《ゆ》にはいつた後《あと》の樣《やう》な疲《つか》れとは疲《つか》れの性質《せいしつ》が違《ちが》ふ。それは氣《き》の疲《つか》れが多分《たぶん》に加《くわ》はるからであらう。初段《しよだん》になつてあれだけの氣《き》を出《だ》すには練習《れんしふ》の際可成《さいかな》り氣《き》の練習《れんしふ》をやつて居《ゐ》るに違《ちが》ひない。それで氣《き》が疲《つか》れるのである。氣《き》の疲《つか》れない程度《ていど》の練習《れんしふ》ではあれだけの氣《き》は得《え》られないのである。

　氣《き》の疲《つか》れは肉體《にくたい》のみの疲《つか》れの樣《やう》に、快《こゝろよ》い疲勞《ひらう》では無《な》いかも知《し》れないが、氣《き》を鍛錬《たんれん》することは、社會《しやくわい》に生《い》きて行《ゆ》く上《うへ》に於《おい》て最《もつと》も大切《たいせつ》な最《もつと》も應用《おうよう》の範圍《はんゐ》の廣《ひろ》い又效用《またかうよう》の著《いちじる》しいものである。この氣《き》一つを得《う》るだけでも空手《からて》をやる價値《かち》が充分《じうぶん》にある。』

　空手《からて》が氣育《きいく》として如何《いか》に效果的《かうくわてき》であるかといふことは、此《こ》の短《みじか》い文章《ぶんしやう》の中《なか》によく現《あら》はれてゐると思《おも》ひます。

第三講　空手道修業の豫備知識と心構

第六章　空手の起源に關する考察

第二〇節　達磨流祖說の疑問

▲空手《からて》は千四百年前《ねんぜん》に達磨《だるま》大師《たいし》からはじまつた樣《やう》な說《せつ》が一部《ぶ》に流布《るふ》せられつつありますが、私《わたし》は此《こ》の說《せつ》を甚《はなは》だ疑問《ぎもん》の多《おほ》い說《せつ》だと思《おも》つて居《を》ります。

此《こ》の說《せつ》は、支那《しな》の少林寺《せうりんじ》に達磨《だるま》大師《たいし》が留錫《りうしやく》した關係《くわんけい》から、少林寺《せうりんじ》拳法《けんはふ》の起《き》源《げん》を達磨《だるま》大師《たいし》に結《むす》び付《つ》けて權威《けんゐ》あるものたらしめるために僞作《ぎさく》したらしく思《おも》はれる「易筋經義《えききんけうぎ》」なる本《ほん》が近年《きんねん》になつて日本《にほん》で飜譯紹介《ほんやくせうかい》せられたことが動《どう》機《き》になつてゐるやうであります。

▲少林寺《せうりんじ》と云《い》へば達磨《だるま》大師《たいし》で名高《なだか》く、又拳法《またけんはう》で名高《なだか》いために、少林拳法《せうりんけんはふ》は達《だる》磨《ま》大師《たいし》の創始《さうし》した拳法《けんはふ》のやうに思《おも》はれ易《やす》いのですが、然《しか》し少林寺《せうりんじ》は達磨《だるま》大師《たいし》が西天竺《にしてんぢく》より支那《しな》に渡來《とらい》するよりも古《ふる》くからあつた名刹《めいさつ》であつて、お寺《てら》の寶《ほう》物《もつ》や財產《ざいさん》の守護《しゆご》のために僧兵《そうへい》が各種《かくしゆ》の武術《ぶじゆつ》を稽古《けいこ》して居《ゐ》たので、それは何《なに》も拳法《けんはう》だけに限《かぎ》つたことではなく槍《やり》、棒《はう》、釵《さい》、刀等《かたなとう》の武術《ぶじゆつ》も等《ひと》しく行《おこな》はれてゐたのであります。其《そ》の事實《じじつ》は少林寺《せうりんじ》の壁《へき》畫《ぐわ》に今日《こんにち》でも殘《のこ》つてゐるし、又現在《またげんざい》の少林寺《せうりんじ》は現代的《げんだいてき》に洋服《やうふく》を着用《ちやくよう》し軍帽《ぐんばう》をかぶり小銃《せうじう》を持《も》つてゐるモダン僧兵《そうへい》が守護《しゆご》して居《を》ります。是等《これら》の事實《じじつ》を見《み》ても少林寺《せうりんじ》の拳法《けんはふ》は他《た》の武術《ぶじゆつ》と等《ひと》しく寺《じ》門寺《もんじ》領《れう》の守護《しゆご》のために（支那《しな》の政府《せいふ》があてにならない爲《た》めの自衛上《じゑいじやう》）僧兵《そうへい》の間《あひだ》の傳統的訓練《でんとうてきくんれん》として、達磨《だるま》以前《いぜん》から存在《そんざい》したであらうことは想像《さうぞう》に難《かた》くないのであります。

「悉《ことぐ》く書《しよ》を信《しん》ずれば書無《しよな》きに如《し》かず」と古人《こじん》はいましめて居《ゐ》ます。出所《しゆつしよ》の怪《あや》しげな僅《わづ》か一冊《さつ》の書物《しよもつ》を、何等《なんら》の詮索《せんさく》もなく、批判《ひはん》もなく信用《しんよう》して、空手《からて》は達磨《だるま》大師《たいし》からはじまるといふことにしてしまふのは頗《すこぶ》る危險《きけん》な話《はなし》ではなからうかと考《かんが》へます。此點《このてん》に關《くわん》してはもつと詳《くは》しくお話《はなし》しなければなりませんが此處《こゝ》ではあまり長《なが》くなりますから省略《せうりやく》することとし、空手研究第《からてけんきうだい》二輯所載拙稿《しふしよさいせつかう》「少林寺《せうりんじ》拳法《けんはふ》達磨《だるま》流祖《りうそ》說《せつ》を疑《うたが》ふ」の項《こう》を參照《さんせう》して頂《いたゞ》くことにして、空手《からて》の起《き》源《げん》の考察《かうさつ》に話《はなし》を進《すゝ》めることに致《いた》します。

第二節　空手は武術の嫡流

▲空手《からて》は武術《ぶじゆつ》の嫡流《ちやくりう》なり――と私《わたし》は考《かんが》へて居《を》ります。其《そ》の理由《りゆう》を次《つぎ》に説明致《せつめいいた》します。

人類進化《じんるゐしんくわ》の途上《とじやう》に於《おい》て爭鬪《きうたう》と平和《へいわ》は糾《あざな》へる繩《なは》の如《ごと》きものでありまして、集《しう》團的《だんてき》に又個《またこ》人的《じんてき》に爭鬪《きうたう》の絶《た》え間《ま》はなかつたのであります。その爭鬪形式《きうたうけいしき》は武《ぶ》器《き》を持《も》つての爭鬪《きうたう》よりも武器《ぶき》を持《も》たざる無手空手《むてくうて》の爭鬪《きうたう》が古《ふる》く、且《か》つ又武器《またぶき》を持《も》つやうになつてからも無手空手《むてくうて》の爭鬪《きうたう》と武器爭鬪《ぶききうたう》と共《とも》に並存《へいそん》して來《き》たのであります。（無手空手《むてくうて》の手《て》は武器《ぶき》を意《い》味《み》する古語《こご》にして、無手空手《むてくうて》とは即《すなは》ち武器《ぶき》を持《も》たざる意《い》なり。）

▲武器《ぶき》は身體《しんたい》の一部《ぶ》ではなく、外部《ぐわいぶ》に携帶《けいたい》してゐる借《か》り物《もの》であるから、それを携帶《けいたい》してゐない時《とき》は否應《いやおう》なしに無手《むて》空手《くうて》で鬪《たゝか》ふより外《ほか》に方法《はうはふ》はなく、武器《ぶき》が相當《さうたう》に發達《はつたつ》せる數《すう》百年前《ねんぜん》の爭鬪《きうたう》に於《おい》てもなほ、一騎打《きうち》が白熱《はくねつ》して來《く》ると、「面倒なり」と叫《さけ》びながら武器《ぶき》を投《な》げ捨《す》てて「いざ組《く》まん」と無手《むて》で取組《とりく》み合《あ》つたことは、歴史上《れきしじやう》の記録《きろく》に明《あき》かな事實《じじつ》であります。

處《ところ》で此《こ》の「面倒《めんだう》なり」の一句《く》はなかなかに味《あぢ》のある面白《おもしろ》い言葉《ことば》ではありませんか。いくら優秀《いうしう》な武器《ぶき》でも結局《けつきよく》は借《か》りものに過《す》ぎないので、武器《ぶき》を持《も》つてゐることが「面倒《めんだう》なり」ともどかしくなつて來《き》て、幾萬年來《いくまんねんらい》の本能《ほんのう》が蘇《よ》みがへり「いざ組《く》まん」と腹底《はらそこ》からの叫《さけ》びとなるのであります。科學戰《くわがくせん》を誇《ほこ》る歐洲大戰《おうしうたいせん》に於《おい》てさえ、愈々塹壕戰《いよいよざんがうせん》になると武器《ぶき》など使《つか》つて居《を》られなくなり、無手空手《むてくうて》で決死《けつし》の爭鬪《きうたう》をやつたといふ事實《じじつ》は、明《あき》かに「武器《ぶき》は面倒《めんだう》なり、いざ組《く》まん」が人類《じんるゐ》の最《もつと》も古《ふる》く又最後《またさいご》の眞實《しんじつ》の爭鬪形式《きうたうけいしき》たることを證《しよう》するものと云《い》はなければなりません。

▲無手空手《むてくうて》の爭鬪《きうたう》に於《おい》て、それが眞《しん》に生死《せいし》の決戰《けつせん》である場合《ばあひ》は、あらゆる技《ぎ》法《はふ》を無制限《なせいげん》に自由自在《じゆうじざい》に發動《はつどう》させることは申《まう》すまでもありません。私《わたし》が今日《こんにち》の空手《からて》を以《もつ》て人類《じんるゐ》の有《いう》する武術《ぶじゆつ》の嫡流《ちやくりう》なりと云《い》ふのは、次《つぎ》の理由《りゆう》によるのであります。

一、無手空手《むてくうて》の爭鬪《きうたう》は武器《ぶき》を持《も》つての爭鬪《きうたう》よりも古《ふる》いこと。

二、武器《ぶき》を持《も》つての戰《たゝか》ひが、氣持《きも》ちの上《うへ》から（戰國武士《せんごくぶし》の一騎打《きうち》の如《ごと》き）、或《あるひ》は又場所《またはしよ》の制限《せいげん》から（近代《きんだい》塹壕戰《ざんがうせん》の如《ごと》き）面倒《めんだう》になり邪魔《じやま》になる際《さい》は、人類《じんるゐ》は本能的《ほんのうてき》に武器《ぶき》を捨《す》てて無手空手《むてくうて》の爭鬪《きうたう》に還元《かんげん》すること。

三、武器《ぶき》は結局借《けつきよくか》り物《もの》である、故《ゆゑ》に

何時《いつ》如何《いか》なる場合《ばあひ》にても有效《いうかう》なるは、武器《ぶき》無《な》くして行《おこな》ひ得《う》る無手《むて》空《くう》手《て》の武術《ぶじゆつ》が攻防《こうばう》の理想《りさう》にかなひ、自己保存《じこほぞん》の本能《ほんのう》に合致《がつち》すること。

四、空手《からて》拳法《けんぽふ》には禁手《きんて》なるものは一つもなく、四肢《し》五體《たい》の機能《きのう》を自由《じゆう》無《む》拘束《こうそく》に活動《くわつどう》せしむる武術形式《ぶじゆつけいしき》であること。

五、柔術拳法《じうじゆつけんぽふ》は本來《ほんらい》無手《むて》空手《くうて》の武術《ぶじゆつ》としての目的《もくてき》よりも、武器《ぶき》を持《も》つ武術《ぶじゆつ》の補助《ほじよ》としての目的《もくてき》で研究《けんきう》せられて來《き》たが、空手《からて》拳法《けんぽふ》は無手《むて》空《くう》手《て》を本體《ほんたい》として研究《けんきう》され來《き》たつたこと。

以上《いじやう》の理由《りいう》により、人類《じんるゐ》の持《も》つ最《もつと》も古《ふる》き武術《ぶじゆつ》の嫡流《ちやくりう》は空手《からて》である――といつてもよいと將《かんが》へるのであります。

第三節　空手と相撲及柔術との關係

▲此處《ここ》で相撲《すまふ》と柔術拳法《じうじゆつけんぽふ》につき、簡單《かんたん》に觸《ふ》れておき度《た》いと思《おも》ひます。

空手《からて》拳法《けんぽふ》が人類武術《じんるゐぶじゆつ》の嫡流《ちやくりう》ならば、相撲及《すまふおよ》び柔術拳法《じうじゆつけんぽふ》はその分家《ぶんけ》にあたるものであります。

▲今日世俗《こんにちせぞく》に、野見宿禰《のみのすくね》が當麻蹶速《たいまのけはや》と力競《ちからくら》べをしたことが相撲《すまふ》の起源《きげん》のやうに言《い》はれて居《ゐ》ますが、然《しか》しそれは今日《こんにち》の相撲《すまふ》とは甚《はなは》だ異《こと》つたものであり、宿禰《すくね》は蹶速《けはや》の腰《こし》を蹴折《けを》つて踏《ふ》み殺《ころ》したのであります。これは垂仁天皇《すゐにんてんのう》の七年《ねん》七月《ぐわつ》（昭和《せうわ》十年《ねん》から數《かぞ》へて千九百三十七年前《ねんぜん》）に行《おこな》はれたことでありまして、禁手《きんて》といふ制限《せいげん》のない無手空手《むてくうて》の決死《けつし》的試合《てきしあひ》であつたのであります。

▲これよりも古《ふる》いところでは、神代《かみよ》の古《むかし》、建御雷命《たけみかづちのみこと》と建御名方命《たけみなかたのみこと》が出雲《いづも》の伊那佐《いなさ》の小濱《こはま》に於《おい》て其《そ》の力《ちから》を競《くら》べられたことが、日本歴史《にほんれきし》に殘《のこ》る最《もつと》も古《ふる》い記錄《きろく》になつて居《を》ります。第《だい》一講第《こうだい》七節《せつ》に日本民族渡來《にほんみんぞくとらい》の話《はなし》の中《なか》にもある通《とほ》り、天孫降臨《てんそんかうりん》以前《いぜん》に於《おい》て既《すで》に出雲《いづも》地方《ちはう》を中《ちう》心《しん》として、日本民族《やまとみんぞく》の一部が殖民《しよくみん》をして居《ゐ》たのでありますが、天孫降臨《てんそんかうりん》に先《さき》だつて使節《しせつ》として使《つか》はされた建御雷《たけみかづちのみ》命《こと》は大國主命《おほくにぬしのみこと》にお使者《ししや》の趣旨《しゆし》をお話《はなし》になると、大國主命《おほくにぬしのみこと》はこのことを他《た》の神々《かみがみ》に御相談《ごさうだん》になりました。すると建《たけ》御名方命《みなかたのみこと》は「自分達《じぶんたち》の國《くに》にやつて來《き》て彼是《かれこれ》言《い》つてゐるのは何處《どこ》の者《もの》だ、何《なに》か言《い》ふことがあるなら我《われ》と力比《ちからくら》べをして見《み》ろ」といどみかけて力競《ちからくら》べをしたことになつて居《ゐ》ます。然《しか》し流石《さすが》に建御雷《たけみかづちの》命《みこと》は外交使節《ぐわいこうしせつ》だけあつて、あまり手荒《てあら》なことはせず、やんはりとあしらつてただ殖民地側《しよくみんちがは》の神々《かみがみ》に向《むか》つて武威《ぶゐ》を示《しめ》す程度《ていど》で片付《かたづ》けて居《ゐ》られるのはまことに興味深《きようみふか》い神話《しんわ》であります。即《すなは》ち建御《たけみかづ》雷命《ちのみこと》は建御名方命《たけみなかたのみこと》にわざと取組《とりく》ませておいて、勝手《かつて》にさせて見《み》たが、建御雷《たけみかづちの》

命《みこと》は大地《だいち》から生《は》えたやうでびくともせず、その體《からだ》は金鐵《きんてつ》のやうに堅《かた》く、建御《たけみ》名方命《なかたのみこと》が「これは大變《たいへん》な相手《あひて》だ」と怖《おそ》れをなしたところを「では行《ゆ》くぞ」とばかり建御雷命《たけみかづちのみこと》は相手《あひて》たる建御名方命《たけみなかたのみこと》を「若葦《わかあし》の芽《め》の如《ごと》く」やすくと取《と》つて投《な》げつけたので、建御名方命《たけみなかたのみこと》は驚《おどろ》いて信濃國《しなのゝくに》に逃《に》げかくれられました。そこで天孫降臨《てんそんかうりん》に就《つい》て何人《なんぴと》も異議《ゐぎ》をとなへるものがなくなつたのであります。

▲此《こ》の話《はなし》は神代《かみよ》のことで勿論明確《もちろんめいかく》な時《じ》代《だい》はわかりませんが、假《かり》に三千年前《ねんまへ》としておきませう。其《そ》の時代《じだい》から約《やく》千年《ねん》後《ご》に當麻蹶速《たへまのけはや》と野見宿禰《のみのすくね》の力比《ちからくら》べがあつた譯《わけ》であります。垂仁天皇《すゐにんてんのう》の御前試《ごぜんじ》合《あひ》で蹶速《けはや》を踏殺《ふみころ》した宿禰《すくね》は、殉死《じゆんし》の悲《ひ》慘事《さんじ》を廢止《はいし》すべく天皇《てんのう》に獻言《けんぐ》して埴輪《はにわ》を以《もつ》て之《これ》に代《か》へたほどの温良《おんりやう》な心《こゝろ》の持《もち》主《ぬし》であつた點《てん》を考《かんが》へ合《あは》せて見《み》ますと、その時《とき》の「相撲《すもう》」は後代《こうだい》の競技的相撲《けふぎてきすもう》とは異《ことな》り、決死的無手試合《けつしてきむてしあひ》であつたと見《み》るべきであります。

▲然《しか》し乍《なが》ら人類《じんるゐ》は斯《か》くの如《ごと》き生命《いのち》がけの眞劍勝負《しんけんしようぶ》だけを好《この》むものではなく、生命《いのち》にかゝはらない程度《ていど》で力競《ちからくら》べをして見《み》たい遊戯本能《いうぎほんのう》も持《も》つて居《を》ります。(猛獸《もうじう》にさへ此《こ》の本能《ほんのう》はあります)そのために、無手空手《むてくうて》の決死的勝負《けつしてきしようぶ》に對《たい》して、次第《しだい》に各種《かくしゆ》の規定《きてい》を設《まう》け生命《せいめい》の危險《きけん》なくして力《ちから》を鬪《たゝか》はす遊戯《いうぎ》が一面《めん》に於《おい》て發達《はつたつ》するやうになつたのであります。角力《すまう》に土俵《どへう》を用《もち》ひるやうになつたのは僅《きん》々六七百年前《ねんぜん》(天正慶長頃《てんしやうけいちやうごろ》)からのことで、戰國末期《せんごくまつき》であります。

(此處《こゝ》で特《とく》に讀者《どくしや》の注意《ちうい》を喚起《くわんき》しておきたいことは、戰國末期《せんごくまつき》までは劍術《けんじゆつ》の試合《しあひ》と云《い》へば、生命《いのち》がけの眞劍勝負《しんけんしようぶ》だつたが、德川時代《とくがはじだい》になつてから、急所《きふしよ》に對《たい》する禁手《きんて》を設《まう》けずして防具《ばうぐ》と袋撓刀《ふくろじなひ》とを以《もつ》て生《せい》命《めい》の危險《きけん》を防止《ばうし》することになつたのであります。

▲斯《か》く考《かんが》へて來《く》ると、次《つぎ》の事《こと》が歸納的《きなうてき》に明《あきら》かにせられて來《く》る事《こと》になります。

一、古代《こだい》に於《おい》ては無手空手《むてくうて》で決死的《けつしてき》爭鬪《さうたう》が行《おこな》はれた。

二、無手空手《むてくうて》の決死的爭鬪《けつしてきさうたう》の傳統《でんとう》を正《たゞ》しく繼承《けいしよう》し、禁手《きんて》の制限規定《せいげんきてい》を設《まう》けず、生命《せいめい》の危險《きけん》を防止《ばうし》するために單獨練武《たんどくれんぶ》の型《かた》を設《まう》けて、主《しゆ》として其の型《かた》を中心《ちうしん》にして研究發達《けんきうはつたつ》したものが、今日《こんにち》の空手《からて》である。

三、無手空手《むてくうて》の決死的爭鬪《けつしてきさうたう》の系統《けいとう》を受《う》けながら、生命《せいめい》の危險《きけん》を防止《ばうし》するため禁手《きんて》の制限規定《せいげんきてい》を設《まう》け、其《そ》の限《かぎ》られたる範圍《はんゐ》の競技《けふぎ》として發《はつ》達《たつ》したのが今日《こんにち》の相撲《すまう》である。(沖《おき》繩相撲《なはずまう》は本土《ほんど》の相撲《すまう》よりもはるかに禁手《きんて》が多《おほ》く、最初《さいしよ》から四ツに組《く》んでやるのです。空手研究《からてけんきう》第二輯《だいにしふ》「沖縄相撲《おきなはずまう》と空手《からて》」の項參照《こうさんせう》。

四、無手空手《むてくうて》の決死的爭鬪《けつしてきそうとう》の傳統《でんとう》を受《う》け、空手《からて》と同《おな》じく禁手《きんて》の制限規定《せいげんきてい》は設《まう》けなかつたが、然《しか》し武器携帶《ぶきけいたい》の武術《ぶじゆつ》の補助的立場《ほじよてきたちば》に置《お》かれて研究《けんきう》されたのが古流柔術《こりうじうじゆつ》である。

五、柔術拳法《じうじゆつけんぽふ》を母體《ぼたい》として生《うま》れ、禁手《きんて》の制限規定《せいげんきてい》を設《まう》けて、多分《たぶん》に競技化《けうぎくわ》したのが今日《こんにち》の柔道《じうだう》である。

是《これ》を表《へう》にして見《み》ると次《つぎ》の通《とほ》りになります。

無手空手の決死的爭鬪
- 空手（禁手無）
- 柔術（禁手無）
  - 柔道（禁手有）
- 相撲（禁手最多）

▲右《みぎ》に述《の》べた所《ところ》から考《かんが》へて見《み》ると、最《もつと》も多《おほ》くの制限規定《せいげんきてい》を設《まう》けて全《まつた》く競技化《けうぎくわ》したものが相撲《すまう》でありますから、今日《こんにち》誰《だれ》も相撲《すまう》を以《もつ》て武術《ぶじゆつ》とは稱《しよう》しません。次《つぎ》に柔道《じうだう》は柔術《じうじゆつ》から生《うま》れながら、禁手《きんて》を設《まう》け競技化《けうぎくわ》した部分《ぶぶん》が多分《たぶん》にありますから、武術《ぶじゆつ》と競技《けうぎ》との中間《ちうかん》に位《くらゐ》するものと言《い》ふことが出來《でき》ませう。今日柔道《こんにちじうだう》に對《たい》する不滿《ふまん》の聲《こゑ》は、此《こ》の禁手《きんて》があるために制限《せいげん》された武術《ぶじゆつ》であるから、物足《ものた》らぬ感《かん》じをいだかせるためではなからうかと考《かんが》へます。一面《めん》に於《おい》て近來《きんらい》空手拳法《からてけんぽふ》や古流柔術《こりうじうじゆつ》の研究《けんきう》が熱意《ねつい》を以《もつ》て行《おこな》はれつつあることは、無拘束《むこうそく》で禁手《きんて》がなく、四肢《しし》五體《たい》を自由《じゆう》に活動《くわつどう》せしむる武術《ぶじゆつ》であるためであります。

▲故《ゆゑ》に、空手《からて》の型《かた》や組手《くみて》を體育的の美辭《びじ》の下《もと》に武術的意識《ぶじゆつてきいしき》から遠《とほ》ざかつた體操化《たいさうくわ》をはかることを以《もつ》て時代《じだい》と共《とも》に推移《すゐい》する——と考《かんが》へる人《ひと》があるならば、それは思《おも》はざるの甚《はなは》だしきもので、型《かた》を體化操《たいさうくわ》することは空手《からて》の武術《ぶじゆつ》としての價値《かち》を解消《かいせう》する深刻《しんこく》な誤謬《ごべう》の第《だい》一歩《ほ》にあることを自覺《じかく》しない者《もの》と云《い》はなければなりません。

空手《からて》の型《かた》や組手《くみて》は手《て》の高下《かうげ》、足《あし》の伸縮《しんしゆく》の微細《びさい》な點《てん》にまで嚴格《げんかく》に武術的批判《ぶじゆつてきひはん》是正《ぜせい》を怠《おこた》るべきではありません。

而《しか》して一面《めん》に於《おい》ては生理學的基礎《せいりがくてききそ》に立《た》つて、合理的《がふりてき》な豫備運動《よびうんどう》や補助運動《ほじよううんどう》を以《もつ》て筋骨《きんこつ》や内臓諸機關《ないざうしよきくわん》の機能《きのう》を高度《かうど》に調整《てうせい》しつつ、型《かた》や組手《くみて》に於《お》ける武術的内容《ぶじゆつてきないよう》を充實《じうじつ》せしむる様《やう》に考《かんが》へて行《ゆ》くべきであつて、型《かた》や組手《くみて》を體操化遊戲化《たいさうくわいうぎくわ》すべきものではありません。

第三節　支那拳法と日本拳法との關係

▲無手空手《むてくうて》の爭鬪《そうとう》は人類共通《じんるゐきようつう》のものであつて、その歴史《れきし》は人類《じんるゐ》が動物《どうぶつ》から進《しん》

化《くわ》した歴史《れきし》と同《どう》一の長《なが》い歳月《さいげつ》を經《へ》て來《き》たものであります。支那拳法《しなけんぱふ》の起源説《きげんせつ》の中《なか》には、五千年前《ねんぜん》彼《か》の黄河《くわうが》の流域《りうゐき》に燦爛《さんらん》たる文化《ぶんくわ》を建設《けんせつ》したる黄帝《くわうてい》の時代《じだい》に於《おい》て、既《すで》に其《そ》の萠芽《ほうが》を發《はつ》したとの説《せつ》があり、又《また》五千年前《ねんぜん》の埃及《エヂプト》古墳《こふん》の壁畫《へきぐわ》の中《なか》にも拳法《けんぱふ》の一種《しゆ》と見《み》るべき壁畫《へきぐわ》がある點《てん》から考《かんが》へても、如何《いか》に古代《こだい》から存在《そんざい》したものであるかがわかり、拳法《けんぽふ》の起源《きげん》を僅《わづ》かに千四百年前《ねんぜん》の達磨大師《だるまだいし》の發明創案《はつめいさうあん》の如《ごと》く説《と》くことが誤謬《ごべう》であることは明《あきら》かであります。

さて以上《いじやう》述《の》べて來《き》たことにより、空《から》手《て》拳法《けんぽふ》は一個人《こにん》の發明《はつめい》でもなく、又何《またなん》千年前《ねんまへ》にはじまつたと明確《めいかく》に言《い》ひきることの出來《でき》るものでもないことが明白《めいはく》になつたことと思《おも》ひます。然《しか》し、支那《しな》拳法《けんぽふ》は大體《だいたい》何時頃《いつごろ》から今日《こんにち》の如《ごと》き形式《けいしき》をとるやうになつたか、又沖縄拳法《またおきなはけんぽふ》は大體何時頃《だいたいいつごろ》から今日《こんにち》の如《ごと》き形式《けいしき》をとるやうになつたか、沖縄拳法《おきなはけんぽふ》は支那拳法《しなけんぽふ》に何時頃《いつごろ》から接觸《せつしよく》したか、支那拳法《しなけんぽふ》の影響以前《えいきやういぜん》の沖縄拳法《おきなはけんぽふ》はどんなものであつたか、等々《とう〲》の研究《けんきう》は文獻《ぶんけん》が無《な》いために詳《くは》しいことは殆《ほと》んどわからないのであります。

▲今日《こんにち》調《しら》べ得る文獻《ぶんけん》の範圍《はんゐ》では、沖縄《おきなは》の空手《からて》は二百年前《ねんぜん》には空手《からて》と云《い》はずに「組合術《くみあひじゆつ》」と呼《よ》ばれて居《ゐ》たこと、其《そ》の時代《じだい》には既《すで》に支那拳法《しなけんぽふ》の影響《えいきやう》を相當《さうたう》に受《う》けてゐたらしいことが辛《から》うじてわかる程度《ていど》であります。このことは土佐《とさ》の學者《がくしや》が書《か》いた「大島筆記《おほしまひつき》」と云《い》ふ本《ほん》の中《なか》に書《か》いてあります。空手《からて》に關《くわん》する文《ぶん》獻《けん》としてはこれが一番《ばん》古《ふる》いと云《い》ふことになつて居《を》りますが、これは漂流民《へうりうみん》の話《はなし》を聞《き》いて書《か》いたのですから、其《そ》の時《じ》代《だい》の空手《からて》がどんなものであつたか詳《くは》しいことはわかりません。

▲要《えう》するに無手《むて》空手《くうて》の爭闘技術《さうとうぎじゆつ》は人間《にんげん》の往《す》むところ何處《どこ》にも存在《そんざい》したものであつて、それ〲特色《とくしよく》のある發達《はつたつ》の道程《てい》を辿《たど》つたことは想像《さうざう》に難《かた》くないのであります。斯《か》くして支那《しな》の如《ごと》き古《ふる》くから文化《ぶんくわ》の發達《はつたつ》した土地《とち》に於《おい》ては特《とく》に其《そ》の研究《けんきう》も進《すゝ》んで居《ゐ》たために、それが沖《おき》縄《なは》に渡來《とらい》しては空手《からて》の榮養《えいよう》となり、或《あるひ》は本土《ほんど》に渡來《とらい》しては柔術《じうじゆつ》の榮養《えいよう》となつたまでのことであつて、何《なん》の種子《たね》もない土地《とち》に支那拳法《しなけんぽふ》を移植《いしよく》して柔術《じうじゆつ》や空《から》手《て》となつたわけではありません。

なほ空手《からて》の起源《きげん》の考察《かうさつ》についてのもつと詳《くは》しいことは「空手研究《からてけんきう》」誌上《しじやう》で述《の》べることとし、此處《こゝ》では餘《あま》り長《なが》くなりますから、このくらゐで止《と》めておきます。

第七章　空手の流派及び型の意義

第二四節　流派の傳統明かならず

▲今日《こんにちからて》空手に於《おい》て明白《めいはく》に流名《りうめい》を名乘《なの》つて居《ゐ》るのは、宮城長順先生《みやぎちやうじゆんせんせい》の剛柔流《ごうじうりう》と摩文仁賢和先生《まぶにけんわせんせい》の糸東流《しとうりう》との二つがあるだけで、其他《そのた》に何派《なには》何流《なにりう》と云《い》はれてゐるのは第《だい》三者《しや》からの呼稱《こしやう》であつて、その派自身《はじしん》で名乘《なの》りをあげたものでは無《な》い様《やう》に思《おも》はれます。

▲沖繩《おきなは》では武術家《ぶじゆつか》のことを武士《ぶし》と稱《しやう》しますが、昔《むかし》から首里《しゆり》、那覇《なは》、泊《とまり》の三ケ所《しよ》に著名《ちよめい》の武士《ぶし》が多《おほ》く、空手《からて》の研究《けんきう》が盛《さかん》であつたやうであります。ところが昔《むかし》は空手《からて》の研究《けんきう》が秘密《ひみつ》に行《おこな》はれたために、公然《こうぜん》と看板《かんばん》を出《だ》して弟子《でし》をとるわけではなかつたので、劍術《けんじゆつ》や柔術《じうじゆつ》のやうに流名《りうめい》もなく、從《したが》つて系統《けいたう》もはつきりしないのは止《や》むを得《え》ません。空手《からて》の修業者《しゆぎふしや》は甲《かふ》の大家《たいか》について修業《しゆげふ》を積《つ》むと、師匠《ししやう》の諒解《れうかい》のもとに又乙《またおつ》の大家《たいか》について、その先生《せんせい》の得意《とくい》とするところを學《まな》んだりしたために、連綿《れんめん》と續《つゞ》いた流派《りうは》といふものが形《かた》づくられなかつたのではないかと考《かんが》へられます。

▲更《さら》に他《た》の原因《げんゐん》としては、本土《ほんど》に於《お》ける劍術《けんじゆつ》や柔術《じうじゆつ》其他《そのた》の武術等《ぶじゆつとう》の如《ごと》く、何《なに》流《りう》の武術師範《ぶじゆつしはん》として主君《しゆくん》に御奉公《ごほうこう》するといふ様《やう》な職業的專門家《しよくげふてきせんもんか》の制度《せいど》が無《な》く士《し》族階級《ぞくかいきふ》は特《とく》に武術《ぶじゆつ》を研究《けんきう》しなければならぬといふのでなくて好《す》きな者《もの》が師《し》匠《しやう》を求《もと》めて稽古《けいこ》する程度《ていど》だつたことも流派名《りうはめい》の發生《はつせい》しなかつた重要《ぢうえう》な原因《げんゐん》の一つだらうと思《おも》はれます。

▲空手《からて》は型《かた》を中心《ちうしん》に研究《けんきう》されるので、その型《かた》を記錄《きろく》にとつて師《し》から弟子《でし》へと代々《だい〳〵》繼承《けいしよう》したら、流派《りうは》の傳統《でんとう》がはつきりしたでありませうが、文獻《ぶんけん》が無《な》く記《き》錄的傳承《ろくてきでんしよう》が無《な》い上《うへ》に、各師匠《かくししやう》とも流名《りうめい》を名《な》のられなかつたために、今日存在《こんにちそんざい》してゐる型《かた》は、同《どう》一名《めい》のものでも內容《ないよう》がいろ〳〵に異《こと》つて傳《つた》へられて來《き》て居《ゐ》る有樣《ありさま》であります。

▲それ故《ゆゑ》に今日《こんにち》、松村氏《まつむらし》の五十四歩《ほ》だとか、新垣派《あらかきは》のソーチンとか、糸洲派《いとすは》のパッサイとかいふ呼稱《こしやう》は、明治大正《めいぢたいしやう》頃《ごろ》まで存命《ぞんめい》せられた老大家《らうたいか》の名《な》を以《もつ》て稱《しやう》せられてゐるのでありまして、その以《い》前又《ぜんまた》その以前《いぜん》と、古《ふる》い傳統《でんとう》をさかの

ぼつて調《しら》べることは頗《すこぶ》る困難《こんなん》で、むしろ不可能《ふかのう》ではないかと思《おも》はれます。

▲糸洲《いとす》先生《せんせい》と東恩納《ひがおんな》先生《せんせい》

近代《きんだい》まで御存命《ごぞんめい》で居《ゐ》られた空手《からて》の大家《たいか》で、最《もつと》も高名《かうめい》な方《かた》は首里《しゆり》では糸洲《いとす》先生《せんせい》、那覇《なは》では東恩納《ひがおんな》先生《せんせい》、此《こ》の兩大家《りようたいか》でありました。故《ゆえ》に此《こ》の兩大家《りようたいか》の系統《けいたう》が今日《こんにち》最《もつと》も有力《いうりよく》であります。

▲兩先生《りようせんせい》は敎《をし》へられる型《かた》の種類《しゆるゐ》が異《ちが》つて居《を》り、その特色《とくしよく》もはつきり看取《かんしゆ》されるものでありました。例《たと》へば今日《こんにち》基《き》本《ほん》型《かた》と一般《はん》に呼《よ》ばれて居《ゐ》る型《かた》は、ナイフアンチ、三戰《さんちん》、及《およ》び轉掌《てんせう》の三つでありまして、轉掌《てんせう》は宮城長順先生《みやぎちようじゆんせんせい》が作《つく》られた型《かた》で、他《た》の二つは古《ふる》くからあつた型《かた》であります。私共《わたしども》が沖繩縣立《おきなはけんりつ》一中《ちう》に在《ざい》學時代《がくじだい》（明治《めいぢ》四十年代《ねんだい》）は兩先生《りようせんせい》はまだ御《お》達者《たつしや》でありました。一中《ちう》の空手《からて》師《し》範《はん》糸洲先生《いとすせんせい》はナイフアンチを敎《をし》へられるが三戰《さんちん》は敎《をし》へられませんでした。ところが東恩納先生《ひがおんなせんせい》は三戰《さんちん》を基礎《きそ》として門弟《もんてい》を鍛《きた》へられるが、ナイフアンチは敎《をし》へられなかつた樣《やう》であります。

要《えう》するに此《こ》の二種《しゆ》の基本型《きほんがた》を基點《きてん》として、それ〴〵特色《とくしよく》のある各《かく》一連《れん》の型《かた》を研究《けんきう》して行《ゆ》くところに兩先生《りようせんせい》の流派《りうは》的差異《てきさゐ》があつたのであります。

第二五節　剛柔流と糸東流

▲現在《げんざい》の空手《からて》の大家《たいか》で東恩納先生《ひがおんなせんせい》の系統《けいたう》を繼承《けいしよう》せられたのは宮城長順先生《みやぎちようじゆんせんせい》であり、糸洲先生《いとすせんせい》の系統《けいたう》を最《もつと》も正《たゞ》しく繼承《けいしよう》して居《を》られるのは摩文仁賢和先生《まぶにけんわせんせい》であります。

摩文仁先生《まぶにせんせい》は又《また》、東恩納先生《ひがおんなせんせい》に師事《しじ》し、宮城先生《みやぎせんせい》と共《とも》に東恩納先生《ひがおんなせんせい》門下《もんか》の双璧《さうへき》として其《そ》の流派《りうは》に重《おも》きをなして居《を》られた關係上《くわんけいじやう》、宮城先生《みやぎせんせい》が恩師《おんし》の流派《りうは》と御自身《ごじしん》の研究《けんきう》とを纏《まと》めて新《あら》たに剛柔《ごうじう》流《りう》の名稱《めいしやう》を創《はじ》められた時《とき》に、共《とも》に剛柔《ごうじう》流《りう》を名乘《なの》られたのであります。

▲然《しか》し摩文仁先生《まぶにせんせい》は一面《めん》に於《おい》ては正傳《せいでん》糸洲派《いとすは》拳法《けんはふ》の大家《たいか》として、剛柔流《ごうじうりう》だけの行《ゆ》き方《かた》とは異《こと》なり、糸洲派《いとすは》を最初《さいしよ》に教授《けうじゆ》し、後《のち》に東恩納先生《ひがおんなせんせい》の流派《りうは》を併《あは》せて敎授《けうじゆ》するといふ方法《はうはふ》をとつて居《を》られるので、最近《さいきん》では糸洲《いとす》、東恩納《ひがおんな》兩先生《りようせんせい》の頭字《かしらじ》を一字《じ》づつ頂《いたゞ》いて、新《あら》たに「糸《し》東流《とうりう》」を名乘《なの》られることになり、以《もつ》て現在《げんざい》の立場《たちば》を明白《めいはく》にして居《を》られます。

現在空手界《げんざいからてかい》に於《おい》て、明白《めいはく》に流派名《りうはめい》を名乘《なの》つて居《を》られるのは、此《こ》の二流派《りうは》だけであります。其《そ》の他《た》は第三者《だいしや》からの呼稱《こしやう》はあつても、特《とく》に自《みづか》ら流派名《りうはめい》を名《な》乘《の》つて居《を》られる方《かた》はお見受《みう》けしないやうであります。

私《わたし》は本講義錄《ほんこうぎろく》に於《おい》て、摩文仁先生《まぶにせんせい》にお願《ねが》ひして、正傳糸洲派《せいでんいとすは》の空手型《からてかた》を發表《はつぺう》して頂《いただ》くことにして居《を》りますが、摩文仁《まぶに》先生《せんせい》は又別《またべつ》に「空手《からて》研究《けんきう》叢書《そうしよ》」の方《はう》で東恩納派《ひがおんなは》を發表《はつぺう》せられつつあり、其他《そのた》の流派《りうは》の型《かた》は「空手《からて》研究《けんきう》」誌上《しじやう》で發表《はつぺう》せられることになつて居《を》ります。

第二六節　少林流と昭靈流の疑問

▲富名腰義珍《ふなこしぎちん》先生《せんせい》は空手《からて》の流派別《りうはべつ》を少《せう》林流《りんりう》と昭靈流《せうれいりう》とに區別《くべつ》して居《を》られますが、然《しか》しその流派《りうは》分類《ぶんるゐ》の根據《こんきよ》は明白《めいはく》でないやうに思《おも》はれます。型《かた》を此《こ》の二流《りう》に類別《るゐべつ》することは空手《からて》が縣外《けんぐわい》に紹介《せうかい》せられた頃《ころ》から生《しやう》じたものらしく、現《げん》に空手《からて》の出生地《しゆつせいち》たる沖繩《おきなは》の諸大家《しよたいか》も此《こ》の流別《りうべつ》には賛成《さんせい》して居《を》られません。

宮城長順先生《みやぎちようじゆんせんせい》の書《か》かれた文章《ぶんしやう》の中《なか》に次《つぎ》の一節《せつ》があります。

「琉球《りうきう》の唐手《からて》の流派《りうは》に就《つ》いては近時《きんじ》種々《しゆぐ》の説《せつ》をなすものあれども、いづれも確實《かくじつ》なる考證《かうしよう》なく殆《ほと》んど漠然《ばくぜん》たる臆測《をくそく》にして、正《まさ》に暗中模索《あんちうもさく》の觀《くわん》あり。其《そ》の中《うち》一般《ぱん》に流布《るふ》せる説《せつ》として昭林流《せうりんりう》、昭靈流《せうれいりう》に分類《ぶんるゐ》し、前者は體質肥滿し骨格偉大なるものに適し、後者は之に反し骨格倭少體力貧弱にして楊柳の如く瘦せ細りたるものに適すとあれども、幾多《いくだ》の方面《はうめん》よりの考察《かうさつ》と闡明《せんめい》により、その誤見《ごけん》たること明《あきら》かなり」

右《みぎ》の傍點《ぼうてん》は私《わたくし》が特《とく》に付《つ》けたのでありますが、これは富名腰先生《ふなこしせんせい》の著書《ちよしよ》「流球拳法唐手《からて》」「錬膽護身唐手術《からてじゆつ》」に記載《きさい》されたその儘《まゝ》を引用《いんよう》して「幾多《いくだ》の方面《はうめん》よりの考察《かうさつ》と闡明《せんめい》によりその誤見《ごけん》たること明《あきら》かなり」と斷定《だんてい》されたやうであります。

▲宮城《みやぎ》先生《せんせい》のお説《せつ》を詳《くは》しく拜聽《はいてう》しないので、先生《せんせい》の論旨《ろんし》の詳細《しやうさい》はわかりませんが、私《わたくし》は私《わたくし》一個《こ》の見方《みかた》から次《つぎ》の様《やう》に考《かんが》へて居《を》ります。

一、昭林流《せうりんりう》は現在《げんざい》少林流《せうりんりう》の文字《もんじ》に變《へん》更《かう》されてゐるが、それは大正《たいしやう》十二年《ねん》より後《のち》のことである。

二、大正《たいしやう》十二年《ねん》より後《のち》に少林《せうりん》の字《じ》を用《もち》ひられたのは「易筋經義《えききんけうぎ》」なるものの紹介《せうかい》せられた影響《えいきやう》であつて今日《こんにち》達磨大師《だるまだいし》と空手《からて》を結《むす》び付《つ》ける説《せつ》も、同《おな》じく「易筋經義《えききんけうぎ》」の影響《えいきやう》である。

三、沖繩《おきなは》に殘《のこ》る古《ふる》い寫本《しよほん》には、昭林流、邵靈寺流の文字《もんじ》を見受《みう》けるから(「セーパイの研究《けんきう》」附錄《ふろく》武備誌《ぶびし》參照《さんせう》)昭靈流《せうれいりう》といふ字《じ》は邵靈寺流《せうれいじりう》から來《き》たものではなからうか。

四、文字《もんじ》は昭林《せうりん》が少林《せうりん》でも、邵靈《せうれい》が昭靈《せうれい》でも構《かま》はぬとしても、然《しか》し内《ない》容《よう》は果《はた》して今日《こんにち》唱《とな》へられて居《ゐ》る少《せう》林流《りんりう》が支那《しな》の少林寺《せうりんじ》拳法《けんはふ》の傳統《でんとう》を受《う》けて居《ゐ》るものであるかどうか、又昭靈流《またせうれいりう》が果《はた》して邵靈寺流《せうれいじりう》と文獻《ぶんけん》に見《み》えるものと同《どう》一であるかどうか頗《すこぶ》る疑問《ぎもん》である。

五、少林流《せうりんりう》、昭靈流《せうれいりう》の類別《るゐべつ》を說《と》いて居《を》られる富名腰先生《ふなこしせんせい》の著書《ちよしよ》について之《これ》を調《しら》べて見《み》ると次《つぎ》のやうな結果《けつくわ》が現《あら》はれる。

第一 「琉球拳法唐手」大正十一年十一月發行
第二 「錬膽護身唐手術」同十四年三月發行
第三 「空手道敎範」昭和十年五月發行

型の名	第一	第二	第三
平安	昭林流	少林流	少林流
ナイハンチ	昭靈流	昭靈流	昭靈流
公相君	昭林流	少林流	少林流
パッサイ	昭林流	少林流	少林流
セーシャン	昭靈流	昭靈流	昭靈流
ワンシュウ	昭靈流	昭靈流	少林流
チントウ	昭靈流	少林流	少林流
ジッテ	昭靈流	少林流	昭靈流
ジオン	昭靈流	昭靈流	昭靈流

▲此《ご》の結果《けつくわ》に於《おい》て次《つぎ》の疑問《ぎもん》が生《しやう》じて來《く》る。卽《すなは》ち

イ、富名腰先生《ふなこしせんせい》の類別《るゐべつ》が古典《こてん》に依據《いきよ》した類別《るゐべつ》でなく、古典《こてん》にある流名《りうめい》の文字《もんじ》に對《たい》して先生個人《せんせいこじん》の解釋《かいしやく》で型《かた》を分類《ぶんるゐ》されたものではなからうか。

ロ、同《どう》一の型《かた》が昭靈流《せうれいりう》になつたり少《せう》林流《りんりう》になつたりして居《ゐ》るのが三つもあり、然《しか》も其《そ》の中《なか》の一つは昭靈《せうれい》流《りう》から少林流《せうりんりう》になり又昭靈流《またせうれいりう》に逆《ぎやく》もどりしてゐるところから推《を》して考《かんが》へると、分類《ぶんるゐ》の基礎《きそ》に無理《むり》がある爲《た》めではなからうか。

ハ、富名腰先生《ふなこしせんせい》の流名分類《りうめいぶんるゐ》は絕《た》えず動搖《どうえう》するので、今後《こんご》また動搖《どうえう》するかも知《し》らぬといふ不安《ふあん》な印象《いんしやう》を受《う》ける。

ニ、富名腰先生《ふなこしせんせい》の分類《ぶんるゐ》に倣《なら》へば轉掌《てんせう》は明《あきら》かに昭靈流《せうれいりう》の系統《けいとう》に屬《ぞく》すべきものであると思《おも》はれるが、轉掌《てんせう》は「六氣手《りきしゆ》」から宮城先生《みやぎせんせい》が作《つく》り出《だ》されたとの事《こと》であつて、その六氣《りき》手《しゆ》は古《ふる》い寫本《しやほん》には「昭林流《せうりんりう》」と出《で》て居《ゐ》る處《ところ》を見《み》ても、今日殘《こんにちのこ》つてゐる型《かた》を無造作《むざうさ》に昭靈流《せうれいりう》と少林流《せうりんりう》に區分《くぶん》する事《こと》はどうかと思《おも》はれる。

以上四點《いじやうてん》に依《よ》つて、私《わたくし》は此《こ》の流名分《りうめいぶん》類《るゐ》を根據《こんきよ》の薄弱《はくじやく》な說《せつ》なりと考《かんが》へます。

▲故《ゆゑ》に、最初《さいしよ》は昭林流《せうりんりう》と書《か》き、それを少林流《せうりんりう》に訂正《ていせい》し、更《さら》に少林流《せうりんりう》は支那《しな》の少林拳法《せうりんけんぽふ》の系統《けいとう》なりとなし、少林拳法《せうりんけんぽふ》は達磨大師《だるまだいし》のはじめたものとなし、故《ゆゑ》に沖繩《おきなは》の空手《からて》は達磨大師《だるまだいし》が流祖《りうそ》であると手輕《てがる》に片付《かたづ》けることは、空手道《からてだう》の將《せう》來《らい》の爲《た》めに今少《いますこ》しく愼重《しんちよう》なる吟味《ぎんみ》が必《ひつ》要《えう》ではなからうかと考《かんが》へるのでありま す。

▲摩文仁先生著《まぶにせんせいちよ》「攻防自在護身術空手拳法《こうぼうじざいごしんじゆつからてけんぽふ》」にも「この拳法《けんぽふ》の起源及《きげんおよ》び發《はつ》

源地《げんち》等《とう》に關《くわん》しては、文獻《ぶんけん》に乏《とぼ》しい關係上《くわんけいじやう》詳細《しやうさい》なことは判《わか》つてゐないが、傳《つた》ふるところによると…………空手術《からてじゆつ》の始《はじ》めであるとされてゐる」と達磨大師《だるまだいし》流祖説《りうそせつ》について書《か》いて居《ゐ》られるので、其出所《そのしゆつしよ》をおたづねしました所《ところ》『別《べつ》に古《ふる》くからある話《はなし》ではなく、大正《たいしやう》十二三年頃《ねんごろ》吉田正平《よしだしやうへい》氏の「神通自在《じんつうじざい》」(即《すなは》ち易《えき》筋經義《きんけうぎ》の解説《かいせつ》)なる本《ほん》が出《で》たので其本《そのほん》を讀《よ》んで見《み》たらそんな話《はなし》が書《か》いてあつたから、面白《おもしろ》い話《はなし》だと思《おも》つて、富名腰《ふなこし》さんにもお話《はなし》したことがあるが、特《とく》に學問的《がくもんてき》に深《ふか》く調《てう》査《さ》して見《み》たのでないから「傳《つた》ふる所《ところ》によると」とか「始《はじ》めてであるとされてゐる」とかと輕《かる》く扱《あつか》つておいたのです。然《しか》し昭林流《せうりんりう》と邵靈《せうれい》寺流《じりう》の二派《は》が古《ふる》く傳來《でんらい》したことは聞《き》いてゐるが、現在殘《げんざいのこ》つつゐる型《かた》を此《こ》の二流派《りうは》に區分《くぶん》することはどうかと思《おも》ふ』との御意見《ごいけん》でありました。

▲なほ「護身術《ごしんじゆつ》空手拳法《からてけんぽふ》」中《ちう》の「糸《いと》洲《す》派《は》流祖《りうそ》恩師《おんし》糸洲《いとす》安恒《やすつね》先生《せんせい》遺訓《ゐくん》」の項《こう》に「往古《わうこ》少林流《せうりんりう》、昭靈流《せうれいりう》と云《い》ふ二派《は》支那《しな》より傳《つた》へ來《きた》りたるものにして、兩派《りやうは》各長《かくちやう》ずる所《ところ》あり、依《よ》つて其儘《そのまゝ》に保存《ほぞん》し潤色《じゆんしよく》を加《くは》へざるを可《か》とす」の一節《せつ》があるところを以《もつ》て見《み》るも、支那《しな》拳法《けんぽふ》の二流派《りうは》が傳來《でんらい》したらしいことは想像出來《さうざうでき》ますが殘存《ざんそん》の型《かた》を糸洲《いとす》先生《せんせい》が二流派《りうは》に分類《ぶんるゐ》されたことは聞《き》いて居《を》りません。(少林《せうりん》、昭靈《せうれい》の文字《もんじ》は傳寫中《でんしやちう》の誤《あやま》りか?)

▲空手《からて》は柔術《じうじゆつ》と同《おな》じく支那《しな》拳法《けんぽふ》の影響《えいきやう》を受《う》けたものであることは前《まへ》にもお話《はなし》した通《とほ》りでありますが、今日《こんにち》何《なん》のために疑問多《ぎもんおほ》き達磨《だるま》流祖説《りうそせつ》や論據不確實《ろんきよふかくじつ》な流派分類《りうはぶんるゐ》を持《も》ち出《だ》す必要《ひつえう》がありませうか。現在吾人《げんざいごじん》の眼前《がんぜん》に存在《そんざい》する空手《からて》は琉球《りうきう》といふ日本民族《にほんみんぞく》の血液《けつえき》を濾過《ろくわ》し、日本民族精神《にほんみんぞくせいしん》によつて十分《ぶん》に淸《きよ》められて居《ゐ》る立派《りつぱ》な日本武道《にほんぶだう》である以上《いじやう》、そして現在吾々《げんざいわれわれ》が空手《からて》道《だう》の價値《かち》を各方面《かくはうめん》から觀察研究《くわんさつけんきう》して見《み》て、日本武道《にほんぶだう》として高《たか》く評價《ひやうか》すべきものたることが確認《かくにん》される以上《いじやう》、疑問多《ぎもんおほ》き流祖説《りうそせつ》や不確實《ふかくじつ》な流派別等《りうはべつとう》に、此際大《このきいおほ》いに考《かんが》へなければならぬと思《おも》ふのであります。

▲そこで私《わたくし》はむしろ宮城《みやぎ》先生《せんせい》の剛柔流《がうじうりう》及《およ》び摩文仁《まぶに》先生《せんせい》の糸東流《しとうりう》の如《ごと》く、空手《からて》界《かい》の先輩《せんぱい》が、(沖繩《おきなは》に於《お》ける屋部《やぶ》憲通《けんつう》先生《せい》、花城朝茂《はなぐすくちやうも》先生《せんせい》、その他數氏《たすうし》、縣外《けんぐわい》に於《お》ける富名腰《ふなこし》義珍《ぎちん》先生《せんせい》、本部《もとぶ》朝基《ちやうき》先生等《せいとう》)各御自身《かくごじしん》の現在《げんざい》に於《お》ける立場《たちば》と信念《しんねん》を明白《めいはく》にして獨立《どくりつ》の流名《りうめい》を立《た》てられ、以《もつ》て子弟《してい》の據所《よりどころ》を明《あきら》かにせられる

と同時《どうじ》に、各流派《かくりうは》が相互《さうご》に獨立性《どくりつせい》を確《かく》認《にん》した上《うへ》で大日本帝國空手《だいにほんていこくからて》型《かた》の樣《やう》なものを創定《さうてい》されたならば、將來《しやうらい》新《あた》らしいい〻加減《かげん》な流名《りうめい》の簇生《そくせい》を防《ふせ》ぐと共《とも》に、大體《だい〱》に於《おい》て統《たう》一ある空手道《からてだう》の發展《はつてん》が出《で》來《き》るのではなからうかと考《かんが》へるのであります。此事《このこと》は入門書《にうもんしよ》に於《おい》てお話《はな》しすることはどうかとも思《おも》ひましたが、然《しか》し空手《からて》修業《しゆげふ》を志《こゝろざ》す何人《なんぴと》も空手《からて》の流派《りうは》といふことに就《つ》いて最初《さいしよ》に質問《しつもん》を發《はつ》せられるのでありますから、むしろ最初《さいしよ》に於《おい》て明白《めいはく》にしておいた方《はう》が研究者《けんきうしや》の便《べん》利《り》だらうと考《かんが》へてお話《はな》しした次第《しだい》であります。

第八章　型の名稱、種類及び意義

第二七節　空手の型の名稱

△空手《からて》の修業《しゆげふ》は型《かた》を中心《ちうしん》にして行《おこな》ふものであることは前《まへ》にもお話《はなし》しました。型《かた》は現在殘《げんざいのこ》つて居《ゐ》るものがいろ〱ありまして、大體《だい〱》三十幾種類《いくしゆるゐ》を數《かぞ》へることが出來《でき》ますが、少《すこ》しばかりの差異《さい》を一々取《と》りたてて言《い》ふことになると、その倍《ばい》の數《すう》にはなるでありませう。然《しか》し大體《だい〱》一般《はん》には三十幾種類《いくしゆるゐ》といふことになつて居《ゐ》ます。

△型《かた》の名《な》は二三の種類《しゆるゐ》をのぞくと、他《た》は全部《ぜんぶ》名稱《めいしやう》の由來《ゆらい》も意味《いみ》もはつきりしません。公相君《クウサンクウ》といふ名稱《めいしやう》は、此《こ》の型《かた》を傳《つた》へた支那《しな》使節《しせつ》の名《な》であつたといはれて居《を》りますが、此型《このかた》には二つあつて大《だい》、小《せう》を以《もつ》て呼《よ》び、今日《こんにち》では傳《つた》へる人《ひと》によつて型《かた》が多少《たせう》異《ちが》つて居《を》ります。公《こう》相君《しようくん》は大《だい》、小《せう》の二種《しゆ》の外《ほか》に糸洲《いとす》先生《せんせい》から摩文仁《まぶに》先生《せんせい》に傳授《でんじゆ》された四方公相君《はうこうしようくん》と云《い》ふ型《かた》もあります。

△ナイフアンチといふ型《かた》はその立《た》ち方《かた》が騎士《きし》が馬《ま》にまたがる樣《やう》な形《かたち》であるといふところから、一部《ぶ》では此頃《このごろ》騎馬立《きばだち》といふ字《じ》を書《か》き、ナイフアンチと呼《よ》んだり或《あるひ》はキバダチと云《い》つたりして居《を》ります。然《しか》し騎馬立《きばだち》といふ字《じ》を用《もち》ひる故《ゆゑ》か、此《こ》の型《かた》の大事《だいじ》な内《うち》八字立《じだち》をこわして、騎馬《きば》の拍車《はくしや》をかける樣《やう》に踵《かゝと》をウンと内側《うちがは》へむけて全《まつた》く外《そと》八字《じ》になつてしまふおそれがあるので、此《こ》の型《かた》が内《うち》八字系統《じけいたう》であることを明《あきら》かにし同時《どうじ》に原《げん》音《おん》の聯想《れんさう》を容易《ようゐ》ならしむる爲《ため》に本書《ほんしよ》に於《おい》ては「内步進《ナイホシン》」といふ字《じ》を當《あ》てる事《こと》に致《いた》しました。此《こ》の型《かた》は一段《だん》から三段《だん》

まであります。

▲平安《ピンアン》といふ型《かた》は糸洲《いとす》先生《せんせい》が創作《さうさく》された型《かた》だといふことでありますが、この型《かた》ははじめの頃《ころ》はチヤンナンと云《い》つて居《ゐ》たさうで、糸洲《いとす》先生《せんせい》がまだ此型《このかた》をチヤンナンといふ名稱《めいしやう》で呼《よ》んで居《を》られた頃《ころ》に敎《をし》へを受《う》けた人《ひと》は現在《げんざい》でもチヤンナンと稱《しやう》じて傳《つた》へて居《を》ります。チヤンナンと平安《ピンアン》では型《かた》が多《た》少異《せうちが》つたところがあります。然《しか》し糸洲《いとす》先生《せんせい》は中學校《ちうがくかう》や師範學校《しはんがくかう》で敎授《けうじゆ》された頃《ころ》は平安《ピンアン》といふ名稱《めいしやう》に決定《けつてい》して、型《かた》の內容《ないよう》も確定《かくてい》して居《を》られました。正傳糸洲派《せいでんいとすは》の型《かた》として本講義錄《ほんこうぎろく》に出《で》て來《く》る平安《へいあん》の型《かた》が即《すなは》ち糸《いと》洲《す》先生《せんせい》が最後《さいご》に「確定《かくてい》」せられた型《かた》であります。この型《かた》は一段《だん》から五段《だん》まであります。

▲ワンシユウといふ型《かた》があります。汪《わう》輯《しふ》の字《じ》を書《か》いてゐる方《かた》もありますが、これは傳《つた》へた人《びと》(支那武官《しなぶくわん》)の名《な》だと云《い》ふことになつてゐます。

▲轉掌《てんせう》といふ型《かた》は、古來《こらい》から名稱《めいしやう》だけ殘《のこ》つて居《ゐ》た六氣手《きしゆ》といふものを、宮城《みやぎ》長順《ちやうじゆん》先生《せんせい》が研究《けんきう》して復活《ふくくわつ》し、新《あら》たに轉掌《てんせう》の名《な》を附《ふ》せられたのであります。此型《このかた》は、三戰《ちん》が剛柔流《ごうじうりう》に於《お》ける足取《あしど》りの基本型《きほんがた》であるに對《たい》し、手《て》の働《はたら》きの基《き》本型《ほんがた》とも云《い》ふべきものであります。

第二八節　空手の型の種類

▲そこで現存《けんそん》する型《かた》を大體《だいたい》に於《お》いて系統《けいとう》別《べつ》にして見《み》ますと、次《つぎ》の通《とほ》りになります。

糸洲《いとす》先生《せんせい》の系統《けいたう》の型《かた》

ナイフアンチ(一、二、三)
平安《ピンアン》(一、二、三、四、五)
ローハイ(一、二、三)
公相君《こうしやうくん》(大、小及び四方公相君)
パツサイ(大、小)
五十四步《ほう》
ジツテ
ジーン
ジオン
チントウ
チンテー
ワンシユウ

東恩納《ひがおんな》先生《せんせい》の系統《けいたう》の型《かた》(現在《げんざい》の剛柔《ごうじう》流《りう》)

三戰《さんちん》
轉掌《てんせう》
十三《セーサン》
セーエンチン
十八《セーパイ》
三十八《サンセールー》
一百〇八《スーパーリンパイ》(又の名　百步連《ペッチユウリン》)
ソーチン
サイフアー
クルルンフアー

等《とう》を數《かぞ》へることが出來《でき》ます。新垣派《あらかきは》

には二十四《ニーセーシー》、雲手《うんしゆ》、ソーチン等《とう》がありますが、同《おな》じ名《な》のソーチンでも東恩納《ひがおんな》派《は》（今日《こんにち》の剛柔流《ごうじうりう》）の型《かた》と、新垣派《あらかきは》のとは違《ちが》ひますし、セーサンなどは那覇《なは》と首里《しゆり》とでは合《あは》せて五、六種類《しゆるゐ》あります。五十四歩《ほう》なども糸洲《いとす》派《は》と松村派《まつむらは》によつて多少《たせう》の相違《さうゐ》があります。數字《すうじ》を以《もつ》て呼《よ》ぶ名稱《めいしやう》は佛教《ぶつけう》と關係《くわんけい》があるとの說《せつ》がありますが細《こまか》いことはわかりません。

▲大體《だい〱》に於《おい》て型《かた》の名稱《めいしやう》はその出所來歷《しゆつしよらいれき》がなかなかはつきりしません。そこで假名書《かながき》の名稱《めいしやう》を何《なん》とかも少《すこ》し親《した》しみやすいものにしてはどうかと云《い》ふ意見《いけん》などがありますし、將來《せうらい》はさうなるべきだと思《おも》ひます。おひ〱すべての型《かた》が漢字《かんじ》をあてて、もつと親《した》しみ易《やす》いものになるだらうと思《おも》ひます。然《しか》し私《わたくし》一個《こ》の考《かんが》へとしましては、なるべく原名《げんめい》を聯想《れんさう》し得《う》る程度《ていど》で漢字《かんじ》を當《あ》てて、然《し》かもその漢字《かんじ》で一つの意味《いみ》を持《も》つものたらしめたらよからうかと思《おも》ひます。その意味《いみ》で本講義錄《ほんこうぎろく》ではすべてその方針《はうしん》で進《すゝ》みたいと考《かんが》へて居《を》りますが、差《さ》しあたり前《まへ》に記《しる》したナイフアンチを內步《ないほ》進《しん》の文字《もんじ》で當《あ》てたと同《おな》じ意味《いみ》で一、二の實例《じつれい》を擧《あ》げて見《み》ます。

▲パッサイの型《かた》を「拔砦《はつさい》」の文字《もんじ》をあてます。その理由《りゆう》は、パッサイの原音《げんおん》を保存《ほぞん》すると同時《どうじ》に「城砦《じやうさい》を拔《ぬ》く」といふ勇《いさ》ましい意味《いみ》を持つものとして此《こ》の字《じ》を採用《さいよう》したのであります。（拔山蓋《ばつざんかい》世《せい》の勇等《ゆうとう》の拔《ばつ》です）

▲ローハイの型《かた》に對《たい》して鷺牌《ろうはい》といふ文《もん》字《じ》を使用《しよう》します。理由《りゆう》は、ローハイ一段《だん》に、恰度《てうど》鷺《さぎ》のやうに片足《かたあし》で立《だ》つ動作《どうさ》が二回《くわい》あつて、此《こ》の型《かた》の特色《とくしよく》をなしてゐるところから、鷺《さぎ》の牌《しるし》といふ意味《いみ》で鷺牌《ろうはい》として見《み》ますと原音《げんおん》も保存《ほぞん》出來《でき》て型《かた》のおぼえにもよいといふ、一擧兩得《きよりやうとく》の感《かん》があります。

其《そ》の他《た》の型《かた》の名稱《めいしやう》にもそれ〲私案《しあん》を持《も》つて居《を》りますが、各型《かくかた》の講義《こうぎ》の時《とき》にその都度《つど》發表《はつぺう》したいと思《おも》ひます。

第二九節　型の意義と綜合的研究

▲空手《からて》に於《お》ける型《かた》の意義《いぎ》を、いろ〱に立場《たちば》をかえて諸方面《しよはうめん》から觀察《くわんさつ》して見《み》たいと思《おも》ひます。武術《ぶじゆつ》としての立場《たちば》から空手《からて》の型《かた》を見《み》るとき、三つの重大《ぢうだい》なる要素《えうそ》を含《ふく》んで居《を》ります。（甲）技法《ぎはふ》の變化《へんくわ》、（乙）氣息《きそく》の吞吐《どんと》、（丙）重心《ぢうしん》の移《い》動《どう》、此《こ》の三要素《えうそ》であります。

（甲）技法の變化——一つの型《かた》には幾《いく》種類《しゆるゐ》かの技《ぎ》法《はふ》が含《ふく》まれて居《ゐ》ます。之等《これら》の技法《ぎはふ》を修得《しうとく》することは型《かた》の練習《れんしふ》に際《さい》して最《もつと》も大事《だいじ》なことであります。

（乙）氣息の吞吐——武術《ぶじゆつ》に於《おい》てはす

べて虚實《きよじつ》といふことを大事《だいじ》にします。我《わ》が實《じつ》を以《もつ》て敵《てき》の虚《きよ》をつく、即《すなは》ち我《わ》が充實《じうじつ》した力《ちから》を以《もつ》て敵《てき》の空虚《くうきよ》を衝《つ》くことが大事《だいじ》であります。而《しか》して空手《からて》に於《おい》ては氣《き》息《そく》の呑吐《どんと》に五種《しゆ》の法《はふ》があることになつて居《を》ります。即《すなは》ち(一)長呑長吐《ちようどんちようと》、スーと長《なが》く吸《す》ひ込《こ》んでハーと長《なが》く吐《は》き出《だ》す。(二)長呑短吐《ちようどんたんと》、スーと長《なが》く吸《す》ひ込《こ》んでハッと短《みぢ》かく吐《は》き出《だ》す。(三)短《たん》呑長吐《どんちようと》、スッと短《みぢ》かく吸《す》ひ込《こ》んでハーと長《なが》く吐《は》き出《だ》す。(四)短呑短吐《たんどんたんと》、スッと短《みぢ》かく吸《す》ひ込《こ》んでハッと短《みぢ》かく吐《は》き出《だ》す。(五)波形呑吐《はけいどんと》、これは前《ぜん》四種類《しゆるゐ》の結合形《けつがふけい》で、一と二、一と三、一と四、二と三、二と四、三と四、等《とう》の結合《けつがふ》になるのであります。氣《き》息《そく》の呑吐《どんと》はすべて以上《いじやう》の五種《しゆ》十形《けい》(第《だい》五種《しゆ》波形呑吐法《はけいどんとはふ》が六形《けい》あるから、形《かたち》で云《い》へば總數《そうすう》が十形《けい》)の中《なか》に包含《はうがん》せられます。空手《からて》の型《かた》の練習《れんしふ》をして居《ゐ》る間《あひだ》の氣息呑吐法《いきづかひ》はそれ〴〵の動《うご》きに應《おう》じて右《みぎ》の五種《しゆ》十形中《けいちう》の何《いづ》れかの形《かたち》になります。故《ゆゑ》に平常《へいじやう》に型《かた》の練習中《れんしふちう》その動《うご》きに最《もつと》も適《てき》した氣息《いき》の形《かたち》を自然《しぜん》に體得《たいとく》することになるからいざといふ時《とき》に體《からだ》の動《うご》きに伴《ともな》つて氣息《いき》の亂《みだ》れといふものがなく、虚實《きよじつ》其《そ》の所《ところ》に適《かな》ふことになるのであります。されば型《かた》の練習《れんしふ》に於《おい》ては技法《ぎはふ》と氣息《きそく》との相《さう》關關係《くわん〳〵けい》を十分注意《ぶんちうい》して研究《けんきう》すべきであります。

(丙)重心の移動——重心《ぢうしん》の安定《あんてい》がなければ忽《たちま》ち破綻《はたん》を來《き》たします。如何《いか》に巧妙《こうめう》な技法《ぎはふ》、輕快《けいくわい》な轉身《てんしん》も重心《ぢうしん》の安定《あんてい》を伴《ともな》はなければ、ものの役《やく》に立《た》ちません。

空手《からて》の型《かた》は右《みぎ》の通《とほ》り、技法《ぎはふ》の變化《へんくわ》、氣息《きそく》の呑吐《どんど》、重心《ぢうしん》の移動《ゐどう》といふ三重大《ぢうだい》要素《えうそ》が融合《ゆうがふ》して出來《でき》て居《ゐ》るものでありますから、此點《このてん》に十分注意《ぶんちうい》して稽古《けいこ》しなければなりません。

▲第《だい》二に空手《からて》の型《かた》は體育的見地《たいいくてきけんち》から比《ひ》諭的《ゆてき》に云《い》へば不文《ふぶん》の經典《けいてん》であります。これを十分《ぶん》に玩味《ぐわんみ》すればするほど空手《からて》の體育的眞價《たいいくてきしんか》を體得《たいとく》することが出來《でき》るのであります。

すべて文字《もんじ》を以《もつ》て表現《へうげん》された經典《けいてん》はそれを幾萬遍《いくまんべん》も繰《く》り返《かへ》して心讀《しんどく》する間《あひだ》に、讀《よ》む人《ひと》の年齢《ねんれい》と心境《しんきやう》との變遷《へんせん》によつて、それ〴〵感《かん》どころが違《ちが》ひ感銘《かんめい》が異《こと》つて來《く》るもので、幾度《いくど》讀《よ》んでも有難《ありがた》いものとされて居《ゐ》ます。空手《からて》の型《かた》は不《ぶ》文《ぶん》の經典《けいてん》であるが故《ゆゑ》に、眼《め》で讀《よ》んだり頭《あたま》の中《なか》でそらんじたりしただけでは役《やく》に立《た》ちません。それは體《からだ》で讀《よ》むべきであります。即《すなは》ち型《かた》の通《とほ》り體《たい》を動《うご》かすことが型《かた》を讀《よ》むことであつて、心《こころ》をこめて演武《えんぶ》することが型《かた》の眞面目《まじめ》な讀《よ》み方《かた》であります。型《かた》を體讀《たいどく》すればどうなるかと云《い》ふと、文字《もんじ》を以《もつ》て表現《へうげん》された經《けい》典《てん》を讀《よ》むことが心力《しんりよく》の榮養《えいよう》となり修練《しゆうれん》となると同《おな》じく、不文《ふぶん》の經典《けいてん》たる空手《からて》の型《かた》を體《からだ》で讀《よ》むことは體力《たいりよく》の榮養《えいよう》となり修練《しうれん》となるのであります。

空手《からて》の型《かた》はただ忘《わす》れないでおぼえてさへ居《ゐ》ればよいと考《かんが》へる人《ひと》があるならば淺慮《せんりよ》の至《いた》りと言《い》はなければなりません。體力《たいりよく》の榮養《えいよう》と修練《しうれん》は記憶《きをく》によつて出來《でき》るものではありません。型《かた》を實際《じつさい》に演武《えんぶ》することによつてのみ體力《たいりよく》の榮《えい》養《よう》を攝取《せつしゆ》し修練《しうれん》を積《つ》むことが出來《でき》るのであります。假《かり》に十種《しゆ》なら十種《しゆ》の型《かた》を少年時代《せうねんじだい》から老年時代《らうねんじだい》まで毎日反覆練《まいにちはんぷくれん》習《しふ》して居《ゐ》る人《ひと》があるとします。その十種《しゆ》の型《かた》がその人《ひと》の年《とし》と其《そ》の日《ひ》其《そ》の日《ひ》の身體《しんたい》の調子《てうし》とによつて感《かん》どころが違《ちが》ひ影響《えいきやう》するところが異《ちが》つて行《ゆ》きます。演《えん》武者自身《ぶしやじしん》が意識《いしき》すると否《いな》とにかかはらず型《かた》の眞面目《まじめ》な演武《えんぶ》が彼《かれ》の身體《しんたい》に及《およ》ぼす影響《えいきやう》は無限大《むげんだい》であります。空手《からて》の型《かた》は絶《た》えず演武《えんぶ》を通《つう》じて人間《にんげん》の體《からだ》の或《あ》る部分《ぶぶん》の活力《くわつりよく》を増進《ぞうしん》し或《あ》る部分《ぶぶん》の衰退《すゐたい》を補強《ほきやう》し、彼自身《かれじしん》の意識《いしき》せぬ活作用《くわつさよう》を彼《かれ》の身體《しんたい》に及《およ》ぼして居《ゐ》るのであります。この故《ゆゑ》に彼《かれ》は健康《けんこう》を保《ほ》持《ぢ》し長壽《ちやうじゆ》をかち得《う》ると共《とも》に、いざといふ咄嗟《とつさ》の場合《ばあひ》に間《ま》に合《あ》ふ働《はたら》きが出來《でき》るのであります。

▲第《だい》三に、空手《からて》の型《かた》は生《い》き物《もの》であります。演武者《えんぶしや》の理解《りかい》と鍛錬《たんれん》の程度《ていど》を默《だま》つて一言《ごん》の文句《もんく》も言《い》はず觀《み》る人《ひと》の目《め》に映《えい》寫《しや》して見《み》せます。理解《りかい》のない人《ひと》がやると型《かた》はいやな顏《かほ》します。きたへてない人《ひと》がやると型《かた》はしほれた顏《かほ》します。然《しか》し十分理解《ぶんりかい》があり鍛錬《たんれん》した人《ひと》がやると型《かた》の靈《れい》はその人《ひと》にのりうつつて、ピチ〳〵と活《い》きて動《うご》き出《だ》します。型《かた》が喜《よろこ》んで潑剌《はつらつ》たる顏《かほ》してゐるのがよく目《め》に觀《み》えます。空手《からて》の型《かた》は生《い》き物《もの》です。生《い》きた靈《れい》あるものです。演武者《えんぶしや》の鍛錬理解《たんれんりかい》熱心《ねつしん》の程度《ていど》に應《おう》じてその精神《せいしん》や肉體《にくたい》に感應《かんおう》し、功德《くどく》を與《あた》へるのであります。

故《ゆゑ》に空手《からて》の型《かた》はおぼえて居《ゐ》るだけでは何《なん》の役《やく》にも立《た》たず、絶《た》えず演武《えんぶ》を續《つゞ》けてその功德《くどく》を我《わ》が身《み》に體得《たいとく》しなければなりません。五年十年《ねん》、二十年《ねん》三十年《ねん》と朝夕《てうせき》に體經《たいけい》を體讀《たいどく》すれば、無病息《むびやうそく》災延命長壽《さいえんめいちやうじゆ》、その靈驗《れいけん》のあらたかなることは申《まう》すまでもありません。

▲第《だい》四に空手《からて》の型《かた》は技術的見地《ぎじゆつてきけんち》から言《い》へば武器《ぶき》の寶庫《はうこ》であります。

空手《からて》は武器《ぶき》なき武術《ぶじゆつ》ではありますが我《わ》が手足《てあし》の働《はたら》かし方《かた》によつて之《これ》を武器《ぶき》に變《へん》ぜしむるものであります。手足《てあし》の働《はたら》かし方卽《かたすなは》ち技法《ぎはふ》は型《かた》といふ庫《くら》の中《なか》に無盡藏《むじんざう》に貯《たくは》へられてゐます。空手《からて》は型《かた》といふ倉庫《さうこ》が幾棟《いくむね》もあつて、それぞれ異《ちが》つた武器《ぶき》が貯藏《ちよぞう》されて居《を》りますからその中《なか》から如何《いか》なる武器《ぶき》でも自由《じゆう》に持《も》ち出《だ》して來《き》て、それを表《おもて》からだけでなく裏《うら》から、その又裏《またうら》からと活用法《くわつようはふ》を考《かんが》へ、其《そ》の用法《ようはふ》に熟練《じゆくれん》すれば千變萬化《せんぺんばんくわ》の秘術《ひじゆつ》を我《わが》ものとすることが出來《でき》ます。

型《かた》を重要視《ぢうえうし》せず組手《くみて》第《だい》一主義《しゆぎ》を唱《とな》へる人《ひと》には、往々《わうわう》にして、さも天來《てんらい》の妙《みやう》技《ぎ》を發見《はつけん》したるが如《ごと》く得々《とくとく》として或《あ》る技法《ぎはふ》を誇示《こじ》することがあります。然《しか》しその技法《ぎはふ》たるや決《けつ》して天來《てんらい》の妙技《みやうぎ》法でもなければ其《そ》の人《ひと》の新發明《しんはつめい》でもなくして、古人《ごじん》が型《かた》といふ倉庫《さうこ》のどの棟《むね》かの中《なか》にチヤンと入《い》れておいたものに過《す》ぎない場合《ばあひ》がいくらもあるのであります我々《われわれ》がよく注意《ちうい》して多《おほ》くの型《かた》を學《まな》び、その中《なか》の技法《ぎはふ》を表裏《へうり》から研究《けんきう》し更《さら》にその變化《へんくわ》を考《かんが》へて行《ゆ》けば、恐《おそ》らくは全然《ぜんぜん》新發見《しんはつけん》とすべき技法《ぎはふ》はなからうと思《おも》はれます。空手《からて》の型《かた》を重要視《ぢうえうし》せずして組《くみ》手第《てだい》一主義《しゆぎ》を唱《とな》へる人《ひと》は、その點《てん》を深《ふか》く反省《はんせい》すべきだらうと思《おも》ひます。

▲故《ゆゑ》に空手《からて》を研究《けんきう》する人《ひと》は決《けつ》して排他《はいた》的《てき》に一流派《りうは》に立《た》て籠《こも》ることなく、なるべく空手《からて》の型《かた》を多《おほ》く見聞《けんぶん》して各種《かくしゆ》の技《ぎ》法《はふ》のあることを知《し》つておくことが必要《ひつえう》であります。一の系統《けいとう》の型《かた》だけしか知《し》らない人《ひと》は、他《た》の系統《けいとう》の型《かた》の中《なか》にある技法《ぎはふ》などを見《み》て、空手《からて》の型《かた》にこんな重《ちよう》寶《ほう》な技法《ぎはふ》もあつたのかと驚《おどろ》くことがよくあります。故《ゆゑ》に空手《からて》の型《かた》は各流派《かくりうは》、各系統《かくけいとう》を綜合的《そうがふてき》に研究《けんきう》するのでなければ空手《からて》に對《たい》する正《たゞ》しい認識《にんしき》は得《え》られないと思《おも》ひます。正《たゞ》しい認識《にんしき》なくして正《たゞ》しい評價《へうか》は出來《でき》ません。されば空手《からて》の研究《けんきう》に志《こゝろざし》ある人《ひと》は決《けつ》して偏狹《へんけう》な立場《たちば》をとらず、空手《からて》の全體《ぜんたい》を綜合的《そうがふてき》に研究《けんきう》しつつ、自己《じこ》の流派《りうは》の特徴《とくちよう》を發揮《はつき》して行《ゆ》くことを考《かんが》へなければいけません。他《た》流派《りうは》を知《し》らずしては自己《じこ》の流派《りうは》の何處《こ》に長短《ちようたん》があるかさへ知《し》り得《え》ません。斯《かゝ》る程度《ていど》では自己《じこ》の流派《りうは》をさへ眞《しん》に理解《かい》することが出來《でき》ず、偏狹《へんけう》なる慢心《まんしん》に墮《だ》して行《ゆ》く事《こと》になります。斯樣《かやう》な態度《たいど》では空手《からて》道《だう》の大成《たいせい》を望《のぞ》むことは出來《でき》ません。此點《このてん》に御留意《ごりうい》を願《ねが》ひます。

第九章　組手及び防具の問題

第三〇節　組手の意義

▲空手《からて》の型《かた》は相手《あひて》なくして一人《ひとり》で練習《れんしふ》し演武《えんぶ》するものでありますが、組手《くみて》は相手《あひて》と對立《たいりつ》して攻防《こうばう》の技《ぎ》を行《おこな》ふもので

あります。次《つぎ》に組手《くみて》の意義《いぎ》をいろ〳〵の立場《たちば》から言《い》ひ現《あら》はして見《み》ませう。

▲組手《くみて》は空手《からて》の型《かた》を正《たゞ》しく理解《りかい》するために必要《ひつえう》であります。故《ゆゑ》に型《かた》を正《たゞ》しく演武《えんぶ》するには組手《くみて》によつて、型《かた》の中《なか》にある各種《かくしゆ》技法《ぎはふ》の意義《いぎ》と、その技法《ぎはふ》のコツを十分《ぶん》會得《ゑとく》して居《ゐ》なければいけません。ただ型《かた》を繰《く》り返《かへ》してやつて居《ゐ》るだけでは、大事《だいじ》な所《ところ》に釘《くぎ》がきいてゐなかつたり、ネヂがゆるんでゐたりして、演《や》見《み》てゐても變《へん》なものでありますし、演《や》つても十分《ぶん》の效果《かうくわ》をさめ得《え》ないことになります。故《ゆゑ》に型《かた》の演武《えんぶ》には十分《ぶん》に組手《くみて》を以《もつ》て裏打《うらう》ちしておくことが必要《ひつえう》であります。

▲第《だい》二に、組手《くみて》は技法《ぎはふ》の變化《へんくわ》、氣息《きそく》の吞吐《とんど》、重心《ぢうしん》の移動《ゐどう》といふ型《かた》の三要素《えうそ》を實驗的《じつけんてき》に研究練習《けんきうれんしふ》する機會《きくわい》となりますし、技法《ぎはふ》の變化《へんくわ》としては型《かた》に於《おい》て習得《しふとく》したあらゆる技法《ぎはふ》を瞬間裡《しゆんかんり》に活用《くわつよう》することが出來《でき》ます。氣息《きそく》の吞吐《とんど》としては虛々《きよく》實々《じつく》の懸引《かけひき》となり、重心《ぢうしん》の移動《ゐどう》としては輕快自在《けいくわいじざい》の轉身法《てんしんはふ》となるのであります。

▲第《だい》三、組手《くみて》は間合及氣合《まあひおよびきあひ》の修業《しゆげふ》には不可缺《ふかけつ》の必要事《ひつえうじ》であります。

間合《まあひ》とは敵《てき》との距離《きより》であります。間《ま》合《あひ》には攻撃間合《こうげきまあひ》と防禦間合《はうぎよまあひ》とがありますが、間合《まあひ》は必《かなら》ずしも目《め》に見《み》える距離《きより》を云《い》ふだけでなく、心《こゝろ》の間合《まあひ》と稱《しやう》して攻防《こうはう》の心的態度上《しんてきたいどじやう》の間合《まあひ》もあります。目《め》に見《み》える間隔《かんかく》が丁度《てうど》攻撃間合《こうげきまあひ》になつて居《ゐ》ても、心的間合《しんてきまあひ》即《すなは》ち心的態度《しんてきたいど》が攻《こう》撃的《げきてき》になつて居《ゐ》ないと、間合《まあひ》の活用《くわつよう》は出來《でき》ません。即《すなは》ち心體共《しんたいとも》に間合《まあひ》が一致《ち》したとき最《もつと》も適正《てきせい》な間合《まあひ》になるのであります。

氣合《きあひ》は緊張《きんちやう》の度合《どあひ》とでも言《い》ふべきでありまして、これも心《こゝろ》と體《たい》と兩方《りやうはう》の一致《ち》が必要《ひつえう》であります。心的氣合《しんてききあひ》は精神《せいしん》の適切《てきせつ》なる緊張《きんちやう》であり、體的氣合《たいてききあひ》とは身體各部《しんたいかくぶ》の適切《てきせつ》なる緊張《きんちやう》であります。此《こ》の心的氣合《しんてききあひ》と體的氣合《たいてききあひ》とが一致《ち》した時《とき》に眞《しん》の氣合《きあひ》がかかるのであります。

▲組手《くみて》は敵《てき》と相對立《あひたいりつ》して居《ゐ》るのでありますから間合《まあひ》の判斷《はんだん》が駄目《だめ》ならば、攻《こう》防《はう》の技《ぎ》は總《すべ》て死《し》んだものになります。又《また》氣合《きあひ》が十分《ぶん》銳《するど》くなつてゐなければ、如何《いか》に適當《てきたう》な間合《まあひ》に於《お》ける攻防《こうはう》の技《わざ》もその效果《かうくわ》を十分《ぶん》に發揮《はつき》することは出來《でき》ません。故《ゆゑ》に空手《からて》に於《おい》て最《もつと》も大事《だいじ》なことは、適正《てきせい》なる間合《まあひ》、充實《じうじつ》せる氣合《きあひ》、正確《せいかく》なる技法《ぎはふ》、の三者《しや》が理想的《りさうてき》に一致《ち》せる瞬間《しゆんかん》に於《おい》てのみ空手《からて》の神技《しんぎ》が發揮《はつき》せらるるものと心得《こゝろえ》なければなりません。組手《くみて》は此《こ》の三者《しや》一致《ち》を修練體得《しうれんたいとく》するために最《もつと》もよき修業法《しゆげふはふ》であります。

▲第《だい》四に、組手《くみて》は敵《てき》と相對《あひたい》して肉彈相《にくだんあひ》撃《う》つ眞劍《しんけん》なる氣分《きぶん》で攻防《こうはう》の術《じゆつ》を行《おこな》ふものでありますから、知《し》らず識《し》らずの間《あひだ》

に膽力《たんりよく》を養成《ようせい》し得《う》るのであります。

型《かた》の演武《えんぶ》に於《おい》ては空《くう》に敵《てき》を想定《さうてい》するだけでありますが、組手《くみて》に於《おい》ては現實《げんじつ》に我《われ》を攻撃《こうげき》する敵《てき》を眼前《がんぜん》に持《も》つので、一分《ぶ》のスキも油斷《ゆだん》もゆるされない眞劍《しんけん》味《み》を要求《えうきう》されます。故《ゆゑ》に組手《くみて》は膽力《たんりよく》の養成《ようせい》には大《だい》なる效果《かうくわ》のあることは申《まう》すまでもありません。

▲第《だい》五に、組手《くみて》は闘志《たうし》を訓練《くんれん》する修業《しゆげふ》にもなります。

無茶苦茶《むちやくちや》なる闘争心《たうさうしん》はケガのもとでありまして、たとへ我《わ》が肉體《にくたい》にケガを受《う》けずとも必《かなら》ずや體面《たいめん》を損《そん》じ人格《じんかく》を傷《きず》くるものでありますが、さりとて又《また》如《い》何《か》なる場合《ばあひ》にでも絶對《ぜつたい》に闘志《たうし》のない人《にん》間《げん》は、自《みづか》らの生存《せいそん》を否定《ひてい》する一種《しゆ》の自《じ》殺者《さつしや》に類《るゐ》するものと云《い》はなければなりません。故《ゆゑ》に人生《じんせい》に於《おい》て闘志《たうし》はなかるべからず、されどこれを十分《ぶん》にコントロールすることが必要《ひつえう》でありまして、組手《くみて》の修業《しゆげふ》は即《すなは》ち此《こ》の闘志《たうし》のコントロールに效果《かうくわ》のあるものであります。

▲平素《へいそ》組手《くみて》によつて十分《ぶん》に技術《ぎじゆつ》をみがき、膽力《たんりよく》をねつておけば、いざといふ時《とき》にあはてずさわがず、不必要《ふひつえう》な間《あひだ》は絶對《ぜつたい》に手《て》を下《くだ》さず、萬止《ばんや》むを得《え》ざる場《ば》合《あひ》は間髪《かんはつ》を容《い》れざる刹那《せつな》に勝《かち》を制《せい》するといふ洗練《せんれん》され統御《たうぎよ》されたる闘志《たうし》を内《うち》に藏《ざう》して、毅然《きぜん》として自己《じこ》の身體《しんたい》と名《めい》譽《よ》とを保持《ほぢ》し、泰然《たいぜん》として餘裕綽々《よゆうしやく〳〵》、居常《きよじやう》の生活《せいくわつ》を營《いとな》み得《う》るのであります。

上述《じやうじゆつ》の如《ごと》く組手《くみて》は空手《からて》の武術的方面《ぶじゆつてきはうめん》の研究《けんきう》には缺《か》くべからざるものであります。故《ゆゑ》に型《かた》と組手《くみて》とは脣齒《しんし》輔車《ほしや》の關《くわん》係《けい》にあるものでありますから、相手《あひて》ある時《とき》は組手《くみて》の研究《けんきう》を怠《おこた》ることなく、單《たん》獨《どく》の時《とき》は型《かた》の練習《れんしふ》に精進《せうじん》することが必《ひつ》要《えう》であります。

第三節　組手の練習法

▲組手《くみて》を稽古《けいこ》するにはいろ〳〵の方法《はうはふ》がありますが、摩文仁《まぶに》先生《せんせい》の教授法《けうじゆはふ》によつてお話《はな》しいたします。これは組手《くみて》の稽古《けいこ》を三段《だん》に分《わ》けて第《だい》一段《だん》を單式組《たんしきくみ》手《て》、第《だい》二段《だん》を複式組手《ふくしきくみて》、第《だい》三段《だん》を眞劍《しんけん》組手《くみて》となします。

▲單式組手《たんしきくみて》は敵《てき》が突《つ》いて來《く》る（又《また》は蹴《け》つて來《く》る）ときに、我《われ》はこれを受《う》けて直《たゞ》ちに極《き》めを入《い》れる。といふ簡單《かんたん》な組《くみ》手《て》であります。攻撃防禦《こうげきばうぎよ》の技法《ぎはふ》を幾通《いくとほ》りも單式《たんしき》に組《く》み合《あは》せ、單式組手《たんしきくみて》の種類《しゆるゐ》を幾組《いくくみ》も作《つく》つて稽古《けいこ》するのであります

▲複式組手《ふくしきくみて》は敵《てき》が攻撃《こうげき》して來《く》ると我《われ》は之《これ》を防《ふせ》ぐと同時《どうじ》に敵《てき》を逆襲《ぎやくしふ》する、敵《てき》また之《これ》を防《ふせ》いで更《さら》に攻撃《こうげき》する、幾本《いくほん》かの攻防《こうはう》の後《のち》極《き》めを入《い》れるのであります。複式組手《ふくしきくみて》も幾《いく》十組《くみ》でも作《つく》つてこれを稽《けい》

古《こ》するのであります。

▲單式《たんしき》、複式共《ふくしきとも》に最初《さいしよ》から敵味方《てきみかた》の間《あひだ》に約束《やくそく》があつてやるもので、約束組手《やくそくくみて》といつてもよいわけであります。然《しか》し眞劍組手《しんけんくみて》は何等《なんら》約束《やくそく》なしに自由《じゆう》に攻防《こうはう》の技法《ぎはふ》を行《おこな》ふもので、つまり一種《しゆ》の試《し》合《あひ》であります。約束組手《やくそくくみて》に對《たい》してこれを自由組手《じゆうくみて》といふてもよいのであります。然《しか》しただ此《こ》の眞劍組手《しんけんくみて》の場合《ばあひ》でも手《て》や足《あし》に十分《ぶん》力《ちから》を入《い》れてやると危險《きけん》を伴《ともな》ひますから、攻防共《こうはうとも》に力《ちから》を加減《かげん》し、拳頭《けんとう》を以《もつ》て突《つ》かず指《ゆび》で觸《さ》はる程度《ていど》とし足《あし》を以《もつ》て金的《きんてき》を蹴《け》る等《とう》のことを封《ふう》じてその近《ちか》くで止《と》める程度《ていど》でやるのであります。

▲單式組手《たんしきくみて》や複式組手《ふくしきくみて》のやうな約束組《やくそくくみ》手《て》の中《なか》から幾種類《いくしゆるゐ》かを選定《せんてい》して型《かた》を作《つく》り、組手型《くみてがた》（無論《むろん》二人《にん》で演《えん》ずる）と稱《とな》へ、眞劍組手《しんけんくみて》即《すなは》ち自由組手《じゆうくみて》のことを單《たん》に「組手《くみて》」と稱《しやう》して居《ゐ》るところもあります。

▲組手《くみて》の技法《ぎはふ》の組《く》み合《あは》せ方《かた》は、空手《からて》の型《かた》の講義《こうぎ》を讀《よ》んで研究《けんきふ》すれば自《し》然《ぜん》に會《ゑ》得出來《とくでき》ますから此處《こゝ》には省略《せうりやく》します。

第三節　防具試合の問題

▲空手《からて》は型《かた》を單獨《たんどく》に行《おこな》ひ、組手《くみて》によつて對敵研究《たいてきけんきふ》をなして居《を》りますが、然《しか》し當身《あてみ》を主眼《しゆがん》とする武術《ぶじゆつ》でありますから眞劍《しんけん》に試合《しあひ》する事《こと》は出來《でき》ません。此點《このてん》が空手《からて》の特徴《とくちよう》ともなればまた缺點《けつてん》とも言《い》はれて居《を》ります。それ故《ゆゑ》に、防具《ばうぐ》をつけて眞劍《しんけん》に試合《しあひ》をすることが出來《でき》れば空手《からて》の缺點《けつてん》を補《おぎな》ふことが出來《でき》、試合《しあひ》による各種《かくしゆ》の利益《りえき》を納《をさ》めることが出來《でき》るとの見地《けんち》から、空手《からて》の防具試合《ばうぐしあひ》といふ問題《もんだい》が起《おこ》つて來《き》ました。

防具問題《ばうぐもんだい》は最近《さいきん》十年以内《ねんいない》に起《おこ》つた問《もん》題《だい》ではありますが、將來《しやうらい》に殘《のこ》された大《おほ》きな問題《もんだい》といはなければなりません。現在防具《げんざいばうぐ》試《し》合《あひ》を研究《けんきふ》してゐる主《おも》なるところは東京帝大《とうきやうていだい》と關西大學《くわんさいだいがく》の二個所《かしよ》だけで、他《た》の大學《だいがく》では防具《ばうぐ》使用反對論《しようはんたいろん》が有勢《いうせい》の様《やう》で防具試《ばうぐし》合《あひ》はやつて居《を》りません。今《いま》までの所《ところ》では防具《ばうぐ》使用《しよう》の成績《せいせき》は未知數《みちすう》と云《い》ふべきだらうと思《おも》ひます。

▲防具《ばうぐ》は面《めん》、胴《どう》、籠手《こて》の外《ほか》に金的當《きんてきあて》、脛當等《すねあてとう》がありますが、然《しか》し現在《げんざい》までのところは何《いづ》れも不完全《ふくわんぜん》で、防具《ばうぐ》使用《しよう》の空手《からて》と云《い》ふよりも空手《からて》防具《ばうぐ》製作《せいさく》の研究《けんきふ》中《ちう》と云《い》つた方《はう》が、むしろ適當《てきたう》ではなからうかと思《おも》ひます。現在《げんざい》までの防具《ばうぐ》の主《おも》なる缺點《けつてん》は、身體《しんたい》のあらゆる部分《ぶぶん》を武器《ぶき》とし又攻撃部《またこうげきぶ》位《い》とする空手《からて》の特長《とくちやう》を大部分《だいぶぶん》活用《くわつよう》を封《ふう》じられる弊がある點《てん》であります。然《しか》し現在《げんざい》の試作防具《しさくばうぐ》は漸《ぜん》次改善《じかいぜん》されるであらうし、防具使用《ばうぐしよう》の稽古《けいこ》も研究《けんきふ》を重《かさ》ねて行《ゆ》くに從《したが》つて技法《ぎはふ》が練磨《れんま》されるであらうから、すべて防《ばう》

具《ぐ》問題《もんだい》の解決《かいけつ》は将來《しやうらい》に屬《ぞく》するものとして、特志家《とくしか》の熱心《ねつしん》なる研究《けんきう》を望《のぞ》んでおきたいと思《おも》ひます。

▲現在《げんざい》の試作《しさく》防具《ばうぐ》の過渡時代《くわとじだい》に於《おい》ては防具《ばうぐ》使用者《しようしや》は防具《ばうぐ》使用《しよう》にのみ偏《へん》することなく、一面《めん》には空手《からて》の型《かた》の練習《れんしふ》をおろそかにせず、又《また》防具《ばうぐ》なしの約束組手《やくそくくみて》や自由組手《じゆうくみて》をも併用《へいよう》して、空手拳法《からてけんぽふ》の技法《ぎほふ》を正確《せいかく》に會得習熟《ゑとくしふじゆく》することを心掛《こゝろが》くべきであります。さもなければ防具《ばうぐ》使用《しよう》の試合巧者《しあひこうしや》にはなつても、防具《ばうぐ》を使用《しよう》せぬ咄嗟《とつさ》の必要《ひつえう》な場合《ばあひ》に、當身《あてみ》を主眼《しゆがん》とする空手拳法《からてけんぽふ》獨得《どくとく》の長所《ちやうしよ》を發揮《はつき》して敵《てき》を制《せい》し身《み》を護《まも》ると云《い》ふ目的《もくてき》を十分《ぶん》に果《はた》し得《え》ぬこととなるのでありませう。（防具使用の賛否兩論其他「空手研究」第二輯參照）

第十章　空手道修業者の心構

第三三節「空手に先手なし」の正しき眞義と誤解

▲「空手《からて》に先手《せんて》なし」といふ訓言《くんげん》がありますが、其《そ》の正《たゞ》しい意味《いみ》は、空手《からて》は好戰的《かうせんてき》では無《な》いと云《い》ふ心的態度《しんてきたいど》を示《しめ》したものでありまして、空手《からて》をやつたからとてむやみに突《つ》いたり蹴《け》つたりしてはいけないぞといふ教訓《けうくん》であります。

此《こ》の訓言《くんげん》に對《たい》して、誤《あやま》れる二種《しゆ》の解釋《かいしやく》があるやうに見受《みう》けますから、これを正《たゞ》しておきたいと思《おも》ひます。

▲第一《だい》は外部《ぐわいぶ》からの誤解《ごかい》でありましてその言《い》ふには「戰《たゝか》ひはすべて機先《きせん》を制《せい》することによつて勝利《しようり》の機《き》を摑《つか》むものである、先手《せんて》なしと云《い》ふが如《ごと》き消極的《せうきよくてき》態度《たいど》は日本武道《にほんぶだう》と一致《ち》しない」と斯《か》ういふのであります。これは武《ぶ》は平和《へいわ》を維持《ゐぢ》することが目的《もくてき》であり、武《ぶ》とは戈《ほこ》を止《と》むることを以《もつ》て理想《りさう》とするものであるといふ武道本來《ぶだうほんらい》の目的《もくてき》を忘《わす》れた解釋《しやく》の仕方《しかた》であつて、日本武道《にほんぶだう》の眞精神《しんせいしん》が「好戰的《かうせんてき》ではない」ことを知《し》らない人《ひと》の言《げん》であります。

平和《へいわ》を攪亂《かくらん》するものある時《とき》、自己《じこ》に危害《きがい》を加《くは》ふるものあるときは即《すなは》ち武士《ぶし》が戰《たゝかひ》に臨《のぞ》んだ時《とき》であるから、機先《きせん》を制《せい》して暴力《ばうりよく》の發動《はつどう》を封《ふう》ずべきは理《り》の當然《たうぜん》であつて「先手《せんて》なし」の訓言《くんげん》と何等《なんら》相《あひ》背馳《はいち》するものではありません。

▲第二《だい》は空手修業者《からてしゆげふしや》の內部《ないぶ》にある誤解《ごかい》で「先手《せんて》なし」を精神《せいしん》と解《かい》することを知《し》らず、形《かたち》の上《うへ》で是《これ》を墨守《ぼくしゆ》せんとする

ものであります。萬止《ばんや》むを得《え》ざる時《とき》、既《すで》に戰《たたか》ひに臨《のぞ》んでは、前述《ぜんじゆつ》の通《とほ》り機先《きせん》を制《せい》し、先先《せんく》の先《せん》をとるやう心掛《こころが》くべきことは、兵法《へいはふ》の定理《じやうり》であります。

▲故《ゆゑ》に「空手《からて》に先手《せんて》なし」の語《ご》は、空《から》手《て》をやる者《もの》は決《けつ》して自分《じぶん》から事《こと》を起《おこ》したがる樣《やう》な好戰的態度《かうせんてきたいど》を取《と》つてはならず、常《つね》に溫恭謙讓《おんけうけんじやう》の美德《びとく》を以《もつ》て人《ひと》に對《たい》せよ」といふ意味《いみ》に正《ただ》しく解《かい》すべきであります。

第三四節　型が受手に始まる三つの理由

▲「先手《せんて》なし」を型《かた》と結《むす》びつけてよく說明《せつめい》されるので、前述第一種《ぜんじゆつだいしゆ》の誤解《ごかい》と同《おな》じく「空手《からて》の型《かた》はすべて受手《うけて》からはじまつて居《ゐ》るから消極的《せうきよくてき》だ」と難《なん》ずる批評《ひへう》があります。これに對《たい》して說明《せつめい》を加《くは》へておきたいと思《おも》ひます。

空手《からて》の型《かた》がすべて受け手《うけて》にはじまつて居《ゐ》るのは、三つの重大《ぢうだい》な意義《いぎ》があるのでありまして、第《だい》一には「空手《からて》に先手《せん》なし」の正《ただ》しい心的態度《しんてきたいど》を養成《やうせい》する意味《いみ》であります。

▲第二《だいに》には、型《かた》が受《う》け手《て》からはじまるのは兵法《へいはふ》の極意《ごくい》にかなふものであります。孫子《そんし》の兵法《へいはふ》に「知彼知己百戰不殆、不知彼不知己不知彼而知己一勝一負、毎戰必殆。」(彼《かれ》を知《し》り己《おのれ》を知《し》れば百戰《せん》あやうからず、彼《かれ》を知《し》らずして己《おのれ》を知《し》れば一勝《しよう》一負《ぷ》す、彼《かれ》を知《し》らず己《おのれ》を知《し》らざれば戰《たたか》ふ毎《ごと》に必《かなら》ずあやうし。)とあります。この語《ご》は古來空手《こらいからて》の大家《たいか》が特《とく》に拔萃《ばつする》して常《つね》に座右《ざいう》の銘《めい》としたものでありまして、型《かた》の第《だい》一手《て》が受手《うけて》であるのは卽《すなは》ち彼《かれ》を知《し》れとの深《ふか》い意味《いみ》が含《ふく》まれて居《ゐ》るのであります。彼《かれ》、卽《すなは》ち相手《あひて》がどれだけの實力《じつりよく》を持《も》つものであるか、それを知《し》らずして盲蛇物《めくらへびもの》におぢずで、やたらに攻擊的《こうげきてき》に出《で》てはいかぬ、故《ゆゑ》に相手《あひて》を知《し》るためには特《とく》に用心《ようじん》すべき場《ば》合《あひ》あるを示《しめ》して型《かた》の第《だい》一手《て》に支《さゝ》へ受《うけ》を持《も》つて來《き》た型《かた》さへあるのであります。(拔塞大《ばつさいだい》の型參照《かたさんせう》)これは孫子《そんし》の語《ご》を借《か》りると「古之善戰者先爲不可勝、以待敵之可勝」(古《いにしへ》の善《よ》く戰《たたか》ふ者《もの》は先《ま》づ勝《か》つ可《べか》らざるを爲《な》して以《もつ》て敵《てき》の勝《か》つ可《べ》きを待《ま》つ)卽《すなは》ち先《ま》づ自《みづか》ら不敗《ふはい》の地步《ちほ》を占《し》め、然《しか》る後《のち》に敵《てき》の敗形《はいけい》に乘《じやう》ずるといふ意《い》で、此《こ》の趣意《しゆい》は軍《ぐん》の配備《はいび》の根本要訣《こんぽんえうけつ》として、軍形第四篇《ぐんけいだいへん》の冒頭《ぼうとう》に置《お》いてあるほど重要《ぢうえう》なものであります。

それ故《ゆゑ》に空手《からて》の型《かた》が受手《うけて》からはじまる第《だい》二の意味《いみ》は、先《ま》づ彼《かれ》を知《し》り且《かつ》は又《また》己《おのれ》を不敗《ふはい》の地《ち》に於《おい》て百戰百勝《せんしよう》の機《き》を捉《とら》ふべきことを訓《をし》へたものでありまして本講義錄《ほんこうぎろく》に於《おい》て型《かた》の分解說明《ぶんかいせつめい》に常《つね》に、一步《ほ》さがつて受《う》ける、と說《と》いてあるのも此《こ》の意味《いみ》であります。

▲第《だい》三には受《う》け手《て》即《すなは》ち撃《う》ち手《て》であり、防禦《ばうぎよ》即《そく》攻撃《こうげき》たる空手《からて》の眞價《しんか》をそのまゝに表現《へうげん》するものであります。空手《からて》は讀《よ》んで字《じ》の如《ごと》く空手空拳《くうしゆくうけん》であるが、一面《めん》からは空手空拳《くうしゆくうけん》そのものが武器《ぶき》であります。故《ゆゑ》に敵《てき》が拳頭《けんたう》で突《つ》いて來《く》る時《とき》、我《われ》は體《たい》を轉《かは》してこれを横打《よこう》ちで受《う》ける（その他《た》どの受《う》け方《かた》でも同《おな》じ）この受《うけ》手《て》から攻撃《こうげき》にうつるのではなく、受手《うけて》そのものが其《そ》の儘敵《まゝてき》の攻撃以上《こうげきいじやう》の力《ちから》あるものとなつて、敵《てき》の攻撃《こうげき》を封《ふう》ずるのであります。それだけの威力《ゐりよく》を持《も》たせるやうに鍛錬《たんれん》するのが空手《からて》の鍛錬《たんれん》の目《もく》的《てき》であり、又鍛《またきた》へた武人《ぶじん》に於《おい》ては實際《じつさい》にそれだけの威力《ゐりよく》を有《いう》するものであります。

武器《ぶき》を持《も》つ武術《ぶじゆつ》では一旦武器《たんぶき》を受《う》けて更《さら》に相手《あひて》の身體《しんたい》に自己《じこ》の武器《ぶき》を接觸《せつしよく》せしめなければ攻撃《こうげき》になりませんから事《こと》が二段《だん》に分《わか》れ、受《う》け手《て》は消極《せうきよく》となり攻撃《こうげき》は積極《せつきよく》と云《い》ふことになるが、空手《からて》は武器即身體《ぶきそくしんたい》であるから、防禦即攻撃《ばうぎよそくこうげき》といふ消極《せうきよく》と積極《せつきよく》の不可分的合致《ふかぶんてきがつち》の妙《みやう》を發揮《はつき》することになるのであります。故《ゆゑ》に空手《からて》の持《も》つ武術《ぶじゆつ》としての此《こ》の妙味《みやうみ》即《すなは》ち空手《からて》の眞價《しんか》を知《し》らざるがため、型《かた》の受手《うけて》からはじまる眞意《しんい》を理解《りかい》し得《え》ず他《た》の武術並《ぶじゆつなみ》に解釋《かいしやく》するから間違《まちがひ》が起《おこ》るのであります。

空手《からて》の型《かた》が受手《うけて》にはじまる理由《りゆう》は以《い》上《じやう》の三つの重大《ぢうだい》な意味《いみ》があるのでありますから、常《つね》にその眞意《しんい》を十分理解《ぶんりかい》して研究《けんきう》することが大切《たいせつ》であります。

第三五節　空手は體の轉し手の捌き

▲空手《からて》は武器《ぶき》を持《も》たぬ武術《ぶじゆつ》でありますから、體《たい》の轉《かは》し方《かた》、手《て》の捌《さば》き方《かた》が最《もつと》も大事《だいじ》であります。平素此《へいそこ》の點《てん》に十分留《ぶんりう》意《い》して研究《けんきう》しておかなければいけません。相手《あひて》が如何《いか》に當身《あてみ》の強《つよ》い拳《こぶし》の持主《もちぬし》でも、十分《ぶん》に體《たい》の轉《かは》しの心得《こゝろえ》があれば大《たい》して懼《おそ》るるに足《た》らず、又《また》十分《ぶん》に訓練《くんれん》された手捌《てさば》きの心得《こゝろえ》があれば柔《じう》よく剛《がう》を制《せい》することが出來《でき》るのであります。

▲武道祕歌《ぶだうひか》に「打《う》つて來《く》る太刀《たち》をたちにて受《う》けずして體《たい》をかはしてさけならふべし」とありますが、たちは太刀《たち》といひ立《た》ちに通《つう》じ、立《た》つたまんま自分《じぶん》の太刀《たち》で相手《あひて》の太刀《たち》を受《う》けやうとせずに、體《たい》をかはして避《さ》ける稽古《けいこ》をせよといふ意《い》であります。刀《かたな》を持《も》つての稽古《けいこ》でさへ自分《じぶん》の刀《かたな》で受《う》けるより體《たい》の轉《かは》しの稽古《けいこ》が大事《だいじ》だと教《をし》へて居《ゐ》る位《くらゐ》です。況《いは》んや自分《じぶん》の手《て》に全然武器《ぜんぜんぶき》を持《も》たない空手《からて》に於《おい》ては轉身法《てんしんはふ》が如何《いか》に大事《だいじ》であるか知《し》るべきであります。若《も》し平素《へいそ》に於《おい》て轉《てん》身法《しんはふ》の練習《れんしふ》に留意《りうい》を怠《おこた》り、何《なん》でも彼《か》でも我《わ》が手《て》を以《もつ》て受《う》けるものだと思《おも》つて

居《ゐ》たら、武器《ぶき》を持《も》つた相手《あひて》にぶつつかつた場合《ばあひ》に大《おほ》きな破綻《はたん》をきたさなければなりません。平素《へいそ》に於《おい》て轉身《てんしん》の練習《れんしふ》を積《つ》んで居《ゐ》たら、たとへ相手《あひて》が武器《ぶき》を持《も》つて居《ゐ》ても我《か》が身體《からだ》には一指《し》だも染《そ》めさせずに輕妙《けいみやう》な轉身《てんしん》と見事《みごと》な手《て》捌《さば》きとで敵《てき》を取《とり》おさへてしまふことが出來《でき》るのであります。

「空手《からて》は體《たい》の轉《かは》し手《て》の捌《さば》き」よく〱心得《こゝろえ》おくべきことであります。

第三六節　空手に極意なし

▲或時《あるとき》私《わたくし》は摩文仁《まぶに》先生《せんせい》に向《むか》つて「空《から》手《て》に極意《ごくい》といふものがありますか」とおききしましたところが、先生《せんせい》は直《たゞ》ちに「極意《ごくい》といふものはありません」と即答《そくたふ》せられました。そして語《ご》をついで「だが、一面《めん》から云《い》へばすべてが極意《ごくい》になりませう」と補足《ほそく》されました。「では極意《ごくい》は得意《とくい》といふわけですね」と更《さら》におたづねしますと、「さうも言《い》へませう、わざは無限《むげん》です」と答《こた》へられました。

此《こ》の問答《もんだふ》は、これだけで十分《ぶん》だと思《おも》ひますが、初歩《しよほ》の方々《かた〲》の理解《りかい》をたすける爲《ため》に少《すこ》しく註釋《ちうしやく》を加《くは》へておきます。

▲「空手《からて》に極意《ごくい》なし」「空手《からて》はすべてが極意《ごくい》」「極意《ごくい》は得意《とくい》」、斯《か》うして三つの言葉《ことば》をならべて見《み》ますと、自《おのづか》ら筋《すぢ》の通《とほ》つたものが感《かん》ぜられる筈《はず》であります。空手《からて》には特《とく》に「これこれが極意《ごくい》です」と取《と》りわけて祕傳《ひでん》とすべきものはありませんが、どの一つの技《わざ》でも鍛《きた》へに鍛《きた》へて、絕對《ぜつたい》に他人《たにん》の追隨《つゐずゐ》を許《ゆる》さぬ程《ほど》になれば、其《そ》の技《わざ》が其人《そのひと》の獨特《どくとく》の强味《つよみ》となり、其人自《そのひとじ》身《しん》の得意《とくい》であり、極意《ごくい》であることになるのであります。師匠《ししやう》が得意《とくい》とせられた技法《ぎはふ》は弟子《でし》は見聞《けんぶん》せるが故《ゆゑ》に知《し》つては居《を》りませうが、その同《おな》じ技法《ぎはふ》に對《たい》して師匠《ししやう》ほどの鍛練《たんれん》がなければただ形《かたち》をおぼえて居《ゐ》るといふだけで、大《た》いした役《やく》に立《た》つものではありません。故《ゆゑ》に空手《からて》に於《おい》ては極意《ごくい》とは先生《せんせい》から傳授《でんじゆ》を受《う》けるものではなく、彼自《かれじ》身《しん》の鍛練《たんれん》の中《なか》から生《うま》れるものでなければならぬと云《い》ふことになつて居《ゐ》るのであります。

武道《ぶだう》祕歌《ひか》に「極意《ごくい》とは己《おの》が睫《まつげ》の如《ごと》くにて近《ちく》くあれども見《み》つけざりけり」とありますが、古來《こらい》武道《ぶだう》に於《おい》て極祕《ごくひ》にされて居《ゐ》る極意《ごくい》の傳授《でんじゆ》を受《う》けて見《み》れば、「何《な》んだこんな事《こと》なら前《まへ》から知《し》つて居《ゐ》た」と思《おも》つたといふ話《はなし》がよくあります。「道《みち》は近《ちか》きにあり」とも敎《をし》へてある通《とほ》り、心《こゝろ》をこめて鍛練《たんれん》しぬいて行《ゆ》けば、「すべてが極意《ごくい》」といふ眞理《しんり》を理解《りかい》することが出來《でき》るのであります。

▲故《ゆゑ》に空手《からて》の修業《しゆげふ》に志《こゝろざ》す人《ひと》は、入門《にふもん》の第《だい》一歩《ほ》が極意《ごくい》の第《だい》一歩《ほ》であるといふ心《こゝろ》

掛《が》けで、すべての技法《ぎはふ》に對《たい》して眞面目《まじめ》に研究《けんきう》し、進《すゝ》んでは自分《じぶん》の最《もつと》もよしと信《しん》じた技法《ぎはふ》に對《たい》して古今獨歩《ここんどくほ》の境地《きやうち》まで鍛《きた》へあげ磨《みが》きあげる意氣《いき》がなければなりません。「鍋島論語《なべしまろんご》」の稱《しやう》ある葉隱《はがくれ》第《だい》一卷《かん》に「名人《めいじん》の上《うへ》を見聞《けんぶん》して、己《おのれ》は及《およ》ばざる事《こと》と斷念《だんねん》するは、腑甲斐《ふがひ》なきことなり、名人《めいじん》も人《ひと》なり我《われ》も人《ひと》なり、如何《いか》でか劣《おと》るべきと思《おも》ひて、一度打向《たびうちむかふ》へば、最早《もはや》其の道《みち》に入《い》りたるなり、十有《いう》五にして學《がく》に志《こゝろざ》すところが聖人《せいじん》なり後《のち》に執行《しつこう》して聖人《せいじん》になり給《たま》ふにはあらずと、一鼎申され候《さう》。初發心ノ時、辨ニ成ス正覺ヲ」ともあるなり」と訓《をし》へてあります。一旦《たん》空手《からて》を學《まな》ばんとの志《こゝろざし》を立《た》てたならば、その道《みち》の大名人《だいめいじん》となる心掛《こゝろが》けで勉强《べんきやう》することが大事《だいじ》であります。

第三七節　技法無限慢心無用

▲「空手《からて》に極意《ごくい》なし」とは又他《まただ》の一面《めん》から是《これ》を解《かい》すれば、空手《からて》の技法《ぎはふ》は無限《むけん》であるといふ意味《いみ》であります。これが最後《さいご》の到達點《たうだつてん》だといふ行《ゆ》きどまりは空手《からて》にはないぞと、技法《ぎはふ》の無限《むけん》を訓《をし》へるものであります。良師《りやうし》について少《すこ》しく空手の技法を學び、その裏を裏をと研究《けんきう》して行《ゆ》くやうに薫陶《くんたう》を受《う》けたものは技法無限《ぎはふむけん》の眞理《しんり》を理解《りかい》し得《う》るのであります。

▲技法無限《ぎはふむけん》の眞理《しんり》がわかれば、慢心無用《まんしんむよう》の教訓《けうくん》もよくわかる筈《はず》であります。空手《からて》の技法《ぎはふ》が無限《むけん》であり、その道《みち》を日《にち》々夜々に精進《せうじん》する者《もの》に何《なん》で慢心《まんしん》などが起《おこ》り得《え》ませうか。精進《せうじん》を怠《おこた》る意志《いし》にこそ慢心《まんしん》の苔《こけ》は生《は》えるのでありますから溫恭謙虛《をんけうけんきよ》ただ無限《むけん》の技法《ぎはふ》を追《お》ふて研究《けんきう》を怠《おこた》つてはいけません。摩文仁先生《まぶにせんせい》は此《こ》の心境《しんきやう》を「何事《なにごと》も打《う》ち忘《わす》れたりひたすらに武《ぶ》の島《しま》さして漕《こ》ぐが樂《たの》しき」と詠《えい》じて居《を》られます(「十八の研究《けんきう》」序文《じよぶん》)。研究《けんきう》三昧《まい》、修業《しゆげふ》三昧《まい》であります。之《これ》を好《この》むものは之《これ》を樂《たの》しむものに如《し》かず、空手《からて》が好《す》きだといふだけではまだです空手《からて》を研究《けんきう》することが樂《たの》しくて、誰《だれ》が何《なん》と云《い》つても止《や》められませんといふ境地《きやうち》にはいらなければほんとではありません。人《ひと》に誇《ほこ》りたい、人《ひと》に示《しめ》したい、人《ひと》に勝《か》ちたい、これは他人《たにん》のためにやる修業《しゆげふ》であつて、それでは慢心《まんしん》の雜草《ざつさう》が心中《しんちう》にはびこり、何時《いつ》の間《ま》にか橫道《よこみち》にそれてしまひます。それではいけません。他人《たにん》の爲《た》めの修業《しゆげふ》ではなく、自分自身《じぶんじしん》が止《や》むに止《や》まれぬ空手修業《からてしゆげふ》の樂《たの》しみを味《あぢ》はふのでなければ、此《こ》の無限《むけん》の道《みち》をたどつて行《ゆ》けるものではありません。

▲すべての武道《ぶだう》に於《おい》て此《こ》の道理《だうり》は一つであります。葉隱《はがくれ》第《だい》一卷《かん》に「或《あ》る劍師《けんし》老後《らうご》の物語《ものがたり》に、一生《しやう》の間《あひだ》の修行《しゆげふ》に次第《しだい》

があるものなり。下《げ》の位《くらゐ》は、修行《しゆぎやう》すれどもものにならず、我《わ》れも下手《へた》と思《おも》ひ人《ひと》も下手《へた》と思ふなり。此《こ》の分《ぶん》にては用《よう》に立《た》たざるなり。中《ちう》の位《くらゐ》は、未《ま》だ用《よう》には立《た》たず共《とも》、我《わ》が不足《ふそく》も目《め》に見《み》え、人《ひと》の不足《ふそく》も見《み》ゆるなり。上《じやう》の位《くらゐ》は、我《わ》が物《もの》に仕成《しな》して自慢《じまん》出來《でき》、人《ひと》より褒《ほ》めらるるをよろこび、人《ひと》の至《いた》らざるをなげくなり。人《ひと》も上手《じやうず》と見《み》るなり。大既《たいがい》はこれまでなり。此《こ》の上《うへ》に、尚《なほ》一段立《だんた》ち越《こ》え、道《みち》の勝《すぐ》れたる位《くらゐ》あるなり。其《そ》の道《みち》に染《そ》め入《い》れば、終《つひ》に果《は》てもなき事《こと》を見付《みつ》くる故《ゆゑ》に、これまでと思《おも》ふことならず、我《われ》に不足《ふそく》あることを實《じつ》に知《し》りて一生成就《しやうじやうじゆ》の念《ねん》これ無《な》く、自慢《じまん》の念《ねん》もなく、卑下《ひげ》の心《こころ》もこれ無《な》くして果《はた》すものなり。柳生殿《やぎふどの》が、人《ひと》に勝《か》つ道《みち》は知《し》らず我《われ》に勝《か》つ道《みち》を知《し》りたり、とて申《もう》され候《さふらふ》由《よし》。昨日《きのふ》よりは上手《じやうず》になり、今日《けふ》よりは上手《じやうず》になりして、一生日々《しやうにち〳〵》仕上《しあ》ぐる事《こと》なり。是《これ》も果《はて》はなきと云《い》ふ事《こと》なり」とあります。果《は》てもなき無限《ひけん》の道《みち》に辿《たど》り入《い》りて、昨日《きのふ》よりは上手《じやうず》になり、今日《けふ》よりは上手《じやうず》になりして一生日々《しやうにち〳〵》に仕《し》上《あ》ぐる事《こと》なり、これ即《すなは》ち名人《めいじん》の姿《すがた》であります。此《に》の心境《しんきやう》は宗教其《しうけうそ》のものであります。

技法無限《ぎはふむげん》、慢心無用《まんしんむよう》、空手道《からてだう》の行者《ぎやうじや》は絶《た》えず心《こころ》に誦《じゆ》して自誡《じかい》すべきであります。

第三八節　空手に構へなし

▲「空手《からて》に構《かま》へなし」といふ訓言《くんげん》が古《ふる》くからあります。

普通《ふつう》には組手《くみて》とか試合《しあひ》とかの場合《ばあひ》には必《かなら》ず或《あ》る構《かま》へを以《もつ》て敵《てき》と相對《あひたい》するのでありまして、試合《しあひ》の時《とき》に兩手《りやうて》を上《じやう》段《だん》にあげて構《かま》へることもありますし、眞直《まつす》ぐにぽかんと突立《つった》つて居《ゐ》るのも一つの構《かま》へであります。鈎手《かぎて》の構《かま》へ、猫《ねこ》足《あし》の構《かま》へ等々《とう〳〵》、空手《からて》に於《お》ていろ〳〵と構《かま》へといふ言葉《ことば》を用《もち》ひながら「空手《からて》に構《かま》へなし」とは一見矛盾《けんむじゆん》したことのやうでありますが、實《じつ》は決《けつ》して矛盾《むじゆん》して居《ゐ》るのではありません。

「空手《からて》に構《かま》へなし」といふ訓言《くんげん》を、わかりよく解《かい》して「空手《からて》に構《かま》へなし、心《こころ》に構《かま》へあり」と説《と》く方《かた》もあります。その意味《いみ》は「構《かま》へ方《かた》の外形《ぐわいけい》に善《よ》い悪《わる》いがあると思《おも》ひ込《こ》んで、油断《ゆだん》をしてはいけない」「どんなに見《み》た目《め》にスキのない構《かま》へ方《かた》でも心《こころ》に油断《ゆだん》があれば駄目《だめ》だぞ」「形《かたち》の上《うへ》の構《かま》へはスキだらけに見《み》えても心《こころ》に油断《ゆだん》のない對手《あひて》ならば用心《ようじん》を怠《おこた》つてはいけないぞ」といふことであります。

ところで「心《こころ》に構《かま》へあり」といふ風《ふう》に解釋《かいしやく》して、その心《こころ》の構《かま》へといふ事《こと》に捉《とら》はれてしまつてはまた間違《まちが》ひの基《もと》であります。「心《こゝろ》こそ心《こゝろ》迷《まよ》はす心《こゝろ》なれ、心《こゝろ》にこころ心《こゝろ》ゆるすな」との古歌《こか》もある通《とほ》り、何《なん》でも彼《か》でも心《こゝろ》の構《かま》へだ心《こゝろ》の構《かま》へが大事《だいじ》だ、形《かたち》の上《うへ》はどうでもよいなどと、心《こゝろ》の構《かま》へといふ言葉《ことば》に迷《まよ》はされてしまつて、それほどの達人《たつじん》でもないものが、形《かたち》の上《うへ》の構《かま》へなどどうでもよいと油断《ゆだん》をしては、ケガのもとであります。それは「心《こゝろ》にこころ心《こゝろ》ゆるすな」といふ、つまり迷《まよ》ひの心《こゝろ》をとりしづめる心《こゝろ》の奥《おく》の主人公《しゆじんこう》、不動智《ふどうち》なるものがしつかりして居《ゐ》ないからいけないのであります。

▲それ故《ゆゑ》に「空手《からて》に構《かま》へなし心《こゝろ》に構《かま》へあり」では實《じつ》はまだ中途半端《ちうとはんぱ》で、それ以上《いじやう》に悟入《ごにう》して「空手《からて》に構《かま》へなし、心《こゝろ》にも構《かま》へなし」の境地《きやうち》まで行《ゆ》かなければほんものではありません。此《こ》の境地《きやうち》にまで悟入《ごにう》すれば、敵《てき》は斯《か》う來《く》るだらう、そしたら彼《あ》あ行《ゆ》かう、彼《あ》あ來《き》たら斯《か》う行《ゆ》かう、などとの心構《こゝろがま》へなどはヌキにして「さア來《こ》い」と力味《りきみ》かへるのでもなく「何處《どこ》ふく風《かぜ》」と嘯《うそぶ》くのでもなく、虚心坦々《きよしんたんく》として平靜《へいせい》そのものでありながら、敵《てき》の心《こゝろ》が動《うご》けばその心《こゝろ》に應《おう》じ、敵《てき》の手足《しゆそく》が動《うご》けばその手足《しゆそく》に應《おう》じて動《うご》くのであります。即《すなは》ち石火《せきくわ》の機《き》であります。間不容髮《かんはつをいれず》の妙機《みやうき》であります。妙機即《みやうきすなは》ち玄妙不思議《げんみやうふしぎ》のはたらきであります。空手《からて》の達人《たつじん》の打《う》てば響く妙《みやう》音《おん》ならぬ妙技《みやうぎ》を見《み》て居《ゐ》ると、此《こ》の間《かん》の消息《せうそく》がよくわかるのであります。なるほど「空手《からて》に構《かま》へなし」ただ自然《しぜん》に妙《みやう》技《ぎ》が發露《はつろ》して來《く》るのであります。無理《むり》がないのであります。雲間《くもま》に月《つき》が姿《すがた》をあらはすと同時《どうじ》に月影《つきかげ》は水《みづ》の中《なか》にあるのであります。「うつすとも水《みづ》は思《おも》はずうつるとも月《つき》は思《おも》はぬ廣澤《ひろさは》の池《いけ》」であります。「空手《からて》に構《かま》へなし」とは即《すなは》ち此《こ》の境地《きやうち》であります。

▲然《しか》らばその境地《きやうち》には如何《いか》にして到達《たうたつ》し得《う》るかと云《い》ひますと、物《もの》に動《どう》ぜぬ心《こゝろ》を養《やしな》ふのであります。沖繩《おきなは》の古《こ》聖人《せいじん》名《ナ》護親方《ゴウエーカタ》は「靜《しづ》かなりすみり常《つね》に己《み》が心《こゝろ》波立《なみた》たたん水《みづ》ど影《かげ》や映《う》つる」と自訓《じくん》して居《を》ります。その意《い》は「我《わ》が心《こゝろ》よ常《つね》に平靜《へいせい》であれ、波立《なみた》たぬ水《みづ》こそ影《かげ》をうつすことが出來《でき》るのだ」といふのであります。廣澤《ひろさは》の池《いけ》の面《おも》に波《なみ》が立《た》つてゐては月影《つきかげ》はくだけて幾《いく》つにもなります。その影《かげ》に迷《まよ》つては手《て》も足《あし》も出《で》なくなります。轉動《てんどう》した心《こゝろ》はケガのもと、アヤマチのもとであります。常《つね》に平靜《へいせい》なる不動心《ふどうしん》を養《やしな》つてこそ、月《つき》が出《で》れば月影《つきかげ》をやどし、鳥《とり》が飛《と》べば鳥影《とりかげ》をうつす、明鏡《めいきやう》の公正《こうせい》なる判斷《はんだん》をあやまらないことになるのであります。

▲「空手《からて》に構《かま》へなし」空手道極意《からてだうごくい》の此《こ》の句《く》は味《あぢ》はへば味《あぢ》はふほど深味《ふかみ》のある訓《をし》へであります。種々《しゆぐ》の構《かま》へがありな

から「構《かま》へなし」と訓《をし》ふるところ、これ色即是空《しきそくぜくう》の哲理《てつり》であります。構《かま》へなくして然《し》かも千變萬化《せんぺんばんくわ》のはたらきをその中《なか》から生《しやう》じて來《く》る、これとりもなほさず空即是色《くうそくぜしき》であります。

▲「空手《からて》に先手《せんて》なし」は平常時《へいじやうじ》の心構《こころがまへ》

▲「空手《からて》に極意《ごくい》なし」は修行時《しゆぎやうじ》の心構《こころがまへ》

▲「空手《からて》に構《かま》へなし」は非常時《ひじやうじ》の心構《こころがまへ》

此《こ》の三者《しや》ともに「無《む》」の一字《じ》に歸着《きちやく》します。「無《む》」の一字《じ》に徹《てつ》し行くことこそ、空手道《からてだう》の極意《ごくい》を體得《たいとく》することであります。

「無《む》一物中無盡藏《ぶつちうむじんざう》花あり樓臺《ろうだい》あり」

であります。「色即是空《しきそくぜくう》、空即是色《くうそくぜしき》」であります。無手空手《むてくうて》の武術《ぶじゆつ》、空手道《からてだう》の究極《きうきよく》は即《すなは》ち禪理《ぜんり》と一致《ち》するものでありまして、拳禪《けんぜん》一致《ち》の妙境《みやうきやう》に參入《さんにふ》することは空手道入門《からてだうにふもん》の第《だい》一歩《ぽ》に於《おい》て志《こころざ》すべき目標《もくへう》であります。

第四講　補助運動と補助運動具

第十一章　拳の握り方と足の立ち方

第三九節　手足各部の名稱

△拳《けん》の握《にぎ》り方《かた》と名稱《めいしょう》

空手《からて》に於《おい》ては握《にぎ》り拳《こぶし》を主《しゅ》として使用《しよう》しますが、その他《ほか》にも各部《かくぶ》使用《しよう》するところがあります。それ等《ら》の名稱《めいしょう》を挿繪《さしゑ》によつて次《つぎ》にお話《はな》し致《いた》します。先《ま》づ拳《けん》の握《にぎ》り方《かた》から始《はじ》めませう。

柔術《じゅうじゅつ》に於《おい》ては拇指《ぼし》を中《なか》にして拳《けん》を握《にぎ》りますが、空手《からて》に於《おい》ては四本《ほん》の指《ゆび》を深《ふか》く握《にぎ》り、その上《うへ》を拇指《ぼし》にて堅《かた》くおさえます。これを正拳《せいけん》と云《い》ひます。

△正拳《せいけん》の握《にぎ》り方《かた》は、先《ま》づ兩手《りょうて》の指《ゆび》を出《で》來《き》るだけひろげ、小指《こゆび》と小指《こゆび》と第《だい》一節《せつ》の腹《はら》を合《あは》せ、次《つぎ》に拇指《ぼし》と拇指《ぼし》とも第《だい》一節《せつ》の腹《はら》を合《あは》せ、次《つぎ》に他《た》の三指《し》とも各向《かくむか》ひ合《あは》せた指《ゆび》の第《だい》一節腹面《せつふくめん》をくつゝけます。斯《か》くすると五本《ほん》の指《ゆび》が指頭《ゆびさき》だけをくつゝけ合《あは》せて彈力性《だんりょくせい》のバネの様《やう》になりますから、左右《さいう》の手《て》に力《ちから》を入《い》れたりゆるめたりして其《そ》の彈力《だんりょく》を利用《りよう》しつゝ拇指《ぼし》を除《のぞ》く他《た》の四本《ほん》の指《ゆび》が根《ね》のところまでくつゝき合《あ》ひ、その下方《かはう》に左右《さいう》の掌《たなごゝろ》が山《やま》の形《かたち》を作《つく》ります。此《こ》の兩掌《りょうたなごゝろ》のひらきがなるべく廣《ひろ》く開《ひら》くやうになれば、兩手《りょうて》の指《ゆび》は根《ね》の方《はう》から十分《ぶん》に反《そ》る様《やう》になります。以上《いじやう》は拳《けん》を深《ふか》く握《にぎ》るための豫備操作《よびさうさ》ですからひまの時《とき》には何時《いつ》でも繰《く》り返《かへ》へし練習《れんしふ》しておいて下《くだ》さい。

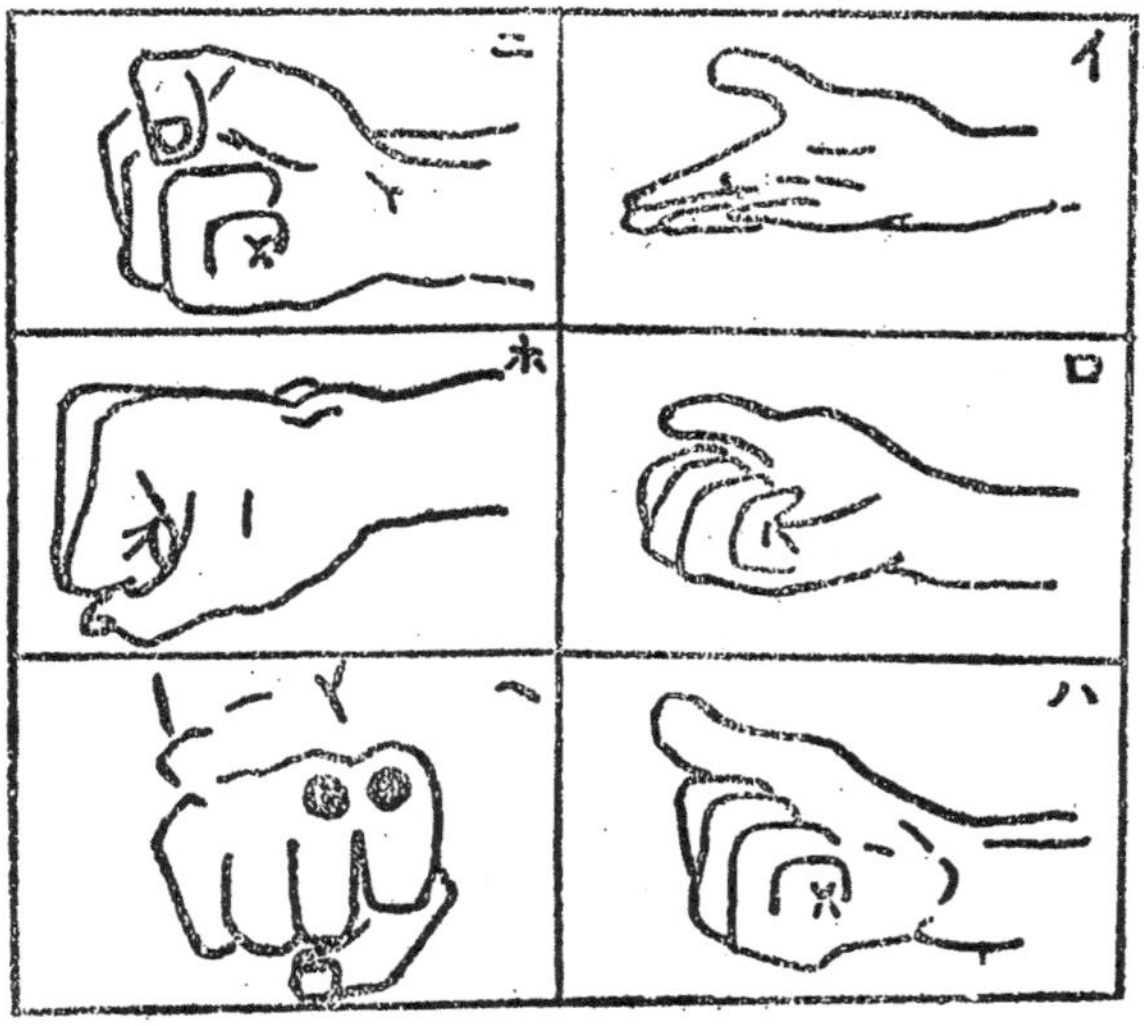

第一圖　正拳の握り方

次《つぎ》に、右《みぎ》の様《やう》にして十分《ぶん》後方《こうはう》へ反《そ》りかへる様《やう》に指《ゆび》の關節《くわんせつ》を慣《た》らしておいた手《て》イを、挿繪《さしゑ》に示《しめ》す通《とほ》り、ロハの二段《だん》にしつかりと深《ふか》く握《にぎ》り込《こ》んでしまひます。その上《うへ》をニの如《ごと》く拇《ぼ》指《し》でしつかり抑《おさ》へますと正拳《せいけん》が出來《でき》たわけです。ホは横《よこ》から見《み》た正拳《せいけん》の形《かたち》、へは正面《しやうめん》から見《み》た正拳《せいけん》です。人差指《ひとさしゆび》と中高指《なかたかゆび》のつけ根《ね》のところに⊛印《じるし》をつけてあるところが正拳《せいけん》の使用《しよう》する部分《ぶぶん》です。

▲個人的《こじんてき》なクセ、、によつては人差指《ひとさしゆび》の第《だい》一關節《くわんせつ》を伸《の》ばして拳《けん》を握《にぎ》る人《ひと》がありますが、それは甚《はなは》だよくありません。拳《けん》の握《にぎ》り方《かた》は拳《けん》の形《かたち》を整《ととの》へるためだけでなく、拳《けん》を握《にぎ》ることとそれ自身《じしん》が握力《あくりよく》の養成《やうせい》に重大《じゆうだい》な意義《いぎ》を持《も》つものです。空《から》手《て》に於《おい》て握力。。を如《い》何に重要視《じゆうえうし》するかといふことは補助運動具《ほじようんどうぐ》の大部分《だいぶぶん》が握力《あくりよく》養成《やうせい》のためのものであることを見《み》ても理解《りかい》し得《え》られませう。人差指《ひとさしゆび》の第《だい》一關《くわん》節《せつ》を伸《の》ばして拳《けん》を握《にぎ》るのは、拳《けん》の外形《ぐわいけい》を整《ととの》へる以外《いぐわい》の意味《いみ》はありません。然《しか》しその方法《はうはふ》によつて拳《けん》の外形《ぐわいけい》をとゝのへるべきものではなく前述《ぜんじゆつ》の豫備《よび》操作《さうさ》と握拳操作《あくけんさうさ》の不斷《ふだん》の練習《れんしふ》によつて正拳《せいけん》の正《ただ》しい握《にぎ》り方《かた》に熟達《じゆくたつ》すべきものであります。

斯《か》くして拳《けん》の握《にぎ》り方《かた》を不斷《ふだん》に練習《れんしふ》して居《ゐ》ると、人差指《ひとさしゆび》中指《なかゆび》の指頭《ゆびさき》のあたる部分《ぶぶん》の掌面《しやうめん》、拇指《ぼし》を以《もつ》ておさえる人差《ひとさ》指《し》の第《だい》二關節《くわんせつ》部等《ぶなど》に、、タコが出來《でき》る様《やう》になります。

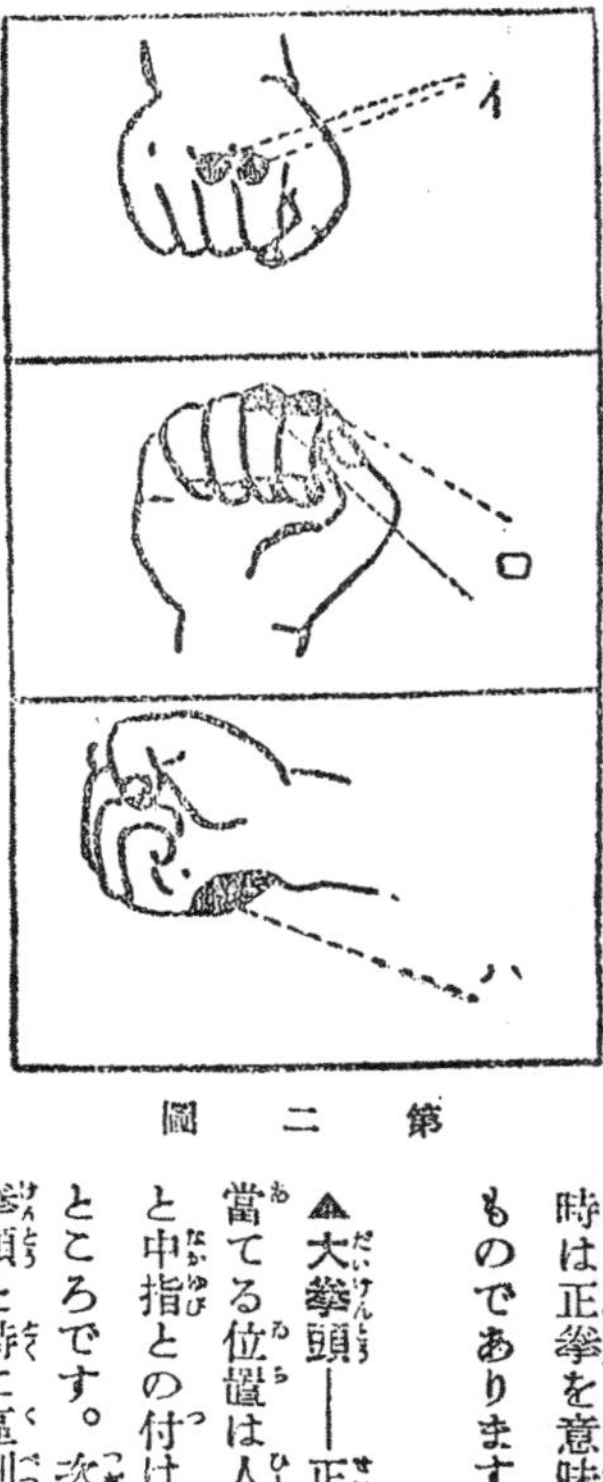

第二圖

藥指《くすりゆび》や小指《こゆび》も出來《でき》る限《かぎ》り深《ふか》く握《にぎ》り込《こ》むべきもので、決《けつ》して浮《う》かしてはいけません。

▲要《えう》するに正拳《せいけん》は空手《からて》を表象《へうせう》するもので其《そ》の握《にぎ》り方《かた》は不斷《ふだん》に練習《れんしふ》しておかなければなりません。此《こ》の練習《れんしふ》は、精神《せいしん》的《てき》には、決意《けつゐ》、斷行《だんこう》、敢意《かんゐ》、勇氣《ゆうき》等《など》の空手魂《からてだましひ》を知《し》らず識《し》らずの間《ま》に養成《やうせい》することになりますから、決《けつ》していゝ加減《かげん》なやり方《かた》をしてはいけません。

正拳《せいけん》のことを平常《へいじやう》は拳《けん》と稱《しよう》します。故《ゆえ》に拳《けん》を握《にぎ》るとか拳《こぶし》で當《あ》てる等《など》と云《い》ふ時《とき》は正拳《せいけん》を意味《いみ》するものであります。

▲大拳頭《だいけんとう》――正拳《せいけん》の當《あ》てる位置《ゐち》は人差指《ひとさしゆび》と中指《なかゆび》との付《つ》け根《ね》のところです。次《つぎ》の小《せう》拳頭《けんとう》と特《とく》に區別《くべつ》する

場合《ばあひ》に大拳頭《だいけんとう》と稱《しよう》しますが平常《ふだん》は拳頭《けんとう》といへば大拳頭《だいけんとう》の意味《いみ》です(第二圖イ)

▲小拳頭《せうけんとう》——平拳《ひらけん》の拳頭《けんがしら》を稱《しよう》します。平拳《ひらけん》は人差《ひとさし》指の横《よこ》に拇指《ぼし》の頭《さき》をつけた形《かたち》で、使用《しよう》する部位《ぶゐ》は小拳頭《せうけんとう》です（第二圖ロ）

▲拳槌《けんつい》——正拳《せいけん》の形《かたち》に拳《けん》を握《にぎ》つたとき掌《しやう》の横側面《わうそくめん》の下部《かぶ》のところを使用《しよう》するのが拳槌《けんつい》です（第二圖ハ）

▲裏拳《うらけん》——裏拳《うらけん》は正拳《せいけん》の甲《かう》の方《はう》から見《み》て中指《なかゆび》の付《つ》け根《ね》のところを使用《しよう》します（第三圖イ）

▲貫手《ぬきて》——拇指《ぼし》を曲《ま》げ他《た》の四指《し》を伸《の》ばした形《かたち》で、四本指《ほんゆび》の尖《さき》を使用《しよう》する時《とき》に四本貫手《ほんぬきて》（又《また》は諸手貫《もろてぬき》）と云《い》ひます。甲《かう》を横《よこ》にし指《ゆび》が縦《たて》に並《なら》んだ形《かたち》で使用《しよう》するときと、甲《かう》を上《うへ》にして指《ゆび》が横《よこ》にならんだ形《かたち》で使用《しよう》する時《とき》とあります。前者《ぜんしや》を縦貫手《たてぬきて》、後者《こうしや》を平貫手《ひらぬきて》と稱《しよう》して區別《くべつ》する時《とき》もあります。縦貫手《たてぬきて》は普通《ふつう》に貫《ぬき》手《て》として型《かた》に多《おほ》く出《で》て來《き》ますが、平貫《ひつぬき》手《て》は中段輪受《ちうだんわうけ》（三戰《さん》の型《かた》の終《をは》りの方《はう》にある）や振《ふ》り受《うけ》など關連《くわんれん》して使用《しよう》されます。振《ふ》り受《うけ》は第《だい》六講《かう》平安《ぴんあん》三段《だん》の講《かう》義《ぎ》研究《けんきう》と習熟《しふじゆく》の項《こう》を參照《さんせう》して下《くだ》さい。

第《だい》三圖《づ》ロは縦貫手《たてぬきて》です。

▲手刀《しゆとう》——手刀《しゆとう》は貫手《ぬきて》と同《おな》じく拇指《ぼし》を曲《ま》げ他《た》の四指《し》を伸《の》ばした時《とき》、掌《しやう》の横側《わうそく》面《めん》下《しも》三分《ぶん》の二を使用《しよう》します。（第《だい》三圖《づ》ハは手刀《しゆとう》を示《しめ》す。）掌《しやう》の横側面《わうそくめん》の上《かみ》三分《ぶん》の一即《すなは》ち小指《こゆび》の付《つ》け根《ね》に近《ちか》い部分《ぶぶん》は、手刀《しゆとう》にも拳槌《けんつい》にも用《もち》ひません。試《こゝろみ》に掌《しやう》を見《み》ると手首《てくび》から約《やく》三分《ぶん》の二のところを横《よこ》に大《おほ》きな條《すぢ》が通《とほ》つて居《を》りますが、その條《すぢ》から下《した》のところを使用《しよう》します。

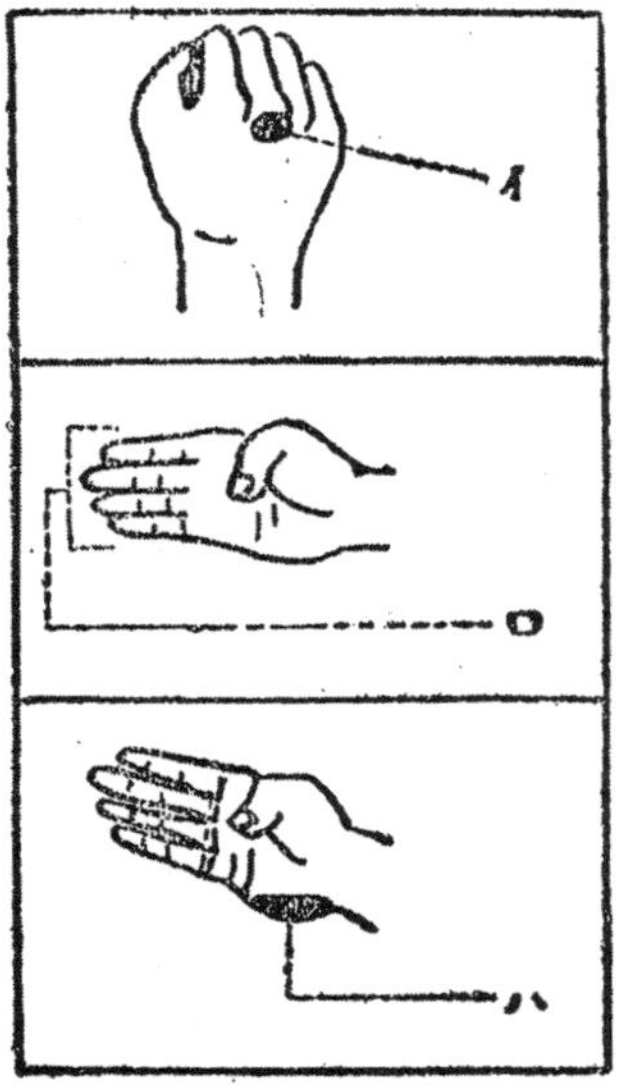

第三圖

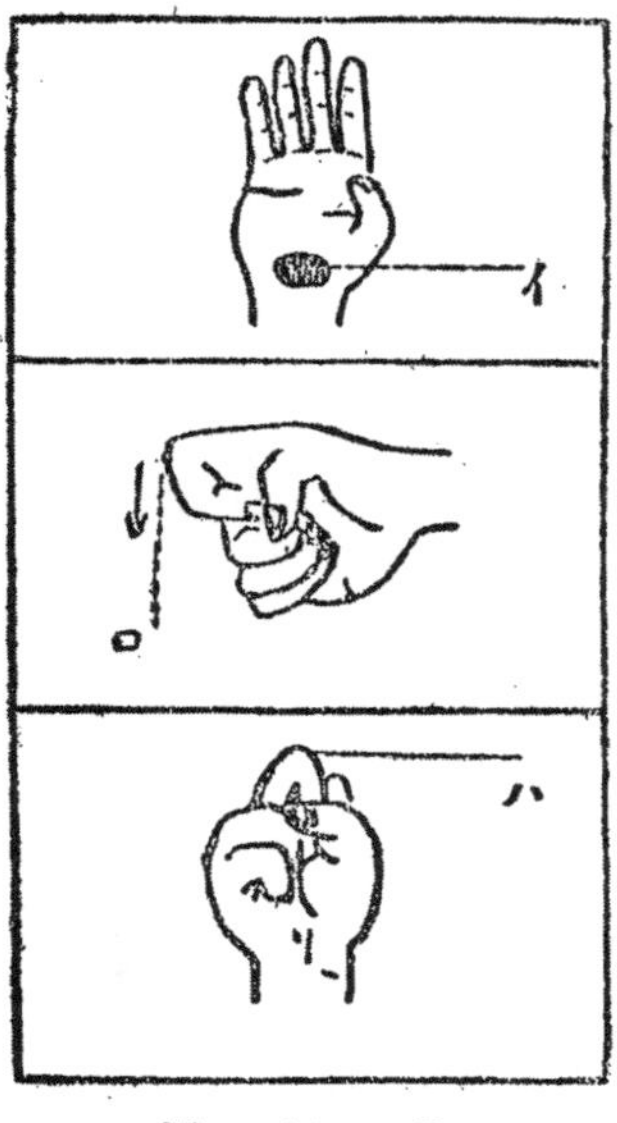

第四圖

此《この》ことはよくおぼえておいて下《くだ》さい。手刀《しゆとう》を使用《しよう》する所《ところ》に手《て》の持《も》つて行《ゆ》き方《かた》が間違《まちが》つたり、力《ちから》の取《と》り方《かた》が間違《まちが》つたりするのは手刀《しゆとう》そのもの丶使用部位《しようぶゐ》がはつきり解《わか》つて居《ゐ》ないためです。

▲掌底《しやうてい》——掌《しやう》をひらいた儘《まゝ》で使用《しよう》する時《とき》は掌《しやう》の下部《かぶ》（第四圖イ）即《すなは》ち掌底《しやうてい》で押《お》し又《また》は突《つ》きます。顔面《がんめん》や胸《むね》や肩等《かたなど》を正面《せうめん》から押《お》し又《また》は突《つ》き上《あ》げる時《とき》に用《もち》ひます。拇指《ぼし》は第《だい》一節《せつ》を曲《ま》げ掌側面《しやうそくめん》にくつ丶けておきます。

▲人差一本拳《ひとさしいつぽんけん》（第四圖ロ）平拳《ひらけん》の握《にぎ》り方《かた》で、特《とく》に人差指《ひとさしゆび》だけを圖《づ》の如《ごと》く突出《とつしゆつ》させた形《かたち》です。水月《すゐげつ》、人中等急所《じんちうなどきうしよ》の當《あて》身《み》にも用《もち》ひますが、特殊《とくしゆ》の用法《ようはふ》としては、甲《こう》を横《よこ》にした儘《まゝ》手首《てくび》を急速《きうそく》に上下《じやうげ》へ（圖《づ》の矢印《やじるし》の方向《はうかう》へ）運動《うんどう》させて肋《ろく》骨《こつ》に打撃《だげき》を與《あた》へる時《とき》に用《もち》ひます。其時《そのとき》の手《て》首《くび》及《およ》び人差小拳頭《ひとさしせうけんとう》の運動《うんどう》は鷄《にはとり》が嘴《くちばし》で米《こめ》を啄《つい》ばむに似《に》てゐるので鷄口《けいこう》米《まい》といふ名稱《めいしよう》をも附《つ》けられて居《を》ます。

▲中高一本拳《なかたかいつぽんけん》（第四圖ハ）正拳《せいけん》の握《にぎ》り方《かた》で特《とく》に中指《なかゆび》の小拳頭《せうけんとう》を突出《とつしゆつ》させた形《かたち》人中《じんちう》、水月等《すゐげつなど》の當身《あてみ》に用《もち》ひます。（摩文《まぶ》仁《に》先生著《せんせいちよ》「セーパイの研究《けんきう》」參照《さんせう》）

▲三本貫手《ほんぬけて》（第五圖イ）藥指《くすりゆび》と小指《こゆび》及《およ》び拇指《ぼし》の三指《し》を曲《ま》げ、人差指《ひとさしゆび》と中指《なかゆび》とを伸《の》ばした形《かたち》。

▲一本貫手《ほんぬきて》（挿繪省略）人差指《ひとさしゆび》だけを伸《の》ばし他《た》の四指《し》を曲《ま》げた形《かたち》。

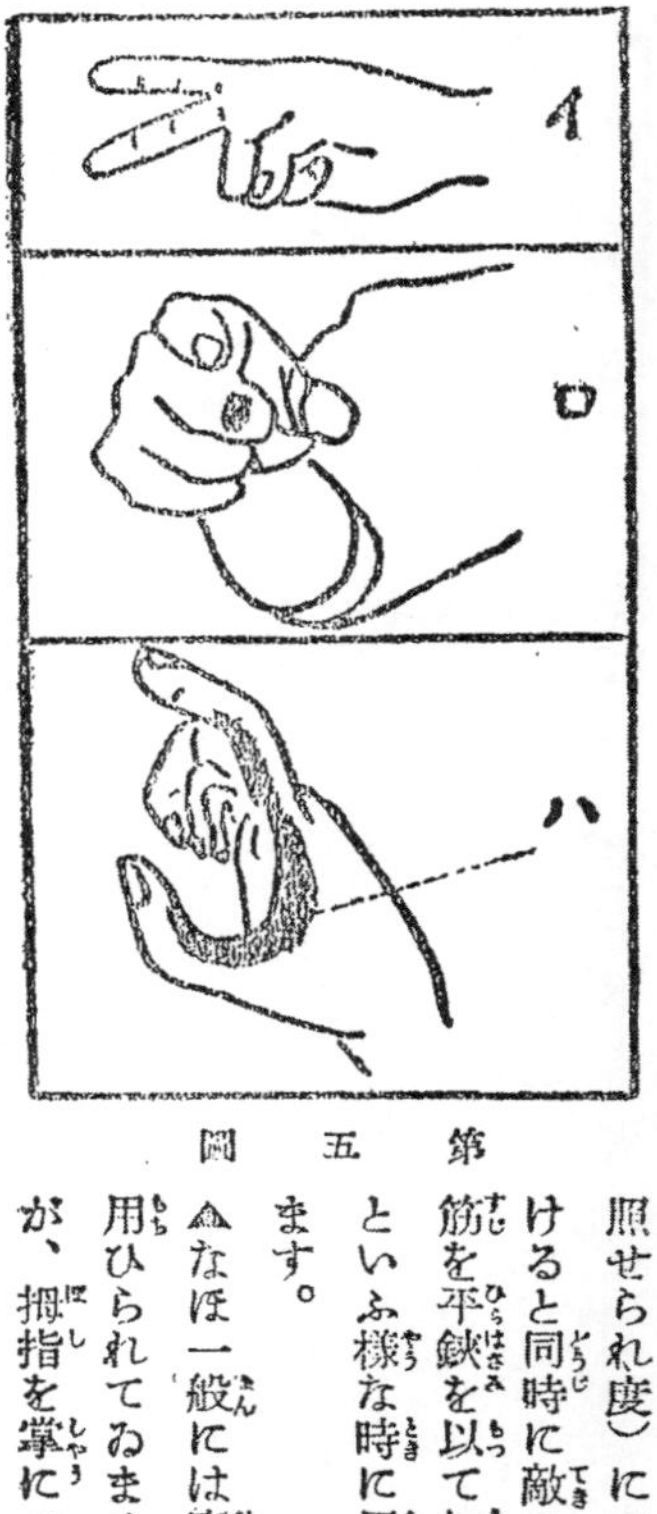

第五圖

▲指鋏《ゆびはさみ》（第五圖ロ）中指藥指小指《なかゆびくすりゆびこゆび》の三指《し》を深《ふか》く曲《ま》げ、人差指《ひとさしゆび》と拇指《ぼし》とを以《もつ》て鋏《はさみ》の形《かたち》を作《つく》りたるもの、敵《てき》の咽喉部《いんこうぶ》を中指《なかゆび》の小拳頭《せうけんとう》で突《つ》きながら鋏《はさみ》で咽喉《いんこう》を締《し》める時《とき》に用《もち》ふ（第六講補習の項參照）

▲平鋏《ひらはさみ》（第五圖ハ）中指藥指小指《なかゆびくすりゆびこゆび》の三指《し》を淺《あさ》く曲《ま》げ、人差指《ひとさしゆび》と拇指《ぼし》とを以《もつ》て鋏《はさみ》の形《かたち》を作《つく》るが、鋏《はさみ》として用《もち》ひるのではなく、圖《づ》に示《しめ》す如《ごと》く側面即《そくめんすなは》ち平《ひら》の方《はう》を用《もち》ふる故《ゆゑ》に特《とく》に指鋏《ゆびはさみ》と區別《くべつ》して平鋏《ひらはさみ》と名《な》づけます。敵《てき》が突《つ》いて來《く》る時《とき》に内《うち》横打《よこうち》（第六講平安三段講義補習の項參照せられ度）にて受《う》けると同時《どうじ》に敵《てき》の首《くび》筋《すじ》を平鋏《ひらはさみ》を以《もつ》て打《う》つといふ樣《やう》な時《とき》に用《もち》ひます。

▲なほ一般《ぱん》には廣《ひろ》く用《もち》ひられてゐませんが、拇指《ぼし》を掌《しやう》につけ

て掌《しやう》の中央《ちうおう》まで二段《だん》に深《ふか》く曲《ま》げ、拇指《ぼし》小拳頭《せうけんとう》を以《もつ》てアゴを下《した》から突《つ》き上《あ》げたり、或《あるひ》は前述《ぜんじゆつ》の形《かたち》のまゝで平手《ひらて》打《うち》をして拇指《ぼし》小拳頭《せうけんとう》の側面《そくめん》をきかせたりする用《もち》ひ方《かた》もあります。

▲**小手**《こて》（第六圖イ）小手《こて》には三つの名《めい》稱《しよう》を附《つ》けます。第《だい》六圖《づ》イの通《とほ》り拳《けん》を握《にぎ》り腕《うで》を正面《しやうめん》に（甲《こう》を外《そと》へ向《む》けて）立《た》てゝ見《み》て下《くだ》さい。その時《とき》拇指《ぼし》に沿《そ》ふた側《そく》面《めん》を表小手《おもてこて》、小指《こゆび》に沿《そ》ふた側面《そくめん》を裏小《うらこ》手《て》、その中間即《ちうかんすなは》ち甲《こう》から下《した》の方《はう》の平壁《ひらかべ》になるところを平小手《ひらこて》と名《な》づけます。表小手《おもてこて》及《およ》び裏小手《うらこて》の名稱《めいしよう》は「氣《キ》ヲ付《ツ》ケ」の姿勢《しせい》のときに拇指側《ぼしがは》が表《おもて》になり、小《こ》指側《ゆびがは》が裏《うら》になりますから、それを聯想《れんさう》しておぼえて下《くだ》さい

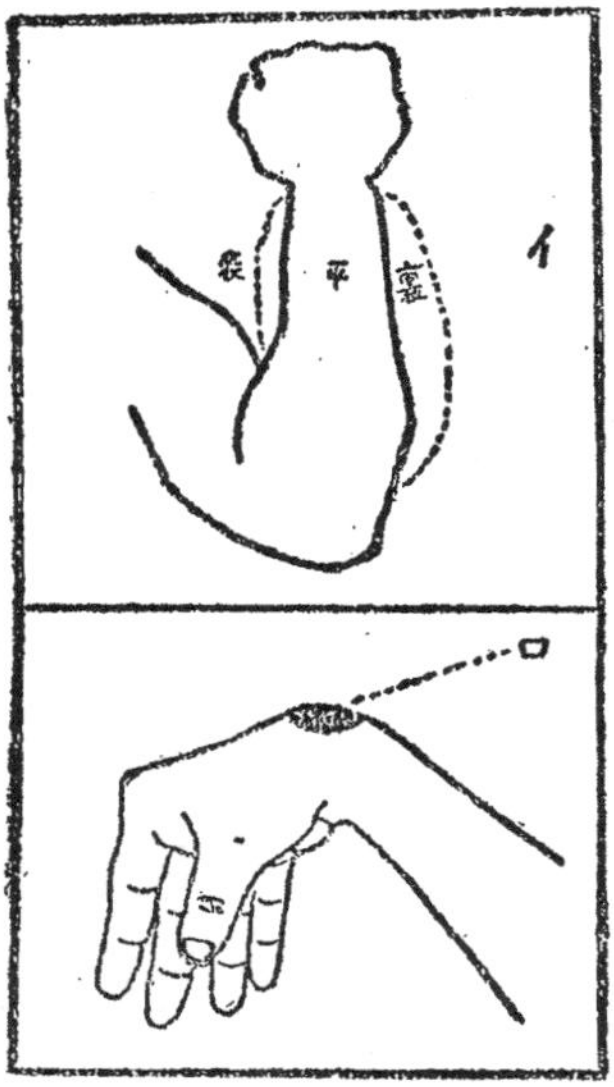

第六圖

第七圖　内横受

例《たと》へば第《だい》七圖《づ》の如《ごと》く敵《てき》が右拳《うけん》で突《つ》いて來《き》た時《とき》に、我《われ》は右足《みぎあし》を一歩後《ぽうしろ》へ引《ひ》きながら左拳《さけん》を以《もつ》て内側《うちがは》から敵《てき》の攻擊《こうげき》をはねのける様《やう》に受《う》けたとします。（之《これ》は内横受《うちよこうけ》です）此《こ》の時《とき》は我《わ》が表《おもて》小手《こて》と敵《てき》の表小手《おもてこて》が擊突《げきとつ》してゐます。若《も》し敵《てき》の左拳《さけん》攻擊《こうげき》に對《たい》して我《われ》は前《まへ》と同《どう》一姿勢《しせい》の受方《うけかた》をすると（之《これ》は外横受《そとよこうけ》です）我《わ》が表小手《おもてこて》を以《もつ》て敵《てき》の裏小手《うらこて》を受《う》けることになります。其他《そのた》受方《うけかた》によつて小手《こて》の關係《くわんけい》には一定《てい》の規則《きそく》が自然《しぜん》に生《せう》じて來《き》ますが、之《これ》は型《かた》の講義《かうぎ》のところで詳《くわ》しくお話《はな》しします。

第八圖　弧受

空手《からて》に於《おい》ては主《しゆ》として表小手《おもてこて》と裏小《うらこ》手《て》を使《つか》ひますが、平小手《ひらこて》を使《つか》ふこともあります。(鷲牌初段の型)

▲弧拳《こけん》（第六圖ロ）弧拳《こけん》は主《しゆ》として受《うけ》に用《もち》ひるもので、敵《てき》が突《つ》いて來《く》る時《とき》第《だい》八圖《づ》の樣《やう》に下《した》から上《うへ》にパツと弧拳《こけん》ではじき上《あ》げる樣《やう》にして用《もち》ひます。(此《こ》の受《うけ》方《かた》を弧受《こうけ》と云ふ)

弧拳《こけん》は第《だい》六圖《づ》ロの樣《やう》に五指《し》共《とも》に伸《の》ばして手首《てくび》を上《うへ》に強《つよ》く曲《ま》げたとき、拇指《ぼし》から引《ひ》いた直線《ちよくせん》と人差指《ひとさしゆび》から引《ひ》いた直《ちよく》線《せん》とが手首《てくび》の弧線《こせん》と相會《あいくわい》するところ、言《い》ひ換《か》へると表小手《おもてこて》と手首《てくび》の弧線《こせん》とが相會《あひくわい》する點《てん》が弧拳《こけん》の要點《えうてん》です。然《しか》し弧《こ》拳《けん》の用《もち》ひ方《かた》は初歩《しよほ》の人《ひと》には困難《こんなん》ですから講義《かうぎ》が進《すゝ》んでから詳《くわ》しく講述致《かうじゆついた》します。それまでは弧拳《こけん》といふものがあることだけ知《し》つておいて下《くだ》さい。

▲上足底《じやうそくてい》（第九圖イ）足《あし》の裏面《りめん》で足指《あしゆび》の付《つ》け根《ね》の處《ところ》を名《な》づけます。蹴《け》り上《あ》げる時《とき》に用《もち》ひます。

▲下足底《かそくてい》（第九圖ロ）足《あし》の裏面《りめん》で踵《かゝと》の部分《ぶぶん》を云《い》ふ。蹴上《けりあ》げの時《とき》の補助的働《ほじよてきはたら》きをなし、又下方《またかはう》へ強《つよ》く踏《ふ》み下《お》ろして敵《てき》の足《あし》の甲《かふ》を踏《ふ》みくぢく時等《ときなど》に用《もち》ふ。

▲足刀《そくとう》（第九圖ハ）足《あし》の小指側《こゆびがは》の側面《そくめん》を手刀《しゆとう》と對應《たいおう》して足刀《そくとう》と名《な》づけます。主《しゆ》として敵《てき》の膝關節《ひざくわんせつ》を蹴《け》る時《とき》に用《もち》ふ。

▲後踵《うしろかゝと》（第一〇圖イ）踵《かゝと》の後《うしろ》の部分《ぶぶん》を名《な》づけます。矢印《やじるし》は運動《うんどう》の方向《はうかう》を示《しめ》すもので、後方《こうはう》から敵《てき》に抱《だ》きつかれた時《とき》などに金的又《きんてきまた》は向《むか》ふ脛等《すねなど》を蹴《け》ります

▲足首《あしくび》（第一〇圖ロ）足首《あしくび》は主《おも》に金的《きんてき》を蹴《け》るに用《もち》ひます。

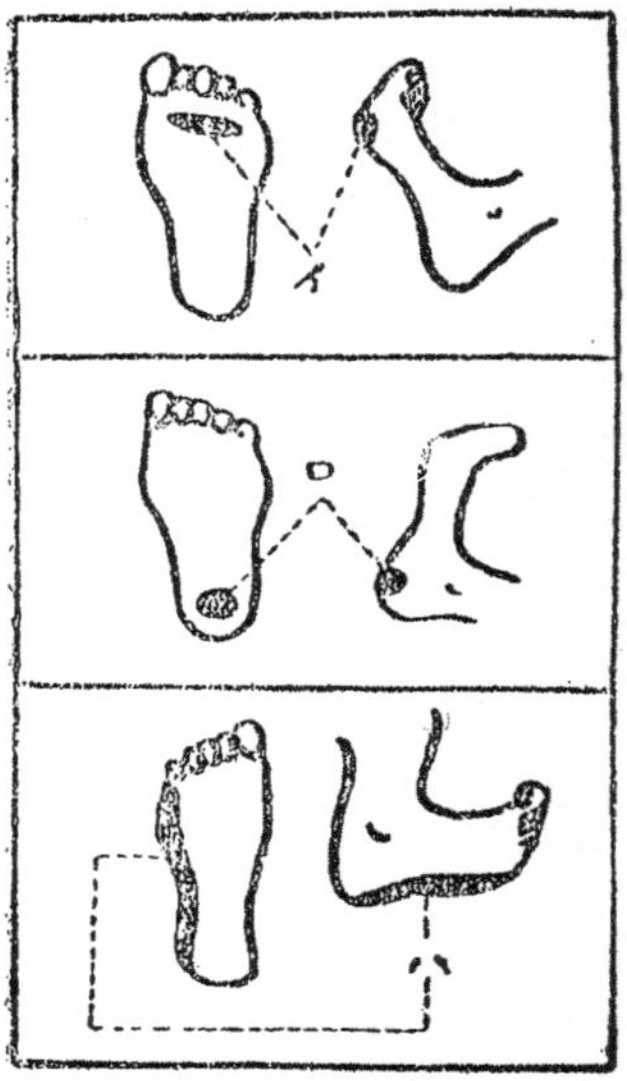

第九圖

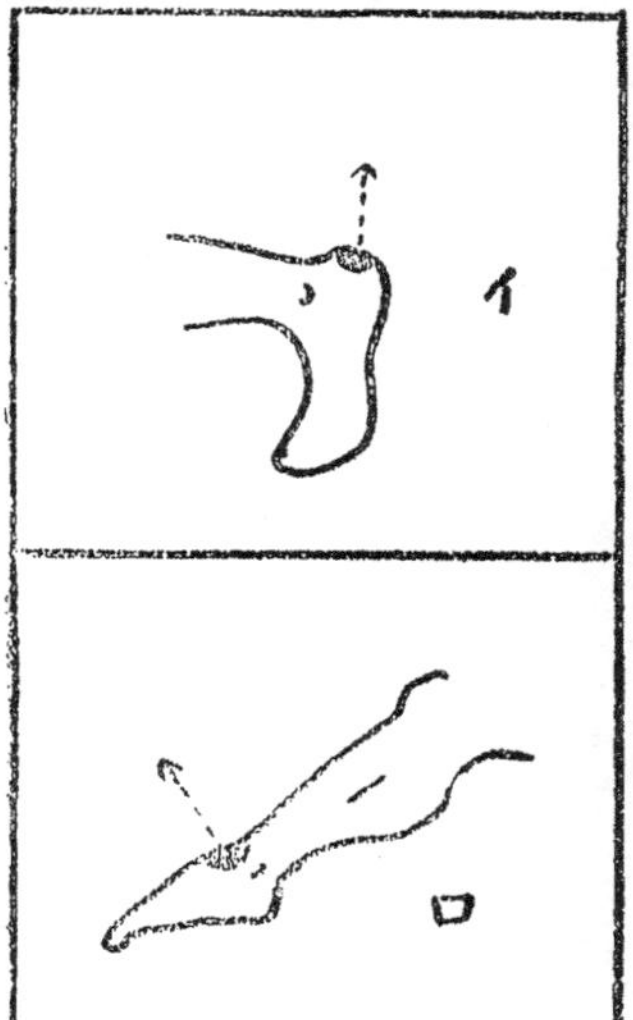

第十圖

第四〇節　立ち方名稱と演武方向圖

▲空手《からて》の型《かた》の構《かま》へ方《かた》（即《すなは》ち用意《ようゐ》姿勢《しせい》）には足《あし》の立《た》ち方《かた》が、結《むす》び立《だち》、閉足立《へいそくだち》、八字立《じだち》の三種類《しゆるゐ》あります。

▲型《かた》を演武《えんぶ》する進行中《しんこうちう》には右《みぎ》の外《ほか》に、内歩進立《たいほしんだち》、三戦立《さんだち》、四股立《こだち》、猫足立《ねこあしだち》、鷲足立《さぎあしだち》、前屈立《ぜんくつだち》、後屈立《こうくつだち》、交叉立《こうさだち》、丁《てい》字立《じだち》、レの字立等《じだちなど》があります。八字立《じだち》には内《うち》八字《じ》、外《そと》八字《じ》があり、鷲足立《さぎあしだち》には前鷲足《まへさぎあし》、後鷲足《うしろさぎあし》があり、レの字立《じだち》には右《みぎ》レの字《じ》、左《ひだり》レの字《じ》があります。次《つぎ》にそれぐの立《た》ち方《かた》について簡單《かんたん》に説《せつ》明《めい》します。

第十一圖　結び立

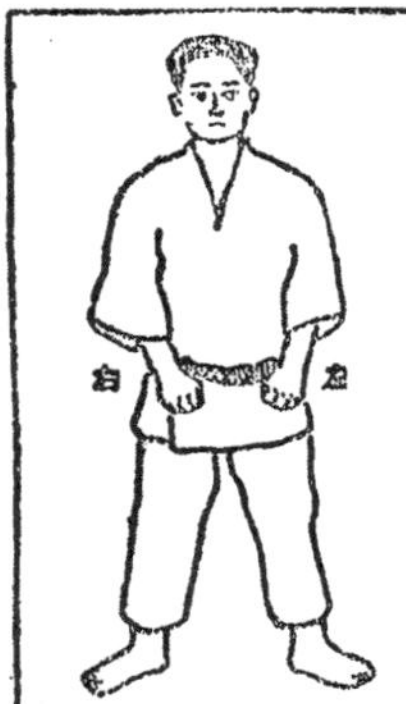

第十二圖　外八字立

▲結《むす》び立《だち》（第十一圖）結《むす》び立《だち》は左右《さいう》の踵《かゝと》をひきつけて爪先《つまさき》をひらいた立《た》ち方《かた》であります。丁度《ちやうど》氣ヲ付《つ》ケと同《おな》じ形《かたち》です。第《だい》一一圖《づ》は結《むす》び立《だち》の立《た》ち方《かた》で踵《かゝと》はひきつけ兩膝《りようひざ》は伸《の》ばし、、あごをひきつけ胸《むね》を張《は》り、兩肩《りようかた》をさげ、下腹《したはら》に力《ちから》をとります。手《て》の構《かま》へ方《かた》は其《そ》の時々《ときどき》に應《おう》じて異《ことな》つて居《を》りますから、其點《そのてん》は型《かた》の講義《かうぎ》の時《とき》にお話《はな》しゝます。

▲閉足立《へいそくだち》

閉足立《へいそくだち》は結《むす》び立《だち》の更《さら》に爪先《つまさき》までひきつけた立《た》ち方《かた》です。

▲八字立《じだち》（第十二圖）

八字立《じだち》には外《そと》八字立《しだち》と内《うち》八字立《じだち》とがあります。外《そと》八字立《じだち》は爪先《つまさき》の方《はう》が廣《ひろ》く開《ひら》いた八字立《じだち》で、内《うち》八字立《じだち》は踵《かゝと》の方《はう》が廣《ひろ》くなつた所謂《いはゆる》内股《うちまた》の立《た》ち方《かた》であります。第十二圖《づ》は平安初段《ぴんあんしよだん》から五段《だん》まで

第十三圖

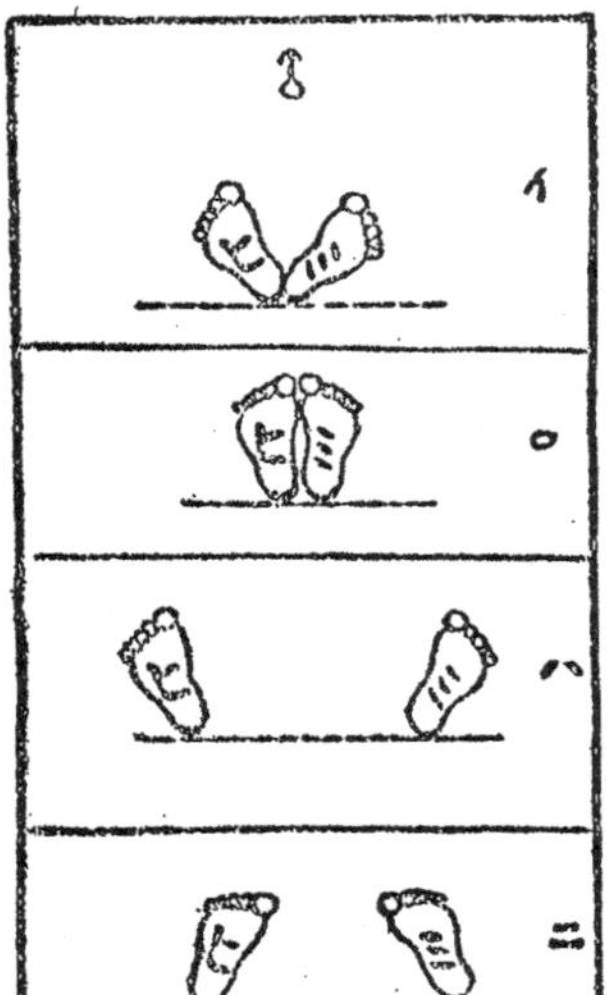

の用意姿勢《ようゐしせい》で、足《あし》は外八字立《そとはちじだち》になつてゐます。

第《だい》十三圖《づ》はイが結《むす》び立《だち》、ロが閉足立《へいそくだち》、ハが外《そと》八字立《じだち》、ニが内《うち》八字《じ》で、足形《あしがた》の中《なか》にあるミは右足《みぎあし》、ヒは左足《ひだりあし》を示《しめ》す記《き》號《かう》であります。

▲内歩進立《ないはしんだち》と三戦立《ちんだち》

内歩進立《ないほしんだち》は内歩進《ないほしん》の型《かた》の特色《とくしよく》をなす立方《たちかた》でありますから、型《かた》の名稱《めいしよう》を以《もつ》て立《た》ち方《かた》の名稱《めいしよう》にも移《うつ》し用《もち》ひるのであります。

内歩進《ないはしん》と三戦《ちん》とは共《とも》に基本型《きほんがた》でありまして、立《た》ち方《かた》は何《いづ》れも内《うち》八字《じ》立系統《だちけいとう》に属《ぞく》するものであります。

第十四圖　内歩進立

内《うち》八字《じ》立《だち》は他《た》の武術《ぶじゆつ》には例《れい》が少《すくな》いやうに思《おも》はれますが、空手《からて》に於《おい》ては基《き》本《ほん》型《かた》たる内歩《ないほ》進《しん》（一段《だん》から三段《だん》まで）並《ならび》に三戦《ちん》が此《こ》の内《うち》八字《じ》立系統《だちけいとう》に屬《ぞく》する立《た》ち方《かた》になつて居《ゐ》るのは非常《ひじやう》に面白《おもしろ》いことであり、特《とく》に注目《ちゆうもく》すべき問題《もんだい》であります。

▲内歩《ないほ》進《しん》の型《かた》は一段《だん》から三段《だん》まで全部《ぜんぶ》が左《さ》右《いう》の往復《わうふく》（横歩《よこある》き）行進《こうしん》であり、三戦《ちん》は前後《ぜんご》の往復行進《わうふくこうしん》といふ差《さ》異《ゐ》はありますが、若《も》し内歩《ないは》進立《しんだち》を半歩《はんほ》前《まへ》に左《さ》

第十五圖　三戦立

右《いう》何《いづ》れかの足《あし》を出《だ》して少《すこ》しく膝《ひざ》を伸《の》ばせば即《すなは》ち三戦立《ちんだち》となり、三戦立の左右《さいう》の足《あし》を左右直線《いうちよくせんじやう》上においてて少《すこ》しく膝《ひざ》を屈《くつ》すれば即《すなは》ち内歩《ないは》進立《しんだち》となるのであります。

さて内歩《ないほ》進立《しんだち》の立《た》ち方《かた》は左右直線上《きいうちよくせんじやう》に左右《さいう》の足《あし》を内《うち》八字形《じがた》に開《ひら》き、兩足《りようあし》の間隔《かんかく》は一方《ぱう》の膝《いさ》を他《た》の足《あし》の踵《かゝと》へ向《む》けて内側《うちがは》へ倒《たを》した長《なが》さに更《さら》に拳《こぶし》一つはいるだけの間隔《かんかく》を以《もつ》て兩足《りようあし》の開《ひら》きの定法《やうほふ》とする――といふ事《こと》になつて居《を》ます。で此《こ》の間隔《かんかく》に左右《さいう》の足《あし》を内《うち》八字形《じがた》に開《ひら》いて幾分踵《いくぶんかゝと》を内側《うちがは》に締《し》めると、爪先《つまさき》と踵《かゝと》の描《えが》く線《せん》が左右《さいう》ほゞ平行《へいこう》になる上體《じやうたい》は眞直《まつす》ぐおこし、兩肩《りようかた》を下《さ》げ、胸《むね》を張《は》り、腰《こし》を落《おと》し、膝《ひざ》を内側《うちがは》に締《し》める心持《こゝろもち》にて足《あし》の位《ゐ》置《ち》を動《うご》かさず、上體《じやうたい》からの力《ちから》と下《か》肢《し》からの力《ちから》とが臍下《さいか》丹田《たんでん》に集中《しふちう》する――といふのが内歩《ないほ》進立《しんだち》の

正《ただ》しい立方《たちかた》でありまして、上體《じやうたい》の運動《うんどう》で腰《こし》から下《した》の安定《あんてい》が破《やぶ》られない様《やう》にするのが此《こ》の立《た》ち方《かた》の特《とく》に注意《ちゆうい》すべき點《てん》であります。（第十四圖）

▲次《つぎ》に三戰立《ちんだち》（第十五圖）の立《た》ち方《かた》は右《みぎ》の内歩進立《ないはしんだち》からそのまゝ左右何《さいういづ》れかの足《あし》を前又《まへまた》は後方《こうはう》へ爪先《つまさき》から踵《かゝと》までの長《なが》さだけずらして置《お》き（卽《すなは》ち前《まへ》に出《で》て居《ゐ》る足《あし》の踵《かゝと》と後《うしろ》の足《あし》の爪先《つまさき》とが左右直線上《さいうちよくせんじやう》にあること、兩足《りやうあし》の間隔《かんかく》は内歩進《ないはしん》の時《とき》より心持《こゝろも》ち狹《せま》い。内歩進《ないはしん》の時《とき》より少《すこ》しく腰《こし》を伸《の》ばし、前《まへ》に出《で》た足《あし》は膝頭《ひざがしら》からの垂直線《すゐちよくせん》が爪先《つまさき》に落《お》ちる程度《ていど》に、膝《ひざ》を曲《ま》げ、（後《うしろ》の足《あし》も同《おな》じ、）兩膝共《りやうひざとも》に内側《うちがは》に締《し》める心持《こゝろも》ちで、上體《じやうたい》をおこし兩肩《りやうかた》をさげ、胸《むね》を張《は》り、臀《しり》を下《した》から前《まへ》上《うへ》へ押《お》し上《あ》げる心持《こゝろも》ちに丹田《たんでん》に力《ちから》を取《と》り、進行《しんこう》して足《あし》をとゞめると同時《どうじ》に其《その》足《あし》の踵《かゝと》を幾分内側《いくぶんうちがは》へ締《し》める（爪先《つまさき》と踵《かゝと》の描《えが》く線《せん》が左右《さいう》ほゞ平行《へいかう》になる程度《ていど》）——といふのが三戰立《ちんだち》の正《たゞ》しい立《た》ち方《かた》であります。（三戰《せん》の進行法《しんこうはふ》は特殊《とくしゆ》の形《かたち》がありますから摩文仁《まぶに》先生著《せんせいちよ》「護身術《ごしんじゆつ》空手《からて》拳法《けんぽふ》三戰《せん》の解說《かいせつ》」を參照《さんせう》して下《くだ》さい。）

▲内歩進立《ないはしんだち》と三戰立《ちんだち》とが如何《いか》にやかましいものであるかといふことは、右《みぎ》に述《の》べたところでよくわかりますが、それには二つの重大《じゆうだい》な意味《いみ》が含《ふく》まれてゐるのであります。卽《すなは》ち第一《だいい》には重心《じゆうしん》の安定《あんてい》、第二《だい》には膝關節《ひざくわんせつ》の内側《うちがは》にある急《きう》所《しよ》の保護《ほご》であります。

第十六圖　四股立

▲内歩進立《ないはしんだち》及《およ》び三戰立《ちんだち》の安定《あんてい》については、我々《われ〳〵》が平常電車《でんしや》に乘《の》つた時曲角《カーブ》の動搖《どうよう》に際《さい》して最《もつと》も簡單《かんたん》に實驗《じつけん》するところであります。自轉車《じてんしや》に乘《の》る時《とき》には最《もつと》も足及《あしおよ》び腰《こし》を以《もつ》て、身體《しんたい》の安定《あんてい》をとることが大事《だいじ》ですが、期《き》せずして前記《ぜんき》の内歩進立及《ないはしんだちおよ》び三戰立《ちんだち》の要領《えうりやう》でやつてゐることは、特《とく》に注目《ちゆうもく》に値《あたひ》することであると思《おも》ひます。

▲内歩進立《ないほしんだち》の說明《せつめい》の時《とき》に古《ふる》くからよく「恰度《てうど》馬上《ばじやう》で鞍《くら》に腰《こし》を安定《あんてい》しておいて上體《じやうたい》を左右《さいう》に廻《ま》はしても足《あし》が一定《てい》して居《ゐ》ると同《おな》じだ」といふ說明《せつめい》をすることがありますので、騎馬《きば》の姿勢《しせい》といふ評を勘違《かんちがひ》して拍車《はくしや》をかける樣《やう》に踵《かゝと》を内側《うちがは》にひきすぎて足先《あしさき》をひらき外《そと》八字形《じかた》になつてしまふことがよくありますが、この立《た》ち方《かた》は内《うち》八字系統《じけいとう》の立《た》ち方《かた》であることをよく記憶《きおく》して練習《れんしふ》すべきであります。その練習《れんしふ》は此《こ》の内歩進《ないほしん》の型《かた》の

講義《かうぎ》の時《とき》にゆづることにします。

▲昔《むかし》の空手《からて》の稽古《けいこ》は内歩進《ないほしん》や三戰《さん》で半年《はんねん》一年《ねん》と毎日《まいにち》そればかり繰《く》り返《か》へしやらされたものですが、それでは特殊專門的《とくしゆせんもんてき》な目的《もくてき》の研究家《けんきうか》にはよいとしても一般《ぱん》には向《む》きませんから、本講義錄《ほんかうぎろく》では簡單《かんたん》なやりいゝものから次第《しだい》にむづかしいものへ進《すゝ》むことに致《いた》します。

▲四股立《こだち》（第十六圖）

四股立《こだち》は兩足《りようあし》を大《おほ》きく外《そと》八字《じ》に開《ひら》いて、上體《じやうたい》を眞直《まつす》ぐしたまゝ腰《こし》を落《おと》し、兩膝《りようひざ》を曲《ま》げた姿勢《しせい》であります。即《すなは》ち四股立《こだち》は内歩進立《ないほしんだち》の爪先及《つまさきおよ》び膝頭《ひざがしら》を外側《そとがは》へ開《ひら》いた形《かたち》であります。

四股立姿勢《こだちしせい》は空手《からて》の型《かた》によく出《で》て來《く》る姿勢《しせい》でありますが、剛柔流《かうじうりう》セーエンチンの型《かた》（「護身術空手拳法」參照）や糸東流《しとうりう》鷺牌《ろうはい》初段《しよだん》（本講義錄第二卷參照）等《など》には最《もつと》も多《おほ》く用《もち》ひられて居《ゐ》ます。

▲猫足立《ねこあしだち》（第十七、八圖）

猫足立《ねこあしだち》は後《うしろ》の足《あし》に體《たい》の重《おも》みをかけ、前《まへ》の足《あし》の踵《かゝと》を浮《う》かして爪先《つまさき》を輕《かる》くつけておき、兩膝《りようひざ》は曲《ま》げ臀《しり》をウンと後《うしろ》へつき出《だ》し、上體《じやうたい》をおこすと自然《しぜん》に丹田《たんでん》より力《ちから》が集中《しふちう》します。第《だい》十七圖《づ》は正面《しやうめん》より第《だい》十八圖《づ》は背面《はいめん》より猫足姿勢《ねこあししせい》を示《しめ》したものであります。（因《ちなみ》に手《て》は後方《こうはう》より抱《だ》きつかんとした時《とき》の防《ふせ》ぎ方《かた》で臂當《ひぢあて》の一種《しゆ》ですが、詳細《しやうさい》は後《のち》にゆづります）

猫足立《ねこあしだち》はやつて見《み》ると初《はじ》めは、ちよつと格構《かつこう》がつきませんが、繰《く》り返《かへ》し練習《れんしふ》するうちに自然《しぜん》にコツがわかつてきますから、そのつもりで反覆練習《はんぷくれんしふ》を怠《おこた》らぬ様《やう》にして下《くだ》さい。

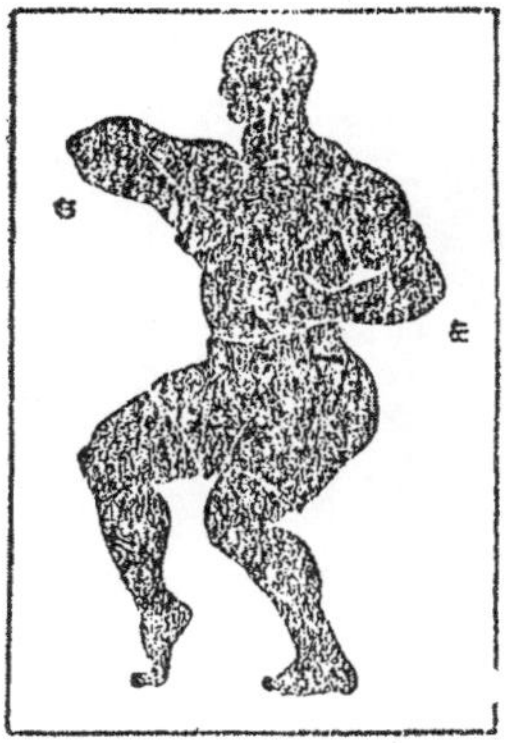

第十七圖　猫足立（表）

第十八圖　猫足立（裏）

第十九圖　鷺足立

猫足《ねこあし》は、サツと體《からだ》を後《うしろ》へ引《ひ》いたり、パツと前《まへ》へ出《で》たり、伸縮自在《しんしゆくじざい》の妙味《みやうみ》ある姿勢《しせい》でありますから、よく其點《そのてん》を頭《あたま》において研究《けんきう》する樣《やう》にすべきであります。詳《くは》しいことは型《かた》の講義《かうぎ》にはいつてから述《の》べることにします。

▲鷺足立《さぎあしだち》（第十九圖）

空手《からて》の型《かた》に於《おい》てはよく鷺《さぎ》のやうに片《かた》足《あし》で立《た》つところがあります。その意味《いみ》はそれ〴〵の型《かた》によつて異《こと》つて居《を》りますから、其《そ》の都度《つど》お話《はな》しすることにします。此處《こゝ》に出《で》て居《ゐ》る挿繪《さしゑ》は鷺牌初段《ろうはいしよだん》の型《かた》にあるところですが、これは上《うへ》へあげて居《ゐ》る足《あし》が立《た》つて居《ゐ》る足《あし》の前《まへ》へ來《き》て居《を》りますから前鷺足立《まへさぎあしだち》と云《い》ひ、反對《はんたい》に後《うしろ》へ來《き》て居《ゐ》るときは後鷺足立《うしろさぎあしだち》と云《い》ひます。（鷺牌初段は第二卷參照）

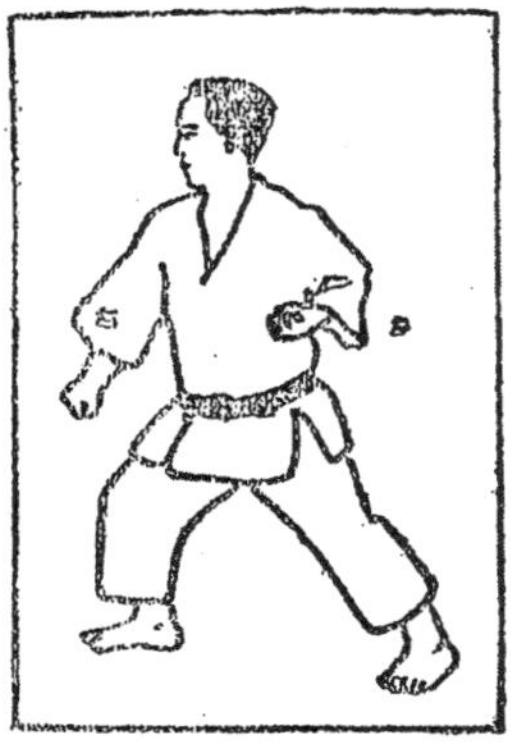

第二十圖　前屈立

▲前屈立《ぜんくつだち》と後屈立《こうくつだち》

前屈立《ぜんくつだち》は前後《ぜんご》に廣《ひろ》く開《ひら》いた足《あし》の前《まへ》の方《はう》を曲《ま》げ、後《うしろ》の方《はう》を伸《の》ばした形《かたち》であります。

▲後屈立《こうくつだち》は前屈《ぜんくつ》とは反對《はんたい》に後《うしろ》の足《あし》を曲《ま》げ、前《まへ》の方《はう》の足《あし》を伸《の》ばした形《かたち》であります。第《だい》二十圖《づ》は前屈《ぜんくつ》、第《だい》二十一圖《づ》は後《こう》屈《くつ》です。前屈後屈共《ぜんくつこうくつとも》に餘《あま》りに廣《ひろ》く足《あし》をひらきすぎると、進退《しんたい》の自由《じいう》を失《うしな》つてしまいますから次《つぎ》の點《てん》に注意《ちうい》して下《くだ》さい。

前屈《ぜんくつ》は、後《うしろ》の足《あし》の膝《ひざ》を伸《の》ばし、前《まへ》の足《あし》は膝《ひざ》が踵《かゝと》から垂直《すゐちよく》に立《た》つ程度《ていど》に曲《ま》げます。兩足《りやうあし》の開《ひら》きを其《そ》のまゝにして、前膝《まへひざ》を伸《の》ばし後膝《うしろひざ》を曲《ま》げ（踵《かゝと》から垂直《すゐちよく》に立《た》つ程度《ていど》）たのが後屈《こうくつ》です。後屈《こうくつ》と猫足《ねこあし》とは全然《ぜんぜん》違《ちが》ひます。

第二十一圖　後屈立

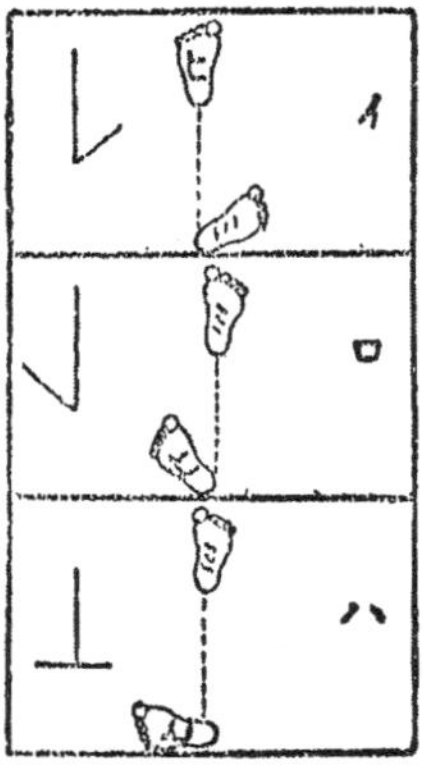

第二十二圖　レの字立、丁字立

△レの字立《じだち》と丁字立《ていじだち》（第二十二圖）

前後《ぜんご》の足《あし》の中心《ちうしん》を通《とほ》る線《せん》を結《むす》び付《つ》けて、その線《せん》の形《かたち》がレの字《じ》になる時《とき》をレの字立《じだち》と云《い》ひ、右足《みぎあし》が後《うしろ》になる時《とき》は右《みぎ》レの字《じ》、左足《ひだりあし》が後《うしろ》になる時《とき》は左《ひだり》レの字《じ》になります。挿繪《さしゑ》を參照《さんせう》して下《くだ》さい。

前後《ぜんご》の足《あし》の中心《ちうしん》を通《とほ》る線《せん》が丁字形《ていじがた》になる時《とき》は丁字立《ていじだち》と稱《しよう》します。

△各種《かくしゆ》の足《あし》の立《た》ち方《かた》の意義《いぎ》

第二十三圖　前縦臂當

足《あし》の立《た》ち方《かた》には前述《ぜんじゆつ》の樣《やう》にいろ〳〵ありますが、何《なん》のためにそれ等《ら》各種《かくしゆ》の立《た》ち方《かた》が必要《ひつえう》であるかと云《い》ひますと、それは單獨《たんどく》に足《あし》の方《はう》だけ切《き》り離《はな》して考《かんが》へるべきものではなく、對敵行動《たいてきこうどう》としてそれ〳〵必要《ひつえう》な時《とき》に自然《しぜん》に出來《でき》た形《かたち》を、空手《からて》の型《かた》の中《なか》に取《と》り入《い》れたものであります。

一例《いちれい》をあげて說明《せつめい》します。第《だい》二十三圖《づ》のやうに敵《てき》が前方《ぜんぱう》から抱《だ》きつかうとするとき、我《われ》はサツと一步《ぽ》を後《うしろ》へさがると同時《どうじ》に敵《てき》の水月部《すゐげつぶ》に縦臂當《たてひぢあて》をくれると共《とも》にもう一つの手《て》の臂《ひぢ》で後方《こうはう》へ突《つ》つ張《ば》ります。斯《か》くして組《く》みつかうとした敵《てき》は敗《やぶ》れてしまひますが、此《こ》の時《とき》の我《わ》が姿勢《しせい》を顧《かへり》みると、自然《しぜん》に前屈姿勢《ぜんくつしせい》になつて居《ゐ》ることがわかります。

斯《か》くの如《ごと》く足《あし》の立《た》ち方姿勢《かたしせい》には種々《じゆ〳〵》あり、その必然的《ひつぜんてき》な意義《いぎ》を持《も》つて居《ゐ》るので、個々《こゝ》の場合《ばあひ》は型《かた》の講義《かうぎ》が進《すゝ》んで行《ゆ》けば自《みづか》ら明《あきら》かになつて來《く》ます

△演武線《えんぶせん》と方向圖《はうこうづ》

演武線《えんぶせん》とは空手《からて》の型《かた》を演武《えんぶ》する際《さい》に足《あし》の描《ゑが》く線《せん》であります。

第二十四圖　方向圖

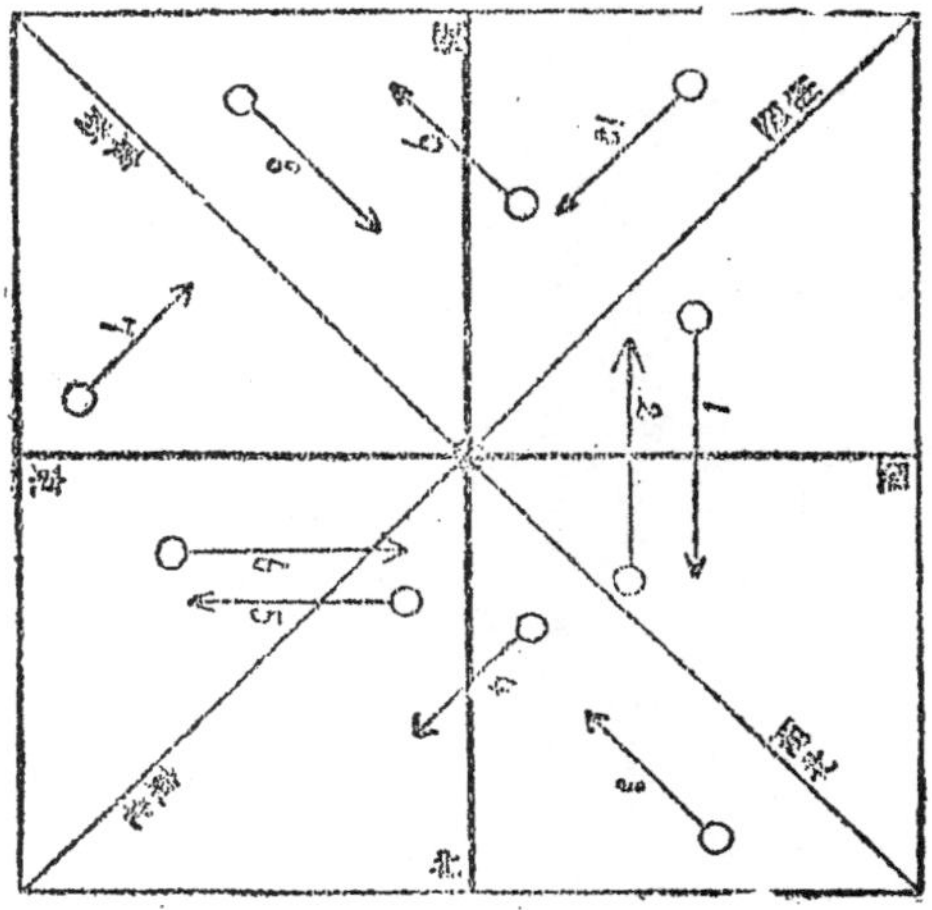

演武者《えんぶしや》は最初《さいしよ》東《ひがし》に向《む》つて、基點《きてん》に立《た》つものとします。彼《かれ》が演武中《えんぶちゆう》に動《うご》く方向《はうこう》はいろ〳〵になりますが、何時《いつ》でもその時々《ときどき》の位置《ゐち》に於《お》いて運動《うんどう》の方向《はうこう》を指《し》示《じ》する線《せん》を圖《づ》に示《しめ》したものが方向圖《はうこうづ》であります。

▲さて基本型《きほんがた》たる三戰《さん》と轉掌《てんしやう》は前後《ぜんご》に往復《わうふく》し、内歩進《ないほしん》は左右《さいう》に往復《わうふく》します。故《ゆえ》に上圖《じやうづ》で言《い》へば三戰《さんちよ》及び轉掌《てんしやう》の演武《えんぶ》線《せん》は東西《とうざい》の方向線《はうこうせん》であり、内歩進《ないほしん》の演《えん》武《ぶ》線《せん》は南北《なんほく》の方向線《はうこうせん》であります。されば基點《きてん》に於《おい》て直角《ちよくかく》に交叉《かうさ》する東西線《とうざいせん》と南北線《なんほくせん》のえがく十字形《じけい》を基本線《きほんせん》としてこれらの中間《ちうかん》を通《とほ》つて基點《きてん》に於《おい》て交叉《かうさ》する線《せん》を準基本線《じゆんきほんせん》とすれば、基點《きてん》から八方《ばう》への方向《はうこう》を指示《しじ》することが出來《でき》ます。

▲次《つぎ》に第《だい》二十四圖《づ》について〇印《じるし》は演武《えんぶ》者《しや》のその時《とき》の位置《ゐち》とし、矢印《やじるし》の方向《はうこう》に運動《うんどう》して居《ゐ》るものとして、一から十までの方向圖《はうこうづ》を讀《よ》んで見《み》ませう。但《たゞ》し之《これ》は一から十まで連絡《れんらく》あるものではありません。

一、北方へ　　二、南方へ

三、東南方へ　　四、東北方へ

五、東方へ　　六、西方へ

七、西南方へ　　八、西北方へ

九、東南方へ　　十、東北方へ

以上《いじやう》の樣《やう》になります。此《こ》の方向《はうこう》の讀《よ》み方《かた》は圖《づ》についてよく練習《れんしふ》しておいて下《くだ》さい。斯《か》くすれば、型《かた》の練習《れんしふ》をはじめる時《とき》に、講義《かうぎ》を讀《よ》んでもはつきり動作《どうさ》の方向《はうこう》が頭《あたま》にはいりますが、方向圖《はうこうづ》がよくのみこめないと型《かた》の練習《れんしふ》になつてから、絶《た》えずまごつかなければなりません。

▲方向圖《はうこうづ》の東西南北《とうざいなんほく》と實際《じつさい》の東西南北《とうざいなんほく》と一致《ち》しないでも差支《さしつか》へありません。自分《じぶん》の平常《ふだん》稽古《けいこ》してゐる道場《どうじやう》に於《おい》ても度々《たびたび》立《た》つ位置《ゐち》をかへて稽古《けいこ》し、その時《とき》に應《おう》じて方向《はうこう》を判斷《はんだん》する樣《やう》に練習《れんしふ》しておかなければなりません。斯《か》くすると新《あた》らしい場所《ばしよ》に行《い》つて直《す》ぐ演武《えんぶ》しなければならぬ時《とき》は、出演前《しゆつえんぜん》に最初《さいしよ》の構《かま》への位置《ゐち》と方向《はうこう》を頭《あたま》の中《なか》できめておき、自分《じぶん》の演武《えんぶ》せんとする型《かた》をその演武場《えんぶじやう》に於《おい》て方向《はうこう》を目測《もくそく》しておけば、實際《じつさい》の演武《えんぶ》に際《さい》しておちついて出來《でき》ます。新《あた》らしい場所《ばしよ》へ出《で》て演武《えんぶ》する際《さい》にまごついたり、そは〳〵とおちつきがなかつたりするのは、練習《れんしふ》の不足《ふそく》と方向《はうこう》のはつきりせぬとのためでありますから不《ふ》斷《だん》の注意《ちゆうゐ》と練習《れんしふ》とが必要《ひつえう》であります。

第十二章　補助運動具と鍛練法

補助運動《ほじよううんどう》は特《とく》に空手《からて》の補助的鍛練法《ほじよてきたんれんはふ》であつて、各種《かくしゆ》の補助運動器具《ほじよううんどうきぐ》を用《もち》ひてそれ〴〵の目的《もくてき》の特殊《とくしゆ》の運動鍛練《うんどうたんれん》を行《おこな》ふものであります。次《つぎ》に補助運動具《ほじよううんどうぐ》とそれを用《もち》ひての鍛練法《たんれんはふ》とについてお話《はな》し致《いた》しませう。

第四一節　巻藁と基本的鍛練法

▲豫備運動《よびうんどう》と補助運動《ほじよううんどう》

糸東流《しとうりう》や剛柔流《がうじうりう》に於《おい》ては激烈《げきれつ》な練習《れんしふ》を開始《かいし》まる前《まへ》に、身體各部《しんたいかくぶ》の關節《くわんせつ》や筋《きん》肉《にく》並《ならび》に內臟諸機關《ないざうしよきくわん》を徐々《じよ〴〵》に運動《うんどう》に慣《な》らすために、豫備運動《よびうんどう》を行《おこな》ひます。（摩《ま》文仁《ぶに》師《し》範著《はんちよ》「攻防自在護身術空手拳法《こうばうじざいごしんじゆつからてけんぽふ》」參照《さんせう》）豫備運動《よびうんどう》は足《あし》さきから運動開始《うんどうかいし》し、次第《しだい》に身體上部《しんたいじやうぶ》に向《むか》ひ、全身《ぜんしん》の運《うん》動《どう》をなす組織的《そしきてき》なものでありますが、詳細《しやうさい》は別講《べつこう》に於《おい》て講述致《こうじゆつい》します。

豫備《よび》運動《うんどう》を一般的《はんてき》の運動《うんどう》とすれば、

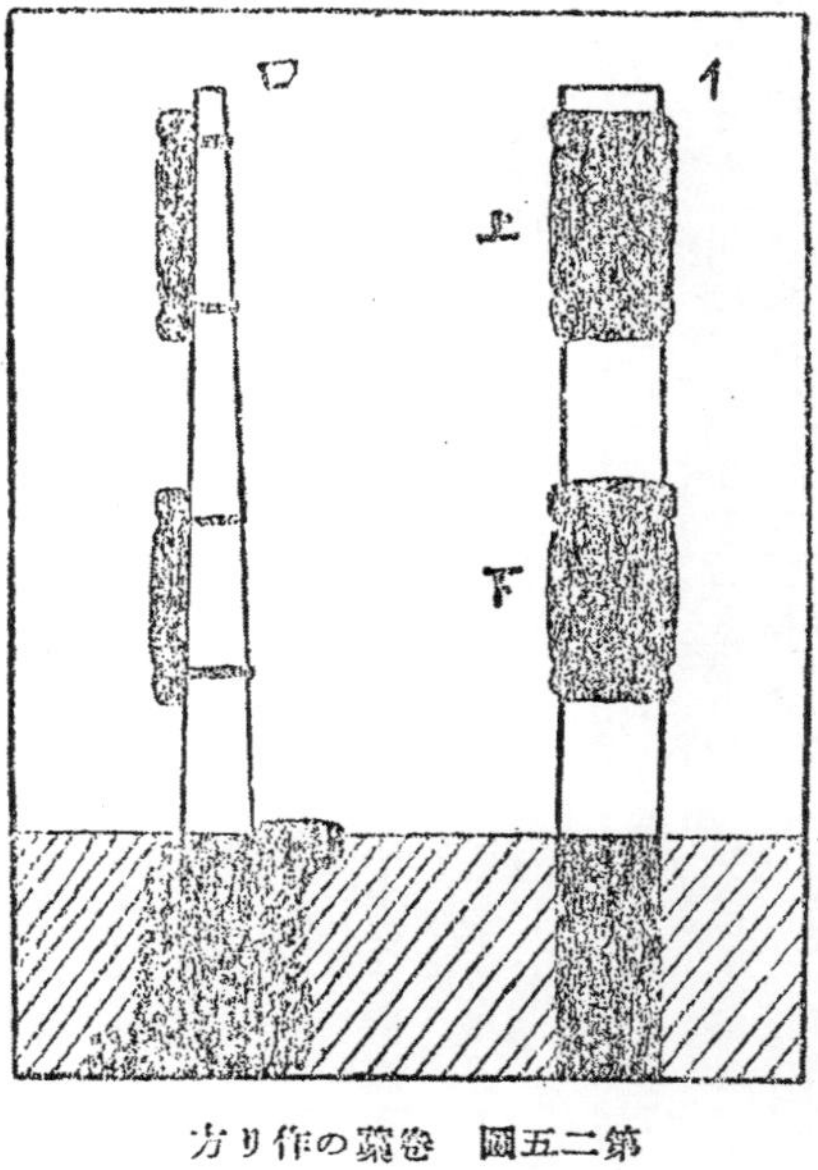

第二五圖　巻藁の作り方

▲巻藁《まきわら》の作《つく》り方《かた》

巻藁《まきわら》は空手《からて》の補助運動具《ほじよううんどうぐ》中《ちう》の代表的《だいへうてき》なものであります。その作《つく》り方《かた》は、長《なが》さ七尺《しやく》ある四寸角《すんかく》の柱《はしら》を、幅《はゞ》は上下共《じやうげとも》にその儘《まゝ》四寸《すん》とし、厚《あつ》みを下《した》は四寸上《すんうへ》は八分《ぶ》として下《した》から上《うへ》に次第《しだい》に薄《うす》くなるやうに削《けづ》る。地面《ぢめん》に穴《あな》を掘《ほ》り柱《はしら》をその中《なか》に二尺《しやく》五寸埋《すんうづ》め、地上《ちじやう》を四尺《しやく》五寸《すん》とす。地中《ちちう》に埋沒《まいぼつ》の部分《ぶぶん》及《およ》び地上《ちじやう》五六寸位《すんぐらゐ》まではコールターか何《なに》か防腐《ばうふ》劑《ざい》を塗《ぬ》り、圖《づ》に示《しめ》す通《とほ》り穴《あな》の底《そこ》と地《ち》上《じやう》とに石《いし》か煉瓦《れんぐわ》をおいて、しつかりと支《さゝ》へさせる。柱《はしら》には上下《じやうげ》二ケ所《しよ》に卷藁《まきわら》を取《と》り付《つ》けるが、其《そ》の作《つく》り方《かた》は藁《わら》の繩《なは》を縦《たて》にならべ、それを横《よこ》から堅《かた》く卷《ま》いて、長《なが》さ一尺《しやく》幅《はゞ》四寸《すん》厚《あつ》さ二寸《すん》のものとなし、上《うへ》は拳《こぶし》を眞直《まつす》ぐ突《つ》き出《だ》した高《たか》さ、下《した》は膝頭《ひざがしら》の高《たか》さとして、柱《はしら》に緊《かた》く縛《しば》りつける。之《これ》で目的《もくてき》の卷藁《まきわら》が出來《でき》あがりました。(第《だい》二五圖《づ》參照《さんせう》) なほ屋外《をくぐわい》に建《た》てた卷藁《まきわら》は雨《あめ》がかかりますから、取《と》りはづしの出來《でき》るやうにするか、又《また》はコールターを塗《ぬ》つたブリキの四角《かく》な帽子《ばうし》でも作《つく》つてかけておきます。

第二六圖

卷藁《まきわら》は手《て》及《およ》び足《あし》をきたえる補助運動《ほじようんどう》具《ぐ》で、手《て》で鍛《きた》えるところは、正拳《せいけん》（大《だい》拳頭《けんとう》）平拳《ひらけん》（小拳頭《せうけんとう》）裏拳《うらけん》、拳槌《けんつひ》、手《しゆ》刀《たう》、平鋏《ひらはさみ》、弧拳《こけん》、掌底《せうてい》、小手《こて》、臂等《ひぢとう》であつて、足《あし》では主《しゆ》として、足刀《そくたう》、上足《じやうそく》底等《ていとう》であります。

△正拳《せいけん》の鍛《きた》え方《かた》

正拳《せいけん》は大拳頭《だいけんとう》を以《もつ》て當《あ》てます、大拳《だいけん》頭《とう》のきたえ方《かた》は、先《ま》づ拳《こぶし》を強《つよ》く握《にぎ》り甲《かふ》を下《した》にして腰《こし》にとります。最初《さいしよ》は力《ちから》を入《い》れずに靜《しづ》かに腕《うで》を伸《の》ばし甲《かふ》を上《うへ》にして拳頭《けんとう》を卷藁《まきわら》にあてます。此《こ》の時《とき》手首《てくび》を上下《じやうげ》に曲《ま》げず眞直《まつすぐ》に伸《の》ばして居《ゐ》なければいけません。腕《うで》を伸《の》ばして行《ゆ》く間《あひだ》に拳《こぶし》を廻《ま》はして甲《かふ》が上《うへ》になるやうに、即《すなは》ち拳《こぶし》をねぢながら突《つ》いて行《ゆ》くのは力《ちから》が十分《ぶん》に發揮《はつき》されるからであります。一二度《ど》力《ちから》を入《い》れずにやつて見《み》て、丁度《てうど》適當《てきたう》な間合《まあひ》をはかり、それから徐々《じよ〳〵》に力《ちから》を入《い》れて稽古《けいこ》します。慣《な》れないうちは拳頭《けんとう》を痛《いた》めますから餘《あま》り力《ちから》を入《い》れないこと、回數《くわいすう》もむやみに多《おほ》く突《つ》かないこと、そして拳頭《けんとう》が次第《しだい》にかたまつた頃《ころ》から回數《くわいすう》もふやし、十分力を入《い》れて卷藁《まきわら》を突《つ》きぬく氣分《きぶん》で鍛練《たんれん》します。一度《ど》に澤山《たくさん》突《つ》いて後幾日《のちいくにち》も休《やす》むより毎日《まいにち》朝夕《てうせき》突くことが卷藁練習《まきわられんしふ》の秘訣《ひけつ》であります。突《つ》く力《ちから》が十ならば拳《こぶし》を腰《こし》にひきもどす力《ちから》は、十二でなければいけません。無論拳《むろんこぶし》を廻《ま》はしながら引《ひ》き、腰《こし》にとつた時《とき》は甲《かふ》が下《した》になります。右手《みぎて》と左手《ひだりて》は同等《どうとう》にきかせるのが空《から》

第二七圖

手《て》のよいところですから、左《ひだり》ききでない人《ひと》は左《ひだり》の方《はう》の回數《くわいすう》を多《おほ》くして、右《みぎ》と同等《どうとう》になる樣《やう》にきたえます。

▲卷藁《まきわら》に對《たい》する距離《きより》は、先《ま》づ卷藁《まきわら》に向《むか》つて氣《き》を付《つ》けの姿勢《しせい》で立《た》ち、手《て》を伸《の》ばして拳《こぶし》を卷藁《まきわら》に當《あ》てた時《とき》に上體《じやうたい》が前《まへ》こごみになつたり肩《かた》が前《まへ》へ出《で》たりしないだけの距離《きより》を以《もつ》て適度《てきたう》の間合《まあひ》とし、右《う》拳《けん》を突《つ》く時《とき》は右足《うそく》はそのまゝにしておき左足《さそく》を一歩前《ほまへ》へ進《すゝ》め、左拳《さけん》を突《つ》く時《とき》は反對《はんたい》に右足《うそく》を前《まへ》に出《だ》します。

第二八圖　拳の當て方

▲卷藁《まきわら》に對《たい》する位置《いち》は大體《だいたい》次《つぎ》の二種《しゆ》あります。(イ)は卷藁《まきわら》と平行《へいかう》に立《た》ち正面《しやうめん》に向《むか》ひ合《あ》つた立《た》ち方《かた》。(ロ)は卷藁《まきわら》に對《たい》して直角《ちよくかく》に立《た》ち横側面《わうそくめん》に卷藁《まきわら》を見《み》る立《た》ち方《かた》であります。イの位置《いち》からは肩及《かたおよ》び拳頭《けんたう》の鍛練《たんれん》を主《しゆ》とし、ロの位置《いち》からは實戰的速度《じつせんてきそくど》の練習《れんしふ》を主《しゆ》とします。故《ゆへ》にイの位置《いち》からは力《ちから》いつぱいの突《つ》きと引《ひ》きを試《こゝろ》みます。即《すなは》ち二擧動《きよどう》になります。從《したが》つて突《つ》ききつてから引《ひ》くまで卷藁《まきわら》の上《うへ》に拳《こぶし》が停滯《ていたい》する多少《たせう》の時間《タイム》があります。が、ロの位置《いち》からの突《つ》きと引《ひ》きは一擧動《きよどう》です。故《ゆへ》に拳《こぶし》の音《おと》だけを例《たと》へて見《み》ると、イの場合《ばあひ》は「前《まへ》へ進《すゝ》メ」で歩調《ほてう》をとつて進《すゝ》むときの重《おも》いどつしりした足音《あしおと》であり、ロの場合《ばあひ》は「駈《か》ケ足《あし》行進《かうしん》」の時《とき》の輕快《けいくわい》な足音《あしおと》とも云《い》ふべきであります。

イの時《とき》は突《つ》きも引《ひ》きも一つ一つに力《ちから》を主《しゆ》とし、ロの時《とき》は迅速《じんそく》を尊《たつと》びます。

イだけの卷藁練習《まきわられんしふ》では板割《いたわり》などの如《ごと》き拳力養成《けんりよくやうせい》にはなつても、組手《くみて》や實戰《じつせん》の場合《ばあひ》に引《ひ》きの動作《どうさ》がおそいために敵《てき》に乘《じやう》ぜられることがあり、又《また》ロだけの練習《れんしふ》では拳《こぶし》の突《つき》と引《ひき》の速度《そくど》は早《はや》くなる代《かは》りに拳力《けんりよく》の不足《ふそく》を來《き》たすことがあります。故《ゆへ》にイ及《およ》びロの兩方《りやうはう》とも十分《ぶん》に練習《れんしふ》するを以《もつ》て最《もつと》も必要《ひつえう》なりとしなければなりませんが、初歩《しよほ》の間《あひだ》は主《しゆ》としてイを多《おほ》く練習《れんしふ》し、漸次《ぜんじ》ロの練習《れんしふ》を加《くは》へ後《のち》にはイロ共《とも》に半々《はんく》の程度《ていど》に練習《れんしふ》すればよろしいのです。

▲大拳頭《だいけんたう》のきたえ方《かた》が空手《からて》の基本的《きほんてき》なきたえ方《かた》で、これによつて得《う》るところ

は、一、肩《かた》の力《ちから》が出《で》る。二、腰《こし》や腹《はら》の力《ちから》が出《で》る。三、間合《まあひ》がわかつて來《く》る。四、氣息《きそく》の吞吐《どんと》が自然《しぜん》にのみこめる。五、突《つ》きの速度《そくど》が出《で》る。六、當身《あてみ》の要《えう》領《れう》がわかる。七、引《ひ》き方《かた》が强《つよ》くなる。八、力《ちから》のとり方《かた》がわかる。九、拳頭《けんたう》がかたまる。十、手《て》及《およ》び肩《かた》の關節《くわんせつ》が反動《はんどう》に慣《な》らされる。以上《いじやう》のやうな種々《しゆぐ》の效《こう》果《くわ》があるのであります。卷藁《まきわら》は拳頭《けんたう》をかためるためだとのみ思《おも》ふのは素人《しろうと》の考《かんが》へです。

▲卷藁《まきわら》は下《した》から上《うへ》に厚《あつ》みを減《へ》らすのは彈力《だんりよく》をつけるためで、その彈力《だんりよく》が手《て》の關節《くわんせつ》や肩《かた》によい運動效果《うんどうこうくわ》を與《あた》へるのです。（彈力《だんりよく》ある卷藁《まきわら》の簡易製作法《かんゐせいさくはふ》が空手《からて》研究第一輯《けんきうだいいちしふ》に出《で》て居《を》りますから御參照《ごさんせう》下《くだ》さい）卷藁《まきわら》の彈力《だんりよく》は關節《くわんせつ》に對《たい》して特《とく》殊《しゆ》の影響《えいきやう》を與《あた》へますが、長年卷藁《ながねんまきわら》を突《つ》き込《こ》んだ人《ひと》は、次第《しだい》に上下《じやうけ》の厚《あつ》みの差《さ》を少《すくな》くして、最後《さいご》には四寸角《すんかく》の柱《はしら》を少《すこ》しも削《けづ》らずにその儘使用《まゝしよう》した方《かた》も澤山《たくさん》あります。然《しか》し初歩《しよほ》のうちは、それでは關節《くわんせつ》や肩《かた》への反動《こたえ》が强《つよ》すぎて十分《ぶん》に練習《れんしふ》が出來《でき》ませんから、最初《さいしよ》は必《かなら》ず基《き》本形《ほんがた》によつて練習《れんしふ》して下《くだ》さい。

▲拳頭《けんたう》がよくかたまらぬうちは、少《すこ》し卷藁《まきわら》を突《つ》いても直《す》ぐ拳頭《けんたう》を痛《いた》めたり、痛《いた》んだりすることがありますが、そんな時《とき》には卷藁《まきわら》の前《まへ》に立《た》つて間合《まあひ》を少《すこ》し遠《とほ》くして立《た》ち（拳頭《けんたう》が卷藁《まきわら》に屆《とゞ》かないで一二寸《すん》スキがある程度《ていど》）空突《からつき》の練習《れんしふ》を行《おこな》ひます。拳頭《けんたう》を痛《いた》めたからとて卷《ま》藁《わら》と仲《なか》が惡《わる》くなつてはいけません。「常《つね》に卷藁《まきわら》に親《した》しめ」之《これ》が空手修業者《からてしゆげふしや》の標《へう》語《ご》です。

　一旦《だん》拳頭《けんたう》がかたまつたら、再《ふたゝ》びそれが柔《やわら》かくならない様《やう》に常《つね》に手入《ていれ》しなければいけません。手入《ていれ》とは即《すなは》ち愛《あい》することです。我《わ》が拳頭《けんたう》のタコを逃《に》がさないやうにすることです。それには「常《つね》に卷藁《まきわら》に親《した》しむ」より外《ほか》に方法《はうはふ》はありません。拳《こぶし》ダコの持續手入《ぢぞくていれ》には懷中卷《くわいちうま》藁《わら》が非常《ひじやう》に便利《べんり》で重寶《ちようほう》です。

▲拳頭《けんたう》にタコが出來《でき》てゐては職業上困《しよくげふじやうこま》る方《かた》もあります。さういふ方《かた》は手刀《しゆたう》を鍛練《たんれん》し、拳頭《けんたう》は空突《からつき》練習《れんしふ》の程度《ていど》でもよろしいでせう。然《しか》し一般《ぱん》には劍道《けんだう》の竹刀《しない》ダコが男《をとこ》らしい剛健《がうけん》さを示《しめ》すことにはなつても「困《こま》る」といふことはないのと同《おな》じく、若《も》し其《そ》の人《ひと》の品性《ひんせい》にして他人《たにん》に擯斥《ひんせき》されるやうな人物《じんぶつ》でさえなければ、拳頭《けんたう》のタコは健實《けんじつ》、剛健《がうけん》、男《をとこ》らしさ等《とう》を現《あら》はすことになりますがそれだからと云《い》つて、さもこれ見《み》よがしに拳《こぶし》ダコを誇示《こじ》するやうなことがあつては、空手道《からてだう》の一眼目《がんもく》たる謙讓《けんじやう》の美《び》德《とく》に反《はん》することになります。

▲下《さ》げ紙突《がみつき》

突《つ》き方練習《かたれんしふ》の一種《しゆ》に「下《さ》げ紙突《がみつき》」と

いふのがあります。二三寸《ずん》の幅《はゞ》に紙《かみ》を切《き》つて、鴨居《かもゐ》から下《さ》げ垂《た》らしておいてそれを突《つ》く練習《れんしふ》をします。パツと突くと紙《かみ》に觸《ふ》れないうちに紙《かみ》が向《むか》ふへ押《お》され、サツと拳《こぶし》を引《ひ》くと紙《かみ》が拳《こぶし》について此方《こちら》へ動《うご》きます。これは突《つ》きと引《ひ》きとに十分速力《ぶんそくりよく》がないと出來《でき》ません。此《こ》の方法《はうはふ》も練習《れんしふ》して下《くだ》さい。

△拳《こぶし》を腰《こし》に引《ひ》いて構《かま》へる時《とき》の高《たか》さについては注意《ちうい》を要《えう》する事《こと》があります。第《だい》二九圖《づ》直線人形《ちよくせんにんけう》でaは乳《ちゝ》の高《たか》さbは腰《こし》の骨《ほね》の高《たか》さを示《しめ》すものとします。

（イ）は拳《こぶし》が高過《たかす》ぎていけません（ロ）は臂《ひぢ》の引《ひ》き方《かた》が足《た》りません。

（ハ）は臂《ひぢ》がほゞ直角《ちよくかく》になり拳《こぶし》は帶《おび》の高《たか》さに來《く》る低目《ひくめ》の構《かま》へ方《かた》であり、（ニ）は臂《ひぢ》と拳《こぶし》を水平《すゐへい》を持《も》つて來《く》る高目《たかめ》の構《かま》へ方《かた》であります。此《こ》の二種《しゆ》の構《かま》へ方《かた》は流儀《りうぎ》によつて異《こと》なるので、先生方《せんせいがた》によつて相違《さうゐ》があります。何《いづ》れが善《よ》い惡《わる》いは決定《けつてい》出來《でき》ませんから、兩方《りやうはう》ともやつて見《み》て何《いづ》れでも出來《でき》る樣《やう》に練習《れんしふ》したが良《よ》いと思《おも》ひます。

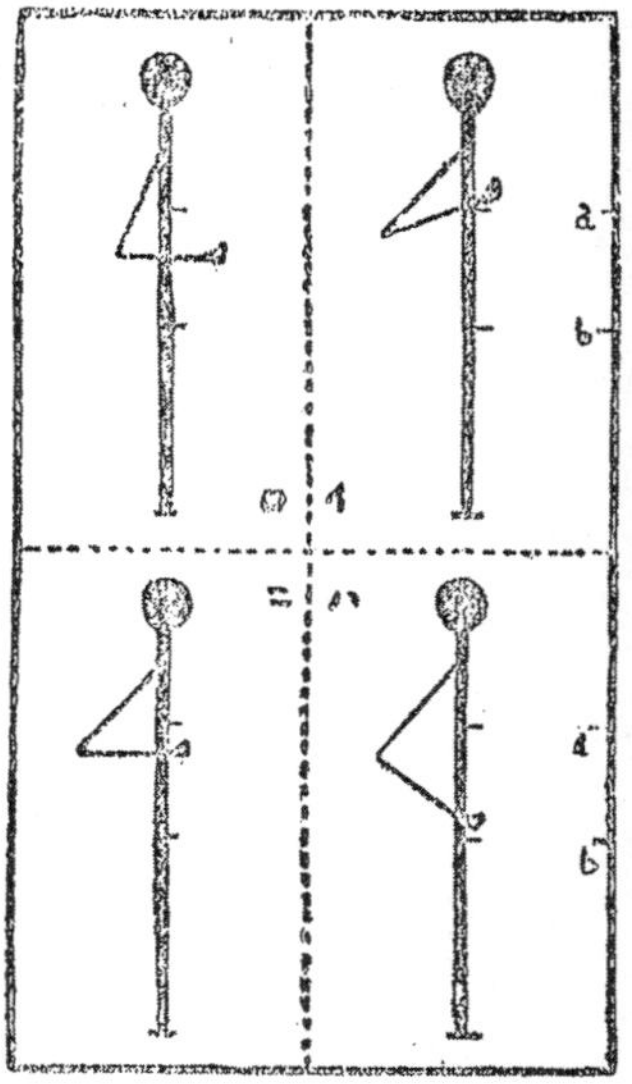

第二九圖

（ロ）は臂《ひぢ》の引《ひ》き方《かた》が足《た》りないと云《い》ひましたが、當身《あてみ》の力《ちから》を出《だ》す練習《れんしふ》としてはなるべく力《ちから》一杯《ぱい》で卷藁《まきわら》を突《つ》き拔《ぬ》く意氣《いき》でなければならぬので、引《ひ》き方《かた》が足《た》りないのです。然《しか》し又《また》その練《れん》習《しふ》が十分出來《ぶんでき》た時《とき》は、拳《こぶし》は如何《いか》なる位《い》置《ち》からでも活用《くわつよう》して當《あ》てなければなりませんから、（イ）（ロ）の樣《やう》な位置《いち》からの當《あ》て方練習《かたれんしふ》も必要《ひつえう》です。ただ初步《しよほ》の場合《ばあひ》は十分《ぶん》に臂《ひぢ》を引《ひ》いて拳《こぶし》を大《おほ》きく突《つ》く練習《れんしふ》をなし、その練習《れんしふ》が出來《でき》てから近間《ちかま》に立《た》ち一尺乃至《しやくないし》五六寸《すん》の距離《きより》から拳《こぶし》を當《あ》てる（イ）（ロ）の練習《れんしふ》をなすべきであります。

△突《つ》き方《かた》の種類《しゆるゐ》

拳《こぶし》の突方《つきかた》には次《つぎ》の四種類《しゆるゐ》あります。

（イ）直突《ちよくつ》き

直突《ちよくつき》は空手《からて》の基本的《きほんてき》突《つ》き方《かた》で、前項《ぜんこう》でお話《はなし》した卷藁《まきわら》の突《つ》き方《かた》が卽《すなは》ち直突《ちよくつき》であります。直突《ちよくつき》には上段直突《じやうだんちよくつき》と中段直突《ちうだんちよくつき》とがありますが、上段《じやうだん》は敵《てき》の顏面《がんめん》をねらひ、中段《ちうだん》は敵《てき》の水月部《すゐげつぶ》（ミゾオチ）をねらつて突《つ》き出《だ》した高《たか》さであります敵《てき》と相對《あひたい》した時《とき》には、間合《まあひ》の關係《くわんけい》で必《かなら》ずしも直突《ちよくつ》きが出來《でき》るとは限《かぎ》りません。敵《てき》と接近《せつきん》した時《とき》の變化突《へんくわつ》きは大別《たいべつ》すると次《つぎ》の三種《しゆ》になります。

（ロ）上《あ》げ突《つ》き

敵《てき》の攻擊《こうげき》を受《う》けとめて其儘《そのまゝ》その手《て》を握《にぎ》つて引《ひ》き倒《たほ》すやうにしながら、敵《てき》の顎《あご》を下《した》から上《うへ》に突《つ》き上げる場合《はあひ》の突《つ》き方《かた》であります。

（ハ）振《ふ》り突《つ》き

拳《こぶし》を右又《みぎまた》は左《ひだり》に振《ふ》り廻《ま》はす様《やう》にして敵《てき》の顔面《がんめん》や脇腹《わきはら》をめがけて突《つ》くのであります。

（ニ）輪突《わつ》き

自分《じぶん》の突《つ》き出《だ》した拳《こぶし》を敵《てき》に受《う》けられた時《とき》にその位置《いち》からくるつと拳《こぶし》を轉化《てんくわ》させて輪《わ》をえがく様《やう》にして突《つ》き出《だ》します。

然《しか》し之等《これら》變化突《へんくわつ》きは抽象的《ちうしやうてき》にお話《はな》ししただけではよく解《わか》りませんから、型《かた》の講義《かうぎ》の時《とき》に詳《くは》しく述《の》べることに致《いた》しませう。

▲手《て》の各部《かくぶ》の鍛《きた》え方《かた》

手《て》の各部《かくぶ》のきたえ方《かた》については、左《さ》に簡單《かんたん》に説明致《せつめいいた》しますから、自分《じぶん》で實地《じつち》に卷藁《まきわら》に向《むか》つて細《こま》かく研究《けんきう》して下《くだ》さい。

（イ）小拳頭《せうけんたう》

平拳《ひらけん》は小拳頭《せうけんたう》で當《あ》てます。小拳頭《せうけんたう》は卷藁《まきわら》の正面《しやうめん》に立《た》つて、斜上《なゝめうへ》（即《すなは》ち頭《あたま》の横《よこ》から）卷藁《まきわら》に打《う》ち下《お》ろす様《やう》に當《あ》て、又大拳頭《まただいけんたう》の突《つ》きと同《おな》じ要領《えうれう》で突《つ》く。或《あるひ》は又斜横《またなゝめよこ》の位置《いち》に立《た》つて小拳頭《せうけんたう》で打《う》つ。

（ロ）裏拳《うらけん》

裏拳《うらけん》は卷藁《まきわら》の正面《しやうめん》に立《た》ち、拳《こぶし》を顎下《あごした》に構《かま》へてその位置《いち》から打《う》ち當《あ》てます。又斜横《またなゝめよこ》の位置《いち》から打《う》ち當《あ》てます。

（ハ）拳槌《けんつい》、手刀《しゆとう》、小手《こて》

右《みぎ》の各部《かくぶ》は何《いづ》れも卷藁《まきわら》の斜横《なゝめよこ》から打《う》ち當《あ》てます。その時《とき》、手首《てくび》を曲《ま》げずに眞直《まつす》ぐにする様注意《やうちうい》を要《えう》します。

（ニ）弧拳《こけん》

弧拳《こけん》は卷藁《まきわら》の斜横《なゝめよこ》から打當《うちあ》てます。手《て》を引《ひ》くときに、手首《てくび》を甲《かふ》の方《はう》へそらしながら引《ひ》き、十分引《ぶんひ》ききつたところから再《ふたゝ》び卷藁《まきわら》に向《むか》つて弧拳《こけん》が飛《と》ぶ様《やう》にして打《う》ち當《あ》てます。

（ホ）臂當《ひぢあて》

臂當《ひぢあて》には縱臂當《たてひぢあて》と横臂當及《よこひぢあておよ》び下《さ》げ臂《ひぢ》當《あて》とがあり、縱横《たてよこ》ともに前後《ぜんご》の區別《くべつ》があります。順《じゆん》に述《の》べます。

前縱臂當《まへたてひぢあて》は卷藁《まきわら》の正面《しやうめん》に立《た》つて下《した》から上《うへ》に即《すなは》ち自分《じぶん》の拳《こぶし》を耳《みゝ》の側《そば》へ急《きふ》にかつぎ上《あ》げる様《やう》に持《も》つて行《ゆ》き（拳《こぶし》の指側《ゆびがは》が耳《みゝ》の方《はう》へ向《む》く）臂《ひぢ》を縱《たて》に卷藁《まきわら》に當《あ》てます。無論此《むろんこ》の時《とき》は腰《こし》をおとして四股《しこ》になります。

後縱臂當《うしろたてひぢあて》は卷藁《まきわら》を一歩後斜《ほうしろなゝめ》にして立《た》ち、一旦正面《たんしやうめん》から拳《こぶし》を耳《みゝ》の側《そば》まで持《も》つて行《ゆ》き（甲《かふ》は上向《うへむ》き）或《あるひ》は直突《ちよくつき》に突《つ》き出《だ》した位置《いち》から、丁度《てうど》直突《ちよくつき》の拳《こぶし》の引《ひ》き方《かた》の時《とき》と同《おな》じ様《やう》に臂《ひぢ》をぐつと後《うしろ》へひきひきつた刹那《せつな》に下《した》から上《うへ》へあげる心《こゝろ》持《も》ちで卷藁《まきわら》に後臂《うしろひぢ》を當《あ》てます。

前横臂當《まへよこひぢあて》は甲《かふ》を下《した》にして、腰《こし》に構《かま》へた拳《こぶし》を前横《まへよこ》に突《つ》き出《だ》す（甲《かふ》を上《うへ》にして）心持《こゝろも》ちで、臂《ひぢ》と拳《こぶし》とが水平《すゐへい》に胸《むね》の前面《ぜんめん》に來《く》る様《やう》にして臂當《ひぢあて》をします。

後横臂當《うしろよこひぢあて》は、卷藁《まきわら》に對《たい》する位置《いち》をかへて、前横《まへよこ》にあげたところから拳《こぶし》の甲《かふ》を上《うへ》にしたまゝで後横《うしろよこ》にあてます。

▲砂袋《すなぶくろ》と其《そ》の用法《ようはふ》

南京袋《なんきんぶくろ》のやうなものに砂《すな》を入《い》れてころがして置《お》き、拳《こぶし》を以《もつ》て上《うへ》から突《つ》き、又《また》は臂《ひぢ》を上《うへ》から下《した》へ動《うご》かす下《さ》げ臂當《ひぢあて》を練習《れんしふ》します。

▲蹴《け》り方練習《かたれんしふ》

蹴《け》り方練習《かたれんしふ》に卷藁《まきわら》を利用《りよう》するには、卷藁《まきわら》の正面《しやうめん》から足裏《あしうら》の上底《じやうてい》で蹴《け》ることと斜横《なゝめよこ》から足刀《そくたう》で蹴《け》る練習《れんしふ》をします。足《そく》刀蹴《たうけ》りは敵《てき》の膝關節《ひざくわんせつ》を蹴《け》るのが主目的《しゆもくてき》ですから、上《うへ》から斜下《なゝめした》に足刀《そくたう》を踏下《ふみお》ろす様《やう》な氣分《きぶん》で蹴方《けりかた》の練習《れんしふ》を行《おこな》ひます。

▲クバ笠《がさ》蹴《け》り

クバの葉《は》で作《つく》つたクバ笠《がさ》（沖繩《おきなは》で廣《ひろ》く常用《じやうよう》されてゐる笠《かさ》）のなるべくツバの廣《ひろ》いものをかぶり、自分《じぶん》の足《あし》で自分《じぶん》の笠《かさ》のふちを蹴《け》る練習《れんしふ》をします。これは足《あし》を遠《とほ》くから振《ふ》りながら蹴《け》らずに、立《た》つて居《ゐ》るその儘《まゝ》の位置《いち》から足《あし》をあげる稽古《けいこ》です。此《これ》と同《おな》じ目的《もくてき》の蹴《け》り方《かた》に壁《かべ》に向《むか》つて立《た》ち、なるべく壁《かべ》との距離《きより》をせまくして足《あし》を高《たか》く蹴《け》る練習《れんしふ》をします。但《たゞ》し壁《かべ》を蹴《け》るのではありません。

實際《じつさい》に敵《てき》と相對《あひたい》した時《とき》に、足《あし》を大《おほ》きく振《ふ》りながら蹴《け》るときは敵《てき》に直《す》ぐ悟《さと》られて、反對《はんたい》に利用《りよう》されるおそれがあるので、敵《てき》と接近《せつきん》した時《とき》にスキがあればその場《ば》から足《あし》を利用《りよう》し得《う》る様《やう》に、足《あし》の使《つか》ひ方《かた》をいろ〱に慣《な》らしておくのであります。クバ笠《がさ》の代《かは》りにツバの廣《ひろ》い麥藁帽《むぎわらばう》を利用《りよう》しても結構《けつこう》です。

▲空手《からて》の大家《たいか》諸先生方《しよせんせいがた》のお話《はな》しでは、實戰《じつせん》の場合《ばあひ》には足《あし》は金的《きんてき》より高《たか》くを蹴《け》ることは禁物《きんもつ》とされて居《ゐ》る様《やう》であります。その理由《りゆう》は、足《あし》を高《たか》くあげるときは體勢《たいせい》が崩《くづ》れ易《やす》く、且《か》つ掬《すく》ひ止《と》め、振《ふ》り捨《す》て等《とう》の技《わざ》にかかり易《やす》く、危險《きけん》が多《おほ》いからであります。空手《からて》の實戰談《じつせんだん》にも足《あし》を高《たか》くあげたために敗《やぶ》れた話《はな》しがよくあります。然《しか》し平常《へいじやう》の練習《れんしふ》に際《さい》しては、足《あし》の使用《しよう》が自由《じゆう》に敏速《びんそく》に出來《でき》る様《やう》に鍛《きた》えておくことが肝要《かんえう》であります。

なほ蹴《け》り方《かた》に關《くわん》する種々《しゆ〴〵》の注意《ちゆうい》すべき事項《じこう》は、型《かた》の練習《れんしふ》にはいつてから述《の》べることにします。

第四二節　握力、腰力の鍛練法

▲握力《あくりよく》や腰《こし》の強《つよ》さ等《とう》は如何《いか》なる武術《ぶじゆつ》に於《おい》ても大事《だいじ》なことにされてゐますが、特《とく》に空手《からて》に於《おい》ては、握力《あくりよく》や腰力《えうりよく》等《とう》を増《ぞう》進《しん》するために、特殊《とくしゆ》の器具《きぐ》を用《もち》ひて鍛《たん》練《れん》します。次《つぎ》に各種《かくしゆ》器具《きぐ》とその用法《ようはふ》についてお話《はな》し致《いた》します。

▲下《さ》げ卷藁《まきわら》（第《だい》三〇圖《づ》）

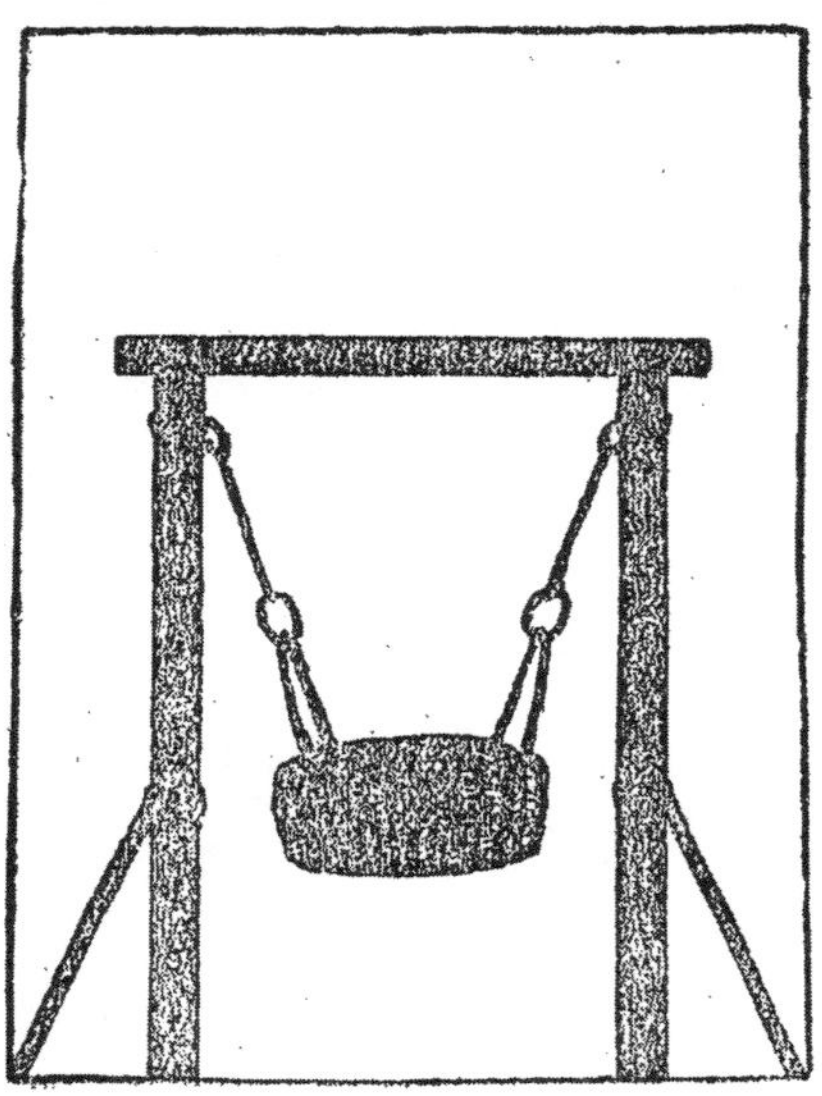

第三〇圖　下げ卷藁

下《さ》げ卷藁《まきわら》は、腰《こし》の力《ちから》を強《つよ》くするための補助《ほじよ》運動具《うんどうぐ》であります。南京袋《なんきんぶくろ》に砂《すな》と鋸屑《おがくづ》とを半半《はんく》に入《い》れて重《おも》さ約《やく》十貫《くわん》となし、圖《づ》の如《ごと》く一丈位《ぢやうぐらゐ》の處《ところ》から自分《じぶん》の胸《むね》の高《たか》さに、鞦韆《ぶらんこ》のやうに吊《つ》り下《さ》げます。先《ま》づ砂俵《すなだわら》を平手《ひらて》で押《お》しやり、それがかへつて來《く》る反動力《はんどうりよく》を、腰《こし》を落《おと》して四股《こ》に立《た》ち、掌叉《てのひらまた》は前縦臂《まへたてひぢ》で受《う》け止《と》めます。（一方《はう》の手《て》は臂《ひぢ》を後方《こうはう》へ突《つ》き出《だ》して平均《へいきん》をとります）手《て》で突《つ》き離《はな》す代《かは》りに足《あし》で蹴《け》る練習《れんしふ》を兼《か》ねてやることも出來《でき》ます。

下《さ》げ卷藁《まきわら》は最初《さいしよ》は前後《ぜんご》の足《あし》の開《ひら》きを普通《ふつう》の前屈姿勢《ぜんくつしせい》とし、漸次《ぜんじ》その開《ひら》きを狹《せま》くした淺《あさ》い前屈《ぜんくつ》で練習《れんしふ》をします。相當《さうたう》練習《れんしふ》が出《で》來《き》たら立《た》ち方《かた》をいろ／＼にかへて練習《れんしふ》を行《おこな》ひます。

下《さ》げ卷藁《まきわら》を平手《ひらて》でぐわんと押《お》し離《はな》すと、振子《ふりこ》のやうに自分《じぶん》の方《はう》へ振《ふ》り返《かへ》して來《き》ます。その時《とき》に、さつとその上《うへ》を飛《と》び越《こ》えて反對側《はんたいがは》に下《お》り立《た》つと同時《どうじ》に再《ふたゝ》び下《さ》げ卷藁《まきわら》は自分《じぶん》を押《お》し倒《たほ》さうと振《ふ》り返《かへ》して來《き》ますから、敏速《びんそく》に立《た》ち直《なほ》つてそれを受《う》け留《と》めます。此《こ》の練習《れんしふ》法《はふ》は相當《さうたう》に稽古《けいこ》が出來《でき》てから行《おこな》はないと、下《さ》げ卷藁《まきわら》のためにはじき倒《たほ》されることがあります。

▲腰力養成法《えうりよくやうせいはふ》

下《さ》げ卷藁《まきわら》を建《た》てることが出來《でき》ない場《ば》合《あひ》には之《こ》れに代《かは》るべき運動法《うんどうはふ》を行《おこな》ひます。此《こ》の運動法《うんどうはふ》は下《さ》げ卷藁《まきわら》と併用《へいよう》することも出來《でき》るし、又《また》道場内《だうぢやうない》で幾組《いくくみ》も同《どう》時《じ》に出來《でき》ますから、大《おほ》いに練習《れんしふ》して下《くだ》さい。これには種々《しゆぐ》の運動法《うんどうはふ》がありますが、次《つぎ》に倒木法《たうぼくはふ》と反轉法《はんてんはふ》の二種類《しゆるゐ》だけ挿繪《さしゑ》を以《もつ》て解説《かいせつ》します。

▲倒木法《たうぼくはふ》

これは第《だい》三一圖《づ》（倒木法《たうぼくはふ》イ）の如《ごと》く甲乙兩人《かふおつりやうにん》向ひ合つて立《た》ち、甲《かふ》は直立不動《ちよくりつふどう》の姿勢《しせい》をとり、乙《おつ》は淺《あさ》き前屈姿勢《ぜんくつしせい》（即《すなは》ち前後《ぜんご》の足《あし》の開《ひら》きを狹《せま》くした前屈立《ぜんくつだち》）に立《た》ち、兩手《りやうて》を開《ひら》き拇指《おやゆび》は第《だい》一節《せつ》だけ曲《ま》げ自然《しぜん》の儘《まゝ》に掌《てのひら》の横側《よこがは》にくつつけておき、圖《づ》の如《ごと》く構《かま》へます。（臂《ひぢ》は腋《わき》から

第三一圖　倒木法（イ）

離《はな》さぬ樣注意《やうちうい》のこと）

次《つぎ》に甲《かふ》は膝及《ひざおよ》び腰《こし》を曲《ま》げずに、恰《あたか》も柱《はしら》を倒《たふ》すやうに乙《おつ》に向《むか》つて倒《たふ》れます。乙《おつ》は腰《こし》くだけせぬ樣《やう》にぐつと下腹《したはら》に力《ちから》を入《い》れて兩手《りやうて》で甲《かふ》の體重《たいぢう》を受《う》け支《さゝ》へます。此時乙《このときおつ》は一旦《たん》受《う》け支《さゝ》へた倒木《たうぼく》の重量《りやう》を玩味《ぐわんみ》する樣な心持《こゝろも》ちで、出來《でき》るだけ深《ふか》く上體《じやうたい》を後方《こうはう》へそらし、後《のち》に靜《しづ》かに上體《じやうたい》をおこしながら兩手《りやうて》を伸《の》ばして倒木《たうぼく》を眞直《まつす》ぐ立《た》てなほします。甲《かふ》は常《つね》に硬直《かうちよく》したるが如《ごと》く膝《ひざ》、腰《こし》、首《くび》を一直《ちよく》

第三二圖　倒木法（ロ）

線《せん》に伸ばしたきりにしておきます。第《だい》三三圖《づ》（倒木法《たうぼくはふ》ロ）は受《う》け支《さゝ》へ、第《だい》三三圖《づ》（倒木法《たうぼくはふ》ハ）は立《た》て直《なほ》しであります。

此運動《このうんどう》は甲乙相互《かふおつさうご》に數回《すうくわい》づつ倒《たふ》れと支《さゝ》へになつて練習《れんしふ》します。二人《ふたり》の間合《まあひ》が遠過《とほす》ぎてもいけませんし、又乙《またおつ》の足《あし》の開《ひら》きが大《おほ》き過《す》ぎて深《ふか》い前屈《ぜんくつ》になつては運動效果《うんどうかうくわ》を非常《ひじやう》に減殺《げんさつ》します。故《ゆゑ》にこれは二人《ふたり》で立《た》つてやりながら、適度《てきど》の間合《まあひ》と足《あし》の開《ひら》きを工夫《くふう》して下《くだ》さい。右《みぎ》の樣《やう》にして腰《こし》の力《ちから》が或程度《あるていど》に養成《やうせい》

第三三圖　倒木法（ハ）

されたら、甲《かふ》は數間先《すうけんさき》から走《はし》つて來《き》て前述《ぜんじゆつ》の如《ごと》く倒木《たうぼく》を行《おこな》ひますと、乙《おつ》に對《たい》する力《ちから》がずつと重《おも》くかかることになります。其方法《そのはうはふ》も甲乙交互《かふおつこうご》に行《おこな》ひます。

△反轉法《はんてんはふ》

此《こ》の反轉法《はんてんはふ》は前《まへ》の倒木法《たうぼくはふ》の變化《へんくわ》したものであります。倒木法《たうぼくはふ》に於《おい》ては倒《たほ》れた方《はう》は積極的《せつきよくてき》な運動效果《うんどうかうくわ》をあげることは出來《でき》ませんが、反轉法《はんてんはふ》に於《おい》ては甲乙《かふおつ》共《とも》に積極的運動效果《せつきよくてきうんどうかうくわ》ををさめ、且《か》つ直《ちよく》接《せつ》に空手《からて》の一技法《ぎはふ》として役立《やくだ》つものであります。

第三四圖　反轉法（イ）

甲乙共《かふおつとも》に淺《あさ》き前屈姿勢《ぜんくつしせい》で向《むか》ひあつて立《た》ちます。間合《まあひ》は甲《かふ》が兩手《りやうて》を伸《の》ばして乙《おつ》の肩《かた》を押《お》さへ得《う》る程度《ていど》の間合《まあひ》とします。甲《かふ》が乙《おつ》の肩《かた》を押《お》して乙《おつ》を倒《たほ》さうとすると、乙《おつ》は甲《かふ》の兩手《りやうて》を反轉《はんてん》して其《そ》の體勢《たいせい》を崩《くづ》さうとします。甲《はふ》は體勢《たいせい》を崩《くづ》されない樣《やう》に腰《こし》の力《ちから》を以《もつ》て頑張《ぐわんば》り直《ただ》ちに次《つぎ》の攻勢《こうせい》に移《うつ》ります。右《みぎ》の樣《やう》にして甲乙共《かふおつとも》にそれ〴〵の目的《もくてき》の運動效果《うんどうかうくわ》をあげることが出來《でき》るところに此《こ》の反轉法《はんてんはふ》の面白味《おもしろみ》があります。次《つぎ》に詳《くは》しく說明《せつめい》します。

第三五圖　反轉法（ロ）

前述《ぜんじゆつ》の如《ごと》き適宜《てきぎ》の間合《まあひ》をとつて甲乙《かふおつ》共《とも》に淺《あさ》き前屈姿勢《ぜんくつしせい》で相對《あひたい》し、甲《かふ》は兩掌《りやうしやう》底《てい》を以《もつ》て乙《おつ》の肩《かた》を突《つ》く樣《やう》にさつと押《お》します。すると乙《おつ》は甲《かふ》の手《て》が我《わ》が肩《かた》に觸《ふ》れやうとする直前《ちよくぜん》に於《おい》て、甲《かふ》の小手《こて》を下《した》より上《うへ》に押《お》しあげつつはね返《かへ》す。それには次《つぎ》の如《ごと》く左右二《さいうふた》つの場合《ばあひ》があります。

第三六圖　反轉法（ハ）

第一、右反轉《みぎかへし》

（イ）甲《かふ》の左手表小手《ひだりておもてこて》に乙《おつ》は右手刀《みぎしゆとう》を掛《か》け（ロ）甲《かふ》の右手裏小手《みぎてうらこて》に乙《おつ》は左《ひだり》掌底《せうてい》をあて、左右同時《さいうどうじ》に下《した》から斜右上《なゝめみぎうへ》に放《はふ》りあげる樣《やう》にさつと押《お》し上《あ》げる。

第《だい》二、左反轉《ひだりかへし》

（イ）甲《かふ》の右手表小手《みぎておもてこて》に乙《おつ》は左手刀《ひだりしゆとう》を掛《か》け（ロ）甲《かふ》の左手裏小手《ひだりてうらこて》に乙《おつ》は右《みぎ》掌底《せうてい》をあて左右同時《さいうどうじ》に下《した》から斜左上《なゝめひだりうへ》に放《はふ》りあげる樣《やう》にさつと押《お》し上《あ》げる。

此《こ》の右反轉《みぎかへし》、左反轉《ひだりかへし》共《とも》に乙《おつ》はなるべく甲《かふ》の表裏《おもてうら》の小手《こて》を深《ふか》く、即《すなは》ち肘近《ひぢちか》くを受《う》けると、甲《かふ》の體《からだ》は崩《くづ》れやすくなります。

又《また》、甲《かふ》は押《お》し手《て》にしつかり力《ちから》を入《い》れないと、いくら乙《おつ》がはねかへしても手《て》さきだけはねかへされるだけで、ちつとも身體《からだ》にこたへてきません。それでは腰《こし》の力《ちから》の養成《やうせい》にはなりませんから、押手《おして》には腹《はら》からの力《ちから》をこめて、勢《いきほひ》よく押《お》して行《ゆ》きます。その時《とき》に乙《おつ》にははねかへされると、甲《かふ》は重心《ちうしん》の安定《あんてい》を失《うしな》つてよろ〳〵となりますから、それをぐつと下腹《したはら》に力《ちから》を入《い》れて持《も》ちこたへなければいけません。

此《こ》の反轉法《はんてんはふ》は甲乙共《かふおつとも》に交互《かうご》に練習《れんしふ》すると、腰力養成《えうりよくやうせい》と受方練習《うけかたれんしふ》と二《ふた》つの效果《かうくわ》を納《をさ》めることが出來《でき》ます。然《しか》し肩甲骨《けんかふこつ》はどうかすると折《を》れることがありますから、押手《おして》になる人《ひと》は肩《かた》に向《むか》つて眞直《まつす》ぐさつと押《お》して行《ゆ》きながらも最後《さいご》の一瞬《しゆん》で踏《ふ》み止《とゞ》まるだけの心得《こゝろえ》が必要《ひつえう》であり、受手《うけて》の方《はう》は相手《あひて》が自分《じぶん》を押《お》し倒《たふ》さうとしてゐるものだといふことを忘《わす》れずに、油斷《ゆだん》なく氣《き》を配《くば》り適確《てきかく》な反轉《はんてん》を行《おこな》はなければいけません。

第三七圖　反轉法（二）

最初《さいしよ》の間《あひだ》は、業《わざ》の順序《じゆんじよ》と要領《えうりやう》をおぼえるまでは、ゆつくりやつて練習《れんしふ》し、順序《じゆんじよ》と要領《えうりやう》がわかつたら眞劍《しんけん》になつて練習《れんしふ》を行《おこな》ひます。

乙《おつ》の方《はう》は甲《かふ》の小手《こて》を斜上《なゝめうへ》に押《お》し上《あ》げないと、甲《かふ》の手《て》で自分《じぶん》の顏《かほ》を打《う》つことになりますから、其點《そのてん》も最初《さいしよ》のうちによく要領《えうりやう》を會得《ゑとく》して下《くだ》さい。

反轉法《はんてんはふ》は練習《れんしふ》をやめにする時《とき》には、甲《かふ》が兩手《りやうて》を押《お》して來《き》たときに、乙《おつ》は第《だい》三七圖《づ》（二）の如《ごと》く左右《さいう》の手刀《しゆとう》を以《もつ》て内《うち》から外《そと》へかきわける樣《やう》な形《かたち》に甲《かふ》の兩手《りやうて》を受《う》け止《と》めて合圖《あひづ》をします。

▲横棒《よこぼう》（第《だい》三八圖《づ》イ）

これは立木《たちき》と立木《たちき》、又《また》は柱《はしら》と柱《はしら》との間《あひだ》に横《よこ》に棒《ぼう》を結《むす》びつけて、金棒體操《かなぼうたいさう》のやうに兩手《りやうて》で全身《ぜんしん》を吊《つ》り下《さ》げて種々《しゆぐ》の運動《うんどう》をなす、全身《ぜんしん》の筋力《きんりよく》に効果《かうくわ》あるものであるが、特《とく》に腕及《うでおよ》び肩《かた》の筋力《きんりよく》を増《ま》す運動《うんどう》であります。

▲巻揚《まきあげ》（第《だい》三八圖《づ》ロ）

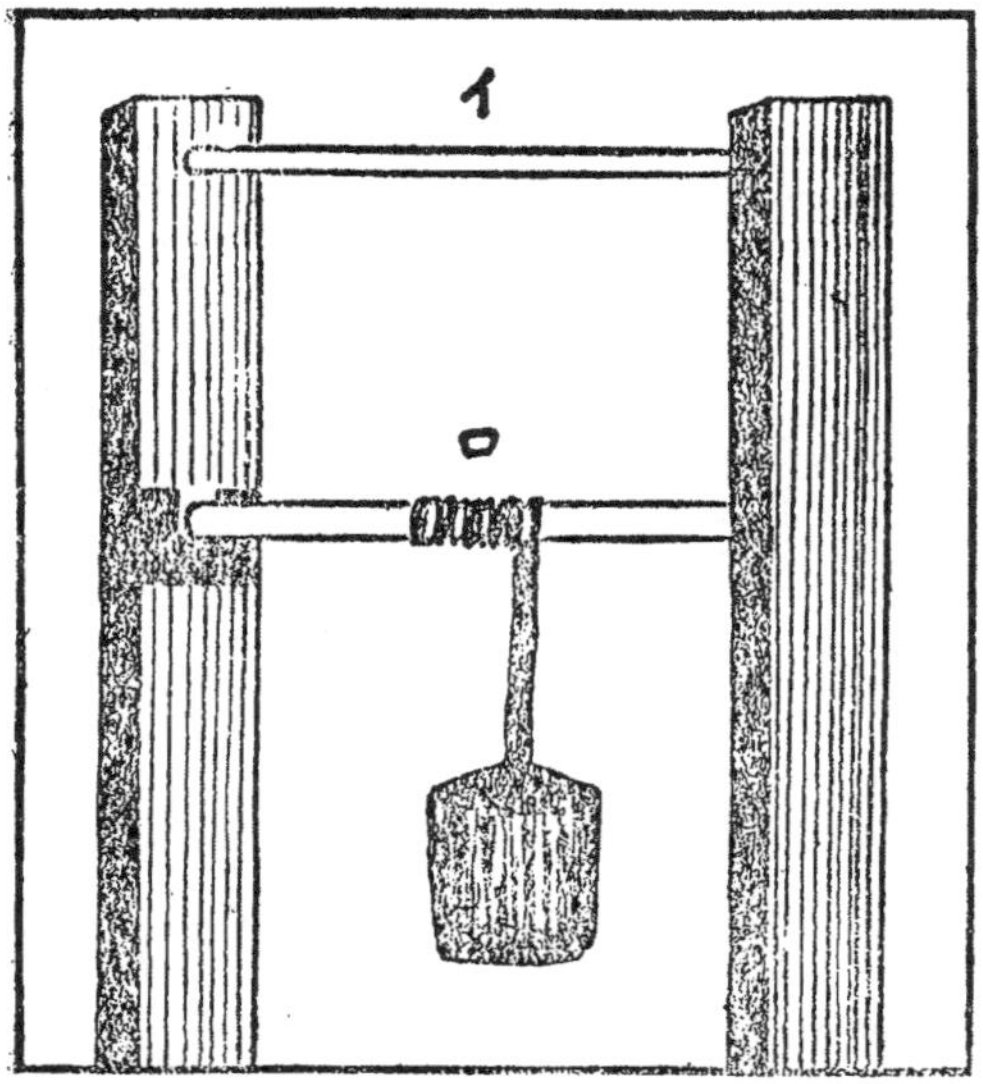

第三八圖　横棒（イ）と卷揚げ（ロ）

巻揚《まきあげ》は握力《あくりよく》の養成《やうせい》、手刀《しゆたう》や臂《ひぢ》の鍛練《たんれん》に用《もち》ふる運動具《うんどうぐ》であります。二本《ほん》の柱《はしら》の間《あひだ》に取《と》りはづしの出來《でき》る樣《やう》に差《さ》しわたしたる直徑《ちよくけい》一寸《すん》五分位《ぶぐらゐ》の棒《ぼう》に、繩《なは》の一端《たん》を巻《ま》きつけ、他《た》の一端《たん》に重石《おもし》を結《むす》びつけておく。兩手《りやうて》を以《もつ》て棒《ぼう》を握《にぎ》り靜《しづ》かに力《ちから》を入《い》れて棒《ぼう》を廻《まは》して繩《なは》を巻上《まきあ》げて十分《ぶん》巻《ま》きあげてしまつて手《て》を離《はな》せば、重石《おもし》の重量《ちうりやう》で棒《ぼう》はくるくると廻《まは》つて繩《なは》が伸《の》びて行《ゆ》くわけであるが、手刀《しゆたう》又《また》は縱《たて》臂《ひぢ》でパツと棒《ぼう》を押《お》さへて廻轉《くわいてん》をとめる。重量《ちうりやう》は輕《かる》いものから次第《しだい》に重《おも》いものにして、徐々《じよじよ》にきたえます。

▲掛手引《かけてひき》（第《だい》三九圖《づ》）

掛手引《かけてひき》とは掛手《かけて》引手《ひきて》臂當《ひぢあて》貫手《ぬきて》の運動具《うんどうぐ》の略稱《りやくしよう》であります。一本《ぽん》の柱《はしら》の下部《かぶ》をしつかり地中《ちちう》に埋《うづ》め、地上《ちじやう》三尺《じやく》五寸《すん》位《ぐらゐ》までは籐《とう》又《また》は細竹《ほそだけ》で大《おほ》きく巻《ま》き、柱《はしら》の上部《じやうぶ》（地上《ちじやう》四尺《しやく》）に穴《あな》を穿《うが》つて棒《ぼう》を差《さ》し通《とほ》し心棒《しんぼう》を以《もつ》てとめ、棒《ぼう》の兩端《りやうたん》が上下《じやうげ》へ動《うご》き得《う》るやうにしておく。斯《か》くして圖《づ》の如《ごと》き運動具《うんどうぐ》が出來上《できあが》ります。これは掛手《かけて》、引手《ひきて》、臂當《ひぢあて》、貫手《ぬきて》を練習《れんしふ》する運動具《うんどうぐ》であります。

△此《こ》の運動具《うんどうぐ》の用法《ようはふ》は、第《だい》一に横腕《よこうで》のイの部分《ぶぶん》を右《みぎ》の表小手《おもてこて》で横受《よこうけ》する（甲《かふ》は外向《そとむ》き、拳《こぶし》は握《にぎ》つてもよし、握《にぎ》つて居《ゐ》なくともよし）第《だい》二に横受《よこうけ》した手《て》を棒《ぼう》にくつつけた儘《まゝ》で手《て》のひらをかへしてロの部《ぶ》を握《にぎ》つて下《した》へ引《ひ》く。（第《だい》四〇圖《づ》參照《さんせう》）。棒《ぼう》の他《た》の一端《たん》には砂袋《すなぶくろ》（ニ）を吊《つ》り下《さ》げ、その大《おほ》きさと位置《ゐち》とで適宜《てきぎ》に重量《ちうりやう》を加減《かげん》してロの部《ぶ》を摑《つか》んで引《ひ》き下《さ》

げる時《とき》に十分手《ぶんて》ごたへのあるやうにしておく。第《だい》三に前《まへ》の引《ひ》き手《て》の動作《どうさ》と同《どう》時《じ》に足《あし》で竹束《たけたば》を蹴《け》つて直《たゞ》ちに左臂《ひだりひぢ》の前《まへ》横臂當《よこひぢあて》で竹束《たけたば》にぶつつけます。此《こ》の第《だい》一から第《だい》三までの動作《どうさ》は敵《てき》の攻撃《こうげき》を小《こ》手《て》で横受《よこうけ》すると同時《どうじ》にその手《て》を摑《つか》んで敵《てき》を引《ひ》き倒《たふ》しながら膝關節《じつくわんせつ》を蹴《け》つて脇《わき》腹《はら》へ臂當《ひぢあて》を入《い》れる動作《どうさ》であります。掛《かけ》手《て》、引手《ひきて》、臂當《ひぢあて》は左右《さいう》の手《て》で交互《かうご》に練《れん》習《しふ》します。

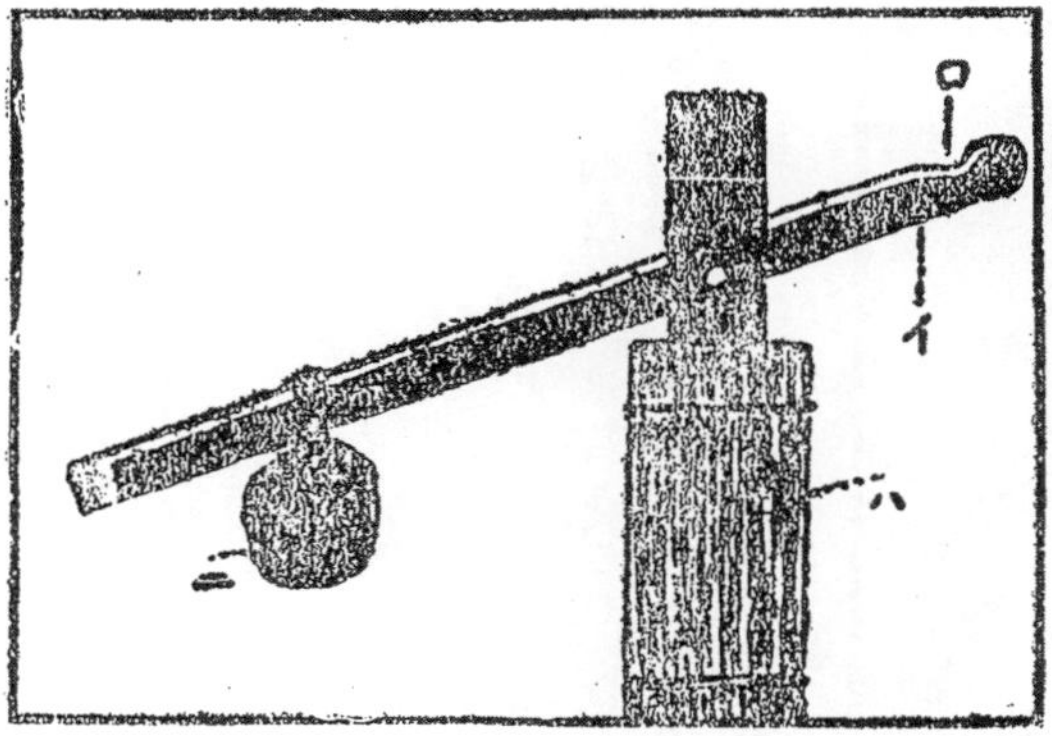

第三九圖　掛け手引き

▲掛《か》け手《て》(第《だい》四一圖《づ》參照《さんせう》)とは、敵味《てきみ》方《かた》が互《たがひ》に表小手《おもてこて》を引掛《ひきか》けて(手首《てくび》の拇《おや》指《ゆび》の下《した》のところを)丁度劍道《ちやうどけんだう》で言《い》へば太刀《たち》尖《さき》三寸《ずん》を交《まじ》へた構《かま》へと同《おな》じで、相《あひ》手《て》がどう變化《へんくわ》するか知《し》れないのです。沖繩《おきなは》では掛《か》け試《だめ》しと稱《しよう》して、互《たがひ》に「引《ひ》つ掛《か》けて」(卽《すなは》ち掛《か》け手《て》の構《かま》へに拳《こぶし》を交《まじ》へて)よく技《わざ》を試《ため》しあつたもので、ただ引《ひ》つ掛《か》けて見《み》ただけで互《たがひ》に相手《あひて》の腕《うで》前《まへ》がわかるとされたものです。引《ひ》つ掛《か》けて見《み》て互角《ごかく》だと思《おも》へば「行《ゆ》くぞ」とか「いゝか」とか聲《こゑ》をかけて技《わざ》を爭《あらそ》ひます。

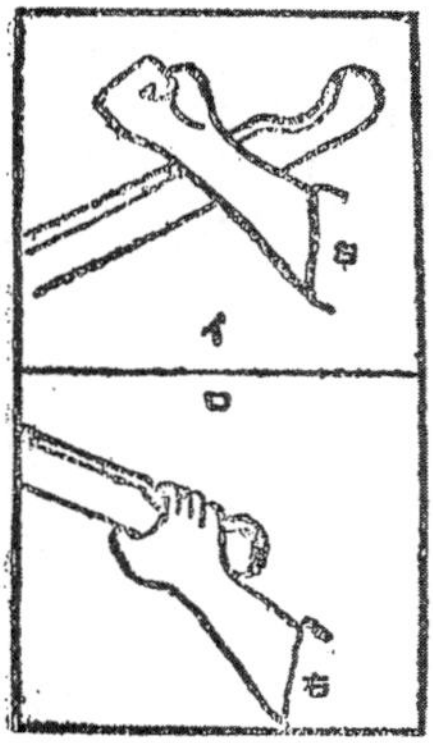

第四〇圖

▲此《こ》の運動具《うんどうぐ》は横《よこ》に出《で》た腕木《うでぎ》を敵《てき》の腕《うで》に見《み》たてて掛手練習《かけてれんしふ》をするのですが、ただ腕《うで》を當《あ》てるだけでは物足《ものた》りないから、ついでに小手《こて》の横受《よこうけ》をして小手《こて》をきたえるのです。小手《こて》は腕木《うでぎ》にパッと横受《よこう》けでぶつけると最初《さいしよ》は少々《せうせう》痛《いた》いけれども、我慢《がまん》して徐々《じよ〳〵》にきたえて行《ゆ》き

第四一圖　掛け試し

ますと、敵《てき》が突《つ》いてきたとき此《こ》の小手《こて》横受《よこうけ》で敵《てき》の小手《こて》をぱつとはじきかへせば、敵《てき》は第《だい》二の攻撃《こうげき》が出來《でき》ないほど痛《いた》みを與《あた》へられます。防禦即攻撃《ばうぎよそくこうげき》の空手《からて》の妙味《めうみ》です。

▲貫手《ぬきて》の練習《れんしふ》としては、四本《ほん》の指《ゆび》を揃《そろ》へて竹束《たけたば》（ハ）の中《なか》に突《つ》き入《い》れ、そのまゝ竹《たけ》を摑《つか》んで引《ひ》つ張《は》り、後《のち》これをはなす。指頭《しとう》及《およ》び握力《あくりよく》の練習《れんしふ》であります。

第四二圖

第《だい》四一圖《づ》掛試《かけため》しの右側《みぎがは》の人《ひと》の左拳《さけん》が右臂《みぎひぢ》の近《ちか》くまで出張《では》つて居《ゐ》るのは、卽《そく》時《じ》の變化《へんくわ》に備《そな》へたもので、夫婦手《めをとで》ともいひ、陰陽《いんやう》の構《かま》へとも云《い》ひます。

▲第《だい》四二圖《づ》は敵《てき》の攻撃《こうげき》を小手《こて》受《うけ》して引《ひ》き押《おさ》へ左拳《さけん》で（甲《かふ》は下向《したむき》）脇腹《わきばら》を突《つ》くるところ。

▲第《だい》四三圖《づ》は敵《てき》の攻撃《こうげき》を防《ふせ》いで臂當《ひぢあて》を入《い》れるところ、何《いづ》れも掛手《かけて》引《ひき》の練習《れんしふ》に入《い》よる鍛練《たんれん》の實戰的應用《じつせんてきおうよう》を示《しめ》したものであります。

第四三圖　前横臂當

▲**鐵下駄《てつげた》と石下駄《いしげた》**（第《だい》四四圖《づ》イ、ロ）

これは足《あし》の諸筋肉《しよきんにく》を發達《はつたつ》させるためのもので、沖繩《おきなは》では首里《しゆり》那覇《なは》間《かん》一里《り》の道《みち》を鐵下駄《てつげた》をはいて往復《わうふく》して鍛《きた》えた人《ひと》もあります。稽古場《けいこぢやう》では鐵下駄《てつげた》（イ）や石下駄《いしげた》（ロ）をはき甕《かめ》か大形《おほがた》の錠形《サーシ》を兩《りやう》手《て》にさげて、三戰式《さんせんしき》の足取《あしど》りで靜《しづ》かに場内《ぢやうない》を歩《ある》き廻《まは》つて鍛練《たんれん》します。

▲**錠形石《サーシ》**（第《だい》四四圖《づ》ハ）

石《いし》又《また》は鐵《てつ》で圖《づ》のやうに作《つく》る。（サーシとは錠前《ぢやうまへ》の意《い》）心棒《しんぼう》のところを握《にぎ》つて胴部《どうぶ》を甲《かふ》の上《うへ》へ廻《まは》して持《も》ち（但《たゞ》し甲《かふ》にのせるのではない）腕《うで》を上下左右《じやうげさいう》に屈《くつ》伸《しん》して運動《うんどう》を行《おこな》ひます。第《だい》四五圖《づ》ロは卽《すなは》ち錠石《サーシ》を用《もち》ひる運動《うんどう》です。

▲**据石《チーシー》**（第《だい》四四圖《づ》ニ）

圓壔形《えんとうけい》の石《いし》に一尺《しやく》五寸《すん》位《ぐらゐ》の木《き》の柄《え》をつけたもので、重量《ぢうりやう》は一貫目《くわんめ》內外《ないぐわい》。重《おも》

過《す》ぎない方《はう》がよろしい。(チーシーとは婦《ふ》人《じん》が機織《はたおり》の糸《いと》を卷《ま》く枠《わく》を据《す》えるために竹筒《たけづゝ》を差《さ》し込《こ》んだ石《いし》のことで、形《かたち》が似《に》てゐるところから同名《どうめい》を用《もち》ふ)

据石《チーシー》の用法《ようはふ》は柄《え》の先端《せんたん》を握《にぎ》り四股《こ》に立《た》ち、(1)臂《ひぢ》を上《うへ》にあげ石《いし》を下《した》にして肩《かた》の周圍《しうゐ》を數回《すうくわい》まはし、(2)後《うしろ》から前《まへ》へ起《おこ》して石《いし》を上《うへ》にして立《た》てること第《だい》四五圖《づ》イの如《ごと》し。手《て》は肩《かた》の高《たか》さより少《すこ》しく下《さ》げ眞直《まつす》ぐ前方《ぜんぱう》へ伸《の》ばす。此《こ》の前後《ぜんご》運動數回《うんどうすうくわい》、(3)石《いし》を上《うへ》にして手《て》を肩《かた》の高《たか》さに前方《ぜんぱう》へ伸《の》ばしたまゝで、石《いし》を靜《しづ》かに左右《さいう》へ倒《たほ》したり起《おこ》したりする。此運動數回《このうんどうすうくわい》。(4)石《いし》を上《うへ》に立《た》てたまゝ腕《うで》を側方《そくはう》へ屈伸《くつしん》すること數回《すうくわい》。(5)手《て》を前方《ぜんぱう》へ伸《の》ばし肘《ひぢ》を僅《わづ》かに曲《ま》げる程度《ていど》に動《うご》かして、石《いし》を外側斜横下《そとがはなゝめよこした》から廻《ま》はしながら正面《しやうめん》へ起《お》こし立《た》てること數回《すうくわい》。(6)前《まへ》と同《おな》じことを內側斜横下《うちがはなゝめよこした》から廻《ま》はしながら正面《じやうめん》へ起《お》こし立てること數回《すうくわい》。(7)兩手《りやうて》にて柄《え》の先端《せんたん》を握《にぎ》り、石《いし》を上《うへ》より下《した》へ弧線《こせん》をえがく樣《やう》に(又《また》その反對《はんたい》に下《した》より上《うへ》に)外側《そとがは》へ起《おこ》したり倒《たほ》したりすること數回《すうくわい》。(8)前《まへ》と同《おな》じことを內側《うちがは》へ行《おこな》ふ。卽《すなは》ち石《いし》が我《わ》が顎《あご》、胸《むね》の近《ちか》くを上下《じやうげ》に起倒《きたう》する運動《うんどう》を行《おこな》ふこと數回《すうくわい》。

以上《いじやう》八種《しゆ》の運動《うんどう》を左右兩手《さいうりやうて》で交互《かうご》に適當量《てきたうりやう》だけ行《おこな》ひます。

△**力石**《ちからいし》(第《だい》四四圖《づ》ホ)

柄《え》を左右《さいう》の手《て》で握《にぎ》り上下《じやうげ》に挿《さ》し上《あ》げて運動《うんどう》を行《おこな》ひます。力石《ちからいし》は柄《え》のないものでもよいが柄《え》があると握力《あくりよく》の練習《れんしふ》に

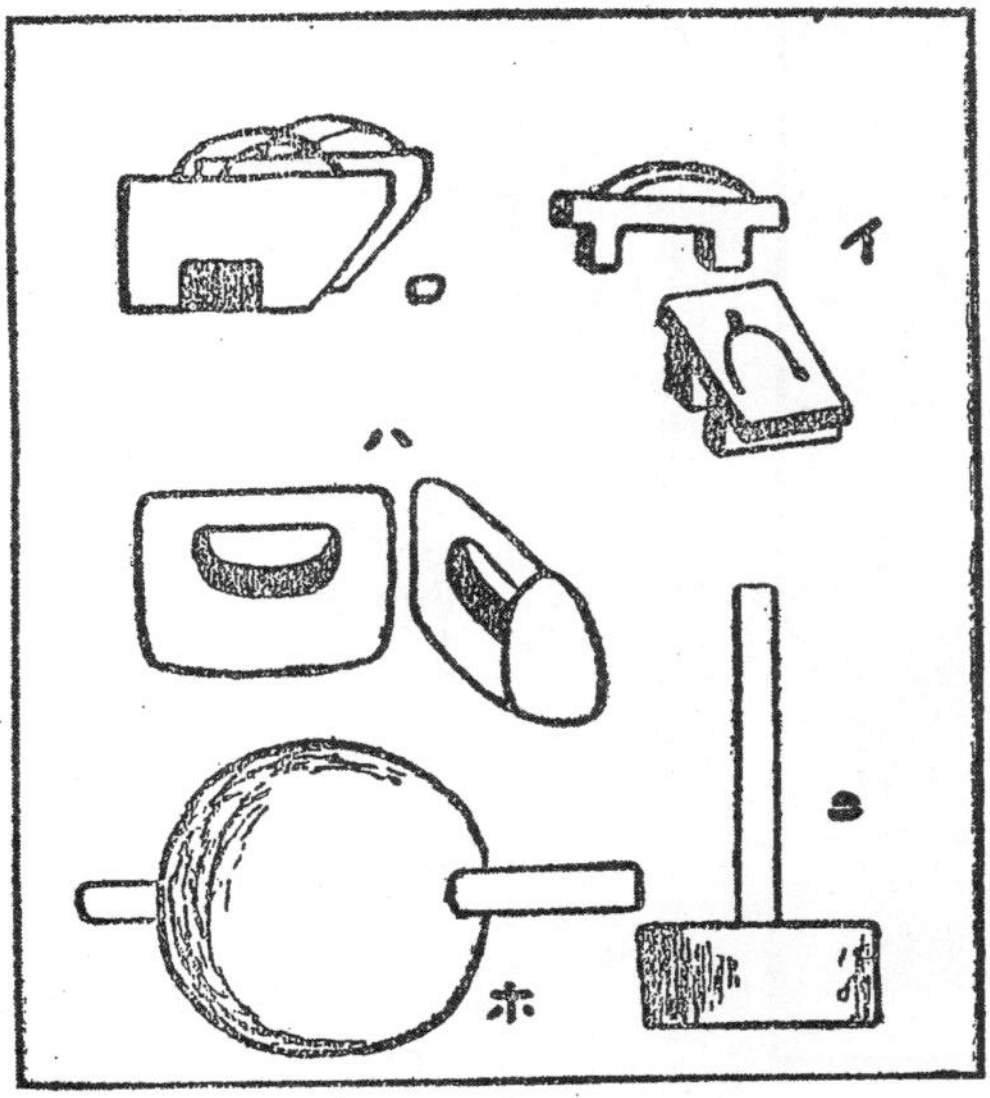

上 第四四圖

下 第四五圖

もなります。

▲釵《サイ》（第《だい》四五圖《づ》イ）

釵《サイ》は獨立《どくりつ》した一種《しゆ》の武器《ぶき》（鐵又《てつまた》は眞《しん》鑄製《ちうせい》）であるが、その振《ふ》り方練習《かたれんしふ》が手《て》首《くび》の力《ちから》を養成《やうせい》するに効果《かうくわ》があるので、空手《からて》の補《ほ》助運動具《じようんどうぐ》としても愛用《あいよう》されて居《ゐ》ます。持《も》ち方《かた》と振《ふ》り方《かた》を説明《せつめい》します

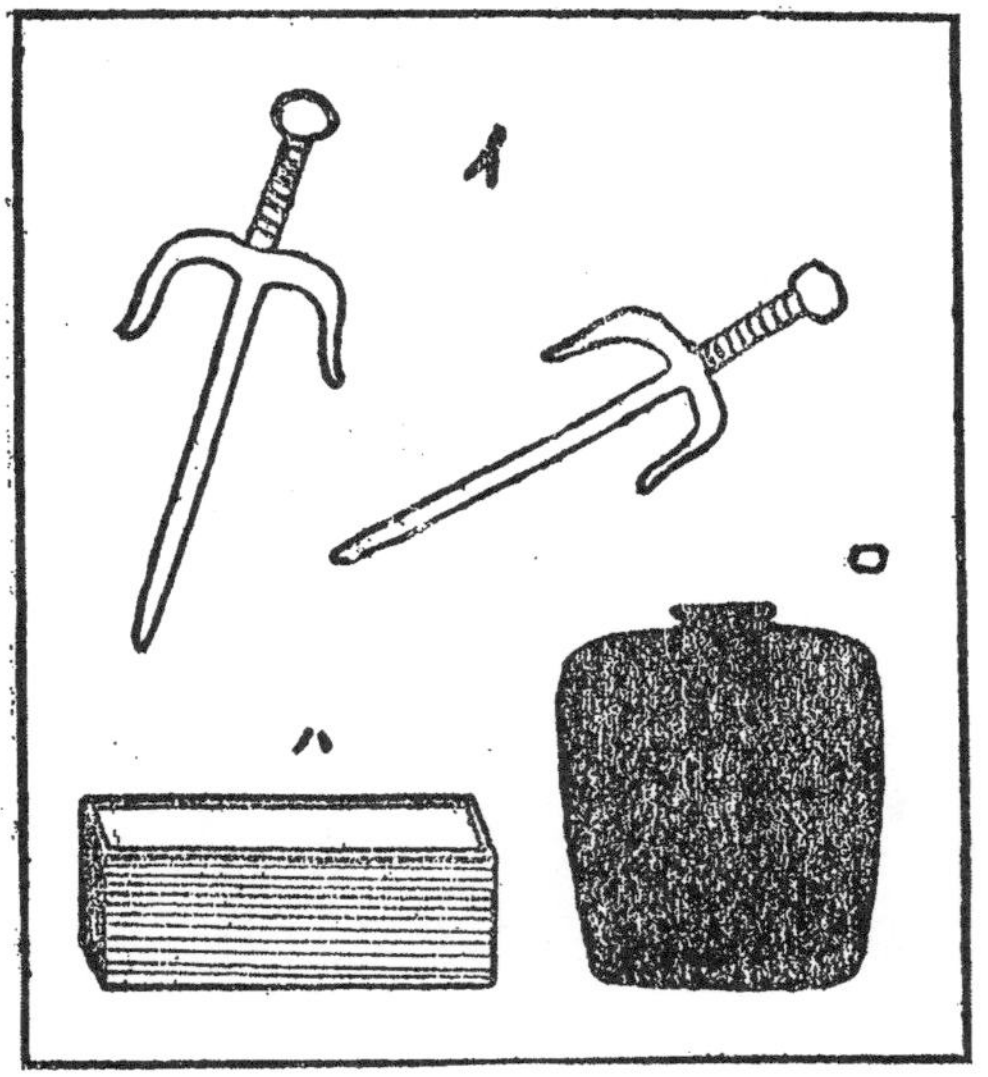

上第四六圖

下第四七圖

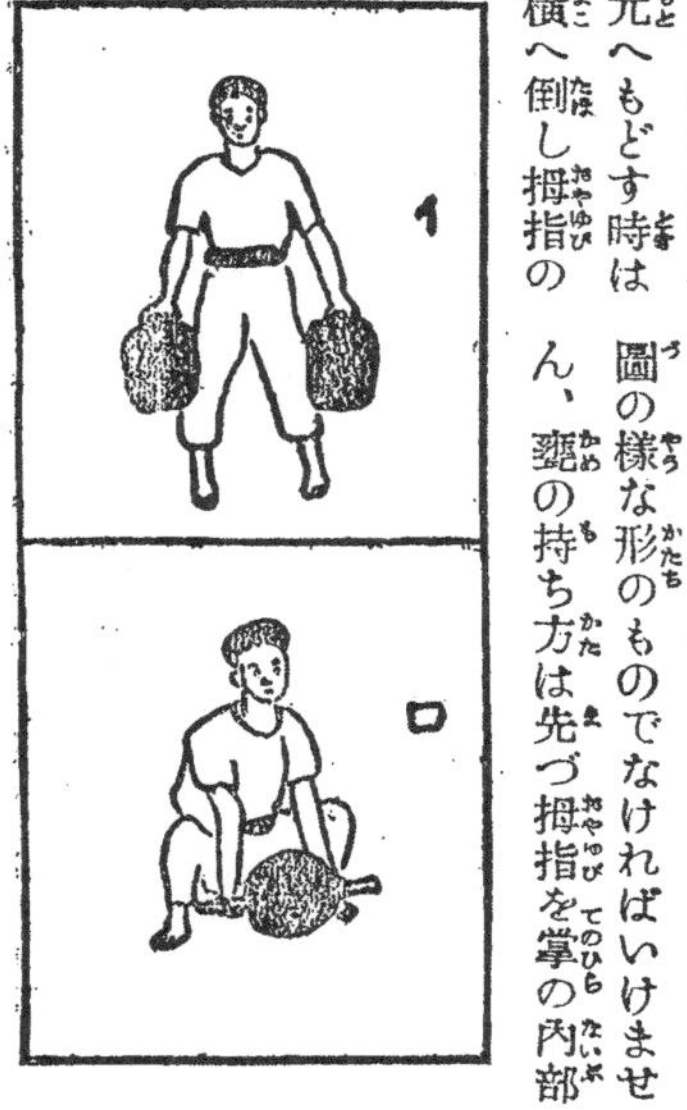

（一）拇指《おやゆび》を翼《よく》の下《した》からかけ、人差《ひとさし》指《ゆび》は柄《え》にかけて眞直《まつす》ぐ柄頭《えがしら》の下《した》へ伸《の》ばし、中高指藥指小指《なかたかゆびくすりゆびこゆび》の三指《し》を以《もつ》て他方《たはう》の翼《よく》を上《うへ》からおさへれば、棒《ぼう》の方《はう》は自《し》然《ぜん》に臂《ひち》の方《はう》へ伸《の》びます（棒《ぼう》は臂《ひち》と同《おな》じ長《なが》さが定寸《ちやうすん》）これが持《も》ち方《かた》です。之《これ》を振《ふ》る時《とき》は、拇指《おやゆび》をかけて居《ゐ》る翼《よく》を拇指《おやゆび》のマタにはさみ他《た》の四本《ほん》の指《ゆび》を揃《そろ》へて（人差指《ひとさしゆび》を翼側《よくがは》に、小《こ》指《ゆび》を柄頭下《えがしらした》に）柄《え》を握《にぎ》り、同時《どうじ》に拇指《おやゆび》を伸《の》ばして棒《ぼう》の下端《かたん》に添《そ》へる

（二）元《もと》へもどす時《とき》は拇指《おやゆび》を横《よこ》へ倒《たほ》し拇指《おやゆび》のマタの間《あひだ》に翼《よく》をはさみ、同時《どうじ》に四本《ほん》の指《ゆび》を伸《の》ばして棒《ぼう》を内側《うちがは》へ投《な》げ納《をさ》める様《やう》に振《ふ》り、人差指《ひとさしゆび》は柄頭下《えがしらした》へ伸《の》ばし、三指《し》は前通《まへどほ》り翼《よく》を上《うへ》からおさへます。要《えう》するに釵《サイ》の振《ふ》り方《かた》は、一本《ぽん》の翼《よく》を拇指《おやゆび》のマタにはさんで前後《ぜんご》へ振《ふ》り伸《の》ばしたり振《ふ》り納《をさ》めたりするもので、之《これ》を極《きは》めて迅速《じんそく》に振《ふ》れる様《やう》に稽古《けいこ》します。振《ふ》る時《とき》に自分《じぶん》の額《かほ》を打《う》たない様《やう》に注意《ちうい》を要《えう》します。

▲甕《かめ》（第《だい》四六圖《づ》ロ）

甕《かめ》は大小幾通《だいせうくとほ》りもありますが、口《くち》が圖《づ》の様《やう》な形《かたち》のものでなければいけません、甕《かめ》の持《も》ち方《かた》は先《ま》づ拇指《おやゆび》を掌《てのひら》の内部《ないぶ》

へ二段《だん》に折《を》り曲《ま》げ、其《そ》の第《だい》一節《せつ》の側面《そくめん》と他《た》の四指《し》の各第《かくだい》一節《せつ》の腹面《ふくめん》とで甕《かめ》の首《くび》を摑《つか》みます。此《こ》の摑《つか》み方《かた》は拇指《おやゆび》の腹《ふく》面《めん》を使《つか》はないので、所謂鷲摑《いはゆるわしづか》みとは異《ちが》つて居《ゐ》ます。

甕《かめ》は最初《さいしよ》は何《なに》も入《い》れず空《から》のまゝ兩手《りやうて》に下《さ》げて三戰式足取《ちんしきあしど》り（足《あし》を床《ゆか》につけたまゝで靜《しづ》かに内《うち》から外《そと》へ半圓《はんえん》をえがきながら前進《ぜんしん》。立《た》ち方說明參照《かたせつめいさんせう》）で前進《ぜんしん》します。持《も》ち方《かた》の要領《えうれう》がわかつて來《き》たら、砂《すな》を小量《せうりやう》づつ入《い》れ、慣《な》れるに從《したが》つて砂《すな》の量《りやう》を多《おほ》くします。若《も》し砂《すな》を滿《み》たして尙《なほ》十分《ぶん》でなければ、砂《すな》の代《かは》りに礫又《こいしまた》は鉛《なまり》を入《い》れて重《おも》くします。これは腰《こし》の力《ちから》と肩《かた》の力並《ちからなら》びに握力《あくりよく》をきたえる運《うん》動《どう》であります。

▲砂箱《すなばこ》（第《だい》四六圖《づ》ハ）

箱《はこ》に砂《すな》を入《い》れて指頭《したう》を以《もつ》て突《つ》いて之《これ》をきたえます。砂《すな》できたえたら、砂《すな》の代《かは》りに豆《まめ》を入《い》れて突《つ》きます。然《しか》し五本《ほん》の指頭《したう》をそろへて卷藁《まきわら》をたたいても指《し》頭《たう》を或程度《あるていど》にきたえる事《こと》は出來《でき》ます。

第四八圖

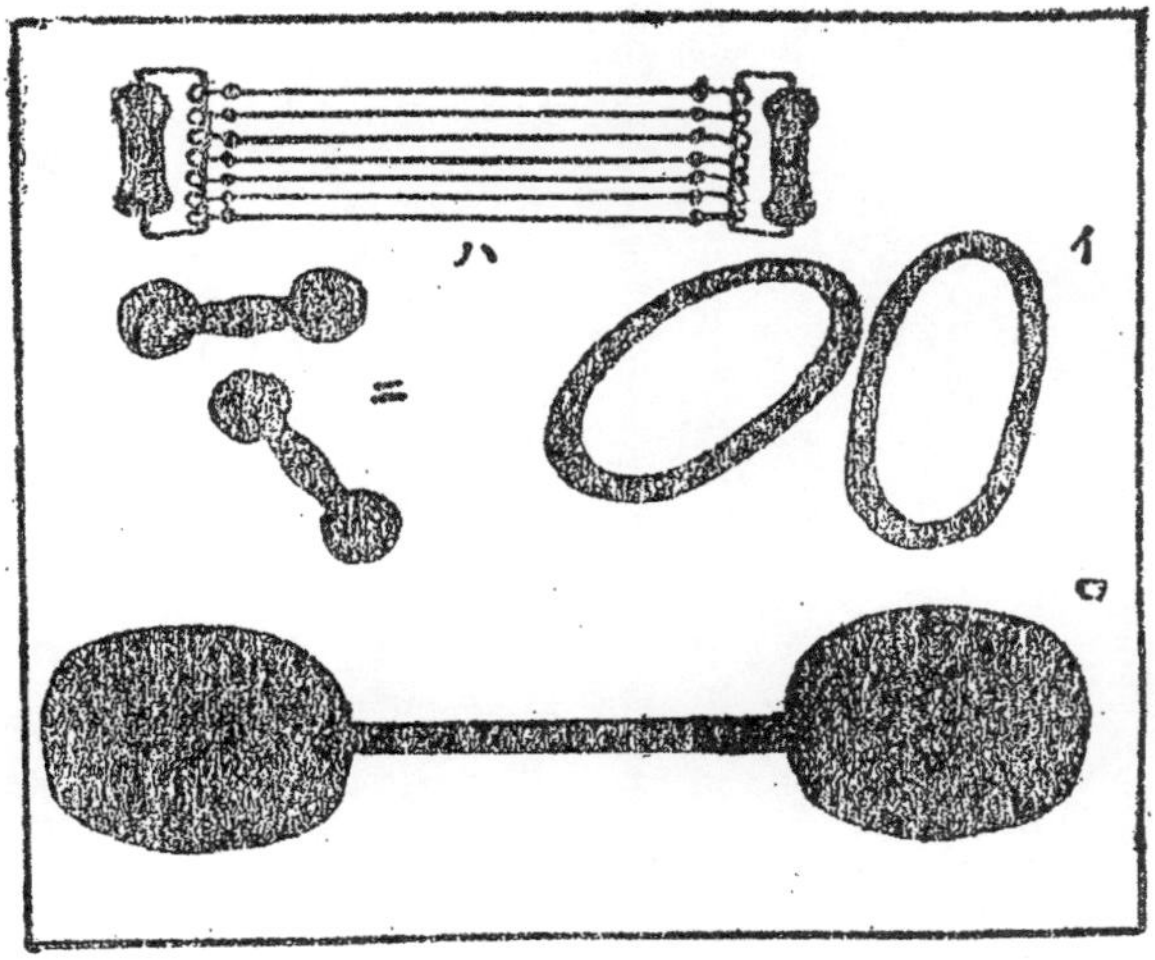

第《だい》四七圖《づ》イは甕《かめ》を持《も》つての補助運動《ほじよううんどう》で、第《だい》四七圖《づ》ロは力石《ちからいし》を持《も》つところ。

▲鐵輪《てつわ》（第《だい》四八圖《づ》イ）

直徑《ちよくけい》一寸乃至《すんないし》一寸《すん》五分位《ぶぐらゐ》の鐵棒《てつぼう》を以《もつ》て、長徑《ちやうけい》一尺《しやく》五寸位《すんぐらゐ》の楕圓形《だえんけい》に作《つく》つた輪《わ》で、握力及《あくりよくおよ》び腕《うで》の力《ちから》をきたえるものであります。

▲球棒《きうぼう》（第《だい》四八圖《づ》ロ）

直徑《ちよくけい》一寸《すん》五分位《ぶぐらゐ》で長《なが》さ三尺《じやく》五六寸《すん》の鐵棒《てつぼう》の兩端《りやうたん》に石又《いしまた》はコンクリートで堅《かた》めた球《きう》をぬけない様《やう》に取《と》り付《つ》けたもので、重量《ぢうりやう》は十貫《くわん》から二十貫位《くわんぐらゐ》までの間《あひだ》で適宜《てきぎ》に作《つく》り、兩手《りやうて》で挿《さ》し上《あ》げて運動《うんどう》を行《おこな》ひます。或《あるひ》は、仰臥《ぎやうぐわ》して球棒《きうぼう》の挿《さ》しあげを行《おこな》ひます。

▲エキスパンダー及《およ》び鐵啞鈴《てつあれい》（第《だい》四八圖《づ》ハ、ニ）

鐵《てつ》で作《つく》つた二個《こ》の握《にぎ》りに麻繩《あさなは》を張《は》り左右《さいう》の兩手《りやうて》で引張《ひつぱ》る道具《どうぐ》が握力增進用《あくりよくぞうしんよう》

の補助運動具《ほじようんどうぐ》として使用《しよう》されて居《を》ります。又今日《またこんにち》ではエキスパンダーや鐵亞《てつあ》鈴《れい》が運動具《うんどうぐ》店《てん》で直《す》ぐ手《て》にはいるので、糸《し》東流《とうりう》では盛《さかん》にその使用《しよう》を奬勵《しやうれい》して居《ゐ》ます。其《そ》の用法《ようはふ》はよく知《し》られて居《ゐ》ますから、此處《こゝ》には省略《せうりやく》します。第《だい》四九圖《づ》イは鐵輪《てつわ》を持《も》ち、同《どう》ロは石《いし》下駄《げた》を穿《は》き錠石《サーシ》を持《も》つて運動《うんどう》する處《ところ》。

第四九圖

第四三節　其他の補助的鍛練法と一般的注意事項

▲下《さ》げ繩《なは》

高《たか》い木《き》の枝《えだ》から太《ふと》い繩《なは》を吊《つ》り下《さ》げ、それを兩手《りようて》で握《にぎ》つて、靜《しづ》かに全身《ぜんしん》を上下《じやうげ》する運動《うんどう》を行《おこな》ひます。

▲繩高跳《なはたかとび》

横《よこ》に繩《なは》を張《は》り二三間先《げんさき》から走《はし》つて來《き》て繩《なは》を跳《と》び越《こ》す。走《はし》る距離《きより》をちぢめ、繩《なは》の高《たか》さを次第《しだい》に高《たか》くし、最後《さいご》には走《はし》らずに其《そ》の場《ば》でなるべく高《たか》く跳《と》び越《こ》す練習《れんしふ》をします。

▲繩振跳《なはふりとび》

繩《なは》の兩端《りようたん》を握《にぎ》り、自《みづか》ら振《ふ》りながら跳《てふ》躍運動《やくうんどう》を行《おこな》ひます。此《こ》の繩振跳《なはふりとび》は普通《ふつう》に云《い》ふ繩飛《なはとび》と同《おな》じことですが、其《そ》の效《かう》果《くわ》は心臟《しんざう》を丈夫《ぢやうぶ》にし、足《あし》の筋肉《きんにく》を發達《はつたつ》させ、身體《しんたい》の動《うご》きを輕快《けいくわい》にする等頗《とうすこぶ》る效果《かうくわ》の多《おほ》い運動《うんどう》であります。繩飛《なはとび》に於《おい》ては上足底《じやうそくてい》に全身《ぜんしん》の體重《たいぢう》をかけて跳躍《てふやく》しますから、蹴足《けりあし》としての練習《れんしふ》をも兼《か》ねて居《ゐ》ることになります。大《おほ》いに練習《れんしふ》をお奬《すゝ》めします。

▲平手押《ひらておし》

立木《たちき》又《また》は柱《はしら》、或《あるひ》は石垣《いしがき》、壁等《かべとう》に向《むか》つて（イ）兩手《りようて》を以《もつ》て平手《ひらて》で押《お》し（ロ）兩手《りようて》を上下《じやうげ》にして體《たい》を側方《そくはう》に曲《ま》げて平《ひら》手《て》押《お》しを行《おこな》ひます。無論之《むろんこれ》は押《お》す力《ちから》を養成《ようせい》するのでありますが特殊《とくしゆ》の器具《きぐ》はありません。

▲走《はし》り方《かた》

走《はし》り方《かた》の練習《れんしふ》は長距離《ちようきより》でなくて短距《たんきよ》離《り》を敏速《びんそく》に走《はし》る練習《れんしふ》をします。又走《またはし》り方《かた》の一種《しゆ》として土手《どて》の傾斜面《けいしやめん》を走《はし》る練《れん》習《しふ》をなし、漸次《ぜんじ》に急勾配《きふかうはい》の土手《どて》の傾斜《けいしや》面《めん》にて練習《れんしふ》を行《おこな》ひます。

▲補助運動《ほじようんどう》の一般的注意《いつぱんてきちうい》

補助運動《ほじようんどう》はすべて重量《ぢうりやう》の大《おほ》きいもので無理《むり》をするよりも、樂《らく》に扱《あつか》へる程度《ていど》の重量《ぢうりやう》のもので一度《ど》の回數《くわいすう》を多《おほ》く、そして度々練習《たびたびれんしふ》することを以《もつ》て效果《かうくわ》が多《おほ》いのであります。重量《ぢうりやう》の大《おほ》きいものを備《そな》へ付《つ》けて見《み》ても、無理《むり》な運動《うんどう》になつたり、運動《うんどう》がおつくうになつたりしては何《なん》にもなりません。錠形《サーシ》石、据石《チーシー》、エキスパンダー、鐵亞鈴《てつあれい》等《とう》を扱《あつか》ふ際《さい》には、運動《うんどう》は敏捷《びんそく》にせずなるべく靜《しづ》かにゆつくり行《おこな》ひます。

▲補助運動具《ほじようんどうぐ》はなるべく手近《てぢか》な所《ところ》に置《お》き、特《とく》に運動《うんどう》の時間《じかん》を設《まう》けずとも絶《た》えずちよい〳〵簡單《かんたん》に取扱《とりあつか》ふ方《はう》が効果的《こうくわてき》であります。運動具《うんどうぐ》が手《て》もとにない時《とき》には、運動具《うんどうぐ》を扱《あつか》つて居《ゐ》る氣分《きぶん》と要領《えうれう》で力《ちから》を入《い》れて空《くう》に行《おこな》ひます。これも頗《すこぶ》る効果《こうくわ》があります。

▲要《えう》するに各種《かくしゆ》の運動具《うんどうぐ》を用《もち》ひて（持《も》たない時《とき》にもその同《おな》じ要領《えうれう》で）身體各《しんたいかく》部《ぶ》の筋骨《きんにく》を徐々《じよぐ》にきたえあげて行《ゆ》くので、如何《いか》にも合理的《がふりてき》な科學的鍛練法《くわがくてきたんれんはふ》であります。故《ゆへ》に此《こ》の補助運動《ほじようんどう》と型《かた》や組《くみ》手《て》の練習《れんしふ》とを併《あは》せ行《おこな》ふ時《とき》には、全身《ぜんしん》が均等《きんとう》に發達《はつたつ》し、內臟諸機關《ないぞうしよきくわん》もよく調整《てうせい》がとれた發達《はつたつ》をなして、理想的運動效果《りさうてきうんどうこうくわ》を納《なさ》めることが出來《でき》るのであります。特《とく》に注意《ちうい》すべきことは、決《けつ》して急速《きふそく》に無理《むり》をせず、徐々《じよぐ》に鍛練《たんれん》することが肝《かん》要《えう》であります。

第五講　平安二段の型の講義

第十三章 平安二段の型の手數

第四節 平安二段の型の概觀

▲平安の型

平安はピンアンと讀《よ》みます。近來《きんらい》へイアンと讀《よ》む人《ひと》もありますが、差支《さしつか》へありません。

平安《へいあん》の型《かた》は糸洲《いとす》先生《せんせい》が、古來《こらい》の種々《しゆく》の型《かた》の粹《すゐ》を取《と》り、自己《じこ》の研究《けんきう》を附加《ふか》して、新《あら》たに作《つく》られた型《かた》であります。現在《げんざい》一部《ぶ》に行《おこな》はれて居《ゐ》る平安《へいあん》の型《かた》は本講義錄《ほんこうぎろく》に出《で》て來《く》る型《かた》とは、多分《たぶん》に相違點《さうゐてん》がありますが、それは傳《つた》へる間《あひだ》に變化《へんくわ》したものと思《おも》はれます。然《しか》し本講義錄《ほんこうぎろく》に掲載《けいさい》する平安《へいあん》の型《かた》は全部《ぜんぶ》糸洲《いとす》先生《せんせい》の高弟《かうてい》摩文仁《まぶに》賢和《けんわ》先生《せんせい》が糸洲《いとす》先生《せんせい》直傳《ぢきでん》によつて其《そ》の儘《まゝ》保存《ほぞん》して居《を》られる型《かた》であります。創作者《さうさくしや》糸洲《いとす》先生《せんせい》の趣意《しゆい》は一擧《きよ》手《しゆ》一投足《とうそく》の間《あひだ》にも包含《ほうがん》されて居《を》りますから、そのつもりで研究《けんきう》して下《くだ》さい。

平安《へいあん》は一段《だん》から五段《だん》まであります。

稽古《けいこ》の順序《じゆんじよ》は一段《だん》から五段《だん》まで進《すゝ》んでもよいわけだし、むかしは然《さ》うしたものですが、此頃《このごろ》では二段《だん》を最初《さいしよ》にやり次《つぎ》に三段《だん》をやつて、それから一段《だん》にもどり、その後《ご》に四段《だん》、五段《だん》といふ順《じゆん》に教授《けうじゆ》するのが普通《ふつう》の順序《じゆんじよ》になつてゐます。その理由《りゆう》は二段《だん》三段《だん》が比較的《ひかくてき》やさしくて型《かた》がおぼえいいからであります。

本講義錄《ほんこうぎろく》に於《おい》ても、この順序《じゆんじよ》に從《したが》つて、平安《ぴんあん》の講義《こうぎ》は、二段《だん》三段《だん》一段《だん》四段《だん》五段《だん》といふ順《じゆん》で、講義《こうぎ》を進《すゝ》めて行《ゆ》かうと思まひす。

▲概說

平安《へいあん》二段《だん》の型《かた》の稽古《けいこ》をはじめる前《まへ》に一應其內容《おうそのないよう》を概說《がいせつ》しておきます。

平安《へいあん》二段《だん》の型《かた》の內容《ないよう》を分解《ぶんかい》して見《み》ますと、次《つぎ》の五種類《しゆるゐ》の働《はたら》きと四種類《しゆるゐ》の足《あし》の働《はたら》きとから出來《でき》てゐます。

手《て》——中段直突《ちうだんちよくつき》、上段揚受《じやうだんあげうけ》、中段打落《ちうだんうちおとし》、下段拂受《げだんはらひうけ》、下段手刀受《げだんしゆたうけ》。

足《あし》——レの字立《じだち》、前屈立《ぜんくつだち》、猫足立《ねこあしだち》、四股立《しこだち》

右《みぎ》の要素《えうそ》から見《み》ても、平安《へいあん》二段《だん》の內容《ないよう》は攻擊《こうげき》としては直突《ちよくつ》きの一種《しゆ》があるだけで、防禦《ばうぎよ》は上段揚受《じやうだんあげうけ》、中段打落《ちうだんうちおとし》、下段拂受《げだんはらひうけ》、下段手刀受《げだんしゆたうけ》の四種類《しゆるゐ》になつて居《を》りますが、別項《べつかう》でもお話《はな》しした通《とほ》り、空手《からて》に於《おい》ては形《かたち》は防禦《ぼうぎよ》でも、自分《じぶん》に實力《じつりよく》がしつかりして居《を》れば、それが攻撃《こうげき》と同樣《どうやう》の效果《かうくわ》があるものであります。例《たと》へば此《こ》の二段《だん》の型《かた》にある中段打《ちうだんうち》落《おと》しの場合《ばあひ》に、防禦者《ぼうぎよしや》の實力《じつりよく》がしつかりして居《ゐ》れば、攻撃者《こうげきしや》の突《つ》いて來《く》る腕《うで》をグワンと打落《うちおと》しただけで、攻撃者《こうげきしや》は二度《ど》と攻撃出《こうげきで》來《き》ないほどの痛手《いたで》を受《う》けます。攻撃者《こうげきしや》の蹴《け》つて來《く》る足《あし》を下段受《げだんはらひ》又《また》は下段手刀受《げだんしゆたうけ》でグワンとやられるとそれだけで敵《てき》は二度《ど》と足《あし》を使《つか》ふことが出來《でき》ず、或《あるひ》は立《だ》つて居《ゐ》ることさへ出來《でき》なくなります。

▲斯《か》くの如《ごと》く防禦力《ぼうぎよりよく》が強《つよ》ければ防禦卽《ぼうぎよそく》攻撃《こうげき》といふ結果《けつくわ》になりますから、此《こ》の平安《へいあん》二段《だん》の型《かた》は、形《かたち》の上《うへ》から見《み》れば攻《こう》撃《げき》一防禦《ぼうぎよ》四ですが、實際《じつさい》の效果《かうくわ》から見《み》れば全部《ぜんぶ》攻撃《こうげき》と同等《どうとう》の效果《かうくわ》を奏《そう》することになるのであります。故《ゆゑ》にすべて空《から》手《て》の型《かた》を稽古《けいこ》するときには常《つね》にその心《こゝろ》持《も》ちで、防禦《ぼうぎよ》が單《たん》なる防禦《ぼうぎよ》でなく卽攻《そくこう》撃《げき》であると云《い》ふ氣分《きぶん》を持《も》つて、力《ちから》の入《い》れ抜《ぬ》きをよく研究《けんきう》して下《くだ》さい。

第五〇圖　平安二段の型の演武線

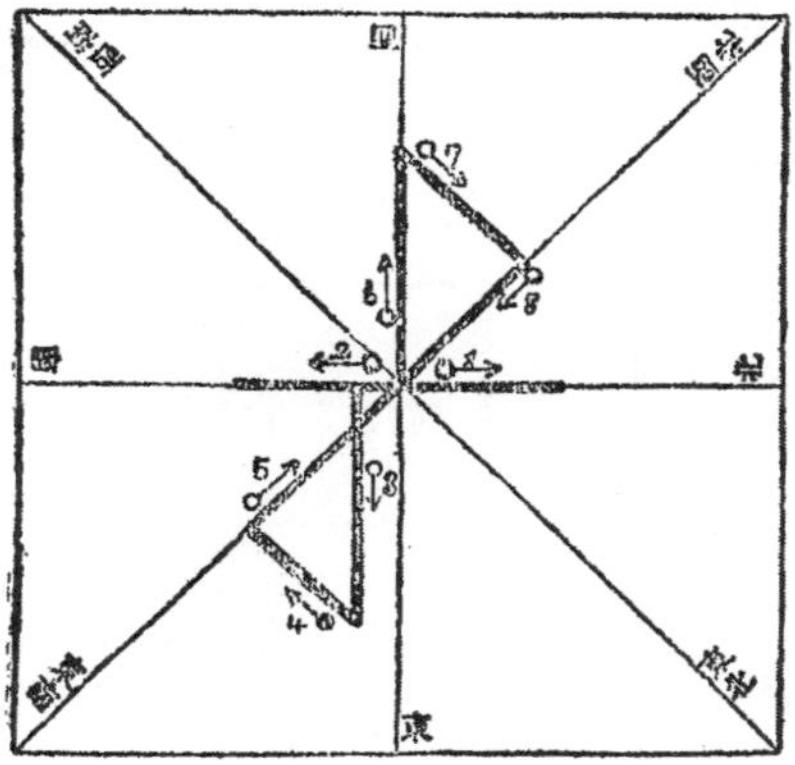

▲演武線

平安《へいあん》二段《だん》の型《かた》は全部《ぜんぶ》で二十一動作《どうさ》から成《な》り演武時間《えんぶじかん》は約《やく》一分間《ぷんかん》であります。演武線《えんぶせん》は挿繪《さしゑ》第《だい》五〇圖《づ》の如《ごと》く、大體《だいたい》八つの方向線《はうこうせん》をえがきます。行動《かうどう》の順《じゆん》に從《したが》つて演武《えんぶ》方向線《はうこうせん》を並《なら》べて見《み》ますと次《つぎ》の通《とほ》りになります。

一、北方線《ほくはうせん》　二、南方線《なんはうせん》
三、東方線《とうはうせん》　四、西南線《せいなんせん》
五、西北線《せいほくせん》　六、西方線《せいはうせん》
七、東北線《とうほくせん》　八、東南線《とうなんせん》

▲右《みぎ》の方向線《はうこうせん》の名《な》は、何時《いつ》でも演武者《えんぶしや》自身《じしん》の其《そ》の時《とき》の進行《しんかう》の方向《はうこう》を指《さ》すものであります。一動作《どうさ》毎《ごと》に詳《くわ》しく足取圖《あしどりづ》をつけておきますから、それについて詳細《せうさい》は研究《けんきう》して下《くだ》さい。足取圖《あしどりづ》は移動《いどう》撮影式《さつえいしき》に詳《くわ》しく足《あし》の位置《いち》を寫生《しやせい》しておきますから、動作圖《どうさづ》及《およ》び演武線《えんぶせん》とも照《て》りあはせれば誰《だれ》にでもよく解《わか》るだらうと思《おも》ひます。

東西南北《とうざいなんぼく》の方向《はうこう》は實際《じつさい》の東西南北《とうざいなんぼく》とは何《なん》の關係《くわんけい》もなく、演武者自身《えんぶしやじしん》が最初《さいしよ》に向《むか》つて立《た》つ方向《はうこう》を東《ひがし》と假定《かてい》して東西《とうざい》南北《なんぼく》を定《きだ》めるのですから其點《そのてん》を誤解《ごかい》のない樣《やう》に心得《こゝろえ》ておいて下《くだ》さい。

第四五節　平安二段の型の手數

次《つぎ》に平安《へいあん》二段《だん》の型《かた》の手數《てかず》を圖《づ》によつて說明致《せつめいいた》します。

▲構へ方（第《だい》五一圖《づ》）

（イ）足《あし》は外《そと》八字《じ》立《だち》に開《ひら》き兩膝伸《れうひざの》ばす（ロ）手《て》は左右共《さいうとも》に堅《かた》く拳《こぶし》を握《にぎ》り兩腿《れうもも》の付《つ》け根《ね》のところへ甲《こう》を外向《そとむ》きにして構《かま》へ金的守護《きんてきしゆご》の姿勢《しせい》をとる。（ハ）目《め》は顎《あご》をひきつけ遠山《とほやま》を望《のぞ》むが如《ごと》く前方《ぜんぱう》を見《み》る。（ニ）體《からだ》は眞直《まつすぐ》にして胸《むね》をひらき肩《かた》をさげ臍下《さいか》丹田《たんでん》に力《ちから》を取《と》る。

第五一圖　平安二段構へ

▲第一動作（第《だい》五三圖《づ》）

主眼點《しゆがんてん》、北方《ほくはう》へ左《さ》拳槌《けんつい》の打落《うちおと》し。

說《せつ》明《めい》、（イ）體《からだ》は正面《せうめん》即《すなは》ち東方《とうはう》に向《む》きたる儘《まゝ》で頭《あたま》だけ左《ひだり》に向《む》け北方《ほくはう》の敵《てき》に注目《ちうもく》する。（ロ）右足《みぎあし》はもとの位置《ゐち》にその儘《まゝ》、左足《ひだりあし》は爪先《つまさき》を北方《ほくはう》へ向《む》けて猫《ねこ》足《あし》となる。（ハ）右《う》拳《けん》は、ぐつと肘《ひぢ》を後《うしろ》にひき甲《こう》を下《した》にして右腰《みぎこし》に構《かま》へ、左《さ》拳《けん》は水月《すゐげつ》前面《ぜんめん》を通《とほ》り圓《えん》をえがく心持《こゝろも》ちで左側《ひだりがわ》から來《く》る敵拳《てきけん》を拳槌《けんつい》を以《もつ》て強《つよ》く打《う》落《おと》す（甲《こう》は後向《うしろむ》き）。以上《いじやう》の動作《どうさ》を同《どう》時《じ》に行《おこな》ふ。

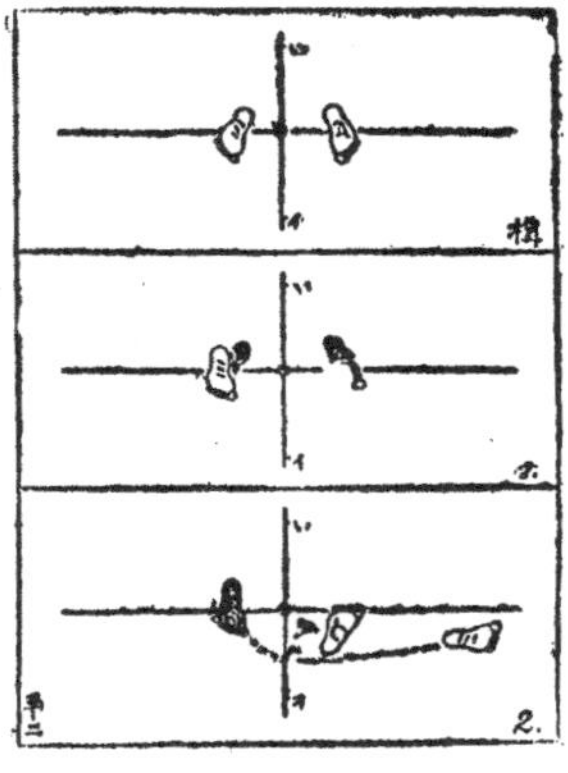

第五二圖（第二動作までの足取り）

第五三圖　平安二段第一動作

▲第二動作（第《だい》五四圖《づ》）

主眼點《しゆがんてん》、北方《ほくはう》へ右《う》拳追擊《けんついげき》

說《せつ》明《めい》、（イ）北方注目《ほくはうちうもく》、右《う》拳《けん》を北方《ほくはう》

第五四圖　平安二段第二動作

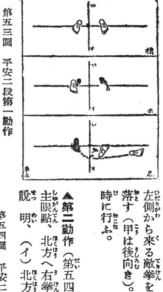

へ中段眞突《ちうだんちよくつき》(甲《こう》は上向《うへむき》)。左拳《きけん》は左腰《ひだりこし》へ引《ひ》き甲《こう》を下《した》にして構《かま》へる。(ロ)左《ひだり》足其儘踵《あしそのまゝかゝと》を下《おろ》し右足《みぎあし》北方《ほくはう》へ一歩《ほ》前進《ぜんしん》。以上《いじやう》の手《て》足《あし》の動作《どうさ》を同時《どうじ》に行《おこな》ふ。

▲**第三動作**(第《だい》五五圖《づ》)
主眼點《しゆがんてん》、南方《なんぱう》へ右拳下段拂《うけんげだんはらひ》
説《せつ》明《めい》、(イ)左足《ひだりあし》(上足底《じやうそくてい》)を軸《ぢく》として右足《みぎあし》を南方《なんぱう》へ一歩《ほ》移《うつ》し前屈《ぜんくつ》となる(ロ)同時《どうじ》に右拳《うけん》を以《もつ》て敵《てき》の蹴《け》つて來《く》る足《あし》を下段拂受《げだんはらひう》けする、甲《こう》は上《うへ》。(ハ)左拳左腰《きけんひだりこし》の構《かま》への儘《まゝ》。(ニ)目《め》は下《した》を見《み》ず敵《てき》の顔面注視《がんめんちうし》。以上《いじやう》一擧動《きよどう》。

第五五圖　平安二段第三動作

▲**第四動作**(第《だい》五七圖《づ》)
主眼點《しゆがんてん》、右膝《みぎひざ》を伸《の》ばし右拳槌打落《うけんついうちおと》し。

第五六圖(第五動作までの足取り)

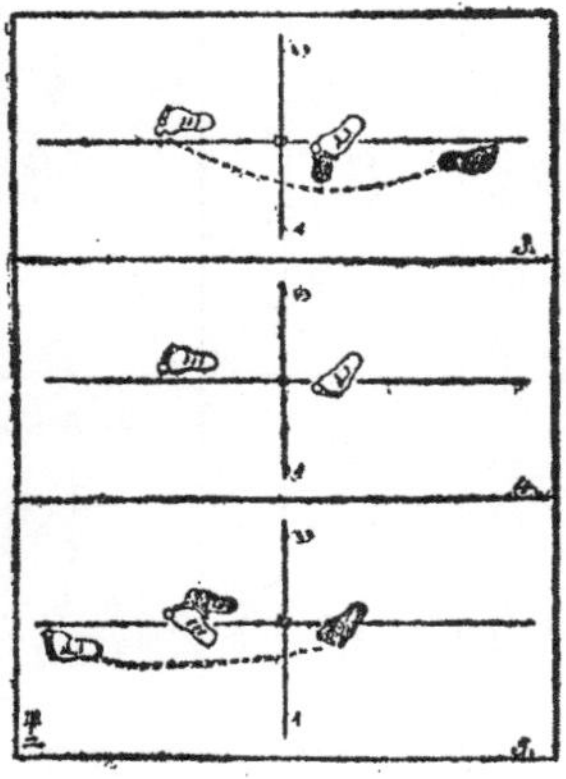

第五七圖　平安二段第四動作

説《せつ》明《めい》、(イ)南方注目《なんぱうちうもく》。(ロ)兩足《りやうあし》その儘《まゝ》の位置《ゐち》にて右膝《みぎひざ》を伸《の》ばしながら右拳《うけん》は肘《ひぢ》を少《すこ》し曲《ま》げ腕《うで》を上《うへ》に動《うご》かして圖《づ》の如《ごと》く拳槌《けんつい》の打落《うちおとし》をなす、甲《こう》は後向《うしろむき》(ハ)左拳《きけん》は左腰《ひだりこし》に其儘《そのまゝ》。以上《いじやう》一擧動《きよどう》に行《おこな》ふ。打落《うちおとし》の動作《どうさ》は敏速《びんそく》になす。

▲**第五動作**(第《だい》五八圖《づ》)
主眼點《しゆがんてん》、南方《なんぱう》へ左拳追撃《きけんついげき》。
説《せつ》明《めい》、(イ)南方注目《なんぱうちうもく》。(ロ)右足《みぎあし》その儘《まゝ》の位置《ゐち》、右拳《うけん》を右腰《みぎこし》にひき(甲《こう》下向《したむき》)ながら、左足《ひだりあし》を南方《なんぱう》へ一歩《ほ》踏《ふ》み

第五八圖　平安二段第五動作

出《だ》し、同時《どうじ》に左拳《さけん》を中段直突《ちうだんちよくつ》きする。
甲《こう》は上向《うへむ》き。以上《いじやう》一擧動《きよどう》に行《おこな》ふ。

▲**第六動作**（第《だい》五九圖）

主眼點《しゆがんてん》、東方《とうはう》へ左拳《さけん》下段拂《げだんはらひ》。
說《せつ》　明《めい》　（イ）右拳《うけん》其儘《そのまゝ》　（ロ）右足《みぎあし》を軸《じく》（上足底《じやうそくてい》）として左足《ひだりあし》を東方《とうはう》へ一歩移《ほうつ》し（前屈《ぜんくつ》となる）同時《どうじ》に左拳《さけん》を以《もつ》て敵《てき》の蹴《け》つて來《く》る足《あし》を下段拂《げだんはらひ》受けする甲《こう》は上向《うへむき》。（ハ）東方注目《とうはうちうもく》。以上《いじやう》を一擧動《きよどう》に行《おこな》ふ。

▲**第七動作**（第《だい》六一圖）

主眼點《しゆがんてん》、東方《とうはう》へ右拳上段揚受《うけんじやうだんあげうけ》

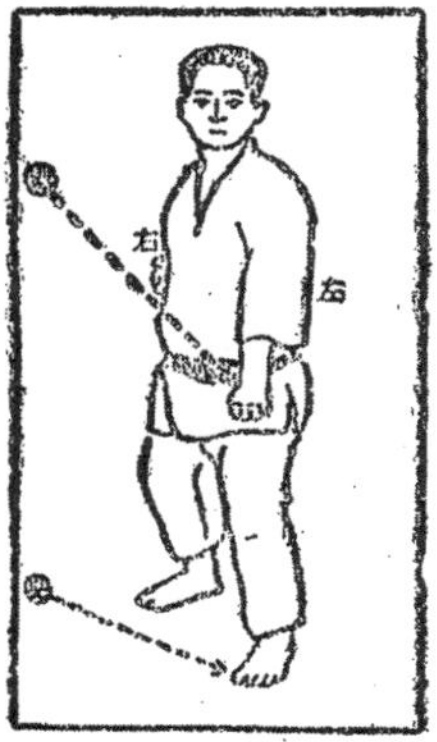

第五九圖　平安二段第六動作

說《せつ》　明《めい》（イ）東方注目《とうはうちうもく》、（ロ）左足《ひだりあし》その儘《まゝ》、左拳《さけん》を左腰《ひだりこし》に引《ひ》き（甲《こう》は下向《したむき》）ながら、右足《みぎあし》を一歩前《ほまへ》へ進《すゝ》み出《で》ると同時《どうじ》に右腕《みぎうで》を下《した》より斜上《ななめうへ》に額《ひたひ》の前面《ぜんめん》へ押《お》し上《あ》げる。甲《こう》は後向《うしろむき》。これは敵《てき》が我《わ》が顔面《がんめん》を突《つ》いて來《く》るのを下《した》からはねあげるの

第六〇圖（第九動作までの足取り）

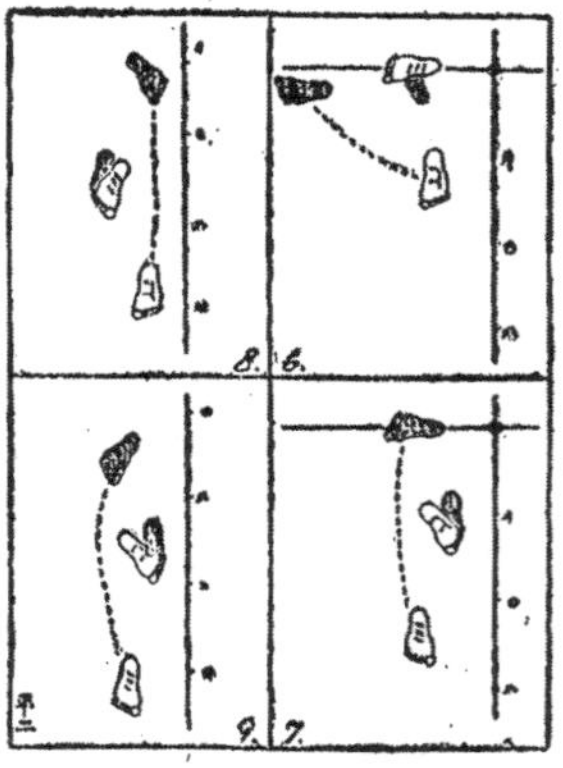

第六一・六三圖　平安二段第七・九動作

であるから、その心持《こゝろもち》で行《おこな》ふ。

▲**第八動作**（第《だい》六二圖）

主眼點《しゆがんてん》、東方《とうはう》へ左拳上段揚受《さけんじやうだんあげうけ》
說《せつ》　明《めい》、（イ）東方注目《とうはうちうもく》、（ロ）右足《みぎあし》その儘《まゝ》、右拳《うけん》を右腰《みぎこし》に引《ひ》き（甲《こう》は下向《したむき》）ながら、左足《ひだりあし》を一歩前進《ほぜんしん》すると同時《どうじ》に左腕《ひだりうで》を下《した》から斜上《ななめうへ》に額《ひたひ》の前面《ぜんめん》へ押上《おしあ》げる。甲《こう》は後向《うしろむき》。目的《もくてき》は前《まへ》と同《おな》じ。

▲**第九動作**（第《だい》六三圖）

主眼點《しゆがんてん》、東方《とうはう》へ右拳上段揚受《うけんじやうだんあげうけ》
說《せつ》　明《めい》、東方《とうはう》へ右足《みぎあし》一歩前進《ほぜんしん》、右拳上《うけんじやう》

第六二圖　平安二段第八動作

段揚受《だんあげうけ》、左《き》拳《けん》左腰《ひだりこし》、すべて第《だい》七動作《どうさ》と同《おな》じ。

注意《ちうい》、第《だい》七、八、九の三動作《どうさ》は上段揚《じやうだんあげ》受《うけ》の繰返《くりかへ》し。足《あし》は兩膝共《れうひざとも》に伸《の》ばす

▲第一〇動作（第《だい》六四圖《づ》）

主眼點《しゆがんてん》、西南《せいなん》へ左《き》拳下《けんけ》段拂《だんばらひ》

說《せつ》　明《めい》（イ）右足《みぎあし》を軸《ぢく》（上足底《じやうそくてい》）として左廻《ひだりまわ》りし、西南《せいなん》へ左足《ひだりあし》を移《うつ》して前《ぜん》屈《くつ》となる。（ロ）左《き》拳《けん》を以《もつ》て敵《てき》の蹴《け》つて來《く》る足《あし》を下《け》段拂《だんばら》ひする。甲《こう》は上向《うへむき》。（ハ）右《う》拳《けん》は右腰《みぎこし》へひく、甲《こう》は下向《したむき》。（ニ）西南《せいなん》へ注目《ちうもく》。

第六四圖　平安二段第一〇動作

以上《いじやう》を一擧動《きよどう》に行《おこな》ふ。

▲第一一動作（第《だい》六六圖《づ》）

主眼點《しゆがんてん》、西南《せいなん》へ右《う》拳追擊《けんつひげき》

說《せつ》　明《めい》、（イ）西南方《せいなんはう》へ注目《ちうもく》、（ロ）左足《ひだりあし》を其儘《そのまゝ》の位置《ゐち》にて、左足《みぎあし》を一步《ほ》西《せい》南方《なんはう》へ前進《ぜんしん》する。（ハ）左《き》拳《けん》を左腰《ひだりこし》へ引《ひ》く（甲《こう》は下向《したむき》）と同時《どうじ》に、右拳《うけん》を中《ちう》段直突《だんちよくつ》きする。（甲《こう》は上向《うへむき》。）以上《いじやう》を一擧動《きよどう》に行《おこな》ふ

第六五圖（第一一二動作までの足取り）

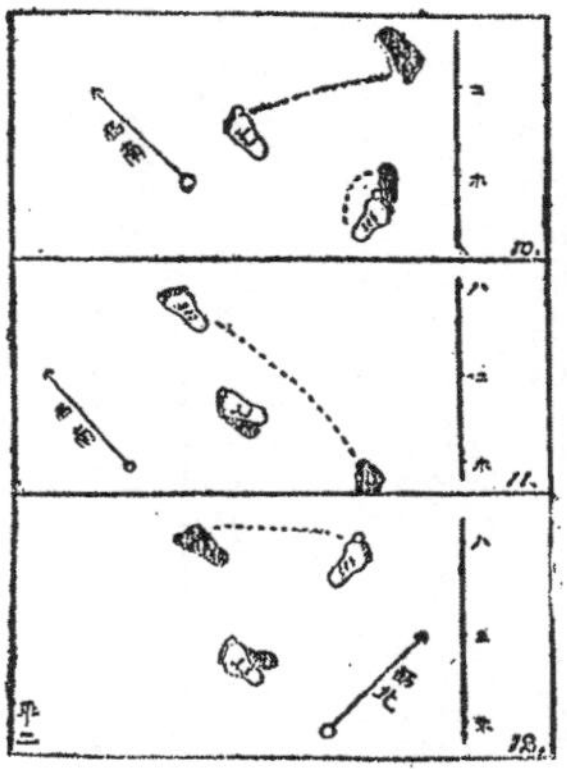

第六六圖　平安二段第一一動作

▲第一二動作（第《だい》六七圖《づ》）

主眼點《しゆがんてん》、西北《せいほく》へ右《う》拳下《けんけ》段拂受《だんはらひうけ》

說《せつ》　明《めい》（イ）左足《ひだりあし》を軸《ぢく》（上足底《じやうそくてい》）として右足《みぎあし》を西北《せいほく》へ一步《ほ》移《うつ》して前屈《ぜんくつ》となる。（ロ）右《う》拳《けん》を以《もつ》て敵《てき》の蹴《け》つて來《く》る足《あし》を下《け》段拂《だんばら》ひする、甲《こう》は上向《うへむき》。（ハ）左《き》拳《けん》は其儘《そのまゝ》左腰《ひだりこし》に構《かま》へておく。（ニ）西北方《せいほくはう》注目《ちうもく》。

以上《いじやう》を一擧動《きよどう》に行《おこな》ふ。

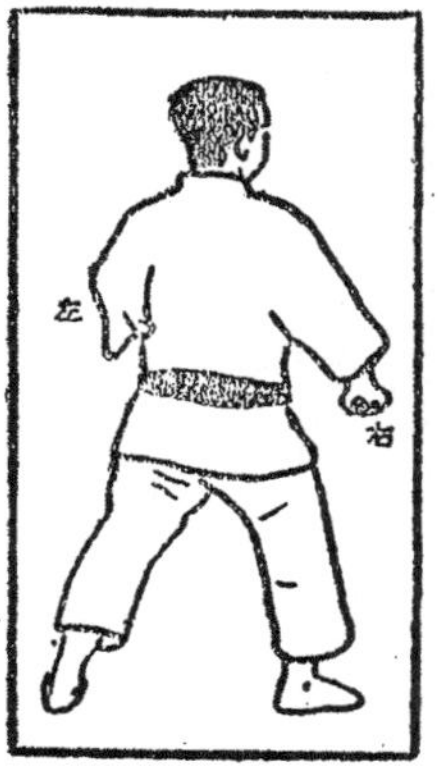

第六七圖　平安二段第一二動作

注意《ちうい》　一、中段直突《ちうだんちよくつき》の時《とき》に體《たい》が前《まへ》に傾《かたむ》倒《め》らぬ樣《やう》に氣《き》を付《つ》けること。二、下段《げだん》拂受《はらひうけ》の時《とき》は前屈《ぜんくつ》の腿《もゝ》と下段拂《げだんばらひ》の腕《うで》とは並行《へいかう》になる程度《ていど》。三、下段拂受《げだんはらひうけ》の時《とき》に目《め》は下《した》を見《み》ず眞直《まつす》ぐ敵《てき》の顏面《がんめん》を見《み》る事《こと》

▲第一三動作（第《だい》六八圖《づ》）

主眼點《しゆがんてん》、西北《せいほく》へ左拳追擊《きけんついげき》

說《せつ》　明《めい》　（イ）西北方注目《せいほくはうちうもく》。（ロ）右足《みぎあし》を其儘《そのまゝ》の位置《ゐち》におき、左足《ひだりあし》を西北方《せいほくはう》へ一歩前進《ほぜんしん》する。（ハ）右拳《うけん》を右腰《みぎこし》にひく（甲《かう》は下向《したむき》）と同時《どうじ》に、左拳《きけん》を中段《ちうだん》直突《ちよくつき》する、甲《かう》は上向《うへむき》。以上《いじやう》を一擧動《きよどう》に行《おこな》ふ。

第六八圖　平安二段第一三動作

▲第一四動作（第《だい》七〇圖《づ》）

主眼點《しゆがんてん》　西方《せいはう》へ左拳下段拂受《きけんげだんはらひうけ》

說《せつ》　明《めい》　（イ）右足《みぎあし》を軸《ぢく》（上足底《じやうそくてい》）として左足《ひだりあし》を西方《せいはう》へ一歩《ぽ》移《うつ》し前屈《ぜんくつ》となる（ロ）左拳《きけん》で下段《げだん》の拂受《はらひうけ》をなす、甲《かう》は上向《うへむき》。（ハ）右拳其儘《うけんそのまゝ》。（ニ）西方注目《せいはうちうもく》。以上《いじやう》を一擧動《きよどう》に行《おこな》ふ。

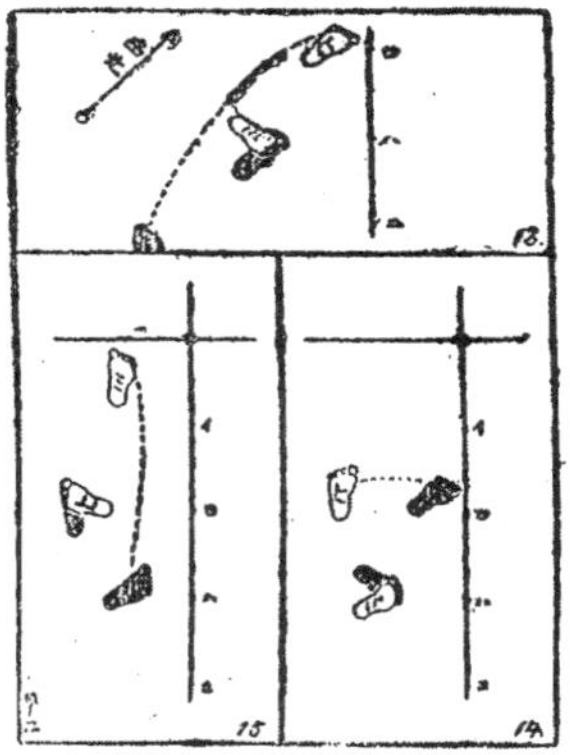

第六九圖（第一五動作までの足取り）

第七〇圖　平安二段第一四動作下は東方より見たる形

▲第一五動作（第《だい》七一圖《づ》）

主眼點《しゆがんてん》　西方《せいはう》へ右拳中段直突《うけんちうだんちよくつき》

說《せつ》　明《めい》、（イ）西方注目《せいはうちうもく》（ロ）左足《ひだりあし》その儘《まゝ》の位置《ゐち》で膝《ひざ》を伸《の》ばす、（ハ）右足《みぎあし》を一歩前進《ほぜんしん》すると同時《どうじ》に右拳中段直突《うけんちうだんちよくつき》

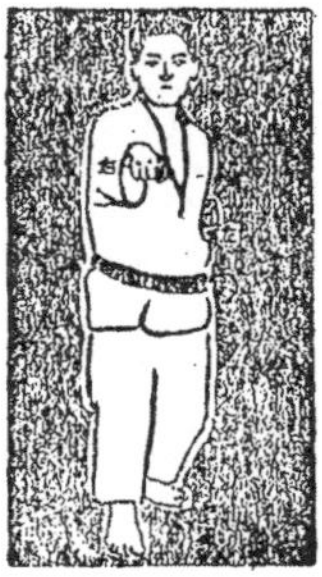

第七一・七三圖　平安二段第一五・一七動作下は東方より見たる形

する、甲《こう》は上向《うへむき》。(ニ) 左拳《さけん》を腰《こし》をひく、甲《こう》は下向《したむき》。以上《いじやう》を一擧動《きよどう》に行《おこな》ふ。

▲第一六動作(第《だい》七二圖《づ》)

主眼點《しゆがんてん》　西方《せいはう》へ左拳中段直突《さけんちうだんちよくつき》

説《せつ》　明《めい》　(イ) 西方注目《せいはうちうもく》、(ロ) 右足《みぎあし》その儘《まゝ》で左足《ひだりあし》を一歩《ほ》前進《ぜんしん》すると同時《どうじ》に左拳中段直突《さけんちうだんちよくつき》する、甲《こう》は上向《うへむき》。(ハ) 右《う》拳《けん》を腰《こし》へひく、甲《こう》は下向《したむき》。

第七二圖　平安二段第一六動作　下は東方より見たる形

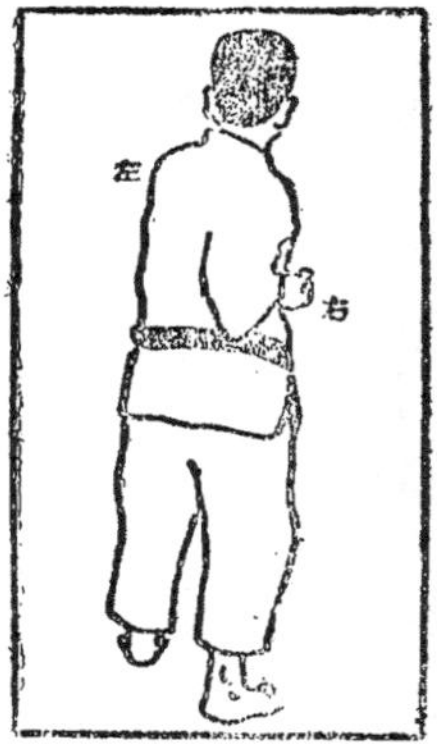

以上《いじやう》を一擧動《きよどう》に行《おこな》ふ。

▲第一七動作(第《だい》七三圖卽《すなはち》。。。前頁下段)

主眼點《しゆがんてん》　西方《せいはう》へ右《う》拳中段直突《けんちうだんちよくつき》

説《せつ》　明《めい》　右足《みぎあし》一歩《ほ》前進《ぜんしん》、右《う》拳中段直突《けんちうだんちよくつき》

第七四圖(第一九動作までの足取り)

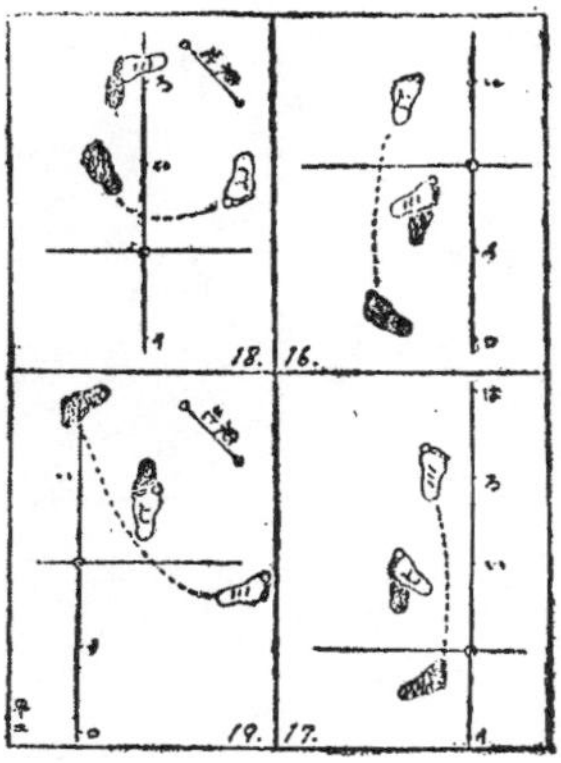

第七五圖　平安二段第一八動作

すべて第《だい》十五動作《どうさ》と同《おな》じ

▲第一八動作(第《だい》七五圖《づ》)

主眼點《しゆがんてん》　東北方《とうほくはう》へ下段左手刀受《げだんひだりしゆたううけ》

説《せつ》　明《めい》　(イ) 右足《みぎあし》を軸《じく》(上足底《じやうそくてい》) として左廻《ひだりまわ》りし、左足《ひだりあし》を東北方《とうほくはう》へ一歩《ほ》移《うつ》して四股立《こだち》となる。體《たい》は上體《じやうたい》を東北方《とうほくはう》へねぢむけるのではなく頭《あたま》だけ東北方《とうほくはう》へ向《む》け(卽《すなは》ち左半身《ひだりはんみ》の構《かま》へ)て其《そ》の方《はう》を注目《ちうもく》す。(ロ) 左手刀《ひだりしゆたう》を以《もつ》て、敵《てき》の蹴《け》つて來《く》る足首《あしくび》を打《う》つ心持《こゝろも》ちで下段《げだん》へ打《う》ち伸《の》ばす、甲《こう》は上向《うへむき》。(ハ) 右手刀《みぎしゆたう》は水月《すゐげつ》の高《たか》さに、甲《こう》を下向《したむ》きにして構《かま》へる。以上《いじやう》一擧動《きよどう》。

第七六圖　平安二段第一九動作

▲第一九動作（第《だい》七六圖《づ》）

主眼點《しゆがんてん》　東北方《とうほくはう》へ下《げ》段右手刀受《だんみぎしゆたううけ》

說《せつ》　明《めい》　左足《ひだりあし》を軸《ぢく》として右足《みぎあし》を東北方《とうほくはう》へ一歩《ほ》前進《ぜんしん》して四股《こ》となり、右手《みぎて》を以《もつ》て下《げ》段受《だんうけ》、左手刀《ひだりしゆたう》を水月《すゐげつ》に構《かま》へる。

▲第二〇動作（第《だい》七七圖《づ》）

主眼點《しゆがんてん》　東南方《とうなんはう》へ下《げ》段右手刀受《だんみぎしゆたううけ》

說《せつ》　明《めい》　（イ）左足《ひだりあし》を軸《ぢく》として右足《みぎあし》を東南方《とうなんはう》へ一歩《ほ》移《うつ》し四股《こ》となり、右手刀《みぎしゆたう》（甲《こう》は上向《うはむき》）で下《げ》段受《だんうけ》をなす。（ロ）左手刀《ひだりしゆたう》は甲《こう》を下向《したむき》にして水月《すゐげつ》に構《かま》へる

第七七圖　平安二段第二〇動作

（ハ）上體《じやうたい》は東南方《とうなんはう》へ向《む》けず、頭《あたま》だけその方向《はうこう》へ向《む》けて、目《め》を敵《てき》に注《そゝ》ぐ。（右《みぎ》半身《はんみ》の構《かま》へ）以上《いじやう》を一擧動《きよどう》に行《おこな》ふ。

▲第二一動作（第《だい》七九圖《づ》）

主眼點《しゆがんてん》　東南方《とうなんはう》へ下《げ》段左手刀受《だんひだりしゆたううけ》

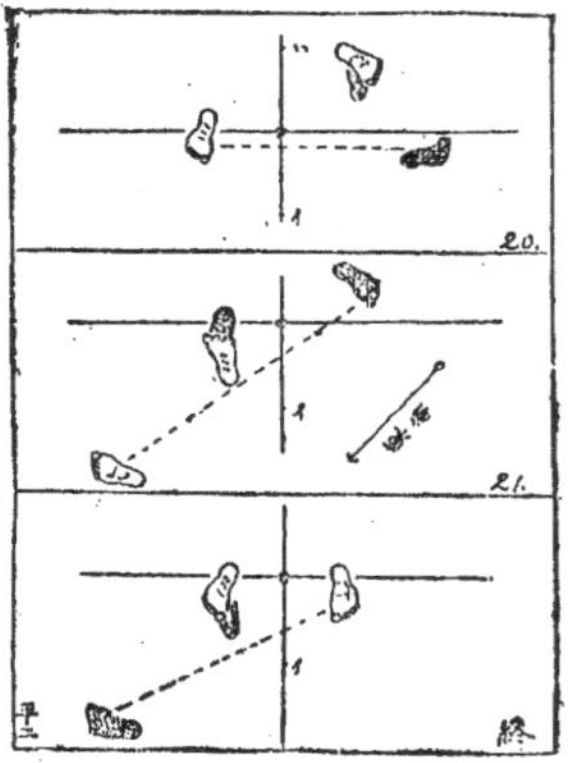

第七八圖　（終演までの足取り）

第七九圖　平安二段第二一動作

說《せつ》　明《めい》　（イ）右足《みぎあし》を軸《ぢく》として左足《ひだりあし》を一歩《ほ》東南《とうなん》へ前進《ぜんしん》し四股《こ》となる、（ロ）上體《じやうたい》を東南方《とうなんはう》へ向《む》けず、頭《あたま》だけその方《はう》向《かう》へ向《む》けて、目《め》を敵《てき》に注《そゝ》ぐ。（ハ）左《ひだり》手刀下段受《しゆたうげだんうけ》、甲《こう》は上向《うへむき》。（ニ）右手刀《みぎしゆたう》は水月部《すゐげつぶ》の構《かま》へ、甲《こう》は下向《したむき》。以上《いじやう》を一擧動《きよどう》に行《おこな》ふ。

▲演武終り（第《だい》七九圖《づ》）

主眼點《しゆがんてん》　最初《さいしよ》の姿勢《しせい》に還《か》へる。

說《せつ》　明《めい》　第《だい》二一動作《どうさ》を以《もつ》て平安《へいあん》二段《だん》の型《かた》の動作《どうさ》は終了《しうれう》したことになるので、次《つぎ》の通《とほ》りに演武《えんぶ》を終了《しうれう》する。

（イ）右足《みぎあし》はその儘《まゝ》、左足《ひだりあし》を北方線上《ほくはうせんぢやう》

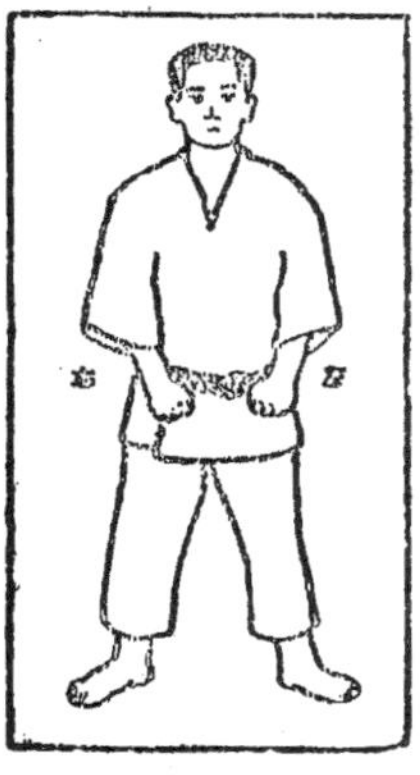

第七九圖　平安二段終演

へ引《ひ》いて八字立《じだち》となる。（ロ）兩手《りやうて》は拳《こぶし》を握《にぎ》りながら、水月《すゐげつ》の兩側《りやうがわ》を、甲《こう》を外向《そとむ》きにして靜《しづ》かに下方《かはう》へおろし、兩《りやう》腿《もゝ》のつけ根《ね》のところへ構《かま》へる。以上《いじやう》イロを同時《どうじ》に靜《しづ》かに行《おこな》ふ。目《め》は遠山《とほやま》を望《のぞ》むが如《ごと》く東方《とうはう》を眞直《まつすぐ》に見《み》る。靜《しづ》かに一呼吸《こきふ》して後《のち》一禮《れい》して退《しりぞ》く。

第四六節　演武上の注意事項

平安《へいあん》二段《だん》の型《かた》の演武上《えんぶじやう》の注意《ちうい》すべき事項《じこう》について次《つぎ》にお話致《はなしいた》します。

▲眼《がん》の配《くば》りの事《こと》

すべて武術《ぶじゆつ》に於《おい》ては一眼《がん》二足《そく》三膽《たん》四力《りよく》と云《い》ふ位《くらゐ》で、眼《め》の配《くば》りについては絶《た》えず注意《ちうい》を與《あた》へ最《もつと》も大事《だいじ》なこととして居《ゐ》るのであります。型《かた》を演武《えんぶ》する際《さい》にも常《つね》に敵《てき》と相對《あいたい》して居《ゐ》る心持《こゝろもち》にて、敵《てき》の眼《がん》の色《いろ》に注視《ちうし》を怠《おこた》らぬ樣《やう》にして居《ゐ》なければなりません。「目《め》は心《こゝろ》の窓《まど》」といつて、行爲《かうゐ》に現《あら》はれる一瞬前《しゆんまへ》に必《かなら》ず目《め》に其《そ》の心《こゝろ》が現《あら》はれるものですから、敵《てき》の目《め》を見《み》てその心《こゝろ》を察《さつ》する樣《やう》にしなければなりません。型《かた》の演武《えんぶ》の時《とき》に下段《げだん》を拂受《はらひうけ》したからとて下段《げだん》の方《はう》へ眼《がん》を配《くば》つて居《ゐ》たら、直《たゞ》ちに上段《じやうだん》にスキが生《しやう》じて來《き》ます。故《ゆゑ》に眼《がん》の配《くば》りは何時《いつ》でも敵《てき》の眼《がん》と相對《あひたい》して居《ゐ》る心持《こゝろもち》で、敵《てき》をにらみ殺《ころ》す意氣《いき》を持《も》つてかかる樣《やう》に心掛《こゝろが》けて練習《れんしふ》します。

▲最初《さいしよ》と最後《さいご》の構《かま》へのところで「目《め》は遠山《とほやま》を望《のぞ》むが如《ごと》く眞直《まつす》ぐに見《み》る」とありますが、これは非常《ひじやう》に重大《じうだい》な意義《いぎ》のあることであります。單《たん》に敵《てき》の目《め》に注《ちう》意《い》すると云《い》つたからとて、敵《てき》の目《め》そのものに我《わ》が心《こゝろ》が留《とゞ》まつてしまつて其《そ》の他《た》は少《すこ》しも見《み》えない樣《やう》では、相手《あいて》が非《ひ》常《じやう》に優《すぐ》れた相手《あひて》である場合《ばあひ》には往々《わうわう》にして思《おも》はぬ不覺《ふかく》をとることがあります。殊《こと》に目《め》と目《め》との氣合《きあひ》の掛引《かけひき》になると餘《よ》程《ほど》しつかりして居《ゐ》なければ、にらみすくめられてしまひます。さうなると敵《てき》の目《め》にいよ〱我《わ》が心《こゝろ》を吸《す》ひ付《つ》けられてしまひおぢけを生《しやう》じて、我《わ》が手足《てあし》はすくんでしまつて、敵《てき》の自由《じゆう》な働《はたら》きに應《おう》ずる事《こと》が出來《でき》なくなります。これは即《すなは》ち敵《てき》の目《め》に我《わ》が心《こゝろ》が留《とゞ》まることから生《しやう》ずる難《なん》であります。

「目《め》は遠山《とほやま》を望《のぞ》むが如《ごと》く眞直《まつす》ぐに見《み》る」とは、即《すなは》ち敵《てき》の目《め》を見《み》ながら然《しか》も敵《てき》の目《め》に我《わ》が心《こゝろ》を吸付《すひつ》けられず、敵《てき》の手足《てあし》の働《はたら》きをも一望《ばう》のもとに監視《かんし》するといふ、眼《がん》の配《くば》りの極意《ごくい》を示《しめ》したものであります。これは然《しか》し初歩《しよほ》の人《ひと》には出來《でき》るものではありませんが、空手《からて》の型《かた》の始《はじ》めと終《をは》りにある眼《がん》の配《くば》りが此《こ》の武道極意《ぶだうごくい》の眼《がん》の配《くば》りであることをよく承知《しようち》して居《ゐ》て練習《れんしふ》すれば、何時《いつ》の間《ま》にかそれだけのことを實地《じつち》に會得《えとく》し得《う》るのであります。演武中《えんぶちう》の一つ一つの動《どう》作《さ》に於《お》ける眼《がん》の配《くば》りは前《まへ》にもお話《はな》しした通《とほ》り、敵《てき》をにらみ殺《ころ》す意氣《いき》を以《もつ》て目《め》の働《はたら》きの練習《れんしふ》を行《おこな》ふべきであります。

▲何故《なぜ》に型《かた》の最初及《さいしよおよ》び最終《さいしふ》の構《かま》への眼《がん》の配《くば》りと、型《かた》の中途《ちうと》の動作中《どうさちう》の眼《がん》の配《くば》りとに差異《さい》をつけるかと云《い》ひますと、敵《てき》との間合《まあひ》の關係《くわんけい》が異《こと》なるからであります。即《すなは》ち最初最終《さいしよさいしふ》の構《かま》への時《とき》は間合《まあひ》が遠間合《とほまあひ》であり、敵《てき》の動靜《どうせい》を一望《ばう》にをさめ得《う》る距離《きより》があるのですから、かかる際《さい》には敵《てき》の目《め》を見《み》ると同時《どうじ》に手足全《てあしぜん》體《たい》の動《うご》きが見《み》えるやうな眼《がん》の配《くば》りが必《ひつ》要《えう》であることは申《まを》すまでもありませんが、型《かた》の中途《ちうと》の動作中《どうさちう》には即《すなは》ち敵《てき》と接《せつ》近《きん》して居《ゐ》て一望《ばう》の中《うち》に敵《てき》の全體《ぜんたい》ををさめ得《え》ないので、その全身《ぜんしん》の個々《こゝ》の動作《どうさ》を一々に見分《みわ》けるためには手《て》を見《み》たり足《あし》を見《み》たりして我《わ》が目《め》を絶《た》えず上下左《じやうげさ》右《いう》にくる〳〵動《うご》かさなければならぬことになり從《したが》つて我《われ》にスキを生《しやう》ずることになりますから、かかる接近《せつきん》した間合《まあひ》の時《とき》には敵《てき》の手足《てあし》の個々《こゝ》の働《はたら》きに我《わ》が目《め》を一々配《くば》る不利《ふり》をさけて敵《てき》の心《こゝろ》の窓《まど》たる目《め》によつて敵《てき》の意中《いちう》を洞察《どうさつ》し、その手足《てあし》の動《うご》きを感知《かんち》する事《こと》が大切《たいせつ》であります。故《ゆえ》に此《こ》の間合《まあひ》の遠近《えんきん》と眼《がん》の配《くば》りといふ點《てん》についても不斷《ふだん》に氣《き》を付《つ》けて研究《けんきう》すべきであります。

▲演習《えんぶ》の始《はじ》めと終《をは》りの事《こと》

空手《からて》の型《かた》は一人《り》で演《えん》ずるものでありますが、それは踊《をど》つて居《ゐ》るのではなくて戰《たゝか》つて居《ゐ》るのですから、其《そ》の心持《こゝろも》ちを忘《わす》れてはなりません。故《ゆえ》に型《かた》の演武《えんぶ》は終始敵前《しうしてきぜん》にある心持《こゝろも》ちで、あはてず騒《さわ》がず心《こゝろ》をおちつけて然《しか》も油斷《ゆだん》なく行《かう》動《どう》しなければなりません。

型《かた》の演武《えんぶ》に當《あた》つては、終始《しうし》一貫誠心《かんせいしん》誠意《せいい》を以《もつ》て眞面目《まじめ》に行《おこな》ふべきもので、決《けつ》していゝ加減《かげん》な心持《こゝろも》ちで行《おこな》ふべきではありません。故《ゆえ》に演武《えんぶ》を始《はじ》める時《とき》と終《をは》る時《とき》とは、特《とく》に禮儀《れいぎ》を正《たゞ》しつつ寸分《すんぶん》のスキもない樣《やう》に心身共《しんしんとも》に十分《ぶん》に緊張《きんちやう》して居《ゐ》なければなりません。

演武《えんぶ》始《はじ》めと終《をは》りとの立禮《りつれい》は、目《め》は正《せい》面《めん》を注視《ちうし》しつつ、僅《わず》かに上半身《じやうはんしん》を前方《ぜんぱう》へ心持《こゝろも》ちかがめる程度《ていど》に行《おこな》ひ、決《けつ》して頭《あたま》を下《さ》げ目《め》を下《した》へ向《む》けるべきものではありません。

▲拳《こぶし》の突《つ》き方及《かたおよ》び引《ひ》き方《かた》の事《こと》

拳《こぶし》を突《つ》き出《だ》す時《とき》に、最初稽古《さいしよけいこ》の足《た》りない間《うち》は、上體《じやうたい》を前《まへ》のめりに出《だ》したり肩《かた》を出《に》したりしますが、それは甚《はなは》だよくありません。拳《こぶし》を突《つ》き出《だ》した時《とき》に肩《かた》が前《まへ》に出《で》たり、肩《かた》があがつたりせぬ樣《やう》に氣《き》を付《つ》けます。

拳《こぶし》を腰《こし》に引《ひ》いて構《かま》へる時《とき》に、肘《ひぢ》が横《よこ》に張《は》る人《ひと》がありますが、それもよくありません。肘《ひぢ》は十分後《ぶんうしろ》へ引《ひ》いて拳《こぶし》を腰《こし》に構《かま》へる様《やう》に練習《れんしふ》します。

▲四股轉身《こてんしん》の高《たか》さの事《こと》

平安《へいあん》二段《だん》の型《かた》の最後《さいご》の四つの動作《どうさ》は四股《こ》のまゝに體《たい》を移動《いどう》させることになつて居《ゐ》ますが、この時《とき》に一動作《どうさ》から次《つぎ》の動作《どうさ》に移《うつ》る瞬間《しゆんかん》に體《からだ》の高《たか》さが、高《たか》くなつたり低《ひく》くなつたりしてはいけません。四股《こ》になつたまゝで轉身《てんしん》するのですから高《たか》さは一定《てい》して變《かは》りません。足《あし》は下《した》につかずはなれずの程度《ていど》で滑《なめら》かにすうと動《うご》いて行《ゆ》くやうにします。

▲轉身《てんしん》と上足底《じやうそくてい》の關係《くわんけい》の事《こと》

型《かた》の說明《せつめい》の中《なか》で、右足《みぎあし》を軸《ぢく》（上足底《じやうそくてい》）としてとか、或《あるひ》は左足《ひだりあし》を軸《ぢく》（上足底《じやうそくてい》）としてとか、書《か》いておきましたが、それは片方《かたはう》の足《あし》に體重《たいぢう》をのせて他方《たはう》の足《あし》の位置《ゐち》をかえるときに、足《あし》の踵《かゝと》を中心《ちうしん》とせずに上足底《じやうそくてい》を中心《ちうしん》（即《すなは》ち軸《ぢく》）として廻《まわ》れよといふ意味《いみ》であります。（上足《じやうそく》底《てい》とは第《だい》四講手《こうて》足各部《あしかくぶ》の名稱《めうせう》の講義《かうぎ》でお話《はな》ししましたから參照《さんせう》して下《くだ》さい）

上足底《じやうそくてい》に體重《たいぢう》を托《たく》しておけば廻轉《かいてん》の際《さい》に敵《てき》の力《ちから》が加《くわ》はつても、よろけたり倒《たふ》れたりする憂《うれひ》はありませんが、踵《かゝと》に體《たい》重《じう》を托《たく》して廻轉《かいてん》するとちよつと觸《ふれ》られても、よろけたり倒《たふ》れたりしますから回轉《かいてん》の際《さい》は常《つね》に上足底《じやうそくてい》に體重《たいじう》を托《たく》することを忘《わす》れない樣平常《やうへいじやう》から練習《れんしふ》しておきます。（但《たゞ》し上足底《じやうそくてい》を中心《ちうしん》として廻轉《かいてん》する時《とき》でも特《とく》に踵《かゝと》を高《たか》くあげるのではありません）

▲下段手刀受《げだんしゆたううけ》の要領《えうれう》の事《こと》

◇第《だい》十八動作《どうさ》下段左手刀受《げだんひだりしゆたううけ》の時《とき》、左手《ひだりて》は拇指《ぼし》を曲《ま》げ他《た》の四指《し》は人差指《ひとさしゆび》より中《なか》指藥指小指《ゆびくすりゆびこゆび》と順次《じゆんじ》に多少《たせう》曲《ま》げる（即《すなは》ち小指《こゆび》を最《もつと》も深《ふか》く曲《ま》げる）心持《こゝろも》ちで手刀《しゆたう》に十分力《ぶんちから》を取《と》りつつ敵《てき》の蹴《け》つて來《く》る足《あし》首《くび》を切《き》り落《おと》す意氣《いき》で下段《げだん》へ打《う》ち伸《の》ばし（此時甲《このときこう》は上向《うへむき》）右手刀《みぎしゆたう》は同《おな》じく拇指《ぼし》を曲《ま》げ、他《た》の四指《し》も前《まへ》と同《おな》じ要領《えうれう》で幾《いく》分《ぶん》曲《ま》げて手刀《しゆたう》に十分力《ぶんちから》をとりつつ手刀《しゆたう》で物《もの》をえぐり取《と》る心持《こゝろも》ちで下《した》より上《うへ》に水月《すゐげつ》の高《たか》さまであげて構《かま》へる（此時甲《このときこう》は下向《したむき》）以上左右手刀《いじやうさいうしゆたう》の働《はたら》きを同時《どうじ》に行《おこな》へば、力《ちから》のとり方《かた》がうまく行《おこな》はれます。從《したが》つて受《う》ける効果《かうか》が十分《ぶん》に發揮《はつき》されるのであります。

此《こ》の下段手刀受《げだんしゆたううけ》は最初《さいしよ》はむづかしいでせうが、右《みぎ》の要領《えうれう》で練習《れんしふ》すれば十分《ぶん》理解《りかい》し得《え》られます。

◇第《だい》十九動作以下《どうさいか》の手刀受《しゆたううけ》も前述《ぜんじゆつ》の要領《えうれう》で行《おこな》へばよろしいのですが、ただ第《だい》十九動作《どうさ》から第《だい》二十動作《どうさ》に移《うつ》る時《とき》には右手刀《みぎしゆたう》をいくらか内《うち》にひき、左手刀《ひだりしゆたう》をいくらか下《した》に拂《はら》ふやうにしておいてから、左右同時《さいうどうじ》に手刀《しゆたう》に力《ちから》をとつて目的《もくてき》の位置《ゐち》まで動《うご》せば、形《かたち》も整《ととの》ひ力《ちから》もはいり目的《もくてき》にかなふ動作《どうさ》となるのでありま す。そのつもりで練習《れんしふ》をして下《くだ》さい。

▲左右半身《さいうはんみ》の構《かま》への事《こと》

一般《ぱん》に武術《ぶじゆつ》に於《おい》て半身《はんみ》といふ語《ご》はよく使《つか》ひますが、第《だい》十八動作《どうさ》以下《いか》の四つの動作《どうさ》は即《すなは》ち此《こ》の半身《はんみ》の構《かま》へになつて居《を》ります。半身《はんみ》とは全身《ぜんしん》をその方向《はうかう》へ向《む》けず半身《はんみ》だけ向けることであります

◇第《だい》十八動作《どうさ》は東北方《とうほくはう》へ左半身《ひだりはんみ》四股立《こだち》に構《かま》へて左手刀《ひだりしゆたう》の下段拂受《げだんはらひうけ》

◇第《だい》十九動作《どうさ》は同《おな》じく東北方《とうほくはう》へ右半身《みぎはんみ》四股立《こだち》に構《かま》へて左手刀《ひだりしゆたう》の下段拂受《げだんはらひうけ》

◇第《だい》二十動作《どうさ》は東南方《とうなんはう》へ右半身《みぎはんみ》四股立《こだち》に構《かま》へて右手刀《みぎしゆたう》の下段拂受《げだんはらひうけ》

◇第《だい》二十一動作《どうさ》は同《おな》じく東南方《とうなんはう》へ左半《ひだりはん》身《み》四股立《こだち》に構《かま》へて左手刀《ひだりしゆたう》の下段拂受《げだんはらひうけ》

以上《いじやう》四つの動作《どうさ》ともに半身《はんみ》の構《かま》へになつて居《ゐ》ますから其點《そのてん》を注意《ちうい》して練習《れんしふ》して下《くだ》さい。

半身《はんみ》の構《かま》へは敵《てき》の攻撃面積《こうげきめんせき》を狭少《けふせう》にして我《わ》が身《み》を守護《しゆご》するに都合《つがふ》の好《よ》い構《かま》へであります。

第十四章

型の分解説明と研究法

第四七節　平安二段の型の分解

各動作《かくどうさ》の主眼點《しゆがんてん》

平安《へいあん》二段《だん》の型《かた》にある攻防《こうばう》の技法《ぎはふ》を分《ぶん》解的《かいてき》に説明致《せつめいいた》します。先《ま》づ各動作《かくどうさ》の主《しゆ》眼點《がんてん》を動作順《どうさじゆん》に調《しら》べて見ませう。

一、打落《うちおと》し（左拳《さけん》）
二、眞突《ちよくつき》（右拳《うけん》）
三、下段拂《げだんはらひ》（右拳《うけん》）
四、打落《うちおと》し（右拳《うけん》）
五、直突《ちよくつき》（左拳《さけん》）
六、下段拂《げだんはらひ》（左拳《さけん》）
七、上段揚受《じやうだんあげうけ》（右拳《うけん》）
八、上段揚受《じやうだんあげうけ》（左拳《さけん》）
九、上段揚受《じやうだんあげうけ》（右拳《うけん》）
一〇、下段拂《げだんはらひ》（左拳《さけん》）
一一、直突《ちよくつき》（右拳《うけん》）
一二、下段拂《げだんはらひ》（右拳《うけん》）
一三、直突《ちよくつき》（左拳《さけん》）
一四、下段拂《げだんはらひ》（左拳《さけん》）
一五、直突《ちよくつき》（右拳《うけん》）
一六、直突《ちよくつき》（左拳《さけん》）
一七、直突《ちよくつき》（右拳《うけん》）
一八、下段拂《げだんはらひ》（左手刀《ひだりしゆたう》）
一九、下段拂《げだんはらひ》（右手刀《みぎしゆたう》）
二〇、下段拂《げだんはらひ》（右手刀《みぎしゆたう》）

二一、下段拂《げだんはらひ》（左手刀《ひだりしゆたう》）

右《みぎ》の通《とほ》りになつてゐますが、更《さら》にこれを種類別《しゆるゐべつ》にして見《み》ますと

打落《うちおと》し（右《みぎ》一、左《ひだり》一）

直突《ちよくつき》（右《みぎ》四、左《ひだり》三）

下段拂受《げだんはらひうけ》（右《みぎ》二、左《ひだり》三）

上段揚受《じやうだんあげうけ》（右《みぎ》二、左《ひだり》一）

下段手刀受《げだんしゆたううけ》（右《みぎ》二、左《ひだり》二）

以上《いじやう》の五種類《しゆるゐ》になります。此《こ》の五種《しゆ》類《るゐ》の技法《ぎはふ》が如何《いか》なる武術的意義《ぶじゆつてきいぎ》を持《も》つものか説明致《せつめいいた》します。

▲型《かた》と方向《はうこう》

空手《からて》の型《かた》の動作《どうさ》方向《はうこう》の意味《いみ》がよく理《り》解《かい》されて居《ゐ》ないために、型《かた》の解釋《かいしやく》を間《ま》違《ちが》へることが度々《たび〲》あります。甚《はなは》だしい時《とき》には『型《かた》の動作《どうさ》が八つの方向《はうこう》をとるから八人《にん》の敵《てき》と戰《たゝか》ふ型《かた》だ』と、とんでもないまちがつた解釋《かいしやく》さへ生《しやう》じて來《く》るのであります。故《ゆゑ》に型《かた》と方向《はうこう》の關係《くわんけい》について特《とく》に説明《せつめい》を致《いた》しておきます。

空手《からて》の型《かた》には前後左右各種《ぜんごさいうかくしゆ》の方向《はうこう》への動作《どうさ》が含《ふく》まれて居《ゐ》ることは、此《こ》の平《へい》安《あん》二段《だん》の型《かた》の演武線《えんぶせん》を見《み》てもわかりますが、各動作《かくどうさ》の意味《いみ》を解釋《かいしやく》する場合《ばあひ》には、その動作《どうさ》の方向《はうこう》にとらはれてはいけません。

例《たと》へば左《ひだり》に向《ひか》つた動作《どうさ》は必《かなら》ず左側《ひだりがは》から敵《てき》の攻撃《こうげき》があつたものと、方向《はうこう》にとらはれて考《かんが》へてはいけません。これは二通《とほ》りに解《かい》し得《う》るものであります。

（イ）左《ひだり》からの敵《てき》の攻撃《こうげき》を防禦《はうぎよ》する。

（ロ）正面《せうめん》からの敵《てき》の攻撃《こうげき》を、自分《じぶん》の體《たい》をかはし左半身《ひだりはんみ》に開《ひら》いて防禦《はうぎよ》する。

右《みぎ》の二通《とほ》りに解釋《かいしやく》する事《こと》が出來《でき》ます。

さて此《こ》の二種《しゆ》の解釋《かいしやく》は何《いづ》れでも良《よ》さそうに見《み》えますが、然《しか》し動作《どうさ》の方向《はうこう》にとらはれて（イ）の解釋《かいしやく》にとどめて居《ゐ》ると、型《かた》の意味《いみ》が狹《せま》くなり、從《したが》つて活《くわつ》用自在《ようじざい》なるべき型《かた》の内容《ないよう》が頗《すこぶ》る貧弱《ひんじやく》なものになつてしまふおそれがあるのであります。

實例《じつれい》によつて考《かんが》へて見《み》ますと、例《たと》へば平安《へいあん》の型《かた》は一段《だん》から五段《だん》まで全部《ぜんぶ》が第《だい》一動作《どうさ》は左側面《さそくめん》に向《ひか》つて起《おこ》り、次《つぎ》に同《おな》じ動作《どうさ》を右側面《みぎそくめん》に於《おい》て繰《く》り返《かへ》すことになつて居《ゐ》ます。さて方向《はうかう》にとらはれた（イ）の解釋《かいしやく》をすると、敵《てき》は何時《いつ》でも左側面《ひだりそくめん》から攻撃《こうげき》して來《く》ることになり、その敵《てき》と闘《たゝか》つて居《ゐ》るうちに後《うしろ》の方《はう》から他《た》の敵《てき》が攻撃《こうげき》して來《く》るので、今度《こんど》はそちらの方《はう》へ廻《まは》つて闘《たゝか》ふと云《い》ふことになりますが、是《こ》れは方向《はうかう》にとらはれたために起《おこ》る無理《むり》な解釋《かいしやく》と云《い》はなければなりません。

（ロ）の解釋《かいしやく》で考《かんが》へて見《み》ると、平安《へいあん》一段《だん》から五段《だん》までの最初《さいしよ》の動作《どうさ》は、何《いづ》れも正面《せうめん》からの敵《てき》の攻撃《こうげき》を自分《じぶん》の體《たい》をかはすことによつて最《もつと》も効果的《かうくわてき》な防禦《ぼうぎよ》姿勢《しせい》となり得《う》るものであつて、左《ひだり》にも

右《みぎ》にも同《おな》じやうに體《たい》をかはし得《う》るものだぞ、と云《い》ふことを訓《をし》へるものと解《かい》するのであります。

故《ゆえ》に本講義錄《ほんかうぎろく》に於《おい》ては、必《かなら》ずしも動作《どうさ》の方向線《はうこうせん》に執着《しふちやく》せず、右《みぎ》の(イ)(ロ)二種《しゆ》の解釋《かいしやく》を併用《へいよう》して、型《かた》の持《も》つ意義《いぎ》を最《もつと》も正《ただ》しく解《かい》し、活用自在《くわつようじざい》たらしむるやうにしたいと思《おも》ひます。

さて、以上《いじやう》のことをよくのみ込《こ》んで頂《いただ》き、これから平安《へいあん》二段《だん》の型《かた》に含《ふく》まれて居《ゐ》る五種類《しゆるゐ》の働作《どうさ》の意味《いみ》を解釋《かいしやく》することに致《いた》しませう。

▲打落《うちおとし》と直突《ちよくつき》

甲（第《だい》一、第《だい》二の動作《どうさ》）

乙（第《だい》四、第《だい》五の動作《どうさ》）

平安《へいあん》二段《だん》の型《かた》で打落《うちおと》しと直突《ちよくつ》きの連結《れんけつ》して居《ゐ》るところは右《みぎ》の通《とほ》り二個所《かしよ》あります。それぞれの場合《はあひ》について說明《せつめい》します。

◇甲《かふ》の場合《ばあひ》。敵《てき》が我《わ》が水月部《すゐげつぶ》をめがけて右《う》拳《けん》を以《もつ》て攻擊《こうげき》して來《く》る場合《ばあひ》に、我《われ》は右足《みぎあし》を一步《ほ》後方《こうはう》に引《ひ》き、體《たい》を落《おと》して猫足立《ねこあしだち》に變《へん》じ、我《わ》が左《さ》拳槌《けんつひ》を以《もつ》て敵《てき》の右《う》拳《けん》を打《う》ち落《おと》す氣《き》持《もち》にて受《う》け止《と》め（第八〇圖參照）同時《どうじ》に我《わ》が左《さ》拳《けん》をひらいて敵《てき》の右腕《みぎうで》を押《お》さへ、體《たい》を眞直《まつす》ぐに踏《ふ》み立《だ》ちながら我《わ》が右《う》拳《けん》を以《もつ》て敵《てき》の水月部《すゐげつぶ》に直突《ちよくつ》きする。

第八〇圖　左拳內打落

◇乙《おつ》の場合《はあひ》。前《まへ》と同《おな》じく敵《てき》が我《わ》が水月部《すゐげつぶ》を目《め》がけて右《う》拳《けん》を以《もつ》て攻擊《こうげき》して來《く》る場合《ばあひ》に、甲《かふ》のときとは反對《はんたい》に我《われ》は左足《ひだりあし》を一步《ほ》後方《こうはう》に引《ひ》きて猫足立《ねこあしだち》となり、我《わ》が右《う》拳槌《けんつひ》を以《もつ》て敵《てき》の右《う》拳《けん》を打《う》ち落《おと》す氣《き》持《もち》にて受《う》け止《と》め、同時《どうじ》に我《わ》が右《う》拳《けん》をひらき敵《てき》の右腕《みぎうで》を押《お》さへ、體《たい》を眞直《まつす》ぐに踏立《ふみた》ちながら我《わ》が左《さ》拳《けん》を以《もつ》て敵《てき》の右脇《みぎわき》下《した》の急所《きふしよ》に當《あ》てる（第八一圖參照）

甲乙共《かふおつとも》に打《う》ち落《おと》しではあるが、甲《かふ》の場合《はあひ》は內側《うちがわ》から打落《うちおと》すから之《これ》を內打落《うちうちおとし》と稱《せう》し、乙《おつ》の場合《はあひ》は外側《そとがわ》から打落《うちおと》すから之《これ》を外打落《そとうちおとし》と稱《せう》します。

第八一圖　右拳外打落と左拳追擊

右《みぎ》の例《れい》に於《おい》ては敵《てき》が右拳《うけん》を以《もつ》て攻撃《こうげき》して來《き》たので内打落《うちうちおとし》は左拳《きけん》、外打落《そとうちおとし》は右拳《うけん》で受《う》け止《と》めて居《ゐ》ますが、敵《てき》が反對《はんたい》に左拳《きけん》を以《もつ》て攻撃《こうげき》して來《く》る場合《ばあひ》は、受《う》ける方《はう》も右拳《うけん》（左足《ひだりあし》を引《ひ》いて）で内打《うちうち》落《おと》しをなし、左拳《きけん》（右足《みぎあし》を引《ひ》いて）で外打落《そとうちおと》しをなすことになります。これは實際《じつさい》に二人《り》でやつて見《み》ればよくわかります。

▲下段拂《げだんはらひ》と直突《ちよくつき》

甲（第《だい》十、第《だい》十一の動作《どうさ》）
（第《だい》十四、第《だい》十五の動作《どうさ》）
乙（第《だい》十二、第《だい》十三の動作《どうさ》）

◇甲《こう》の場合《ばあひ》。相對《あひたい》して居《ゐ》る敵《てき》が右足《みぎあし》を以《もつ》て我《わ》が腹部《ふくぶ》に蹴《け》つて來《く》る場合《ばあひ》に、我《われ》は右足《みぎあし》を一歩《ほ》引《ひ》きながら左前屈《ひだりぜんくつ》となり同時《どうじ》に我《わ》が左拳《きけん》を以《もつ》て敵《てき》の右足《みぎあし》を内側《うちがわ》から下段拂受《げだんはらひうけ》をなし（第八二圖參照）敵《てき》のひるむところを我《わ》が右拳《うけん》を以《もつ》て敵《てき》を攻撃《こうげき》します。

◇乙《おつ》の場合《ばあひ》。相對《あひたい》して居《ゐ》る敵《てき》が右足《みぎあし》を以《もつ》て我《わ》が腹部《ふくぶ》に蹴《け》つて來《く》る場合《ばあひ》に、我《われ》は左足《ひだりあし》を一歩《ほ》引《ひ》きながら右前屈《みぎぜんくつ》となり同時《どうじ》に我《わ》が右拳《うけん》を以《もつ》て敵《てき》の右足《みぎあし》を外側《そとがわ》から下段拂受《げだんはらひうけ》をなし、敵《てき》のひるむところを我《わ》が左拳《きけん》を以《もつ》て敵《てき》を攻撃《こうげき》します。

第八二圖　左拳下段内拂受

甲乙共《こうおつとも》に下段《げだん》の拂受《はらひうけ》ではあるが、甲《こう》の場合《ばあひ》は内側《うちがわ》から拂受《はらひうけ》するから之《これ》を内《うち》拂受《はらひうけ》と稱《せう》し、乙《おつ》の場合《ばあひ》は外側《そとがわ》から拂受《はらひうけ》するから之《これ》を外拂受《そとはらひうけ》と稱《せう》します。

右《みぎ》の例《れい》に於《おい》ては敵《てき》が右足《みぎあし》を以《もつ》て攻撃《こうげき》して來《き》たので内拂受《うちはらひうけ》は左拳《きけん》、外拂受《そとはらひうけ》は右拳《うけん》で行《や》つて居《ゐ》ますが、敵《てき》が反對《はんたい》に左《ひだり》足《あし》を以《もつ》て攻撃《こうげき》して來《く》る場合《ばあひ》は受《う》ける方《はう》も右拳《うけん》（右前屈《みぎぜんくつ》）で内拂受《うちはらひう》けをなし、左拳《きけん》（左前屈《ひだりぜんくつ》）で外拂受《そとはらひう》けをなすことになります。

▲下段拂受《げだんはらひうけ》と打落《うちおとし》と直究《ちよくつき》

（第《だい》三、四、五動作《どうさ》）

第《だい》三、四、五の三動作《どうさ》を一連結《れんけつ》として意味《いみ》を考《かんが》へると、相對《あひたい》して居《ゐ》る敵《てき》が右足《みぎあし》で蹴《け》つて來《き》たので我《われ》は左足《ひだりあし》を一歩《ほ》引《ひ》きながら右前屈《みぎぜんくつ》となり、我《わ》が右拳《うけん》を以《もつ》て外拂受《そとはらひうけ》をなしたところが、敵《てき》もさるもの直《たゞ》ちに蹴《け》つた右足《みぎあし》を其儘《そのまゝ》踏《ふ》み下《おろ》すと同時《どうじ》に、右拳《うけん》を以《もつ》て我《わ》が顔面《がんめん》に攻《こう》撃《げき》して來《き》た。そこで我《われ》は下段拂受《げだんはらひうけ》した儘《まゝ》の右拳《うけん》を以《もつ》て（右前屈姿勢《みぎぜんくつしせい》の前屈《ぜんくつ》を伸《の》ばして體勢《たいせい》を高《たか》くとりながら）敵《てき》の攻撃《こうげき》を打落《うちおとし》で防禦《ぼうぎよ》し、同時《どうじ》に右拳《うけん》を開《ひら》いて敵《てき》の腕《うで》を押《おさ》へながら直《ただ》ちに我《わ》が左《さ》拳《けん》を以《もつ》て敵《てき》の脇腹《わきばら》へ攻撃《こうげき》する——といふことになるのであります。

敵《てき》の左足《さそく》左拳《さけん》の攻撃《こうげき》ならば我《われ》も左前《ひだりぜん》屈《くつき》左拳《けん》下段拂受《げだんはいひうけ》、左拳打落《さけんうちおとし》、右拳直突《うけんちよくつき》と云《い》ふことになり前《まへ》の場合《ばあひ》と反對《はんたい》になります。

▲上段揚受《じやうだんあげうけ》

甲《こう》（第《だい》七、九の動作《どうさ》）

乙（第《だい》八　の動作《どうさ》）

◇甲《こう》の場合《ばあひ》。敵《てき》が右拳《うけん》を以《もつ》て我《わ》が顔面《がんめん》を攻撃《こうげき》して來《く》る場合《ばあひ》に、我《われ》は左足《ひだりあし》を一歩《ほ》退《ひ》きながら我《わ》が右腕《みぎうで》を以《もつ》て下《した》より上《うへ》に敵《てき》の臂關節部《ひぢくわんせつぶ》を強《つよ》くはね上《あ》ぐる氣持《きもち》にて上段揚受《じやうだんあげうけ》をなし（第八三圖參照）敵《てき》の體勢《たいせい》が崩《くづ》れるところをすかさず我《わ》が左拳《さけん》を以《もつ》て敵《てき》の右腋下《みぎわきした》を突《つ》く。

◇乙《おつ》の場合《ばあひ》。敵《てき》が右拳《うけん》を以《もつ》て我《わ》が顔面《がんめん》を攻撃《こうげき》して來《く》る場合《ばあひ》に、我《われ》は前《まへ》と反對《はんたい》に右足《みぎあし》を一歩《ほ》退《ひ》きながら我《わ》が左腕《ひだりうで》を以《もつ》て下《した》より上《うへ》に敵《てき》の臂關節《ひぢくわんせつ》を強《つよ》くはねあげ、同時《どうじ》に敵《てき》の水月部《すゐげつぶ》を我《わ》が右拳《うけん》を以《もつ》て突《つ》く。

第八三圖　右拳外上段揚受

甲乙共《こうおつとも》に上段揚受《じやうだんあげうけ》ではあるが、甲《こう》の場合《ばあひ》は敵《てき》の體《たい》の外側《そとがわ》から押《お》しのけることになるので之《これ》を外上段揚受《そとじやうだんあげうけ》と稱《せう》し、乙《おつ》の場合《ばあひ》は敵《てき》の體《たい》の內側《うちがわ》から受《う》け止《と》めることになるので之《これ》を內上段揚受《うちじやうだんあげうけ》と稱《せう》します。

前《まへ》に述《の》べた打落《うちおとし》の內外《うちそと》、下段拂受《げだんはらひうけ》の內外《うちそと》、何《いづ》れも敵《てき》と自分《じぶん》との體《たい》の位置《いち》は右《みぎ》の通《とほ》りになつて居《を》りますからよく考《かんが》へ合《あは》せて見《み》て、內外《うちそと》の意味《いみ》をはつきり記憶《きおく》しておいて下《くだ》さい。

上段揚受《じやうだんあげうけ》の右《みぎ》の例《れい》に於《おい》ては、敵《てき》が右《う》拳《けん》を以《もつ》て攻撃《こうげき》して來《き》たので、右手《みぎて》で外《そと》上段揚受《じやうだんあげうけ》となり、左手《ひだりて》で內上段揚受《うちじやうだんあげうけ》になつて居《ゐ》ますが、敵《てき》が反對《はんたい》に左拳《さけん》を以《もつ》て攻撃《こうげき》して來《く》る時《とき》には、我《われ》は右足《みぎあし》を引《ひ》いて左拳《さけん》で外上段揚受《そとじやうだんあげうけ》をなし、左足《ひだりあし》を引《ひ》いて右拳《うけん》で內上段揚受《うちじやうだんあげうけ》をなすことになります。これも實地《じつち》に二人《り》でやつて見《み》て下《くだ》さい。

▲下段手刀受《げだんしゆたうけ》

甲（第《だい》十八、第《だい》二十一の動作《どうさ》）

乙（第《だい》十九、第《だい》二十の動作《どうさ》）

◇甲《こう》の場合《ばあひ》。相對《あひたい》して居《ゐ》る敵《てき》が右足《みぎあし》を

以《もつ》て我《わ》が腹部《ふくぶ》を蹴《け》つて來《く》る場合《ばあひ》に、我《われ》は右足《みぎあし》を一歩引《ほひ》いて四股《こ》立《だち》となり、同時《どうじ》に我《わ》が左手刀《ひだりしゆたう》を以《もつ》て下段《げだん》に敵《てき》の右足《みぎあし》を拂《はら》ひ受《う》けする。

◇乙《おつ》の場合《ばあひ》。相對《あひたい》して居《ゐ》る敵《てき》が右足《みぎあし》を以《もつ》て我《わ》が腹部《ふくぶ》を蹴《け》つて來《く》る場合《ばあひ》に、前《まへ》とは反對《はんたい》に我《われ》は左足《さそく》を一歩引《ほひ》いて四股《こ》立《だち》となり、同時《どうじ》に我《わ》が右手刀《みぎしゆたう》を以《もつ》て下《げ》段《だん》に敵《てき》の右足《みぎあし》を拂《はら》ひ受《う》けする。

甲乙共《かうおつとも》に下段《げだん》の手刀拂受《しゆたうはらひうけ》ではあるが甲《かう》の場合《ばあひ》は敵《てき》の體《たい》の內側《うちがわ》から受《う》けたので之《これ》を下段《げだん》の內手刀受《うちしゆたううけ》と稱《せう》し、乙《おつ》の場《ば》合《あひ》は敵《てき》の體《たい》の外側《そとがわ》から抑しのけられることになるので之《これ》を下段《げだん》の外手刀受《そとしゆたううけ》と稱《せう》します。

右《みぎ》の例《れい》に於《おい》ては敵《てき》が右足《みぎあし》を以《もつ》て攻撃《こうげき》して來《く》る場合《ばあひ》であるから內手刀受《うちしゆたううけ》は左《ひだり》手刀《しゆたう》で、外手刀受《そとしゆたううけ》が右手刀《みぎしゆたう》になつて居《ゐ》ますが、敵《てき》が左足《ひだりあし》を以《もつ》て攻撃《こうげき》する際《さい》には、左足引《ひだりあしひ》いて右手刀《みぎしゆたう》で內受《うちう》けをなし右足引《みぎあしひ》いて左手刀《ひだりしゆたう》で外受《そとう》けすることになります。これも二人《ふたり》で立《た》つてやつて見《み》て下《くだ》さい。

▲以上《いじやう》で平安《へいあん》二段《だん》の內容《ないえう》は一通《とほ》り解說《かいせつ》したことになりますが、なほ考《かんが》へやうによつては、第《だい》六、第《だい》七の動作《どうさ》を連結《れんけつ》させて考《かんが》へることも出來《でき》ますが、此《こ》の場合《ばあひ》はあらためて解《と》かなくとも、今《いま》までの解釋《かいしやく》を應用《おうよう》すればよく理解《りかい》し得《え》られますから、讀者自身《どくしやじしん》に考《かんが》へて見《み》て下《くだ》さい。

▲なほ同《おな》じ動作《どうさ》が連續《れんぞく》して居《ゐ》る所《ところ》があります。即《すなは》ち第《だい》七、八、九の三動作《どうさ》が上段揚受《じやうだんあげうけ》の連續《れんぞく》であり、第《だい》十五、十六十七の三動作《どうさ》が直突《ちよくつ》きの連續《れんぞく》であり、第《だい》十八、十九、二十、二十一の四動作《どうさ》が下段手刀受《げだんしゆたううけ》の連續《れんぞく》であります。之《これ》は（イ）連續動作《れんぞくどうさ》そのものの練習《れんしふ》と考《かんが》へることも出來《でき》るし、（ロ）一つの動作《どうさ》をいろ〳〵の形《かたち》で練習《れんしふ》するものと考《かんが》へることも出來《でき》ます。何《いづ》れかと言《い》へば、（ロ）の解釋《かいしやく》の方《はう》が妥當《だたう》でありますが然《しか》し（イ）の解釋《かいしやく》も全然《ぜんぜん》排斥《はいせき》すべきものではありません。

右《みぎ》の（イ）の解釋《かいしやく》を下《くだ》す場合《ばあひ》に、直突《ちよくつ》の連續《れんぞく》はどしどし踏《ふ》み込《こ》んで突《つ》いて行《ゆ》くと考《かんが》へてよいが、上段揚受《じやうだんあげうけ》の連續《れんぞく》は型《かた》の表《おもて》に現《あら》はれて居《ゐ》る通《とほ》り進《すゝ》みながら上段受《じやうだんうけ》を連續《れんぞく》すると解釋《かいしやく》すると、敵《てき》は退《ひ》きながら突《つ》いて居《ゐ》ることになり、變《へん》なことになりますから、此《こ》の際《さい》はどうしても型《かた》の裏《うら》を考《かんが》へて退《ひ》きながら上《じやう》段揚受《だんあげうけ》を連續《れんぞく》するものと解《かい》しなければいけません。下段手刀受《げだんしゆたううけ》も型《かた》では進《すゝ》むことになつて居《ゐ》るが、（イ）の解釋《かいしやく》により連續動作《れんぞくどうさ》そのものに意味《いみ》を持《も》たせやうとすれば、型《かた》の裏《うら》を考《かんが》へて退《ひ》きながら下段手刀受《げだんしゆたううけ》を連續《れんぞく》するものと解《かい》しなければなりません。

第四八節　平安二段の研究と習熟

▲研究《けんきう》と習熟《しふじゆく》の必要《ひつえう》

何事《なにごと》でも其《そ》の道《みち》に於《おい》て上達《じやうたつ》しやうと思《おも》ふ人《ひと》は、眞面目《まじめ》なる研究心《けんきうしん》と熱心《ねつしん》なる練習《れんしふ》とが伴《ともな》はなければ、決《けつ》して目的《もくてき》を達《たつ》する事《こと》は出來《でき》ませんが、特《とく》に空手《からて》の道《だう》に志《こゝろざ》す人《ひと》はこの『研究《けんきう》と習熟《しゆじゆく》』の五字《じ》を一日《にち》も忘《わす》れてはなりません。(習《しふ》熟《じゆく》とは練習熟達《れんしふじゆくたつ》の意《い》であります)

如何《いか》に眞面目《まじめ》に研究《けんきう》していろ〳〵の技法《わざ》を知《し》つて居《ゐ》ても、平常《へいじやう》の練習《れんしふ》が足《た》りなければ、いざと云《い》ふ咄嗟《とつさ》の場合《ばあひ》に間《ま》に合《あ》ひません。又《また》如何《いか》に平素《へいそ》練習《れんしう》に熱心《ねつしん》でも、眞面目《まじめ》な研究的態度《けんきうてきたいど》が缺《か》けて居《ゐ》ると、敎《をし》へられただけのこと以外《いぐわい》は活用《くわつよう》が出來《でき》ないことになり、思《おも》はぬ不覺《ふかく》をとるものであります。

故《ゆえ》に本講義錄《ほんこうぎろく》に於《おい》ては、空手《からて》の型《かた》一つづつの講義《こうぎ》に必《かなら》ず「研究《けんきう》と習熟《しふじゆく》」の項《こう》を設《まう》け、その型《かた》の研究法《けんきうはふ》並《ならび》に習熟《しふじゆく》法《はふ》について述《の》べることに致《いた》しました。

然《しか》し技法《わざ》は無限《むげん》でありますから、その悉《ことごと》くを書《か》き盡《つ》くすことは到底《たうてい》出來《でき》るものではありません。ただ如何《いか》に研究《けんきう》し、如何《いか》にして習熟《しふじゆく》するかの極《ご》く一端《たん》を書《か》くに止《とゞ》め、あとは修業者《しゆけふしや》自身《じしん》の研《けん》究工夫《きうくふう》と熱心《ねつしん》とによつて上達《じやうたつ》する樣《やう》に針路《しんろ》だけを示《しめ》しておくことに致《いた》します。

先《ま》づ最初《さいしよ》に前《まへ》に講義《こうぎ》した平安《へいあん》二段《だん》の型《かた》をもう一度《ど》研究的《けんきうてき》に調《しら》べて見《み》ませう。

▲研究法

平安《へいあん》二段《だん》の型《かた》は分解《ぶんかい》して調《しら》べて見《み》た結果《けつくわ》は前述《ぜんじゆつ》の通《とほ》り、直突《ちよくつき》、打落《うちおとし》、上段《ぜうだん》揚受《あげうけ》、下段拂受《げだんはらひうけ》、下《げ》段手刀受《だんしゆたううけ》の五種《しゆ》の技《わざ》がありますが、なほこれをこまかく考《かんが》へると、直突《ちよくつき》が左右《さいう》二通《とほ》り、その他《た》は何《いづ》れも内外《うちそと》がありそれを左右《さいう》でやつて見《み》ると一種《しゆ》の技《わざ》が四通《とほ》りになることになりますから合《あは》せて見《み》ると總計《そうけい》十八通《とほ》りになります。

さて平安《へいあん》二段《だん》の内容《ないよう》は結局《けつきよく》この十八通《とほ》りの技法《ぎはふ》が含《ふく》まれて居《ゐ》ることになりますが、此處《こゝ》まではただ表面《ひようめん》からの調《しら》べ方《かた》に過《す》ぎません。これ以上《いじやう》に研究《けんきう》を進《すゝ》めて行《ゆ》かなければ、所謂論語《いわゆるろんご》讀《よ》みの論語《ろんご》知《し》らずで、眞《しん》に平安《へいあん》二段《だん》を我《わ》がものとしてしまつたとは云《い》へません。

然《しか》らば、これ以上《いじやう》の研究《けんきう》とは、どうすればよろしいか、といひますと、卽《すなは》ち右《みぎ》の十八通《とほ》りの技法《わざ》が如何《いか》に變化《へんか》するか、それを考《かんが》へて行《ゆ》くことであります。ところで、此處《こゝ》で注意《ちうい》しなければならぬことは、變化《へんくわ》を考《かんが》へると云《い》ひましても、我々《われ〳〵》はまだ空手《からて》については全《ぜん》然無《ぜんむ》知《ち》であつて、知《し》つて居《ゐ》るのは僅《わづ》かに今學《いままな》んだばかりの平安《へいあん》二段《だん》の型《かた》一つだけであるわけですから、それ以外《いぐわい》の材料《ざいれう》を持ち込《こ》んで來てはいけません。これから型《かた》の勉強《べんきやう》が一つ一つ多《おほ》くなつて行《ゆ》けば、それだけづつ知《し》つて居《ゐ》る材《ざい》料《れう》が多《おほ》くなるわけですから、それをいろいろに結《むす》び合《あは》せて研究《けんきう》することになりますが、兎《と》に角《かく》ただ今《いま》は平安《へいあん》二段《だん》の型《かた》だけを材料《ざいれう》にして研究《けんきう》して見《み》ませう

▲**下段拂受《げだんはらひうけ》**

第《だい》一に考《かんが》へなければならぬことは、此《こ》の二段《だん》の型《かた》に下《げ》段《だん》の拂《はらひ》が拳《こぶし》を握《にぎ》つて居《ゐ》る時《とき》と手刀《しゆたう》の時《とき》とがあります。何《いつ》れの場合《はあひ》でも敵《てき》が蹴《け》つて來《く》るのを拂受《はらひう》けるのでありますから、型《かた》そのものの表《おもて》に現《あら》はれたところでは足《あし》を使《つか》つて蹴《け》ると云《い》ふところは一つもありませんが、拂受《はらひうけ》と云《い》ふ點《てん》から考《かんが》へて空手《からて》では足《あし》で蹴《け》ることも一つの攻撃法《こうげきはふ》だと云《い》ふことがわかります。

ついでにこの拂受《はらひうけ》は敵《てき》の足《あし》の攻撃《こうげき》を受《う》け拂《はら》ふだけでなく、これを少《すこ》し變化《へんくわ》させると敵《てき》の足《あし》をとらへることが出來《でき》ます。

そこで、敵《てき》が足《あし》で攻撃《こうげき》した時《とき》にその足《あし》をとらへると同時《どうじ》に自分《じぶん》の方《はう》も足《あし》で

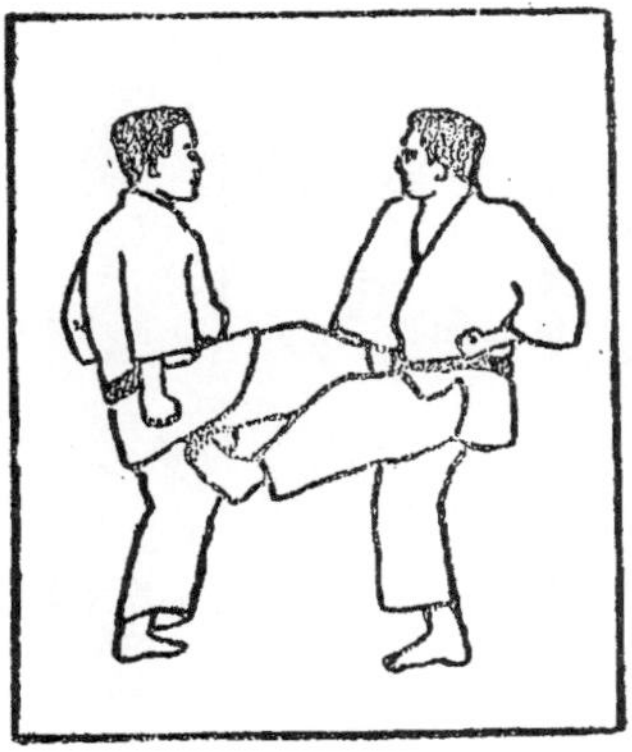

第八四圖　下段左手刀受の變化

逆襲《ぎやくしふ》して見《み》たらと云《い》ふ考《かんが》へが起《おこ》りませう。これは平安《へいあん》二段《だん》の下段手刀受《げだんしゆたううけ》の變《へん》化《くわ》であり、かなり効果的《かうくわてき》な技《わざ》法であります。

卽《すなは》ち敵《てき》が右足《みぎあし》で蹴《け》つて來《く》るときに、我《われ》は左足《ひだりあし》を一歩《ほひ》退きながら體勢《たいせい》を落《おと》して四股立《こにち》となり、右手刀《みぎしゆたう》を以《もつ》て外拂受《そとはらひうけ》する氣持《きも》ちで敵《てき》の右足《みぎあし》をとらへ、同《どう》時《じ》に我《わ》が左足《ひだりあし》で敵《てき》の金的《きんてき》を蹴《け》ることが出來《でき》ます。(第八四圖參照)

敵《てき》が左足《ひだりあし》で蹴《け》つて來《く》る場合《はあひ》は、我《われ》は右足《みぎあし》を一歩《ほひ》退き、左手《ひだりて》で外拂受《そとはらひう》けの形《かたち》に於《おい》て敵《てき》の足《あし》をとらへ、我《わ》が右足《みぎあし》を以《もつ》て敵《てき》の金的部《きんてきぶ》に攻撃《こうげき》することになります。

それから今《いま》一つ下段手刀受《げだんしゆたううけ》の場合《はあひ》について別《べつ》の變化《へんくわ》を考《かんが》へて見《み》ませう。

敵《てき》が右足《みぎあし》で蹴《け》つて來《く》る場合《はあひ》に、我《われ》は左足《ひだりあし》を引《ひ》いて我《わ》が右手《みぎて》の掌《ひら》で力《ちから》一ぱいに敵《てき》の足首《あしくび》を打《う》ちはたくと、敵《てき》の體《たい》はぐるつと廻《まわ》つてしまふ。その時我《ときわれ》は左《ひだり》足《あし》を一歩《ほ》踏《ふ》み出《だ》し左拳《きけん》を以《もつ》て敵《てき》の脊骨《せぼね》を突《つ》く。(敵《てき》が左足《ひだりあし》で來《き》た時《とき》は我《われ》は左手《ひだりて》で外《そと》から拂《はら》つて右拳《うけん》で突《つ》きます。)

▲**上段揚受《じやうだんあげうけ》**

次《つぎ》に上段揚受《じやうだんあげうけ》について一つ考《かんが》へて見《み》

ませう。敵《てき》が右拳《うけん》で我《わ》が顔面《がんめん》を突《つ》いて來《き》た時《とき》に我《われ》は左足《ひだりあし》を引《ひ》きながら右腕《みぎうで》を以《もつ》て下《した》より上《うへ》に敵《てき》の臂關節部《ひぢくわんせつぶ》を強《つよ》くはねあげ（卽《すなは》ち右手上段外受《みぎてじやうだんそとうけ》）ると同時《どうじ》に、そのまゝ我右拳《わがうけん》の拳槌《けんつい》を以《もつ》て敵《てき》の右腕下《みぎわきした》を打擊《だげき》する。敵《てき》が左拳《さけん》で來《く》る時《とき》は我《われ》も左上段外受《ひだりじやうだんそとう》けして其儘《そのまゝ》左拳槌《さけんつい》を以《もつ》て敵《てき》の左腕下《ひだりわきした》を攻擊《こうげき》する。（拳槌《けんつい》は打落《うちおと》しのところで用《もち》ひた材料《ざいれう》です）

△上段揚受《じやうだんあげうけ》と下段拂《げだんはらひ》

今度《こんど》はちよつと趣《おもむき》をかへて、もう少《すこ》し複雜《ふくざつ》なところを考《かんが》へて見《み》ませう。

敵《てき》が右拳《うけん》で我《わ》が顔面《がんめん》を攻擊《こうげき》して來《き》た時《とき》に、我《われ》は例《れい》の通《とほ》り左足《ひだりあし》を一歩《ぽ》引《ひ》きながら右手上段外受《みぎてじやうだんそとうけ》をしたが、敵《てき》もさるもの直《たゞ》ちに左拳《けん》を以《もつ》て我《わ》が右脇腹《みぎわきはら》を攻《こう》擊《げき》して來《き》た。此時我《このときわれ》は上段《じやうだん》に受《う》けた右《みぎ》手《て》を以《もつ》て直《たゞ》ちに敵《てき》の左拳《さけん》を下段《げだん》に內拂《うちはらひ》受《うけ》をなし同時《どうじ》にその儘右拳《まゝうけん》を以《もつ》て敵《てき》の水月部《すゐげつぶ》に突擊《とつげき》します。（此《こ》の時《とき》の下段拂《げだんはらひ》は體勢《たいせい》をその儘《まゝ》にして前屈《ぜんくつ》にならず）

右《みぎ》の樣《やう》にしておぼえただけの材料《ざいれう》を色々《いろいろ》に變化《へんくわ》させて考《かんが》へて行《ゆ》くことが卽《すなは》ち研究《けんきう》であります。その技法《ぎはふ》が良《よ》いか或《あるひ》は拙劣《せつれつ》であるかは、自分自身《じぶんじしん》で研究《けんきう》が深《ふか》まつて行《ゆ》くに從《したが》つて判斷《はんだん》が出來《でき》るやうになりますから、これで良《よ》いと滿《まん》足《ぞく》してしまはずに、絕《た》えず研究《けんきう》を續《つゞ》けて行《ゆ》かなければなりません。

△習熟法

右《みぎ》の通《とほ》り自分《じぶん》のおぼえただけの材料《ざいれう》をいろいろに變化《へんくわ》させて研究《けんきう》をすることは非常《ひじやう》に重要《ぢうえう》なことではありますがただそれだけでは決《けつ》して上達《じやうたつ》するものではありません。研究《けんきう》すると同時《どうじ》に練《れん》習熟達《しふじゆくたつ》することが絕對的《ぜつたいてき》に必要《ひつえう》であります。

△此處《こゝ》で前進後退《ぜんしんこうたい》の線形《かんけい》について簡單《かんたん》にお話《はな》しておきませう。挿繪《さしゑ》（第八五圖）に見《み》る通《とほ》り、（イ）前後直線《ぜんごちよくせん》或《あるひ》は左《さ》右直線《いうちよくせん》（ロ）波形線《はけいせん》の三通《とほ》りになります。波形線《はけいせん》は前進《ぜんしん》のとき又《また》は後退《こうたい》のときに右斜《みぎなゝめ》或《あるひ》は左斜《ひだりなゝめ》へ行動《かうどう》する時《とき》のことであります。各線上《かくせんじやう》の●印《しるし》は足《あし》の位置《ゐち》の移動《いどう》を示《しめ》したものです。

△習熟法《しふじゆくはふ》には連續練習法《れんぞくれんしふはふ》と連結練習法《れんけつれんしふはふ》との二種《しゆ》あり、連續練習法《れんぞくれんしふはふ》とは同一技《どういつぎ》法《はふ》の連續《れんぞく》であり、連結練習法《れんけつれんしふはふ》は二つ以《い》上《じやう》の技法《わざ》を連結《れんけつ》して反覆《はんぷく》する練習《れんしふ》であります。最初《さいしよ》に連續練習法《れんぞくれんしふはふ》から稽古《けいこ》しませう。

△連續練習法《れんぞくれんしふはふ》

一、下段手刀受《げだんしゆたううけ》の連續練習《れんぞくれんしふ》

これは型《かた》にあつた通《とほ》り四股立《こだち》になり右下段手刀受《みぎげだんしゆたうう》けをなし、同《おな》じ方向《はうかう》に左《ひだり》足《あし》を一歩前進《ぽぜんしん》しながら左手刀受《ひだりしゆたううけ》となり更《さら》に右足前進右手刀受《みぎあしぜんしんみぎしゆたううけ》をなし、又左《またひだり》と云《い》ふ風《ふう》にいくらでも續《つゞ》けて右左交互《みぎひだりかうご》に受《う》けかへながら前進《ぜんしん》します。隅《すみ》から隅《すみ》まで前進《ぜんしん》して進《すゝ》めなくなつたら、今度《こんど》は後《あと》へ退《ひ》きながら左右交互《さいうこうご》に受《う》けかへます。これを前進後退《ぜんしんこうたい》くりかへし幾度《いくたび》も稽古《けいこ》するうちに、四股立《こだち》と下段手刀《げだんしゆたう》受《う》けによく習熟《しふじゆく》することが出來《でき》ます。
(直線進行《ちよくせんしんかう》、波形進行共《はけいしんかうとも》に練習《れんしふ》す)

二、下段拂《げだんはらひ》の連續練習《れんぞくれんしふ》

これも型《かた》にある前屈下段拂《ぜんくつげだんはらひ》(他《た》の拳《こぶし》は腰《こし》に構《かま》へて左右交互《さいうかうご》に前進後退《ぜんしんこうたい》しながら連續的《れんぞくてき》に稽古《けいこ》して、前屈下段拂《ぜんくつげだんはらひ》に習熟《しふじゆく》します。(直線進行並《ちよくせんしんかうならび》に波形線進《はけいせんしん》行共《かうとも》に)

三、打落《うちおと》しの連續練習《れんぞくれんしふ》

型《かた》にある打落《うちおと》し姿勢《しせい》(猫足《ねこあし》)を左右《さいう》交互《かうご》に前進後退《ぜんしんこうたい》しながら連續的《れんぞくてき》に稽古《けいこ》して打落《うちおと》しの技法《ぎはふ》に習熟《しふじゆく》します。(前後直《ぜんごちよく》線行進《せんかうしん》。左右直線上《さいうちよくせんじやう》)

四、上段揚受《じやうだんあげうけ》の連續練習《れんぞくれんしふ》

これも左右交互《さいうこうご》に連續的《れんぞくてき》に前進後退《ぜんしんこうたい》して上段揚受《じやうだんあげうけ》の技法《ぎはふ》に習熟《しふじゆく》します。

五、直突《ちよくつき》の連續練習《れんぞくれんしふ》

直突《ちよくつき》の連續練習《れんぞくれんしふ》を四通《よとほ》り行《おこな》ひます。

第《だい》一——前後直線上《ぜんごちよくせんじやう》の前進《ぜんしん》で、右足《みぎあし》と右拳《うけん》、次《つぎ》には左足《ひだりあし》と右拳《うけん》、これを連續《れんぞく》して行《おこな》ふ。

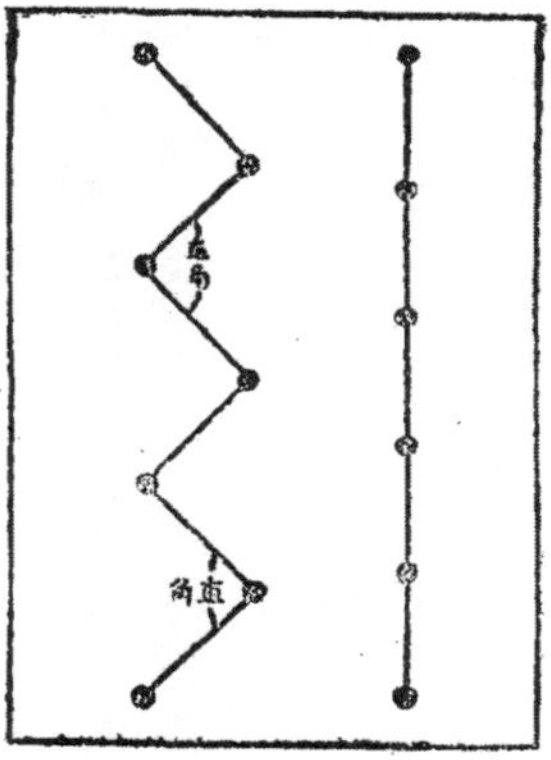

第八五圖　進退線

第《だい》二——前後直線上《ぜんごちよくせんじやう》の前進《ぜんしん》で、右足《みぎあし》と左拳《さけん》、次《つぎ》に左足《ひだりあし》と左拳《さけん》。これを連續《れんぞく》して行《おこな》ふ。

第《だい》三——波形線上《はけいせんじやう》の前進《ぜんしん》で、右足《みぎあし》を踏《ふ》み出《だ》すときには同時《どうじ》に其《そ》の方向《はうかう》(卽《すなは》ち踏《ふ》み出《だ》した方向《はうかう》)へ右拳直突《うけんちよくつき》をなし、左足《ひだりあし》を踏《ふ》み出《だ》すときには左拳《さけん》を左足《ひだりあし》を踏《ふ》み出《だ》した方向《はうかう》へ直突《ちよくつき》する。これを連續的《れんぞくてき》に行《おこな》ふ。

第《だい》四——波形線上《はけいせんじやう》の前進《ぜんしん》で、右足《みぎあし》を踏《ふ》み出《だ》すと同時《どうじ》に其《そ》の方向《はうかう》(卽《すなは》ち右足《みぎあし》を踏《ふ》み出《だ》した方向《はうかう》)へ左拳《さけん》を直突《ちよくつき》し、左《ひだり》足《あし》を踏《ふ》み出《だ》した時《とき》は踏《ふ》み出《だ》した方向《はうかう》へ右拳《うけん》を直突《ちよくつき》する。これを連續的《れんぞくてき》に行《おこな》ふ

▲以上《いじやう》の連續練習《れんぞくれんしふ》はただ續《つゞ》ければ良《よ》いと云《い》ふわけではなく、(イ)はじめのうちはゆつくりして技《わざ》を確實《かくじつ》に行《おこな》ふこと(ロ)練習《れんしふ》が積《つ》んで技《わざ》が確《たしか》になれば、その次《つぎ》には速度《そくど》をはやくする稽古《けいこ》にうつります。このことはよくおぼえておいて下《くだ》さい。不確實《ふかくじつ》な技《わざ》はいくら速《はや》くても役《やく》に立《た》ちません。受《う》け損《そん》じてしまひます。然《しか》しいくら確實《かくじつ》な技《わざ》でも速度《そくど》がおそくては之《これ》また役《やく》に立《た》ちません。敵《てき》の攻擊《こうげき》が當《あた》つてから受《う》けることになつてしまひます。故《ゆゑ》に『確實《かくじつ》に迅速《じんそく》に』

と云《い》ふことは習熟《しふじゆく》の理想《りさう》でありますから、其意味《そいみ》を忘《わす》れないで練習《れんしふ》して下《くだ》さい。前後直線《ぜんごちよくせん》、左右直線《さいうちよくせん》、波形線《はけいせん》の何《いづ》れに於《おい》ても迅速確實《じゆんそくかくじつ》に習熟法《しふじゆくはふ》を實行《じつかう》する時《とき》は「體《たい》の換《かわ》し手《て》の捌《さば》き」が知《し》らず識《し》らず我《わ》が血《ち》となり肉《にく》となり、自分自身《じぶんじしん》のものとなりきつてしまふのであります。

▲連結動作《れんけつどうさ》練習《れんしふ》

次《つぎ》に習熟法《しふじゆくはふ》にもう一つ必要《ひつえう》なことがあります。それは連結動作練習法《れんけつどうされんしふはふ》といふことであります。連續練習《れんぞくれんしふ》は一つの技《わざ》を續《つゞ》けて練習《れんしふ》することですが、連結《れんけつ》練習《れんしふ》は二つ以上《いじやう》の技《わざ》を結《むす》び合《あは》せて練習《れんしふ》することであります。其《そ》の目的《もくてき》とするところは、體《たい》の換《かわ》し及《およ》び手《て》捌《さば》きを自由《じゆう》にすることであつて、型《かた》の演武《えんぶ》に役立《やくだ》つのみならず、組手《くみて》の基礎《きそ》にもなるのであります。

連續練習《れんぞくれんしふ》及《およ》び連結動作練習法《れんけつどうされんしふはふ》を毎日《まいにち》怠《おこた》らず精進《しやうしん》して行《ゆ》くうちには、知《し》らぬ間《あひだ》に空手《からて》の技法《わざ》がすつかり我《わ》が身《み》につくやうになり、無意識《むいしき》にその技法《わざ》が發《はつ》動《どう》して咄嗟《とつき》の危難《きなん》を防止《ばうし》し得《う》ることになるのであります。故《ゆゑ》に本講義錄《ほんこうぎろく》によつて研究《けんきう》する讀者《どくしや》は、空手《からて》の型《かた》を練習《れんしふ》すると同時《どうじ》にその研究習熟法《けんきうしふじゆくはふ》に從《したが》つて修業《しうげふ》の大道《だいだう》を精進《しやうしん》せらるる樣希望《やうきばう》いたします。

さて平安《へいあん》二段《だん》の型《かた》にある材料《ざいれう》だけで連結動作《れんけつどうさ》を考案《かうあん》して練習《れんしう》する事《こと》にしませう。

一、直突《ちよくつき》と下段拂《げだんはらひ》との連結練習《れんけつれんしふ》

（イ）右足《みぎあし》を一歩《ほ》進《すゝ》みながら右拳《うけん》を中段直突《ちうだんちよくつき》、（ロ）突《つ》くと同時《どうじ》に突《つ》いた右拳《うけん》を其儘《そのまゝ》下段拂《げだんはら》ひに變《へん》じ、右足前屈《みぎあしぜんくつ》となる。（ハ）左足前進左拳直突《ひだりあしぜんしんさけんちよくつき》、（ニ）其儘《そのまゝ》で左拳下段拂《さけんげだんはらひ》左足前屈《ひだりあしぜんくつ》——前進《ぜんしん》しながら左右交互《さいうこうご》に行《おこな》ふ。壁《かべ》ぎはまで進《すゝ》んだら後《うしろ》へ向《む》き直《なほ》つて前進《ぜんしん》する。又同《またおな》じことを前屈《ぜんくつ》を四股《こ》に換《か》へて練習《れんしふ》します。

二、直突《ちよくつき》と上段揚受《じやうだんあげうけ》との連結練習《れんけつれんしふ》

（イ）右足前進右拳中段直突《みぎあしぜんしんうけんちうだんちよくつき》、（ロ）其《そ》の儘《まゝ》にて體勢《たいせい》を落《おと》して前屈《ぜんくつ》となり同時《どうじ》に右拳《うけん》を以《もつ》て上段揚受《じやうだんあげうけ》（ハ）左足前《ひだりあしぜん》進左拳直突《しんさけんちよくつき》、（ニ）ロの要領《えうれう》で左拳上段《さけんじやうだん》揚受《あげうけ》——前進《ぜんしん》しつつ左右交互《さいうかうご》に行《おこな》ひます。

三、上段揚受《じやうだんあげうけ》と下段拂《げだんはらひ》との連結練習《れんけつれんしふ》

（イ）右足前進右拳上段揚受《みぎあしぜんしんうけんじやうだんあげうけ》。（ロ）其《そ》の儘《まゝ》の位置《ゐち》にて右前屈《みぎぜんくつ》となり右拳下《うけんげ》段拂《だんばらひ》（ハ）左足前進左拳上段揚受《ひだりあしぜんしんさけんじやうだんあげうけ》（ニ）左足前屈左拳下段拂《ひだりあしぜんくつさけんげだんばらひ》——左右交互《さいうこうご》に前進後《ぜんしんこう》退共《たいとも》に行《おこな》ひます。

四、上段揚受《じやうだんあげうけ》と下段手刀受《げだんしゆたうけ》との連結《れんけつ》

三の場合《ばあひ》と同《おな》じ、但《たゞ》し下段《げだん》は前屈《ぜんくつ》でなく四股《こ》になる——左右交互《さいうこうご》に前進後《ぜんしんこう》退共《たいとも》に行《おこな》ふ。

三と四の両方《りやうはう》ともに下段《げだん》を先《さき》に上段《じやうだん》を次《つぎ》にして前《まへ》と反對《はんたい》に練習《れんしふ》します。此《こ》の三と四の如《ごと》く上段《じやうだん》と下段《げだん》の連結《れんけつ》は實戰的《じつせんてき》にも非常《ひじやう》に役立《やくだ》つ技《て》ですから其《そ》のつもりで敏速《びんそく》に手《て》が動《うご》くやうに習熟《しふじゆく》して下《くだ》さい。足《あし》が來《き》たら後《あと》は直《す》ぐ手《て》が來《く》るものとして、（實際《じつさい》にも九分九厘《ぶりん》までは必《かなら》ずさうです）下段《げだん》を拂《はら》つたら直《す》ぐ上段《じやうだん》を受《う》ける練習《れんしふ》をしておきます。又《また》その反對《はんたい》に上段《じやうだん》を受《う》けたら直《す》ぐ下段《げだん》を受《う》ける練習《れんしふ》もしておきます組手《くみて》や實戰《じつせん》の場合《ばあひ》にも習慣的《しふくわんてき》に、上段下段《じやうだんげだん》、下段《げだん》上段《じやうだん》と無意識《むいしき》に手《て》が神速《じんそく》な働《はたら》きをするやうに練習熟達《れんしふじゆくたつ》することが大切《たいせつ》であります。

五、中段直突《ちうだんちよくつき》、上段受《じやうだんうけ》、下段拂《げだんばらひ》の連結《れんけつ》

六、中段直突《ちうだんちよくつき》と上段受《じやうだんうけ》と下段手刀受《げだんしゆたううけ》の連結《れんけつ》

右《みぎ》の二つの場合《ばあひ》は共《とも》に上段揚受《じやうだんあげうけ》は猫《ねこ》足《あし》に變《へん》じ、下段《げだん》は前屈《ぜんくつ》又《また》は四股立《しこだち》となる。――前進《ぜんしん》しながら左右交互《さいうかうご》に行《おこな》ひます。

△平安《へいあん》二段《だん》の材料《ざいれう》をつかつての連結練習《れんけつれんしふ》はまだ幾種《いくしゆ》か出來《でき》るわけでありますが、それは讀者自身《どくしやじしん》で研究《けんきう》して下《くだ》さい連結練習《れんけつれんしふ》の場合《ばあひ》も技《わざ》は「確實《かくじつ》に迅速《じんそく》に」行《おこな》はなければなりません。我々《われわれ》が型《かた》をいくつも學《まな》び、技法《ぎはふ》の材料《ざいれう》が多《おほ》くなるに從《したが》つて、この連結動作《れんけつどうさ》は複雜化《ふくざつくわ》して面白《おもしろ》くなつて行《ゆ》きますが、右《みぎ》の樣《やう》な單純《たんじゆん》な連結《れんけつ》でも、絶《た》えず練習《れんしふ》して行《ゆ》くうちに、手捌《てさば》きや轉身《てんしん》に非常《ひじやう》な良結果《りやうけつか》を得《う》ることが出來《でき》るのであります。

△連結動作《れんけつどうさ》は必《かなら》ずしもその儘組手《まゝくみて》として使用《しよう》し得《え》られるものばかりではありませんが、此《こ》の連結動作練習《れんけつどうされんしふ》は前《まへ》にもお話《はな》しした通《とほ》り、轉身《てんしん》と手捌《てさば》きの敏速《びんそく》自在《じざい》といふ點《てん》に目的《もくてき》があるのですから餘《あま》りに無理《むり》な連結《れんけつ》（自分《じぶん》で常識的《じやうしきてき》に考《かんが》へて見《み》て）でない限《かぎ》り自由《じゆう》にやつて下《くだ》さい。但《たゞ》し初歩《しよほ》の間《あひだ》は學《まな》んだ材料《ざいれう》だけの範圍《はんゐ》で行《おこな》はなければ、空手《からて》の手法《しゆはふ》として好《この》ましからざるものを混入《こんにふ》して知《し》らずに惡《わる》い癖《くせ》がつくことにもなりますから、その點《てん》は大《おほ》いに氣《き》を付《つ》けなければいけません。研究《けんきう》が進《すゝ》んで來《く》るに從《したが》つて技法《ぎはふ》の良否《りやうひ》も判斷出來《はんだんでき》るし、どんなに複雜《ふくざつ》な或《あるひ》は輕妙《けいめう》な働《はたら》きも出來《でき》るのですから、初歩《しよほ》のうちは餘《あま》り奇《き》を好《この》まず、型《かた》を中心《ちうしん》として眞面目《まじめ》に研究習熟《けんきうしふじゆく》する樣心掛《やうこゝろが》けて下《くだ》さい。

　怠《おこた》らず行《ゆ》かば千里《り》の外《そと》も見《み》ん
　　牛《うし》のあゆみよしおそくとも

と云《い》ふ古歌《こか》があります。あせらずに、然《しか》し怠《おこた》らずに精進《しやうじん》を續《つゞ》けませう。

第十五章　補習的研究諸問題

第四九節　拳足問答

△拳《こぶし》の當《あ》て方《かた》

問《とひ》「拳《こぶし》の突《つ》き方《かた》は常《つね》に甲《かふ》を上《うへ》にして當《あ》てるものと定《き》まつて居《を》りますか」

答《こたへ》「空手《からて》に於《おい》ては拳《こぶし》の當《あ》て方《かた》は主《しゅ》として甲《かふ》を上《うへ》にして當《あ》てることになつて居《ゐ》ますが、然《しか》しそれは主としてであつて、甲《かふ》を下《した》にした當方《あてかた》もあります、例《たと》へば第《だい》四講《こう》第《だい》四二圖《づ》にある通《とほ》り甲《かふ》を下《した》にして當《あ》てるときもあり、或《あるひ》はセーパイの型《かた》に出《で》て居《ゐ》る通《とほ》りの當《あ》て方《かた》もあります。

甲《かふ》を下《した》にして當《あ》てる場合《はあひ》は大體《だいく》、下《した》から上《うへ》に突《つ》きあげる心持《こゝろも》ちで突《つ》く時《とき》であります。拔砦《ばつさい》や鷲牌《ろうはい》の型等《かたなど》にある左《さ》右《いう》の拳《こぶし》で上中段同時《じやうちゆうだんどうじ》に突《つ》く時《とき》には、上《うへ》の方《はう》の拳《こぶし》は甲《かふ》を上《うへ》にし、下《した》の方《はう》の拳《こぶし》は甲《かふ》を下《した》にして突《つ》きます。それ故《ゆへ》に拳《こぶし》の當《も》て方《かた》は必《かな》ずしも甲《かふ》を上《うへ》にして當《あ》てると限《かぎ》つたわけのものではありませんが先《ま》づ主《しゅ》として甲《かふ》を上《うへ》にした突《つ》き方《かた》、當《あ》て方《かた》を練習《れんしふ》し、甲《かふ》を下《した》にした突《つ》き方《かた》は前述《せんじゆつ》の通《とほ》り、下《した》から上《うへ》に突《つ》き上《あ》げるときに用《もち》ひるものと心得《こゝろえ》て居《を》ればよろしいでせう。」

△平拳《ひらけん》の用《もち》ひ方《かた》

問《とひ》「平拳《ひらけん》はどういふ時《とき》に用《もち》ひるものですか」

答《こたへ》「平拳《ひらけん》は第《だい》四講《こう》でも御話《おはなし》した通《とほ》り小拳頭《せうけんたう》を以《もつ》て突《つ》き又《また》は打《う》つのですが、人中《じんちう》（鼻《はな》の下《した》）や水月《すゐげつ》（ミゾオチ）の突《つ》き、或《あるひ》は霞《かすみ》（コメカミ）を打《う》つ時等《ときとう》には最《もつと》も効果的《こうくわてき》でせう。内横打《うちよこうち》からの變化《へんくわ》としてその儘平拳《まゝひらけん》を横《よこ》に伸《の》ばして敵《てき》の烏兎《うと》（目《め》と目《め》との中間《ちうかん》）を横《よこ》から切《き》る様《やう》に打《う》つ時《とき》もありますが、詳《くは》しいことは、もう少《すこ》し講義《こうぎ》が進《すゝ》んでからにしませう」

問《とひ》「平拳《ひらけん》の握《にぎ》り方《かた》について心得《こゝろえ》ておくべきことはありませんか」

答《こたへ》「平拳《ひらけん》の握《にぎ》り方《かた》も正拳《せいけん》の握《にぎ》り方《かた》と同《みな》じで、第《だい》一圖《づ》正拳《せいけん》の握《にぎ》り方《かた》のところでお話《はな》しした通《とほ》りです。正拳《せいけん》は拇指《おやゆび》を上《うへ》からおさえ、平拳《ひらけん》は拇指《おやゆび》を横《よこ》から押《おさ》えるだけの相違《さうゐ》で、四指《し》を深《ふか》く緊《かた》く握《にぎ》り込《こ》む心持《こゝろも》ちは同《おな》じです。此《こ》の四指《し》を深《ふか》く緊《かた》く握《にぎ》り込《こ》む習慣《しふくわん》をつけておくことは正拳《せいけん》を平拳《ひらけん》の變化《へんくわ》が正確迅速《せいかくじんそく》に出《で》來《き》るためにも必要《ひつえう》なことです」
問《とひ》「平拳《ひらけん》の突《つ》きの時《とき》にも甲《かふ》を廻《ま》まして突《つ》くのですか」
答《こたへ》「正拳《せいけん》の突《つ》きと同《おな》じ要領《えうれう》です。拳《こぶし》を廻《まは》して行《ゆ》くことは、丁度《てうど》銃身《じうしん》の中《なか》に螺《ら》施《せん》の細《ほそ》い溝《みぞ》があつて發射《はつしや》される彈丸《だんぐわん》に強大《きやうだい》な速度《そくど》及《およ》び撃突力《げきとつりよく》を與《あた》へるのと同《おな》じ理窟《りくつ》です。第《だい》四講《こう》に述《の》べた通《とほ》り空《から》手《て》の補助運動《ほじようんどう》で握石《チーシー》や錠形石《サーシ》等《とう》を以《もつ》て盛《さかん》に筋肉《きんにく》の螺旋運動《らせんうんどう》をやらせる目的《もくてき》は即《すなは》ち科學兵器《くわがくへいき》の理論《りろん》と其《そ》の原理《げんり》は同《おな》じものです。古《むかし》の人《ひと》は理論《りろん》は言《い》ひませんが、現代《げんだい》の我々《われ〲》から見《み》て實《じつ》に感心《かんしん》すべき事柄《ことがら》が多《おほ》いではありませんか」

▲七段蹴《だんけ》り獨稽古《ひとりけいこ》

問《とひ》「足《あし》の蹴《け》り方《かた》の稽古《けいこ》について何《なに》か方法《はうはふ》はありませんか」
答《こたへ》「蹴《け》り方練習《かたれんしふ》については補助運動《ほじようんどう》のところでお話《はなし》しましたが、あそこでお話《はな》ししなかつた七段蹴《だんけ》り練習《れんしふ》と云《い》ふのがあります。これは道具《だうぐ》を用《もち》ひずに獨稽古《ひとりけいこ》ですが、蹴《け》足各部《あしかくぶ》の連結動作《れんけつどうさ》の練習法《れんしふはふ》です。其方法《そのはうはふ》は次《つぎ》の通《とほ》りです。すべて敵《てき》を假想《かさう》して行《おこな》ひます。

第《だい》一段《だん》　膝頭《ひざがしら》をぽんと突《つ》きあげる。敵《てき》の下腹部《かふくぶ》又《また》は金的《きんてき》に當《あ》てる心持《こゝろも》ち。
第《だい》二段《だん》　足首《あしくび》にて敵《てき》の金的《きんてき》を蹴《け》る。
第《だい》三段《だん》　上足底《じやうそくてい》にて金的《きんてき》を蹴《け》る。
第《だい》四段《だん》　下足底《かそくてい》にて下腹部《かふくぶ》を蹴《け》る、
第《だい》五段《だん》　後方《こうはう》へ踏下《ふみおろ》して下足底《かそくてい》にて後《うしろ》から抱《だ》きついて居《ゐ》る敵《てき》の足《あし》の甲《かふ》を踏《ふ》みくぢく。
第《だい》六段《だん》　第《だい》五段《だん》の位置《ゐち》からその儘後《まゝうしろ》踵《かゝと》を上《うへ》に蹴上《けあ》げて後《うしろ》の敵《てき》の金的《きんてき》に當《あ》てる。
第《だい》七段《だん》　前方斜《ぜんぱうなゝめ》に足刀《そくとう》を以《もつ》て敵《てき》の膝《ひざ》關節《くわんせつ》を踏《ふ》み蹴《け》る。

以上《いじやう》第《だい》一段《だん》から第《だい》七段《だん》まで足《あし》を一度《ど》も地《ち》につけず連結《れんけつ》して迅速《じんそく》に行《おこな》ひ、各《かく》動作《どうさ》を目的《もくてき》に對《たい》して正確《せいかく》な技法《わざ》たらしめる樣《やう》に練習《れんしふ》します。第《だい》五段《だん》は實際《じつさい》の場合《はあひ》には後《うしろ》から抱《だ》きついてゐる敵《てき》の足《あし》の甲《かふ》を踏《ふ》みくぢくことにもなれば、或《あるひ》は間合《まあひ》の關係《くわんけい》では敵《てき》の向脛《むかふずね》を後踵《うしろかゝと》で蹴《け》ることにもなりませうが、兎《と》に角下《かくか》足《そく》底《てい》を以《もつ》て後方《こうはう》の地面《ちめん》を踏《ふ》むつもりで勢《いきほひ》よく踏《ふ》みおろし（但《たゞ》し地面《ちめん》に足《あし》をつけず、すれ〲のところまで踏《ふ》み下《おろ》す）其《そ》の反動《はんどう》で第《だい》六段《だん》の後踵金的蹴《こうせうきんてきげ》りをなす、第《だい》一段《だん》から第《だい》七段《だん》までの各段《かくだん》は第《だい》五段《だん》から第《だい》六段《だん》へ移《うつ》るところを除《のぞ》く外《ほか》はすべて足《あし》は元《もと》の位置《ゐち》（即《すなは》ち足《あし》をあげ膝《ひざ》を深《ふか》くまげた位置《ゐち》）までもどし、それから勢《いきほひ》よく蹴《け》る樣《やう》にします。
　此《こ》の七段蹴《だんけ》りは眞直《まつす》ぐ突《つ》つ立《た》つて居《ゐ》ないで片方《かたはう》の足《あし》に體重《たいぢう》を持《も》たせ、膝《ひざ》をまげ腰《こし》を落《おと》して居《ゐ》てやるのですが、その片足《かたあし》の方《はう》へ上體《じやうたい》を倒《たほ》さない様《やう》になるべく眞直《まつす》ぐ起《おこ》しておくやうにします」

問《とひ》「なか／＼むづかしさうではありませんか」

答《こたへ》「練習《れんしふ》すればむづかしいことはありません。左右《さいう》の足《あし》で交互《こうご》に練習《れんしふ》します」

問《とひ》「下足底《かそくてい》で敵《てき》の下腹部《かふくぶ》を蹴《け》ると云《い》ふのは實際《じつさい》の場合《ばあひ》にどんなものでせうか」

答《こたへ》「實際《じつさい》としては敵味方《てきみかた》が舷々《げん／＼》相摩《あひま》す的《てき》に接近《せつきん》した場合《ばあひ》、左右《さいう》の手《て》が互《たが》にからみ合《あ》つた時《とき》に最《もつと》も足《あし》が必要《ひつえう》になるわけですが、そんな時《とき》には間合《まあひ》が最《もつと》も近《ちか》い時《とき》は膝頭《ひざがしら》が第《だい》一に活用《くわつよう》されるでせうし、その時《とき》／＼のスキと距離《きより》の關係《くわんけい》によつて、足首《あしくび》、上足底《じやうそくてい》及《およ》び下足底《かそくてい》の使《つか》ひ方《かた》が自然《しぜん》に効果的《こうくわてき》に行《おこな》はれるのです。下足底《かそくてい》を以《もつ》て下腹部《かふくぶ》を蹴《け》るといふことは、必《かなら》ずしも下足底《かそくてい》が當《あた》らなくともその心持《こゝろも》ちで我《わ》が體《たい》を落《おと》しながら蹴《け》ることによつて下腹部《かふくぶ》への蹴足《けあし》の効果《こうくわ》を大《だい》ならしめることが出來《でき》る。即《すなは》ち下《か》足底《そくてい》は上足底《じやうそくてい》と一致《ち》して下腹部《かふくぶ》攻撃《こうげき》に働《はたら》かせるといふ意味《いみ》をも含《ふく》んで居《ゐ》るのです。」

問《とひ》「此《こ》の七段蹴《だんげ》りでまだ注意《ちうい》して頂《いたゞ》くところはありませんか」

答《こたへ》「さうですネ、大體《だいたい》以上《いじやう》の諸點《しよてん》に氣《き》を付《つ》けて練習《れんしふ》すればよいのですが、後踵《こうしよう》で後方《こうはう》の敵《てき》の金的《きんてき》に當《あ》てるには、後方《こうはう》へ地面《ぢめん》にすれ／＼に伸《の》ばした足《あし》の踵《かゝと》で、自分自身《じぶんじしん》の臀部《おしり》を蹴《け》る心持《こゝろもち》で勢《いきほひ》よくやることです。實際《じつさい》の場合《ばあひ》には敵《てき》は向脛《むかふずね》か足《あし》の甲《かふ》に攻撃《こうげき》を受《う》けてひるむためにスキが出來《でき》るから、金的《きんてき》か下腹部《かふくぶ》に後踵《こうしよう》の蹴上《けあ》げが効果的《こうくわてき》にきくわけです。敵《てき》のどこに當《あた》るか其時《そのとき》々々によつて相違《さうゐ》がありますが、練習《れんしふ》の際《さい》は今《いま》お話《はなし》した心持《こゝろも》ちで行《おこな》ひます。」

問《とひ》「七段蹴《だんげ》りについてのお話《はなし》はよくわかりましたが、此《こ》の蹴《け》り方練習《かたれんしふ》の時《とき》に左右《さいう》の手《て》はどうしておきますか」

答《こたへ》「さうです、左右《さいう》の手《て》はブラリとぶらさげておいては格構《かくかう》がつきません左右共《さいうとも》に拳《こぶし》を握《にぎ》つて腰《こし》に構《かま》へて居《ゐ》てもよろしいですが、掌《てのひら》を腰《こし》に當《あ》てゝおいてもよろしいです。後者《こうしや》の場合《ばあひ》には、掌《てのひら》はいつもの通《とほ》り拇指《おやゆび》を掌側面《せうそくめん》から離《はな》さずにくつゝけておくことを忘《わす》れてはいけません」

▲拳《けん》と足《あし》の關係《くわんけい》

問《とひ》「拳《こぶし》を突《つ》き出《だ》す場合《ばあひ》に足《あし》との關係《くわんけい》はどれがよろしいでせうか。右拳《うけん》を突《つ》く時《とき》には右足《うそく》を出《だ》しますか、それとも左足《さそく》を出《だ》した方《はう》がよろしいでせうか」

答《こたへ》「どちらがよいと斷定《だんてい》してしまふことはよくありません。右拳左足《うけんさそく》がよい時《とき》もあるし、右拳右足《うけんうそく》が有利《いうり》な時《とき》もあるし、抽象的《ちうしやうてき》に決定《けつてい》するわけにはいきません。それ〴〵の場合《ばあひ》を組手《くみて》によつて種々《しゆ〴〵》の變化《へんくわ》を考《かんが》へて研究《けんきう》し、何《いつ》れでも自由《じゆう》に働《はたら》けるやうに練習《れんしふ》しておくことが最《もつと》も大切《たいせつ》です。然《しか》し卷藁《まきわら》の突《つ》き方《かた》は右《う》拳《けん》左《さ》足《そく》、左《さ》拳《けん》右《う》足《そく》の組合《くみあは》せになりますネ、これは此《こ》の組合《くみあは》せの優秀《いうしう》なことを暗示《あんじ》するものですが、それだからとて、此《こ》の組合《くみあは》せでなければならぬと決定《けつてい》してしまふことはいけません。右拳右足《うけんうそく》又《また》は左拳左足《さけんさそく》で挺身的《ていしんてき》に全力《ぜんりよく》を以《もつ》て踏《ふ》み込《こ》まなければ浮《うか》ぶ瀬《せ》のない場合《ばあひ》もありますから、右拳左足《うけんさそく》（又《また》は左拳右足《さけんうそく》）の優勢《いうせい》といふことにのみ固《こ》着《ちやく》して居《ゐ》たら流星光底長蛇《りうせいくわうていちやうだ》を逸《いつ》することにもなりませう、すべて空手《からて》に於《おい》ては四肢《し》五體《たい》の自在無礙《じざいむげ》の働《はたら》きを以《もつ》て眞《しん》髓《ずゐ》とするもので、どれがよいこれが惡《わる》いと抽象的《ちうしやうてき》に觀念的《くわんねんてき》に決定《けつてい》しようとすることは、最《もつと》も忌《い》むべき戒愼《かいしん》すべき事《こと》であります。」

◬腰《こし》の問題《もんだい》

問《とひ》「腰《こし》を落《おと》し體勢《たいせい》を低《ひく》くせよといふことをよく言《い》はれますが、あれは重心《ぢうしん》の安定《あんてい》といふ意味《いみ》だけでせうか」

答《こたへ》「よいことを質問《たづね》てくれました。それは無論《むろん》重心《ぢうしん》の安定《あんてい》といふ體勢上《たいせいじやう》の問題《もんだい》を普通《ふつう》には言《い》つて居《ゐ》るのですが、その奥《おく》にはもつと深《ふか》い意味《いみ》があるのです。例《たと》へば暗《くら》い所《ところ》で不意《ふい》にワッと聲《こゑ》をかけられた時《とき》には、誰《だれ》でもハッと驚《おどろ》くでせう。此《こ》の時《とき》の體勢《たいせい》は重心《ぢうしん》が上《うへ》にあがつて、人《ひと》によつてはホールドアップ（活動寫眞《くわつどうしやしん》のアメリカ活劇《くわつげき》などによくある）の様《やう》に兩手《りやうて》を上《うへ》にあげてしまふことさえあります。それでは全身《ぜんしん》が、スキだらけの丸出《まるだ》しになつてしまう。右《みぎ》の様《やう》な場合《ばあひ》にサッと一歩《ほ》さがつて體勢《たいせい》を落《おと》して身構《みがま》へ、聲《こゑ》のヌシの何物《なにもの》なるか油斷《ゆだん》なく見極《みきは》めやうとする人《ひと》があつたら、其《そ》の人《ひと》は餘程《よほど》の心得《こゝろえ》と落着《おちつ》きのある人《ひと》です。

それから人《ひと》が夢中《むちう》になつて落着《おちつき》がなくなつた心的状態《しんてきじやうたい》を『あがつた』とか『あがつてしまつた』とか言《い》ひませう。あれは物事混亂《ものごとこんらん》のもとですから、修錬《しうれん》された人《ひと》は決《けつ》して如何《いか》なる場合《ばあひ》にも、あがつてしまつてはいけません。あがつてしまはずに、何事《なにごと》か不意《ふい》の出來事《できごと》にぶつゝかつた場合《ばあひ》には、先《ま》づ落着《おちつ》くことが肝要《かんえう》です。世間《せけん》ではよく『先《ま》づ腰《こし》をおちつけてよく考《かんが》へてからになさい』云々《うんぬん》と言《い》ひませう。あれですよ。落着《おちつ》くといふこと、沈着《ちんちやく》といふことが物事《ものごと》を混亂《こんらん》から救《すく》つて整然《せいぜん》たる軌道《きだう》にのせる第《だい》一要件《えうけん》です。

そこで、話《はなし》は元《もと》にもどつて、腰《こし》を落《おと》し體勢《たいせい》を低《ひく》く構《かま》へるといふことは、此《こ》の外形《ぐわいけい》の奥《おく》にある心的態勢《しんてきたいせい》をも指《さ》して居《ゐ》るのです」

問《とひ》「なるほど、わかりました。型《かた》の分解說明《ぶんかいせつめい》の時《とき》に『敵《てき》が突《つ》いて來《き》たら、一步《ぽ》さがつて』と言《い》はれた意味《いみ》も其處《そこ》にあるわけですネ」

答《こたへ》「その通《とほ》りです。この心得《こゝろえ》は實社《じつしや》會《くわい》に立《た》つて働《はたら》いて居《ゐ》る人《ひと》には最《もつと》も大切《たいせつ》なことです。何《なに》か不意《ふい》の事件《じけん》にぶつゝかつた場合《ばあひ》に直《す》ぐ氣《き》が顚動《てんどう》してしまつては駄目《だめ》です、常《つね》に『サツと一步《ぽ》さがつて身構《みがま》へる』此《こ》の尊《たふと》い心的修練《しんてきしうれん》が形《かたち》の奥《おく》にひそんでゐることに氣《き》づかないやうでは、武道《ぶだう》の修業《しゆげふ》は喧嘩《けんくわ》の道具《だうぐ》になつてしまつて、精神修養《せいしんしうやう》にはなりませんネ」

問《とひ》「よくわかりました。では……」

答《こたへ》「ちよつと待《ま》つて下《くだ》さい。今《いま》の話《はなし》に關連《くわんれん》して面白《おもしろ》い武術談《ぶじゆつだん》がありますから、ついでにお話《はな》ししませう。これは空手《からて》修業者《しゆげふしや》の實話《じつわ》ですが、此《こ》の人《ひと》はよく立《た》ち合《あ》ひの時《とき》に、誘《さそ》ひをかけて相手《あひて》に、、スキを作《つく》らせたさうです。敵《てき》と相對《あひたい》して兩方《りやうはう》ともに油斷《ゆだん》なく身構《みがま》へたらお互《たがひ》になか〳〵攻擊《こうげき》の手《て》は出《で》るものではありません。しばしにらみあつて居《ゐ》る時《とき》に、此方《こちら》がソラツとか、ヤツとか不《ふ》意《い》に大《おほ》きな聲《こゑ》を出《だ》して上《うへ》へ手《て》をあげるとすると、敵《てき》は大抵此《たいていこ》の誘《さそ》ひにかゝつて思《おも》はず身構《みがまへ》にスキが出來《でき》る、そこを瞬間裡《しゆんかんり》にとび込《こ》んで勝《かち》を制《せい》する——といふ風《ふう》なやり方《かた》であつたさうです。ところが假《かり》に此《こ》のやり方《かた》に對《たい》して、此方《こちら》の發聲《はつせい》と同時《どうじ》に相手《あひて》がサツト一步《ほ》さがつて身構《みがま》へたとしたらどうでせうか。此方《こちら》の誘《さそ》ひは何《なん》の効果《こうくわ》もないことになつてしまひませう。……此《こ》の話《はなし》はそれだけとしておいて、さつき何《なに》か言《い》ひかけてゐましたネ」

問《とひ》「大變面白《たいへんおもしろ》いお話《はな》しですネ。えゝ、さうです、腰《こし》の力《ちから》の養成法《やうせいはふ》は補助《ほじよ》運動《うんどう》のお話《はな》しの時《とき》にいろ〳〵伺《うかゞ》ひましたが、獨稽古《ひとりけいこ》の者《もの》にとつて何《なに》かまだ參《さん》考《かう》になるお話《はな》しはありませんか」

答《こたへ》「拳鬪《けんたう》のピストン堀口君《ほりくちくん》かと思《おも》ふが、その修業時代《しゆげふじだい》に踵《かゝと》を地《ち》につけないで三ケ月《げつ》とか六ケ月《げつ》とか頑張《ぐわんば》つたといふ話《はなし》をきいたことがありますが、拳鬪《けんたう》界《かい》に名《な》を成《な》した裏《うら》にはそれ位《くらゐ》の猛修業《もうしゆげふ》があつたらうと思《おも》ひます。空手界《からてかい》にもいろ〳〵の猛修業《もうしゆげふ》の話《はなし》はありますが、それは別《べつ》の機會《きくわい》にお話《はな》しする事《こと》としておたづねの問題《もんだい》にお答《こた》へしませう。

腰《こし》の力《ちから》の養成法《やうせいはふ》として獨稽古《ひとりけいこ》で最《もつと》も普通《ふつう》に行《おこな》はれる方法《はうはふ》は、腰《こし》を落《おと》した低《ひく》い體勢《たいせい》で時間《じかん》を長《なが》く頑張《ぐわんば》ることです。これは別《べつ》にむづかしい方法《はうはふ》ではなく誰《たれ》にも出來《でき》ます。

先《ま》づ四股《こ》に立《た》つて下《くだ》さい。足《あし》を左右《さいう》に大《おほ》きく外《そと》八字《じ》に開《ひら》いて、膝《ひざ》を曲《ま》げ腰《こし》をおとします。左右《さいう》の足《あし》の踵《かゝと》を結《むす》びつけた直線《ちよくせん》と、兩肩《りようかた》を結《むす》びつけた直線《ちよくせん》とが重《かさ》なる様《やう》に上體《じやうたい》を眞直《まつす》ぐ起《おこ》し、兩膝《りようひざ》頭《がしら》が兩足《りようあし》の爪先《つまさき》の眞直《まつす》ぐ上方《じやうはう》にある程《てい》度《ど》に膝《ひざ》を曲《ま》げ、臍下《さいか》丹田《たんでん》に力《ちから》をとります。これで低目《ひめ》の四股《しこ》立姿勢《だちしせい》で出來《でき》あがりました。(高目《たかめ》の四股《しこ》は膝頭《ひざがしら》が踵《かゝと》から垂直線上《すゐちよくせんじやう》にある姿勢《しせい》)次《つぎ》に兩手《りようて》はしつかり正拳《せいけん》に握《にぎ》り甲《かふ》を下《した》にして、臂《ひぢ》を後《うしろ》へひいて(肩《かた》はさげること)腰《こし》に構《かま》へます。

交互《かうご》に左右《さいう》の拳《こぶし》を中段《ちうだん》に直突《ちよくつ》きします。即《すなは》ち自分《じぶん》の水月《すゐげつ》の高《たか》さ、水月《すゐげつ》の前《ぜん》方《ぱう》の一點《てん》を左右《さいう》の拳《こぶし》で突《つ》くのです。これは拳《こぶし》の突《つ》き方《かた》と腰《こし》の練習《れんしふ》とを連結《れんけつ》した補助運動《ほじようんどう》ですが、拳《けん》だけに餘《あま》り夢中《むちう》になつてはいけません。

右《みぎ》の方法《はうはふ》で腰《こし》を一定《てい》して頑張《ぐわんば》るのです。これは身體《からだ》の弱《よわ》い人《ひと》が一時《じ》に無理《むり》をしてはよくありません。元氣《げんき》のよい血氣盛《けつきざか》りの年配《ねんぱい》でも慣《な》れない間《あひだ》は、なか〳〵つらいものですが、練習《れんしふ》を積《つ》むと、相當《さうたう》長《なが》く頑張《ぐわんば》れる様《やう》になりますから、やつて御覽《ごらん》なさい」

第五〇節　氣息法と受方原理

▲卷藁《まきわら》と氣息《きそく》の問題《もんだい》

問《とう》「空手《からて》の型《かた》には、氣息《きそく》の呑吐《とんど》、技《ぎ》法《はふ》の變化《へんくわ》、重心《ぢうしん》の移動《いどう》の三つの重要《ぢうえう》な要素《えうそ》があるとのお話《はなし》で、型《かた》の分解《ぶんかい》や研究《けんきう》に於《おい》て技法《ぎはふ》の變化《へんくわ》といふことについては一通《とほ》り御說明《ごせつめい》を承《うけたまは》りましたが、卷藁《まきわら》や型《かた》と氣息《きそく》の關係《くわんけい》はどうなつて居《を》りませうか」

答《こたへ》「では、ちよつと立《た》つて此《こ》の卷藁《まきわら》を二三回《くわい》突《つ》いて御覽《ごらん》なさい。よいですか、拳《こぶし》をしつかり腰《こし》に引《ひ》いて思《おも》ひきつて突《つ》く、……拳《こぶし》を再《ふたゝ》び腰《こし》に引《ひ》きもどす時《とき》には更《さら》に思《おも》ひきつて十二分《ぶん》の力《ちから》をとつて……、さう〳〵、その通《とほ》り。

そこで、今貴君《いまあなた》が卷藁《まきわら》を突《つ》く時《とき》の氣《き》息《そく》の呑吐《とんど》はどうなつて居《ゐ》ましたか」

問《とひ》「腰《こし》に構《かま》へる時《とき》に氣息《いき》を吸《す》ひ込《こ》んで、突《つ》き出《だ》した時《とき》に吐《は》き出《だ》した様《やう》に思《おも》ひますが、それでよろしいでせうか」

答《こたへ》「それでよろしいです。構《かま》へた時《とき》は體内《たいない》に氣息《いき》を充實《じうじつ》させ、その充實《じうじつ》した力《ちから》で突撃《とつげき》又《また》は防禦《ばうぎよ》すると云《い》ふのが氣《き》息呑吐《そくとんど》法《はふ》の根本原理《こんぽんげんり》です。拳《こぶし》を再《ふたゝ》び腰《こし》に引《ひ》きもどす時《とき》に、突《つ》く時《とき》が十なら引《ひ》く時《とき》は十二の力《ちから》を以《もつ》てせよといふのは氣息法《きそくはふ》から見《み》ると引《ひ》く時《とき》にぐず〳〵に引《ひ》くと氣息《いき》の吸《す》ひ込《こ》みも不徹底《ふてつてい》で二度《ど》目《め》の突撃力《とつげきりよく》が充實《じうじつ》しきらないことになるから、それで十二の力《ちから》で引《ひ》けといふことになるのです。

ところで此《こ》の引《ひ》き方《かた》には緩急《くわんきふ》二通《とほ》りの引《ひ》き方《かた》があつて、急《きふ》の方《はう》は十二の力《ちから》で後方《こうはう》へ臂當《ひぢあて》をする心持《こゝろもち》で急速度《きふそくど》にグワンと臂《ひぢ》をひくから、突《つ》きと同《おな》じく氣息《いき》は吐《と》になります。此《こ》の急《きふ》な引《ひ》きの時《とき》の呑吐《とんと》は、突《つ》きゝつた次《つぎ》の瞬間《しゆんかん》が呑《とん》であり、その呑《とん》の充實《じうじつ》を引《ひ》きの力《ちから》として吐《と》となり、引《ひ》きゝつた次《つぎ》の瞬間《しゆんかん》が同《おな》じく呑《とん》であつてその呑《とん》の充實《じうじつ》を以《もつ》て再《ふたゝ》び突《つ》く……と云《い》ふことになります。

緩《くわん》の引《ひ》きの方《はう》は例《たと》へば弓《ゆみ》を引《ひ》きしぼる時《とき》の心持《こゝろも》ちでゆつくりと引《ひ》きながら十二分《ぶん》に力《ちから》を取《と》る引《ひ》き方《かた》です。此《こ》の時《とき》には引《ひ》きながら氣息《いき》を吸《す》ひ込《こ》んで引《ひ》きゝつた時《とき》が呑《とん》の頂點《てうてん》にあり、その充實《じうじつ》した力《ちから》で突撃《とつげき》に移《うつ》り、當《あ》たる瞬間《しゆんかん》に吐《と》となるのです。

氣息型《きそくがた》で言《い》へば急《きふ》の引《ひ》きは短呑短吐《たんとんたんと》で、緩《くわん》の引《ひ》きは長呑短吐《ちやうとんたんと》になります。又若《またも》し急《きふ》の引《ひ》きでも突《つ》きゝつた後《のち》と引《ひ》きゝつた後《のち》とに於《おい》て時間《じかん》に多少《たせう》ゆとりがあれば長呑短吐《ちやうとんたんと》になるわけです。卷《まき》藁《わら》に於《お》ける氣息《きそく》の問題《もんだい》は型《かた》の演武《えんぶ》の時《とき》の氣息法《きそくはふ》の基本《きほん》になるものですから、卷藁鍛練《まきわらたんれん》の時《とき》は常《つね》に此《こ》の事《こと》をはつきり意識《いしき》してやると、より効果的《こうくわてき》になります。其他《そのた》の補助的鍛練《ほじよてきたんれん》の際《さい》にも氣息法《きそくはふ》はよく心掛《こゝろが》けておいて下《くだ》さい。」

▲呑《とん》の耐《たい》と吐《ど》の耐《たい》

問《とひ》「卷藁鍛練《まきわらたんれん》の氣息法《きそくはふ》はそれでよくわかりましたが、然《しか》し型《かた》は突《つ》きと引《ひ》きだけでなく受《う》けがありますが、それはどうなりますか」

答《こたへ》「もう少《すこ》し待《ま》つて下《くだ》さい。氣息呑吐法《きそくとんとはふ》には呑《とん》と吐《ど》の外《ほか》に耐《たい》といふ要素《えうそ》があるのです。更《さら》に詳《くは》しく云《い》へば耐《たい》には呑《とん》の耐《たい》と、吐《と》の耐《たい》とがあります。耐《たい》とは讀《よ》んで字《じ》の如《ごと》く耐《た》へ忍《しの》ぶといふことです。呑《とん》の耐《たい》といふのは氣息《いき》を吸《す》ひ込《こ》んだ儘《まゝ》の狀態《じやうたい》で耐《た》へ忍《しの》ぶこと、吐《と》の耐《たい》と云《い》ふのは氣息《いき》を吐《は》き出《だ》した儘《まゝ》の狀態《じやうたい》で耐《た》へ忍《しの》ぶこと、此《こ》の二種《しゆ》の耐《たい》があります。

話《はなし》が少《すこ》しむづかしくなりましたが、氣息法に於て右のことだけは是非心得《ぜひこゝろえ》て居《ゐ》なければなりません。耐《たい》は時間的《じかんてき》に長短《ちやうたん》いろ〳〵あり、潜水《せんすゐ》の如《ごと》きは耐《たい》の時間《じかん》の最長《さいちやう》のものでせうが、空手《からて》に於《お》ける耐《たい》は瞬間的《しゆんかんてき》の短《みぢ》かいものです。語《ご》を換《か》へて言《い》へば氣息《いき》の彈力《だんりよく》です。例《たと》へば卷藁《まきわら》を突《つ》くとき、拳《こぶし》を腰《こし》に構《かま》へて將《まさ》に突《つ》き出《だ》さうとする時《とき》に、氣息《いき》は瞬《しゆん》間的《かんてき》に止《と》めてしまつて、拳《こぶし》が卷藁《まきわら》にあたつた刹那《せつな》に氣息《いき》が吐《と》になりませう。此《こ》の拳《こぶし》が腰《こし》を離《はな》れて卷藁《まきわら》にあたる刹那《せつな》までの一瞬間《しゆんかん》が氣息法《きそくはふ》で嚴密《げんみつ》に言《い》へば呑《とん》の耐《たい》です。そして假《かり》に拳《こぶし》が卷藁《まきわら》にあたる前《まへ》に氣息《いき》が吐《と》になつてしまへば、その當身《あてみ》は空氣《くうき》のヌケた風船球《ふうせんだま》になつて何等《なんら》効果《こうくわ》のないものになります。

吐《と》から呑《とん》にうつる一瞬《しゆん》の耐《たい》が嚴密《げんみつ》に言《い》へば吐《ど》の耐《たい》になるわけです。で若《も》し吐《ど》から呑《とん》にうつる一瞬《しゆん》に於《おい》て敵《てき》から拔《はず》をかけられたときは吐《ど》の耐《たい》を以《もつ》て是《これ》に應《おう》じなければいけないことになるのです。競技《スポーツ》界に於《おい》て秒以下《べうゐか》の時間《タイム》を以《もつ》て勝負《しようぶ》を決《けつ》することは今《いま》では子供《こども》でも承《しよう》知《ち》してゐることですが、武術《ぶじゆつ》は決死《けつし》の勝敗《しようはい》を決定《けつてい》するが本體《ほんたい》なのですから、競技《スポーツ》よりも更《さら》に極端《きよくたん》に時間《タイム》の遲速《ちそく》を嚴《げん》密《みつ》に考慮《かうりよ》しておかねばならぬ理《り》です。故《ゆゑ》に吐《と》から呑《とん》にうつる間《あひだ》の一瞬《しゆん》に於《おい》て吐《と》の耐《たい》を以《もつ》て應戰《おうせん》しなければならぬ場《ば》合《あひ》もあることを承知《しようち》しておく必要《ひつえう》があるのです。

呑《とん》と吐《ど》の間《あひだ》に呑《とん》の耐《たい》と吐《と》の耐《たい》とのあることは呼吸《こきふ》の自然《しぜん》です。試《こゝろ》みに人《ひと》の寢息《ねいき》に注意《ちうい》して御覽《ごらん》なさい。健康《けんかう》な人《ひと》ほどはつきりと此《こ》の耐《たい》が見分《みわ》けられます。即《すなは》ち健康《けんかう》な人《ひと》ほど呼吸《こきふ》に彈力性《だんりよくせい》があるわけです。病氣《びやうき》の重《おも》い人《ひと》には呼吸《こきふ》に彈力性《だんりよくせい》がなくなるから呑吐《とんど》の耐《たい》が殆《ほと》んど見分《みわ》けられない様《やう》になることは周《しう》知《ち》の事實《じじつ》です。

▲型《かた》と氣息《きそく》の問題《もんだい》

答《こたへ》「さて型《かた》に於《お》ける氣息《きそく》の呑吐《とんど》はどうなるかと云《い》ふと、卷藁鍛錬《まきわらたんれん》に於《お》ける氣息呑吐法《きそくとんどはふ》の原理《げんり》が根本《こんぽん》になるのです即《すなは》ち突《つ》きも受《う》けも共《とも》に速度《そくど》と力《ちから》とを十分《ぶん》に必要《ひつえう》とする個所《かしよ》はすべて呑《とん》の耐《たい》で業《わざ》が極《き》まる刹那《せつな》に吐《ど》になります。呑《とん》は一動作《どうさ》の終《をは》つた次《つぎ》の瞬間《しゆんかん》即《すなは》ち他《た》の動作《どうさ》にうつる間《あひだ》になります。剛柔派系統《がうじうはけいとう》の型《かた》には、氣息《きそく》がはつきり形式化《けいしきくわ》されてゐて、呑吐《とんど》が第三者《だいさんしや》の耳《みゝ》にも充分《じうぶん》わかる樣《やう》になつてゐる型《かた》もありますが、其《この》他《た》の流派《りうは》に於《おい》ては大抵《たいてい》右《みぎ》に述《の》べた通《とほ》りになつて居《ゐ》まして、特《とく》に形式化《けいしきくわ》して音《おと》を發《はつ》して第三者《だいさんしや》の耳《みゝ》にも感知《かんち》し得《う》るやうにはなつて居《を》りません。なほ詳細《しやうさい》は型《かた》によつて動作《どうさ》を行《おこな》ひながら呑吐《とんど》の氣《き》息《そく》をよく研究《けんきう》し自得《じとく》して下《くだ》さい。

呑《とん》の耐《たい》、吐《ど》の耐《たい》も同《おな》じく型《かた》の練習《れんしふ》の際《さい》によく注意《ちうい》してやつて見《み》れば、自得《じとく》することが出來《でき》ます。」

問《とひ》「氣息法《きそくはふ》としては呑《とん》と吐《ど》だけだと思《おも》つて居《ゐ》ましたら耐《たい》といふこともあるのですか、耐《たい》といふことは『イキをコロす』ことだとすれば、耐《たい》が長《なが》いと衞《ゑい》生上害《せいじやうがい》になるやうに思《おも》ひますが如何《いかゞ》でせうか」

答《こたへ》「耐息《たいそく》が若《も》し長《なが》い時間《じかん》にわたり、然《しか》も不斷《ふだん》に繼續《けいぞく》して行《おこな》ふとすれば言《い》ふまでもなく吐責作用を起《おこ》し心臟肥大《しんざうひだい》の原因《げんいん》をなして衞生上《ゑいせいじやう》頗《すこぶ》る有害《いうがい》だと云《い》ふことになりますが、然《しか》し空手《からて》の型《かた》の演武《えんぶ》に於《お》ける耐息《たいそく》は有害《いうがい》と稱《しよう》すべきほどのものは一《ひと》つもありません。よく三戰《さんちん》の型《かた》の演武《えんぶ》を見《み》て耐息《たいそく》を非難《ひなん》する人《ひと》がありますが、演武者《えんぶしや》が氣息法《きそくはふ》に未熟《みじゆく》なるが故《ゆゑ》に無理《むり》な耐息《たいそく》をして居《ゐ》る場合《ばあひ》は必《かなら》ずしも三戰《ちん》に限《かぎ》らず、セーサンだらうとチントウだらうと又《また》はジッテだらうと、其《そ》の他《た》何《なん》の型《かた》にもあることです。たゞ動作《どうさ》のはやい型《かた》に於《おい》ては氣息《きそく》の呑吐《とんと》が第三者《だいさんしゃ》にははつきり見分《みわ》けがつかないし、演武者自身《えんぶしゃじしん》も意識《いしき》して居《ゐ》ないだけのことです。平安《へいあん》やナイフアンチの型《かた》を一つ演武《えんぶ》してさえ、後《あと》でフー〳〵言《い》つて居《ゐ》る人《ひと》は、演武中《えんぶちう》に無理《むり》な耐息《たいそく》があつた證據《しょうこ》です、それは氣息《きそく》法《はふ》が未熟《みじゆく》なためか又《また》は間違《まちが》つて居《ゐ》る爲《ため》に起《おこ》る場合《ばあひ》が多《おほ》いのです。そんなことはあらゆる運動競技《うんどうけうぎ》や武術等《ぶじゆつとう》の初歩《しよほ》の人《ひと》には度々見受《たびたびみう》けることですが、これは自《みづか》らもよく注意《ちうい》して研究《けんきう》すると共《とも》に先輩《せんぱい》や指導者《しだうしや》についても敎《をし》へを受《う》けるべきです。

演武者《えんぶしゃ》が氣息法《きそくはふ》に習熟《しふじゆく》して居《ゐ》る際《さい》には三戰《ちん》に於《おい》ても決《けつ》して非衛生《ひゑいせい》と難《なん》ずべきほどの無理《むり》な耐息《たいそく》はないのですが、それを誇張的《こちようてき》に非難《ひなん》するのは氣息《きそく》に於《お》ける耐《たい》の眞義《しんぎ》を解《かい》しない無智《むち》から來《く》る非難《ひなん》か、故意《こい》に他流《たりう》を非議《ひぎ》せんとする底意《そこい》からの非難《ひなん》か、その何《いづ》れかです。

耐息《たいそく》は如何《いか》なる武術《ぶじゆつ》にも競技《けうぎ》にも附《つ》きものです。適度《てきど》の耐息《たいそく》は絶對的《ぜつたいてき》に必《ひつ》要《えう》なことです。氣息《いき》を吐《は》ききつた刹那《せつな》に若《も》し引《ひ》かれるか押《お》されるかされたら呑息《とんそく》の餘裕《よゆう》がないから吐《と》の耐《たい》を以《もつ》てこれに應《おう》じ、氣息《いき》を呑《の》み込《こ》んだ刹那《せつな》ならば呑《とん》の耐《たい》になるのは理《り》の當然《たうぜん》です。よく血氣《けつき》な猛修業時代《もうしゆげふじだい》には腕《うで》だの肩《かた》だのを突《つ》かしたりする人《ひと》を見《み》ますが、あれは氣息法《きそくはふ》から見《み》れば呑《とん》の耐《たい》で行《ゆ》くのです。呑《とん》の耐《たい》は腕角力《うでずまう》だのその他日常《たにちじやう》いくらも見《み》る實例《じつれい》ですが、吐《と》の耐《たい》といふことをよく心得《こゝろえ》て居《ゐ》なければ武術修業《ぶじゆつしゆげふ》上《じやう》に氣《き》息《そく》の亂《みだ》れが生《しやう》じて思《おも》ひがけない不覺《ふかく》をとることになります。

要《えう》するに適度《てきど》の耐息《たいそく》は氣息《きそく》に彈力性《だんりよくせい》を與《あた》へ、心臟《しんざう》に對《たい》してもよい鍛練効果《たんれんこうくわ》はあつても決《けつ》して害《がい》にはなりません。無理《むり》な耐息《たいそく》は無理《むり》な飲食《いんしよく》と同《おな》じく有害《いうがい》ですが、それは「無理《むり》」といふことが有害《いうがい》なのであつて、決《けつ》して「耐息《たいそく》」や「飲食《いんしよく》」そのものが有害《いうがい》でないことは常識《じやうしき》で判斷《はんだん》してもわかることです。

人間《にんげん》の身體《しんたい》は適度《てきど》な鍛練《たんれん》によつて強《きやう》靱性《じんせい》と耐久性《たいきうせい》をかち得《う》るものですから餘《あま》り神經過敏《しんけいくわびん》にならない方《はう》がよからうと思《おも》ひます」

問《とひ》「氣息《きそく》の問題《もんだい》は他《た》の武術《ぶじゆつ》よりも空《から》手《て》の方《はう》が特《とく》にやかましい様《やう》でありますが、それには何《なに》か特別《とくべつ》の理由《りゆう》があるのでせうか」

答《こたへ》「空手《からて》に於《おい》て特《とく》に氣息法《きそくはふ》をやかましく、と云《い》ふより明白《めいはく》な形《かた》で論議《ろんぎ》されるのは、次《つぎ》の三つの理由《りゆう》によるものであります。

一、武術《ぶじゆつ》としては氣息《きそく》を調《とゝの》へることが大事《だいじ》であること。

二、大事《だいじ》な問題《もんだい》は明白《めいはく》な形《かたち》で論議《ろんぎ》して、意識的《いしきてき》ならしめる方《はう》がより効《こ》果的《くわてき》であること。

三、空手《からて》は武術《ぶじゆつ》たると共《とも》に不老長壽《ふらうちようじゆ》法《はふ》であるから、不老長壽法《ふらうちやうじゆはふ》として氣息呑吐《きそくとんと》の問題《もんだい》が重要視《ぢうえうし》せられること。

以上《いじやう》三つの理由《りゆう》のうち第《だい》一は別《べつ》に説《せつ》明《めい》せずとも明白《めいはく》なことですが、第《だい》二と三の方《はう》だけ簡單《かんたん》に説明《せつめい》を加《くわ》へませう。氣息《きそく》の問題《もんだい》は一般武術《いつぱんぶじゆつ》に共通《きようつう》の問題《もんだい》で特《とく》に空手《からて》だけに限《かぎ》つたことではないがこれを意識的《いしきてき》に練習《れんしふ》せしめるところに空手《からて》の特徴《とくちよう》があるのです。

空手《からて》の一派《ぱ》に於《おい》ては形式化《けいしきくわ》さえして居《ゐ》る位《くらゐ》で、無論《むろん》それほど明確《めいかく》に形式化《けいしきくわ》しない流派《りうは》に於《おい》ても、氣息法《きそくはふ》に特《とく》に注《ちう》意《い》を拂《はら》つて來たことは明《あき》かであつて、その理由《りゆう》は前記第《ぜんきだい》二の通《とほ》りです。故《ゆゑ》に型《かた》の練習《れんしふ》中に氣《き》息《そく》の呑吐《とんど》を意識的《いしきてき》ならしめておけば、氣息法《きそくはふ》の眞髓《しんずゐ》を自得《じとく》することが出來《でき》るわけで、無意識的《むいしきてき》にやらしておくと無理《むり》が多《おほ》いのです。空手《からて》に於《おい》て優《すぐ》れた指導者《しだうしや》が子弟《してい》の演武中《えんぶちう》に於《お》ける氣息《きそく》の呑吐《とんど》には特《とく》に注意《ちうい》して居《ゐ》られるのも、以上《いじやう》の三つの理由《りゆう》によるのです。

第《だい》三の長壽法即《ちやうじゆはふすなは》ち健康法《けんこうはふ》としては各《かく》種《しゆ》の呼吸法《こきふはふ》なるものが世間《せけん》に行《おこな》はれて居《を》りますが、何《いづ》れも相當《さうたう》に研究《けんきう》されたものでありながら、耐息《にいそく》に可《か》なり無理《むり》がある樣《やう》に感《かん》ぜられます。然《しか》し空手《からて》の氣息法《きそくはふ》には決《けつ》して無理《むり》がないので、心《しん》臟《ざう》を丈夫《ぢやうぶ》にし呼吸《こきふ》に彈力性《だんりよくせい》を與《あた》へるため、長年空手《ながねんからて》をやつてゐる人《ひと》は七十歳《さい》八十歳《さい》になつてもなほ壯年《さうねん》のやうな健《すこ》やかな心臟《しんざう》を維《も》ち、呼吸切《いきぎ》れなどは決《けつ》してありません。」

▲受方《うけかた》の五つの原理《げんり》

問《とひ》「空手《からて》の技法《わざ》は無限《むげん》だといふことを承《うけたま》はりましたが、我々入門者《われ〱にうもんしや》がその無限《むげん》の技法《わざ》を一つ一つおぼえて行《ゆ》かなければならぬとすれば、いつになつたら見當《けんたう》がつくのやら、何《なん》だか心細《こゝろぼそ》くなるやうな氣《き》がしますネ」

答《こたへ》「さう悲觀《ひくわん》したり、氣《き》を落《おと》したりしてはいけませんよ。空手《からて》は他《た》の武術《ぶじゆつ》より短時日《たんじじつ》で効果《こうくわ》があがる、と云《い》ふことを忘《わす》れましたか」

問《とひ》「いや決《けつ》して忘《わす》れはしません。なるほど空手《からて》は當身《あてみ》といふ強力《きやうりよく》な技法《わざ》があるのですから、他《た》の武術《ぶじゆつ》よりも短時《たんじ》日《じつ》に實用價値《じつようかち》を發揮《はつき》し得《う》るかもわかりませんが、拳《けん》を用《もち》ひて當身《あてみ》を入《い》れるといふ積極的氣分《せききよくてききぶん》でなく、消積的意味《せうきよくてきいみ》の護身法《ごしんはふ》として受方《うけかた》の原理《げんり》を手《て》つ取《と》り速《はや》く敎《をし》へて頂《いたゞ》くわけには參《まゐ》りませんか」

答《こたへ》「さうですネ、貴方《あなた》の御年配《ごねんぱい》ではさういふ氣分《きぶん》になりませうネ、では御《ご》希望通《きぼうどほ》り、受方《うけかた》の原理《げんり》を御傳授《ごでんじゆ》することに致《いた》しませう。

最初《さいしよ》におことわりしておきますが、此《こ》の原理《げんり》といふのは空手《からて》の型《かた》や組手《くみて》から私《わたくし》が分析的《ぶんせきてき》に抽象《ちうしやう》して見《み》た結果《けつくわ》を受《うけ》方《かた》の五原理《げんり》として次《つぎ》の樣《やう》に名稱《めいしやう》をつけてあるのですから、そのつもりでお聞《き》きを願《ねが》ひます。

受方《うけかた》の五原理《げんり》とは

落花《らくか》　流水《りうすゐ》　屈伸《くつしん》　轉位《てんい》　反撃《はんげき》

の五つです。第《だい》一から順《じゆん》に説明致《せつめいいた》しませう。

▲落花《らくか》　これは敵《てき》の攻撃《こうげき》を我《われ》はそのまゝの位置《いち》にてがつちり受《う》け止《と》める受方《うけかた》です。この落花《らくか》と云《い》ふ名稱《めいしやう》は、落花《らくか》に對《たい》して大地《だいち》は體《たい》をかはしたり避《さ》けたりしないで、花《はな》の落《お》ちて來《く》るそのまゝの位置《いち》で之《これ》を受《う》けとめるから、敵《てき》の攻撃《こうげき》に對《たい》する受《うけ》の態度《たいど》が丁度此《ちやうどこ》の大地《だいち》の態《たい》度《ど》に似《に》て居《ゐ》ると云《い》ふ意味《いみ》で斯《か》く名《な》づけるのです。

例《たと》へば敵《てき》が我《わ》が水月《すゐげつ》を目《め》がけて攻撃《こうげき》して來《き》たとき、我《われ》は進《すゝ》みも退《しりぞ》きもせず其《そ》の儘《まゝ》の位置《いち》で、敵拳《てきけん》を横受《よこうけ》又《また》は横打《よこうち》するとします。此《こ》の場合《ばあひ》の受方態度《うけかたたいど》が即《すなは》ち落花《らくか》です。

▲流水《りうすゐ》　これは敵《てき》の攻撃《こうげき》に對《たい》してさからはず、敵《てき》の力《ちから》をその方向《はうかう》に流《なが》れさせる受方《うけかた》です。

例《たと》へば敵《てき》が我《わ》が水月《すゐげつ》を攻撃《こうげき》して來《き》たとき、我《われ》は敵《てき》に對《たい》して右半身《みぎはんみ》か左半身《ひだりはんみ》かに敵《てき》と入《い》れ違《ちが》ひになる樣《やう》に體《たい》を轉《てん》じながら横受又《よこうけまた》は横打《よこうち》を以《もつ》て受《う》け流《なが》すとすれば、此《こ》の時《とき》の受方態度《うけかたたいど》は即《すなは》ち流水《りうすゐ》です。掬《すく》ひ受《う》けなども此《こ》の流水《りうすゐ》の分類《ぶんるゐ》に屬《ぞく》します。

▲屈伸《くつしん》　これは敵《てき》の攻撃《こうげき》に對《たい》して、我《わ》が體勢《たいせい》の屈伸《くつしん》を活用《くわつよう》する受方《うけかた》です。

例《たと》へば敵《てき》が我《わ》が水月《すゐげつ》を攻撃《こうげき》して來《き》たとき、我《われ》は一歩《ぽ》體《たい》をひいて猫足《ねこあし》の低《ひく》い體勢《たいせい》をとりながら裏受《うらうけ》又《また》は鈎手受《かぎてうけ》を以《もつ》て敵拳《てきけん》を引《ひ》き落《おと》すやうにして受《う》けるとします。此《こ》の場合《ばあひ》は我《わ》が伸《の》びた體勢《たいせい》の屈《くつ》する力《ちから》を活用《くわつよう》した受《う》け方《かた》です。

又《また》、例《たと》へば平安《へいあん》二段《だん》にある上段揚受《じやうだんあげうけ》を考《かんが》へて御覽《ごらん》なさい。敵《てき》が我《わ》が顔面《がんめん》を攻撃《こうげき》してきたとき、我《われ》は下《した》から上《うへ》へ敵《てき》の腕《うで》を深《ふか》くはねあげるやうにして、敵《てき》の體《たい》を崩《くづ》して受《う》けるあの受方《うけかた》は、我《わ》が手《て》で受《う》けると云《い》ふよりもむしろ我《わ》が體《たい》勢《せい》の伸《の》び立《た》つ力《ちから》を以《もつ》て受《う》けるといふべきです。此《こ》の場合《ばあひ》は屈《くつ》した體勢《たいせい》の伸《の》びる力《ちから》の活用《くわつよう》です。

故《ゆへ》に屈伸《くつしん》の原理《げんり》には屈《くつ》と伸《しん》とがあるわけです。

▲轉位《てんい》　これは敵《てき》の攻撃《こうげき》に對《たい》して、その攻撃目標《こうげきもくへう》の位置《いち》を轉《てん》じて防禦《ばうぎよ》の目的《もくてき》を全《まつた》うする意味《いみ》です。

例《たと》へば敵《てき》が我《わ》が顔面《がんめん》を攻撃《こうげき》して來《く》るとき、我《われ》は顔《かほ》を左又《ひだりまた》は右《みぎ》へ曲《ま》げるか、或《あるひ》はちよつと腰《こし》を落《おと》して低《ひく》くなるだけで敵《てき》の攻撃《こうげき》をさけることが出來《でき》ます。

又《また》、敵《てき》が我《わ》が水月《すゐげつ》をねらつて來《き》たとき右《みぎ》か左《ひだり》へひらくだけで、敵《てき》の攻撃《こうげき》をそらしてしまふことが出來《でき》ます。斯《か》くの如《ごと》く攻撃目標《こうげきもくへう》の位置《いち》を移轉《ゐてん》させることによつて受《う》けの目的《もくてき》を達《たつ》する場合《ばあひ》を轉位《てんい》と云《い》ひます。

▲反撃《はんげき》　これは退《しりぞ》いて守《まも》る要撃戰《えうげきせん》ではなく、敵兵《てきへい》の出動《しゆつどう》と同時《どうじ》に我《われ》も出動《しゆつどう》して之《これ》を奇襲《きしふ》し、電光影裡春風《でんくわうえいりしゆんぷう》を斬《き》るの反撃戰《はんげきせん》です。

例《たと》へば、拔塞大《ばつさいだい》の型《かた》にある上段突《じやうだんつ》き受《うけ》、三戰《ちん》の型《かた》にある中段輪受《ちうだんわうけ》の如《ごと》きは此《こ》の反撃《はんげき》の好適例《こうてきれい》です。上段突《じやうだんつ》き受《うけ》とは、敵《てき》が我《わ》が顏面《がんめん》を攻撃《こうげき》して來《く》るとき我《われ》も相突《あひづ》きの態度《たいど》で敵《てき》の顏面《がんめん》に突撃《とつげき》する。其《そ》の結果《けつくわ》は我《われ》に利《り》有《あ》り、と云《い》ふ突《つ》きと受《う》けとが混然一體《こんぜんいつたい》をなして居《ゐ》る受《う》け方《かた》です。中段輪受《ちうだんわうけ》とは、敵《てき》が我《わ》が水月《すゐげつ》をねらつて攻撃《こうげき》して來《く》るとき、我《われ》も同時《どうじ》に指頭《したう》を以《もつ》て即《すなは》ち平貫手《ひらぬきて》の輪突《わつ》きをなして勝利《しようり》を得《う》る、と云《い》ふ之《これ》も突《つ》きと受《う》けとが混然一體《こんぜんいつたい》をなして居《ゐ》る受《う》け方《かた》です。

以上《いじやう》五つの原理《げんり》を僅少《きんせう》の實例《じつれい》を以《もつ》て簡單《かんたん》に説明《せつめい》しましたが、實際上《じつさいじやう》には此《こ》の原理《げんり》が單獨《たんどく》に働《はたら》く場合《ばあひ》よりも、幾《いく》つか混和《こんわ》して種々《しゆしゆ》の受《う》けの動作《どうさ》をなす場合《ばあひ》が多《おほ》いのです。然《しか》し最初《さいしよ》にお話《はな》しした通《とほ》り、空手《からて》の型《かた》や組手《くみて》にある各種《かくしゆ》の受方技法《うけかたぎはふ》を分析《ぶんせき》して、理論的《りろんてき》にその原理《げんり》を抽象《ちうしやう》して見《み》ると大體《だいたい》右《みぎ》の五種《しゆ》になりますから、之《これ》をよく念頭《ねんとう》に於《お》て研究《けんきう》して行《ゆ》けば、複雜多岐千變萬化《ふくざつたきせんぺんばんくわ》の技法《わざ》も其《そ》の理法原則《りはふげんそく》が整然《せいぜん》と理解《りかい》し得《え》られるやうになりませう。

然《しか》し注意《ちうい》しなければならぬことは、受《う》け方《かた》は必《かなら》ず轉身法《てんしんはふ》と密接不離《みつせつふり》の關係《くわんけい》にあることを忘《わす》れてはならぬ、といふ點《てん》です。此處《こゝ》では餘《あま》り話《はなし》が長《なが》くなりますから、何《いづ》れ又《また》の機會《きくわい》に轉身法《てんしんはふ》についてお話《はな》し致《いた》しませう。轉身法《てんしんはふ》と關連《くわんれん》して右《みぎ》の五つの原理《げんり》を考《かんが》へれば、もつとよく受《う》けの法則《はふそく》が明瞭《めいれう》になつて來《き》ますが、此處《こゝ》ではこの程度《ていど》に止《と》めておきませう。

今《いま》お話《はなし》した中《なか》で各種受《かくしゆう》け方《かた》の名稱《めいしやう》が出《で》ましたが、これは型《かた》の講義《こうぎ》が進《すゝ》めば自然《しぜん》にわかりますから、あせらずに根《こん》よく研究《けんきう》を續《つゞ》けさへすれば、いつの間《ま》にか千變萬化《せんぺんばんくわ》の技法《ぎはふ》が、我《わ》が體内《たいない》から自然《しぜん》に湧《わ》き出《で》る樣《やう》になりますよ」

第六講　平安三段の型の講義

第十六章　平安三段の型の手數

第五一節　平安三段の型の概說

▲平安《へいあん》三段《だん》に於《おい》て我々《われわれ》は如何《いか》なる技法《わざ》に接《せつ》するか、それをあらかじめお話《はなし》して、その詳細《しようさい》の研究《けんきう》にはいりませう。

平安《へいあん》三段《だん》は二段《だん》より動作《どうさ》の數《かず》は少《すくな》く總《すべ》てで十九動作《どうさ》しかありませんが、技《わ》法《ざ》の種類《しゆるゐ》としては次《つぎ》の九種《しゆ》あります。

一、直突《ちよくつき》　二、横受《よこうけ》　三、拂受《はらひうけ》
四、貫手《ぬきて》　五、打上《うちあげ》　六、臂受《ひぢうけ》
七、打込《うちこみ》　八、臂當《ひぢあて》　九、振突《ふりつき》

平安《へいあん》三段《だん》は短《みぢ》かい型《かた》である割《わり》に内容《ないよう》は豐富《ほうふ》で、(イ)横受《よこうけ》の如《ごと》き重要《ぢうえう》な技法《わざ》(ロ)敵《てき》に後手《うしろで》を取《と》られた時《とき》の逆《ぎやく》のはづし方《かた》、(ハ)咄嗟《とつき》の場合《ばあひ》などに活用《くわつよう》される臂受《ひぢうけ》、(ニ)敵《てき》に後《うしろ》から抱《だ》きつかれやうとした時《とき》の防《ふせ》ぎ方等《かたなど》——いろ〳〵と面白《おもしろ》い技法《わざ》があるのであります。

第八六圖　平安三段演武線

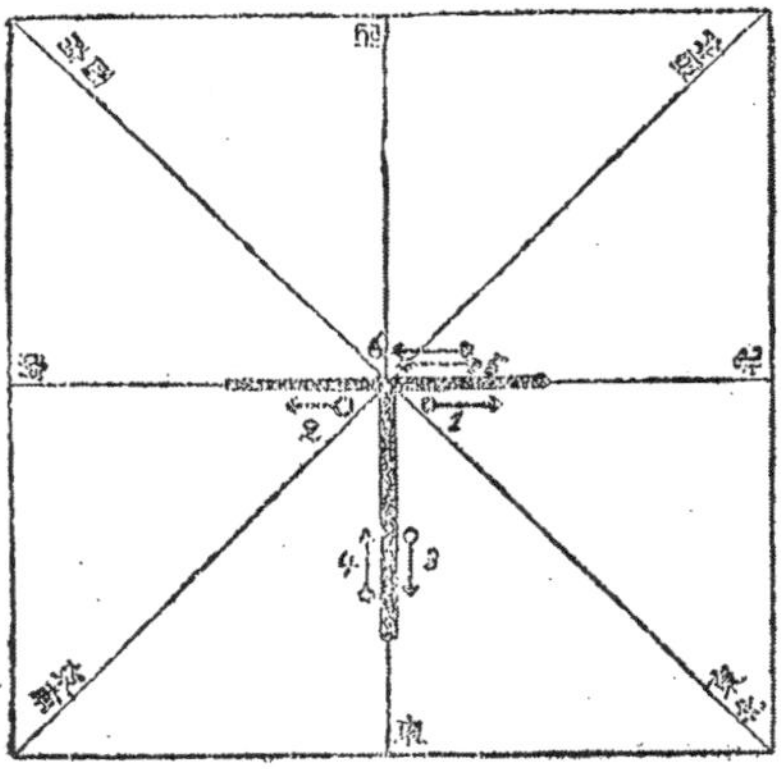

▲足《あし》の方《はう》は

一、猫足立《ねこあしだち》　二、結《むす》び立《だち》
三、丁字立《ていぢだち》　三、前屈立《ぜんくつだち》
五、八字立《じだち》　六、レの字立《じだち》
七、四股立《こだち》　八、寄《よ》り足《あし》

以上《いじやう》の八種類《しゆるゐ》になつて居《ゐ》ます。手《て》と足《あし》との結合《けつがう》は型《かた》の說明《せつめい》にゆづります。

▲演武線《えんぶせん》

平安《へいあん》三段《だん》の型《かた》は前述《ぜんじゆつ》の通《とほ》り十九動作《どうさ》より成《な》り、演武時間《えんぶじかん》は一分以内《ぷんいない》であります。演武線《えんぶせん》は挿繪《さしゑ》第《だい》八六圖《づ》の如《ごと》く丁《てい》字形《じがた》をえがき、六種《しゆ》の方向線《はうかうせん》を作《つく》ります。行動《かうどう》の順《じゆん》に從《したが》つて演武方向圖《えんぶはうかうづ》を讀《よ》んで見《み》ます。

一、北方線《ほくはうせん》　二、南方線《なんぱうせん》
三、東方線《とうはうせん》　四、西方線《せいはうせん》
五、北方線《ほくはうせん》　六、南方線《なんぱうせん》

右《みぎ》の方向線《はうかうせん》は何時《いつ》でも演武者《えんぶしや》の進行《しんかう》の方向《はうかう》を指《さ》すことは二段《だん》の時《しき》と同《おな》じであります。

第五二節　平安三段の型の手數

▲**構《かま》へ方《かた》**（第《だい》八七圖《づ》）

（イ）足《あし》は外《そと》八字立《ぢだち》に開《ひら》き兩膝《れうひざ》を伸《の》ばす。（ロ）手《て》は左右共《きいうとも》に堅《かた》く拳《こぶし》を握《にぎ》り兩腿《れうもも》の付《つ》け根《ね》のところへ甲《こう》を外《そと》にして構《かま》へ金的守護《きんてきしゅご》の姿勢《しせい》をとる。（ハ）目《め》は顎《あご》をひきつけ遠山《とほやま》を望《のぞ》むが如《ごと》く眞《まつ》直《す》ぐを見《み》る。（ホ）體《たい》は眞直《まつすぐ》にして胸《むね》をひらき肩《かた》をさげ丹田《たんでん》に力《ちから》を取《と》る。（平《へい》安《あん》二段《だん》の構《かま》へと同《おな》じ）

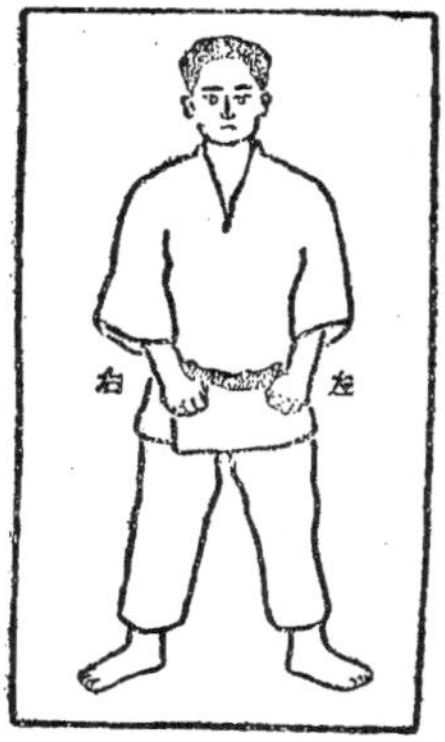

第八七圖　平安三段構へ

▲**第《だい》一動作《どうさ》**（第《だい》八九圖《づ》）

主眼點《しゅがんてん》、北方《ほくはう》へ左拳《けん》横受《よこうけ》

說《せつ》　明《めい》　（イ）構《かま》への時《とき》の位置《ゐち》にて上《じやう》體《たい》は東方《とうはう》へ向《む》けた儘《まゝ》で、頭《あたま》だけ北方《ほくはう》へ向《む》け、北方《ほくはう》の敵《てき》に目《め》を注《そゝ》ぐ。（ロ）同時《どうじ》に腰《こし》を落《おと》して猫足《ねこあし》に變《へん》じ、左拳《きけん》は甲《こう》を外《そと》に向《む》けて圖《づ》の如《ごと》く横受《よこうけ》をなす。拳《こぶし》の高《たか》さは肩《かた》より心持《こゝろもち》低《ひく》く、左肘《ひだりひぢ》と脇腹《わきはら》との間《あひだ》は拳《こぶし》一つはいる位《くらゐ》の距離《きょり》とす。

（ハ）右拳《うけん》は甲《こう》を下《した》にして腰《こし》に引《ひ》いて構《かま》へる。以上《いじやう》一擧動《きょどう》に行《おこな》ふ。

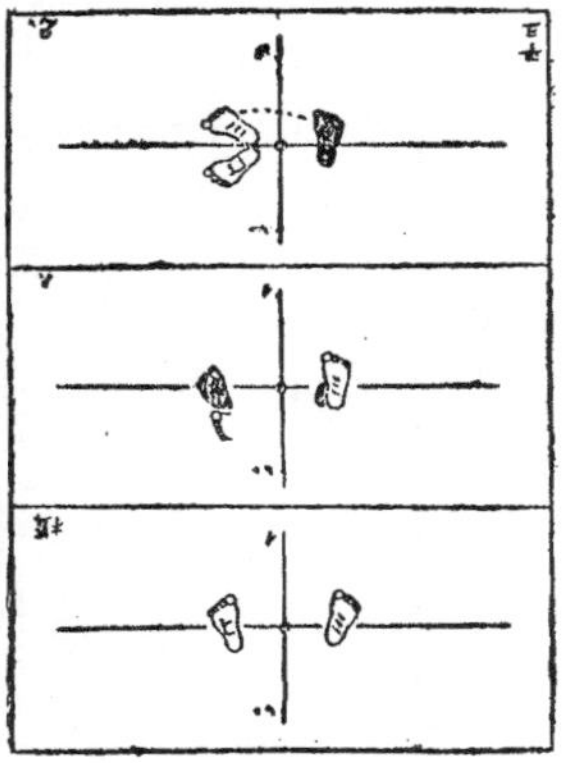
第八八圖　（第二動作マデ足取）

第八九圖　平安三段第一動作

▲**第《だい》二動作《どうさ》**（第《だい》九〇圖《づ》）

主眼點《しゅがんてん》、北方《ほくはう》へ右横受《みぎよこうけ》、左拂受《ひだりはらひうけ》

說《せつ》　明《めい》　（イ）北方《ほくはう》へ向《むか》ひたる儘《まゝ》、右《みぎ》足《あし》を左足《ひだりあし》のところへ引《ひ》きつけて結《むす》び立《だち》となり、（ロ）左拳《うけん》は横受《よこうけ》をなし（甲《こう》は外《そと》）左拳《けん》は拂受《はらひうけ》（甲《こう》は外《そと》）をなす。

イロを一擧動《きょどう》に行《おこな》ふ。

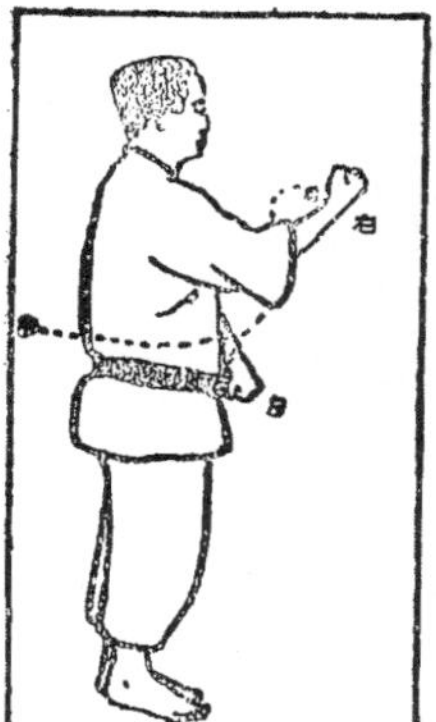

第九〇圖　平安三段第二動作

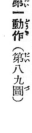

▲第《だい》三動作《どうさ》（第《だい》九一圖《づ》）
主眼點《しゆがんてん》、北方《ほくはう》へ左横受《ひだりよこうけ》、右拂受《みぎはらひうけ》
說《せつ》　明《めい》、北方注目《ほくはうちうもく》。其儘結《そのまゝむす》び立《だち》にて、左拳《けん》にて横受《よこうけ》をなし（甲《こう》は外《そと》）右拳《うけん》にて下段《げだん》へ拂受《はらひうけ》をなす（甲《こう》は外《そと》）左右同《さいうどう》時《じ》に動作《どうさ》をなす。

▲第《だい》四動作《どうさ》（第《だい》九四圖《づ》）
主眼點《しゆがんてん》、南方《なんぱう》へ右横受《みぎよこうけ》
說《せつ》　明《めい》、（イ）左足《ひだりあし》を軸《ぢく》として右足《みぎあし》を南方《なんぱう》へ一歩踏《ほふ》み出《だ》して猫足《ねこあし》となる。
（ロ）上體《じやうたい》は東方《とうはう》へ向《む》け頭《あたま》だけ南方《なんぱう》へ向《む》けて其《そ》の方向《はうかう》の敵《てき》に注目《ちうもく》する。

第九一圖　平安三段第三動作

（ハ）右拳橫受《うけんよこうけ》、甲《こう》は外《そと》。左拳《さけん》は甲《こう》を下《した》にして左腰《ひだりこし》に構《かま》へる。以上《いじやう》一動作《どうさ》として行《おこな》ふ。（右半身《みぎはんしん》の構《かま》へ）

第九三圖（第五動作マデ足取）

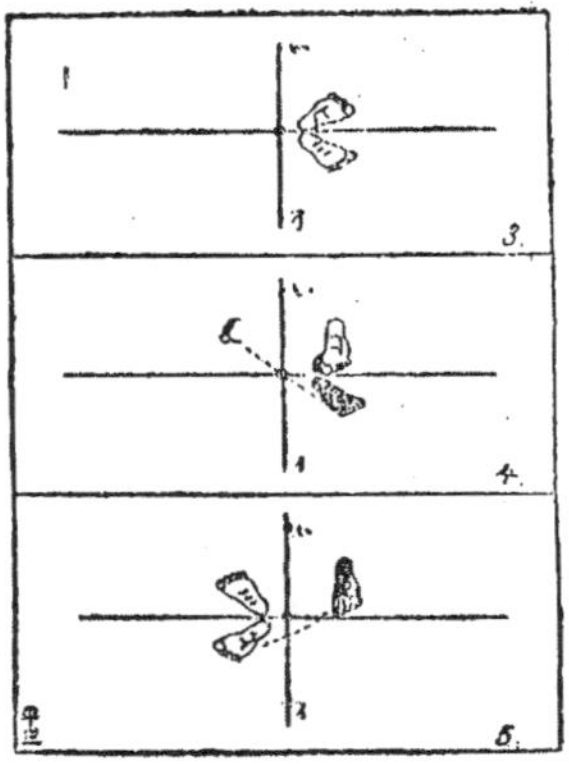

第九四圖　平安三段第四動作

▲第《だい》五動作《どうさ》（第《だい》九五圖《づ》）
主眼點《しゆがんてん》、南方《なんぱう》へ左横受《ひだりよこうけ》、右拂受《みぎはらひうけ》
說《せつ》　明《めい》、（イ）左足《ひだりあし》を左足《みぎあし》にひきつけて結《むす》び立《だち》となり、目《め》は南方注視《なんぱうちうし》。
（ロ）左拳《さけん》にて横受《よこうけ》、甲《こう》は外《そと》。右拳《うけん》にて下段《げだん》へ拂《はら》ひおとす、甲《こう》は外《そと》。
以上《いじやう》を一動作《どうさ》として行《おこな》ふ。

注意　横受《よこうけ》は敵《てき》が我《わ》が水月《すゐげつ》をねらつて攻擊《こうげき》して來《く》る時《とき》に我《わ》が表小手《おもてこて》で受《う》けるのですから我《わ》が受手《うけて》は拳《こぶし》の高《たか》さが肩《かた》より高《たか》くならずに、むしろ心持低《こゝろもちひく》い位《くらゐ》、横受《よこうけ》して居《ゐ》る手《て》の臂《ひぢ》と脇腹《わきはら》とは拳《こぶし》が一

第九五圖　平安三段第五動作

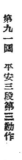

づはいる位《くらゐ》に離《はな》しておく。斯《か》くすると丁度横受《ちやうどよこうけ》の正《ただ》しい形《かたち》になります。

▲第《だい》六動作《どうさ》（第《だい》九六圖《づ》）

主眼點《しゆがんてん》、南方《なんぱう》へ、右横受《みぎよこうけ》、左拂受《ひだりはらひうけ》

說《せつ》　明《めい》、南方注目《なんぱうちうもく》。其儘結《そのまゝむす》び立《だち》にて、右拳《うけん》にて横受《よこうけ》、甲《かう》は外《そと》。左拳《さけん》にて下段《げだん》へ拂《はら》ひおとす、甲《かう》は外《そと》。これを一動作《どうさ》として行《おこな》ふ。

注意　横受《よこうけ》の拳《こぶし》の高《たか》さは前述《ぜんじゆつ》の通《とほ》りですが、横受《よこうけ》は敵《てき》が拳《こぶし》で突《つ》いて來《く》るのを我《わ》が表《おも》小手《こて》にて敵《てき》の小手《こて》をはじきとばすのですから、其《そ》の氣分《きぶん》でやつて下《くだ》さい。拂受《はらひうけ》は我《わ》が裏小手《うらこて》にて敵《てき》の手《て》をぽんと下段《げだん》へ拂《はら》ひ落《お》とす心持《こゝろも》ち。

第九六圖　平安三段第六動作

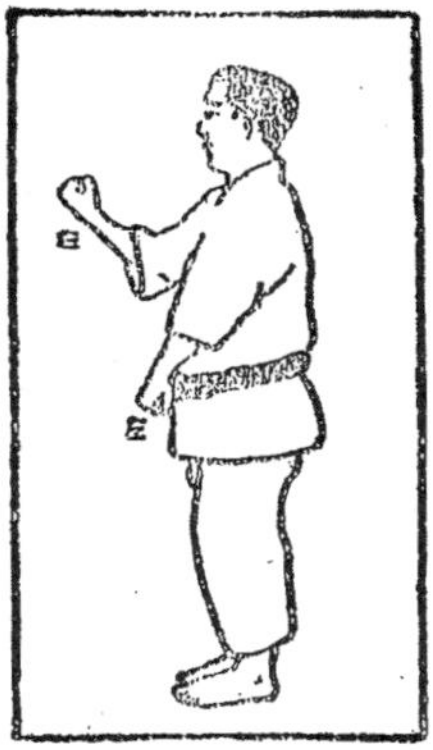

▲第《だい》七動作《どうさ》（第《だい》九八圖《づ》）

主眼點《しゆがんてん》、東方《とうはう》、左横受《ひだりよこうけ》

第九七圖（第八動作マデ足取）

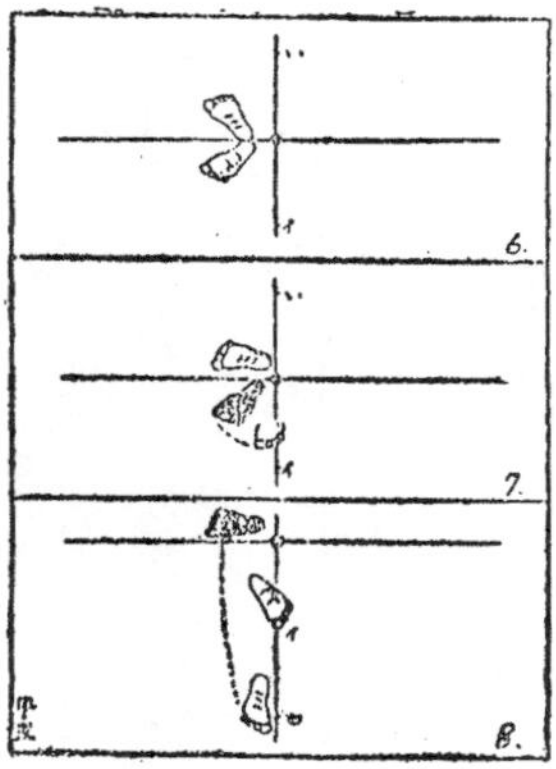

第九八圖　平安三段第七動作

說《せつ》　明《めい》、（イ）右足《みぎあし》その儘《まゝ》の位置《ゐち》にて左足《ひだりあし》を東方《とうはう》へ一歩《ほ》進《すゝ》めて猫足《ねこあし》となり、上體《じやうたい》を南方《なんぱう》へ向《む》けた儘《まゝ》で頭《あたま》を東《ひがし》の方《はう》へ向《む》けて其《そ》の方向《はうかう》へ注目《ちうもく》。（ロ）同時《どうじ》に左拳《さけん》横受《よこうけ》、甲《かう》は外《そと》。右拳《うけん》は甲《かう》を下《した》にして右腰《みぎこし》に構《かま》へる。以上《いじやう》を一動作《どうさ》に行《おこな》ふ（第《だい》一動作《どうさ》と同《おな》じで方向《はうかう》だけ異《こと》る）

▲第《だい》八動作《どうさ》（第《だい》九九圖《づ》）

主眼點《しゆがんてん》、東方《とうはう》へ右手《みぎて》四本貫手《ほんぬきて》

說《せつ》　明《めい》、東方注目《とうはうちうもく》。左足《ひだりあし》を其儘《そのまゝ》の位置《ゐち》に踏《ふ》みしめ、右足《みぎあし》一歩《ほ》前進《ぜんしん》、同時《どうじ》に右《みぎ》四本貫手《ほんぬきて》（小指《こゆび》は下《した》）にて東方《とうはう》へ中段《ちだん》

第九九圖　平安三段第八動作

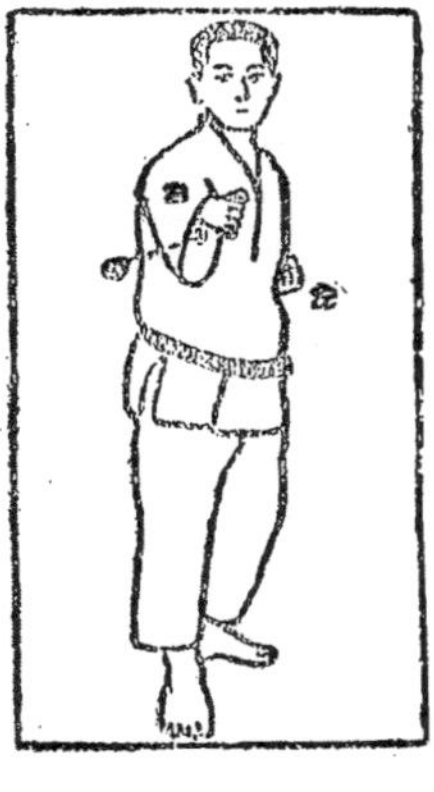

突《つき》。左拳《さけん》は甲《こう》を下《した》にして左腰《ひだりこし》にひいて構《かま》へる。左右《さいう》の手《て》の動作《どうさ》を同時《どうじ》に行《おこな》ふ

▲第《だい》九動作《どうさ》（第《だい》一〇〇圖《づ》）

主眼點《しゅがんてん》、逆《ぎゃく》をとられて西方《せいはう》へ廻轉《くわいてん》。

説《せつ》　明《めい》、兩足《りょうあし》その儘《まゝ》の位置《いち》にて、ぐるりと左廻《ひだりまはり》に西方《せいはう》へ廻轉《くわいてん》して前屈《ぜんくつ》（左足《ひだりあし》）となり、右手《みぎて》はその儘《まゝ》（四本指《ほんゆび》を伸《の》ばし拇指《ぼし》を伸《の》ばした形《かたち》）で、掌《たなごゝろ》を上《うへ》にむけ臂《ひぢ》を曲《ま》げて下方《かはう》へ下《さ》げる。（お臂《しり》にくつつけるのではなく、七八寸位《すんくらゐ》はなれる）

此《こ》の動作《どうさ》は敵《てき》に手《て》を捕《とら》れて後手《うしろで》にねぢられた事《こと》を意味《いみ》する故《ゆゑ》にその積《つも》りで行《おこな》ふ。

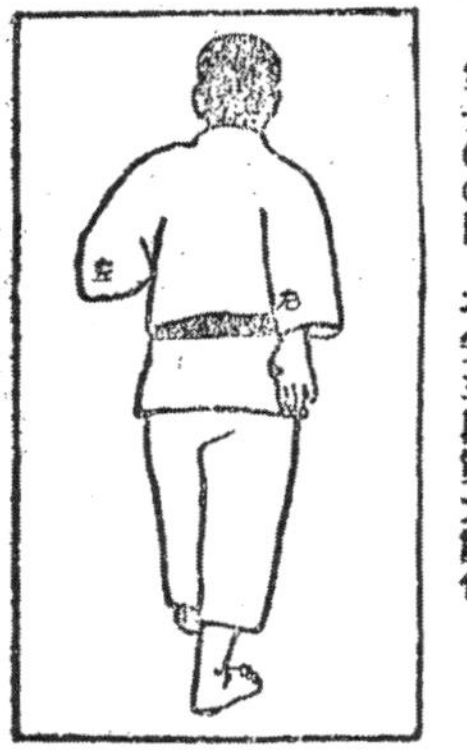

第一〇〇圖　平安三段第九動作

▲第《だい》十動作《どうさ》（第《だい》一〇二圖《づ》）

主眼點《しゅがんてん》、東方《とうはう》へ左拳《さけん》打上《うちあ》げ。

説《せつ》　明《めい》、（イ）左足《ひだりあし》を軸《ぢく》（上足底《じやうそくてい》）として左足《ひだりあし》を東方《とうはう》へ一歩《ぽ》踏《ふ》み出《だ》して四股《こ》立《だち》となる。

（ロ）左拳《さけん》を下《した》から上《うへ》に打《う》ち上《あ》げる（甲《こう》を上《うへ》にして拳《こぶし》の高《たか》さは中段直突《ちうだんちよくつき》と同《おな》じ高《たか》さ位《くらゐ》まで打上《うちあ》げる）（ハ）右手《みぎて》は拳《こぶし》を握《にぎ》りぐつと引《ひ》いて右腰《みぎこし》に構《かま》へる、甲《こう》は下《した》。以上《いじやう》を一動作《どうさ》として行《おこな》ふ。

注意《ちうい》、上體《じやうたい》は南方《なんぱう》へ向《む》け頭《あたま》は東方《とうはう》へ向《む》けて其《そ》の方向《はうかう》に注目《ちうもく》のこと。

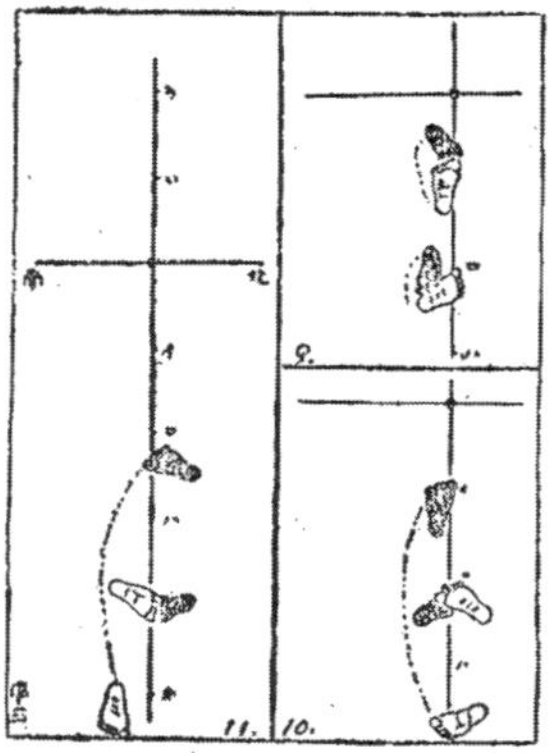

第一〇一圖（第一一動作マデ足取）

第一〇二圖　平安三段第一〇動作

▲第《だい》十一動作《どうさ》（第《だい》一〇三圖《づ》）

主眼點《しゅがんてん》、東方《とうはう》へ右拳中段直突《うけんちうだんちよくつき》

説《せつ》　明《めい》、東方《とうはう》注目《ちうもく》。左足《ひだりあし》を其《そ》の儘《まゝ》とし

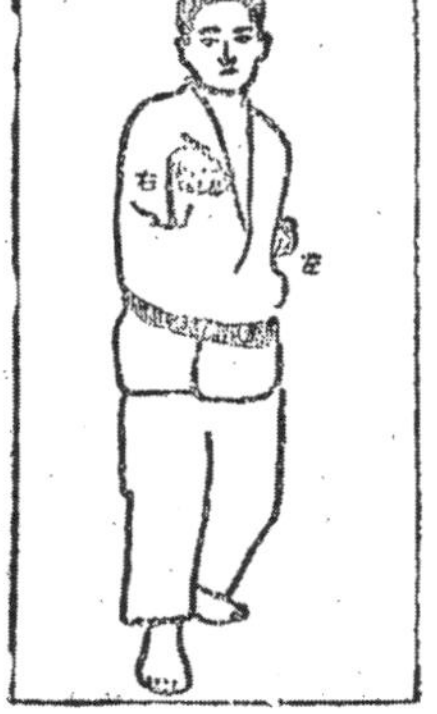

第一〇三圖　平安三段第一一動作

右足《みぎあし》を一歩《ほ》東方《とうはう》へ進出《しんしゆつ》すると同時《どうじ》に右拳中段直突《けんちうだんちよくつき》、甲《こう》は上《うへ》。左拳《さけん》は甲《こう》を下《した》にして左腰《ひだりこし》に構《かま》へる。

▲第《だい》十二動作《どうさ》（第《だい》一〇四圖《づ》）

主眼點《しゆがんてん》、西面《せいめん》して兩臂《れうひぢ》横《よこ》に張《は》つた構《かまへ》。

說《せつ》明《めい》、右足《みぎあし》をそのまゝの位置《ゐち》にて後《うしろ》（即《すなは》ち西方《せいはう》）へ向《むか》ひ、同時《どうじ》に左足《ひだりあし》を右《みぎ》足《あし》に引《ひ》きつけて結《むす》び立《だち》となり、左右《さいう》の拳《こぶし》は甲《こう》を前向《まへむき》にして腰《こし》にとり、肩《かた》をさげて兩臂《れうひぢ》を左右《さいう》に張《は》る。西方注目《せいはうちうもく》の事《こと》

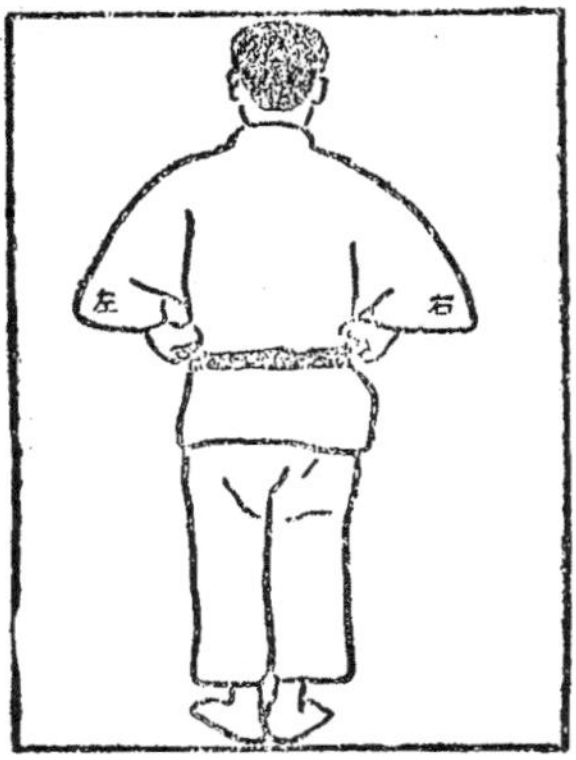

第一〇四圖　平安三段第一二動作

▲第《だい》十三動作《どうさ》（第《だい》一〇六圖《づ》）

主眼點《しゆがんてん》、西方《せいはう》へ右臂受《みぎひぢうけ》と打込《うちこみ》。

說《せつ》明《めい》、（イ）左足《ひだりあし》その儘《まゝ》の位置《ゐち》、右《みぎ》足《あし》を西方《せいはう》へ一歩《ほ》前進《ぜんしん》して四股立《こだち》となり上體《じやうたい》は南方《なんぱう》へ向《むか》つた儘《まゝ》で頭《あたま》だけ西方《せいはう》へ向《む》け其《そ》の方向《はうかう》に注目《ちうもく》。兩臂《れうひぢ》は左右《さいう》に張《は》つた儘《まゝ》の姿勢《しせい》であるが、右臂《みぎひぢ》は敵《てき》の攻《こう》擊《げき》を臂《ひぢ》で拂《はら》ひのけるのであるから其《そ》の心持《こゝろもち》でちよつと前方《ぜんぱう》へ振《ふ》る。（ロ）臂受《ひぢうけ》すると同時《どうじ》に第《だい》一〇七圖《づ》の如《ごと》く右拳《うけん》を敵《てき》の下腹部《かふくぶ》へ打込《うちこ》む意味《いみ》で臂《ひぢ》を伸ばし直《す》ぐ元《もと》の位置《ゐち》にもどす。右《みぎ》は打込《うちこみ》の時《とき》も甲《こう》は前《まへ》むき。イロを急速度連續動作《きふそくどれんぞくどうさ》として行《おこな》ふ。

第一〇五圖（第一四動作マデ足取）

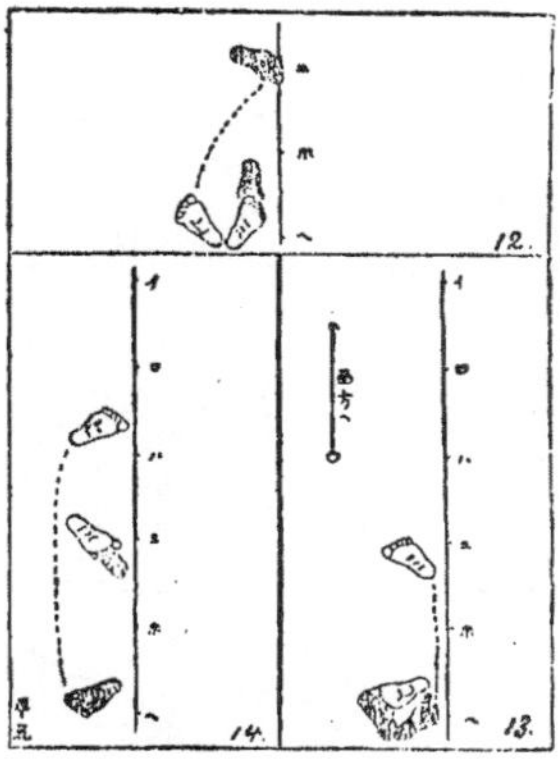

第一〇六圖　平安三段第一三・一五動作

第一〇七圖

第一三・一五動作を南方より見た形

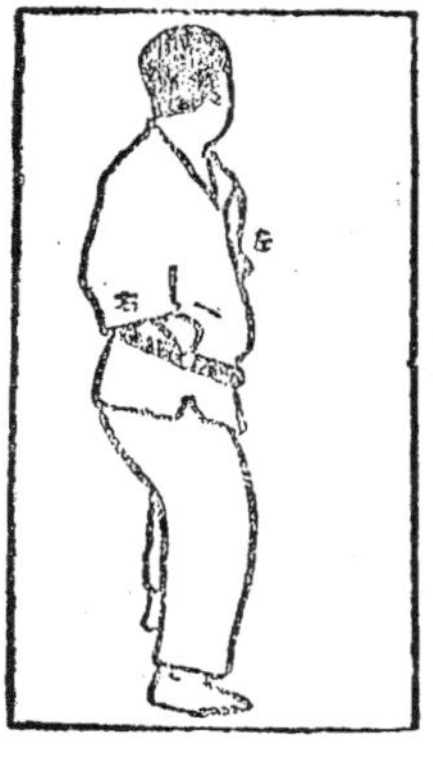

第一〇八圖　平安三段第一四動作

▲第《だい》十四動作《どうさ》（第《だい》一〇八圖《づ》）

主眼點《しゆがんてん》、西方《せいはう》へ左臂受《ひだりひぢうけ》と打込《うちこみ》。

説《せつ》　明《めい》、右足《みぎあし》其儘《そのまゝ》、左足を西方《せいはう》へ一歩《ほ》前進《ぜんしん》（四股立《こだち》）西方注目《せいはうちうもく》。左臂受《ひだりひぢうけ》と左《さ》拳打込《けんうちこみ》。

▲第《だい》十五動作《どうさ》　插繪《さしゑ》は前頁《ぜんページ》中段《ちうだん》にあり

主眼點《しゆがんてん》、西方《せいはう》へ右臂受《みぎひぢうけ》と打込《うちこみ》。

説《せつ》　明《めい》、右《みぎ》一歩《ほ》前進《ぜんしん》して、第《だい》十三動作《どうさ》と同《おな》じ。

注意《ちうい》、臂受《ひぢうけ》の前進《ぜんしん》は足《あし》をどんと踏下《ふみおろ》さす普通《ふつう》の四股《こ》の前進《ぜんしん》なり。

第一〇九圖
平安三段第
一六動作
下ハ東方ヲ
り見タル形

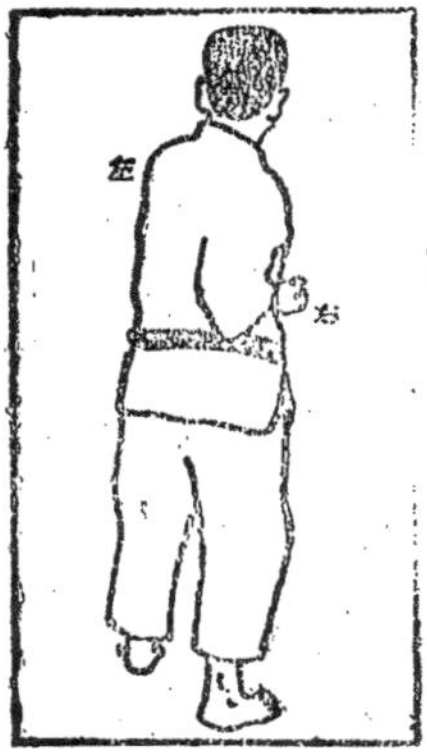

▲第《だい》十六動作《どうさ》（第《だい》一〇九圖《づ》）

主眼點《しゆがんてん》、西方《せいはう》へ左《さ》拳中段直突《けんちうだんちよくつき》。

説《せつ》　明《めい》、西方注目《せいはうちうもく》。右足《みぎあし》その儘《まゝ》。左足《ひだりあし》一歩《ぽ》前進《ぜんしん》、同時《どうじ》に左《さ》拳中段直突《けんちうだんちよくつき》、甲《こう》は上《うへ》。右拳《うけん》は甲《こう》を下《した》にして腰《こし》に構《かま》へる。

第一一〇圖（第一七動作マデ足取）

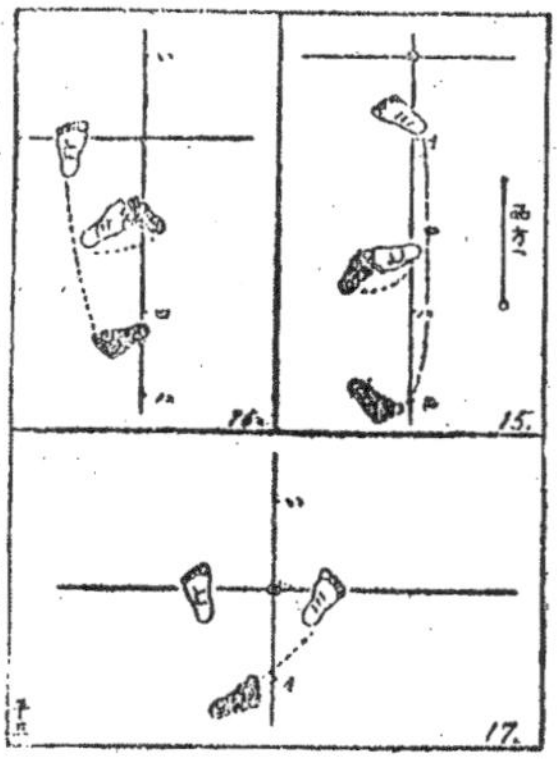

第一一一圖　平安三段第一七動作

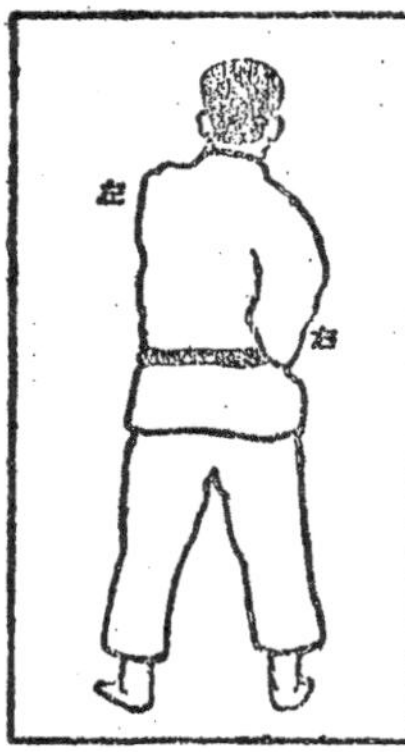

▲第《だい》十七動作《どうさ》（第《だい》一一一圖《づ》）

主眼點《しゆがんてん》、西方《せいはう》、右足《みぎあし》一歩《ぽ》前進《ぜんしん》。

説《せつ》　明《めい》、西方注目《せいはうちうもく》。左《さ》拳《けん》を突《つ》き出《だ》した儘《まゝ》で、右足《みぎあし》を一歩《ほ》前《まへ》へ進《すゝ》めて八字立《じだち》となる。右拳《うけん》左足《さそく》そのまゝ。

▲第《だい》十八動作《どうさ》（第《だい》一一二圖《づ》）

主眼點《しゆがんてん》、北方《ほくはう》、左臂當《ひだりひぢあて》、右振突《みぎふりつき》

説《せつ》　明《めい》　（イ）右足《みぎあし》を軸《ぢく》として左足《ひだりあし》を北方《ほくはう》へ左廻《ひだりまわ》りに一歩移《ぽうつ》し、（ロ）左臂《ひだりひぢ》はぐつと背後《はいご》へ引き、甲《こう》は下《した》。右拳《うけん》は左肩《ひだりかた》の上《うへ》の方《はう》へ振《ふ》り突《つき》をなす。イロの

第一一二圖　平女三段第一八動作

動作《どうさ》を同時《どうじ》に行《おこな》ふ。従《したが》つて上體《じやうたい》は左《ひだり》へねぢれた様《やう》になる。但《たゞ》し左側《ひだりがわ》へ上體《じやうたい》を倒《たほ》すのではなく伸《の》ばしたまゝで左《ひだり》へねぢれるのであつて、足《あし》は左《さ》右共《いうともかゝと》踵を床《ゆか》につけ、膝《ひざ》を伸《の》ばした八字《じ》立《ち》。目《め》は東《とう》南方注視《なんぱうちうし》。

▲第《だい》十九動作《どうさ》（第《だい》一一三圖《づ》）

主眼點《しゆがんてん》、南方《なんぱう》へ寄足《よりあし》。右臂當《みぎひぢあて》、左振突《ひだりふりつき》

説《せつ》　明《めい》　（イ）右足《みぎあし》を右横即《みぎよこすなは》ち南方《なんぱ》へ一歩《ほ》開《ひら》くと同時《どうじ》に、左足《ひだりあし》を元《もと》の右足《みぎあし》の位置《ゐち》まで引《ひ》き寄《よ》せ（之《これ》を寄《よ》り足《あし》と云《い》ふ）て八字《じ》立《だち》となる。（ロ）右臂《みぎひぢ》をぐつと

第一一四圖　平安三段第一九動作

背後《はいご》へ引《ひ》き、甲《こう》は下《した》、左拳《さけん》は甲《こう》を上《うへ》にして左肩《ひだりかた》の上方《じやうはう》へ振突《ふりつき》する。イロを同《どう》時《じ》に行《おこな》ひ、目《め》は西南方注視《せいなんはうちうし》。此動作《このどうさ》も兩足《れうあし》の踵《かゝと》は床《ゆか》につけ膝《ひざ》は伸《の》ばした儘《まゝ》です。

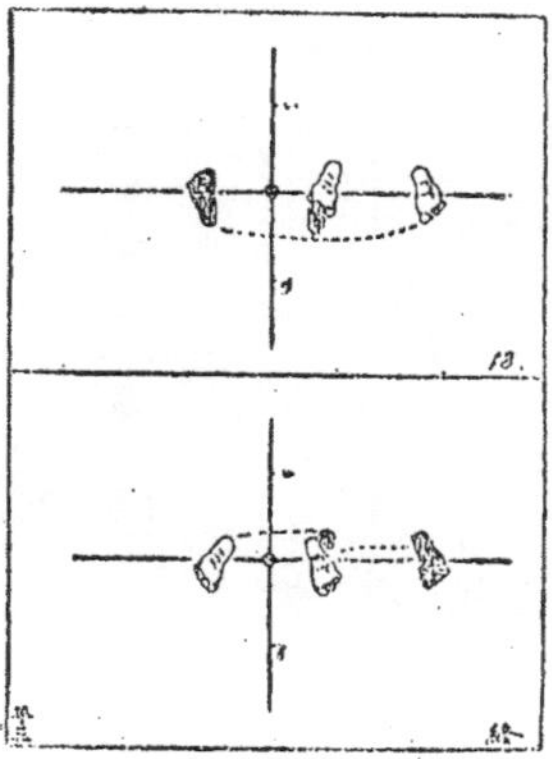
第一一四圖（終演マデ足取）
（注意足取の終とあるは第十九動作及び終演なり）

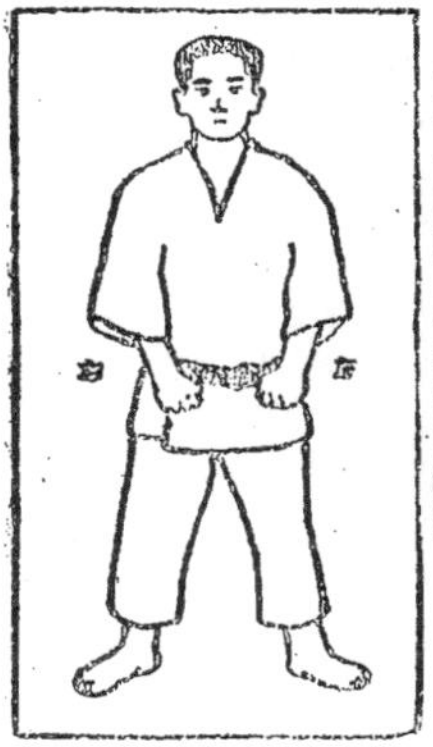

第一一五圖　平安三段終演

▲演武終了《えんぶしゆうれう》（第《だい》一一五圖《づ》）

主眼點《しゆがんてん》、最初《さいしよ》の姿勢《しせい》に還《かへ》る。

説《せ》　明《めい》、其儘《そのまゝ》の位置《ゐち》にて正面《せうめん》（即《すなは》ち東《とう》方《はう》に）向《むか》ひ、兩拳《れうけん》は水月《すゐげつ》の兩側《れうがわ》より甲《こう》を外向《そとむ》きにして靜《しづ》かに下方《かはう》へおろし、目《め》は遠山《とほやま》を望《のぞ》む如《ごと》く眞直《まつす》ぐに見《み》つつ、靜《しづ》かに一呼吸《こきふ》して、演武《えんぶ》終《をは》る。演武《えんぶ》のはじめ及《およ》び終《をは》りの禮《れい》は上體《じやうたい》を少《すこ》しく前《ぜん》方《ぱう》へかがめる程度《ていど》にて、（頭《あたま》をさげたり目《め》を下方《かはう》へ向《む》けたりせず）注目《ちうもく》の立禮《りつれい》とす。

▲足《あし》の移動《ゐどう》について

一、足《あし》の動《うご》きは常《つね》に床《ゆか》とつかず離《はな》れずの程度《ていど》にて移動《ゐどう》し、決《けつ》してやたらに足《あし》を踏《ふ》みならしたり又《また》は足《あし》を床《ゆか》につけて引《ひ》きずる様《やう》な動《うご》かし方《かた》はよくありません。輕《かる》く敏捷《びんせう》に動《うご》かすべきでありま す

二、寄足《よりあし》は側面《そくめん》への寄足《よりあし》だけではなく前方又《ぜんぱうまた》は斜前方《なゝめぜんぱう》への寄足《よりあし》もあります。

第十七章

型の分解的説明と研究法

第五三節　平安三段の分解的説明

▲平安《へいあん》三段《だん》の型《かた》の各動作《かくどうさ》の持《も》つ武術的《ぶじゆつてき》意味《いみ》を分解的《ぶんかいてき》に説明致《せつめいいた》します。

先《ま》づ最初《さいしよ》に平安《へいあん》三段《だん》の型《かた》の各動作《かくどうさ》の特徴《とくちよう》を一覽《らん》することにしませう。

一、左拳横受《さけんよこうけ》、右拳右腰《うけんみぎこし》
二、右拳横受《うけんよこうけ》、左拳拂受《さけんはらひうけ》
三、左拳横受《さけんよこうけ》、右拳拂受《うけんはらひうけ》
四、右拳横受《うけんよこうけ》、左拳左腰《さけんひだりこし》
五、左拳横受《さけんよこうけ》、右拳拂受《うけんはらひうけ》
六、右拳横受《うけんよこうけ》、左拳拂受《さけんはらひうけ》
七、左拳横受《さけんよこうけ》、右拳右腰《うけんみぎこし》
八、右四本貫手《みぎほんぬきて》、左拳左腰《さけんひだりこし》
九、右手逆《みぎてぎやく》を取《と》られ後向《うしろむき》、左拳左腰《さけんひだりこし》
十、左拳《けん》はね上《あ》げ、右拳右腰《うけんみぎこし》
十一、右拳直突《うけんちよくつき》、左拳左腰《さけんひだりこし》
十二、兩拳兩腰《りやうけんりやうこし》、結《むす》び立《だち》
十三、右臂受《みぎひぢうけ》と打込《うちこみ》、右臂其儘《ひだりひぢそのまゝ》
十四、左臂受《ひだりひぢうけ》と打込《うちこみ》、右臂其儘《みぎひぢそのまゝ》
十五、右臂受《みぎひぢうけ》と打込《うちこみ》、左臂其儘《ひだりひぢそのまゝ》
十六、左拳直突《さけんちよくつき》、右拳右腰《うけんみぎこし》
十七、左拳其儘《さけんそのまゝ》、右拳右腰《うけんみぎこし》
十八、左臂當《ひだりひぢあて》、右拳振突《うけんふりつき》
十九、右臂當《みぎひぢあて》、左拳振突《さけんふりつき》

此《こ》の一覽表《らんへう》に現《あら》はれた平安《へいあん》三段《だん》の型《かた》の特徴《とくちよう》は、（A）横受《よこうけ》（B）逆《ぎやく》はずし、（C）臂受《ひぢうけ》、（D）後《うしろ》から抱《だ》きつかれた時《とき》のはづし方《かた》として臂當《ひぢあて》と振突《ふりつき》、以上《いじやう》の四種類《しゆるゐ》で、その他《た》に四本貫手《ほんぬきて》の攻撃《こうげき》も一つあります。

足《あし》の方《はう》でも猫足《ねこあし》が三度《ど》も出《で》て居《を》り、その時《とき》の左右《さいう》の拳《こぶし》との結合《けつがふ》は大《おほ》いに研究習熟《けんきうしうじゆく》すべき體勢《たいせい》をなして居《ゐ》ます。

では各動作《かくどうさ》の解説《かいせつ》を致《いた》しませう。

▲横受《よこうけ》と猫足《ねこあし》

甲《こう》（第《だい》一動作《どうさ》）
乙《おつ》（第《だい》四動作《どうさ》）
丙《へい》（第《だい》七動作《どうさ》、第《だい》八動作《どうさ》）

甲《こう》の場合《ばあひ》。敵《てき》が我《わ》が水月部《すゐげつぶ》をめがけて右拳《うけん》で攻撃《こうげき》して來《く》る場合《ばあひ》、我《われ》は右足《みぎあし》を一歩後方《ほこうはう》に退《ひ》いて左半身《ひだりはんみ》に卽《すなは》ち體《たい》を左横向《ひだりよこむ》きに猫足《ねこあし》となり、同時《どうじ》に左手《ひだりて》にて横受《よこうけ》をなす。右拳《うけん》は攻撃《こうげき》の用意《ようい》。

乙《おつ》の場合《ばあひ》。敵《てき》が我《わ》が水月部《すゐげつぶ》をめがけて右拳《うけん》を以《もつ》て攻撃《こうげき》して來《き》た場合《ばあひ》、我《われ》は左足《ひだりあし》を一歩後方《ほこうはう》に退《ひ》いて右半身《みぎはんみ》に卽《すなは》ち體《たい》を右横向《みぎよこむ》きに猫足《ねこあし》となり、同時《どうじ》に右《みぎ》

手《て》にて横受《よこうけ》をなす。(第一一六圖参照)

丙《へい》の場合《ばあひ》。敵《てき》が我《わ》が水月部《すゐけつぶ》をめがけて右《う》拳《けん》を以《もつ》て攻撃《こうげき》して來《き》た場合《ばあひ》、我《われ》は右足《みぎあし》を一歩《ほ》後方《こうはう》に退《ひ》き體《たい》を其儘《そのまゝ》敵《てき》に正《せう》面《めん》した儘《まゝ》で猫足《ねこあし》となり、左手《ひだりて》にて横受《よこうけ》をなし、同時《どうじ》に右手《みぎて》は貫手《ぬきて》を以《もつ》て敵《てき》の水月部《すゐけつぶ》を攻撃《こうげき》する。

甲《こう》と丙《へい》とは、左《さ》拳《けん》を以《もつ》て敵《てき》の右《う》拳《けん》を内側《うちがわ》から横受《よこうけ》したから是《これ》を内横受《うちよこうけ》と云《い》ひ、乙《おつ》は右《う》拳《けん》を以《もつ》て敵《てき》の右《う》拳《けん》を外側《そとがわ》から横受《よこうけ》して居《ゐ》るから之《これ》を外横受《そとよこうけ》と云《い》ひます。

若《も》し敵《てき》が左《さ》拳《けん》を以《もつ》て攻撃《こうげき》したとすれば、甲《こう》と丙《へい》の時《とき》は外横受《そとよこうけ》となり、乙《おつ》の時《とき》は内横受《うちよこうけ》となります。そこで表小手《おもてこて》裏小手《うらこて》の關係《くわんけい》を調《しら》べて見《み》ますと、横受《よこうけ》する方《はう》は常《つね》に表小手《おもてこて》を用《もち》ふることは型《かた》の手《て》數說明《かずせつめい》の時《とき》にお話《はなし》した通《とほ》りであるが、受《う》ける時《とき》に攻撃者《こうげきしや》の表小手《おもてこて》を受《う》ける時《とき》が内受《うちうけ》となり、裏小手《うらこ》を受《う》ける時《とき》が外受《そとう》けになります。故《ゆゑ》に二人《り》で實際《じつさい》にやつて見《み》て、よく横受《よこうけ》の内外《うちそと》をおぼえて下《くだ》さい。

▲敵《てき》の右《う》拳《けん》の攻撃《こうげき》を我《わ》が左《さ》拳《けん》で内横受《うちよこうけ》した時《とき》(第《だい》一動作《どうさ》と第《だい》七動作《どうさ》)には右《う》拳《けん》は直《たゞ》ちに敵《てき》の水月部《すゐけつぶ》を攻撃《こうげき》する。此《こ》の攻撃《こうげき》は拳《こぶし》でもよいが、第《だい》七動作《どうさ》に續《つゞ》く第《だい》八動作《どうさ》が貫手《ぬきて》になつて居《ゐ》る點は水《すゐ》月部《げつぶ》の攻撃《こうげき》に貫手《ぬきて》も効果的《かうかてき》に用《もち》ひ得《う》ることを教《をし》へたものであります。

第一一六圖　外横受

▲猫足《ねこあし》の優《すぐ》れた點《てん》

甲《こう》、乙《おつ》、丙《へい》の三つの場合共《ばあひとも》に猫足《ねこあし》になつて居《ゐ》る點《てん》も大《おほ》いに意味《いみ》のあるところで、我《わ》が控《ひかへ》の手《て》が攻撃《こうげき》にうつるとき猫足《ねこあし》の低《ひく》い體勢《たいせい》からさつと踏《ふ》み立《た》つて體勢《たいせい》が高《たか》くなつて行《ゆ》く、この伸びて行く勢が我《わ》が攻撃力《こうげきりよく》をして極度《きよくど》に偉力《ゐりよく》を發揮《はつき》させるものであります。すべて猫《ねこ》足姿勢《あししせい》は防禦姿勢《ばうぎよしせい》の中《なか》でも次《つぎ》の攻撃《こうげき》に移《う》つる瞬間《しゆんかん》の體勢《たいせい》の變化《へんくわ》卽《すなは》ち伸び立つ、勢を活用《くわつよう》するものであります。敵《てき》の攻《こう》擊《げき》に對《たい》して、さつと退《ひ》いて猫足《ねこあし》となるのは、それだけ我《わ》が體勢《たいせい》を落《おと》すことによつて、敵《てき》の攻撃《こうげき》をして勢《いきほひ》を殺《そ》がしめることになるのであります。例《たと》へば彈丸《だんがん》の如《ごと》く飛《と》んで來《く》るボールを受《う》ける際《さい》には、必《かなら》ずキヤツチする手《て》は後《うしろ》へ引《ひ》きます。更《さら》に飛球《ひきう》が我《わ》が胸部《きやうぶ》に撃突《げきとつ》しさうな勢《いきほひ》のときには、キヤツチする手《て》を後《うしろ》へ引《ひ》くだけでなく、同時《どうじ》に體勢《たいせい》をも低《ひく》く落《おと》します。これは飛《ひ》球《きう》の勢《いきほひ》を弱《よわ》めて我《わ》が體《たい》に無理《むり》をさせないためであります。或《あるひ》は又《また》、高《たか》い所《ところ》から跳《と》び下《お》りる際《さい》に、棒《ぼう》の様《やう》に突《つ》つ立《たつ》て居《ゐ》たらどうでせう。足《あし》にあたる力《ちから》が瞬間《しゆんかん》に脳《なう》に傳《つた》はつて、悪《わる》くすると脳振蕩《なうしんたう》を起《おこ》します。ところが、跳《と》び下《お》りる際《さい》には、必《かなら》ずつまさきを地《ち》につけ、膝《ひざ》も腰《こし》も曲《ま》げて、撃突《げきとつ》の勢《いきほひ》を殺《そ》ぐことにします此等《これら》の實例《じつれい》を考《かんが》へて見《み》ても、防禦姿勢《ばうぎよしせい》としての猫足《ねこあし》の價値《かち》がよくわかります

斯《か》くの如《ごと》く、猫足《ねこあし》に變《へん》ずる際《さい》（即《すなは》ち防禦《ばうぎよ》）猫足《ねこあし》より伸《の》びる際《さい》（即《すなは》ち攻撃《こうげき》）の二つの場合《はあひ》の瞬間《しゆんかん》の力《ちから》の減殺《げんさい》と増大《ぞうだい》の關係《くわんけい》をよく考《かんが》へて猫足《ねこあし》の意味《いみ》を十分《ぶん》理解《りかい》するやうにして下《くだ》さい。猫足《ねこあし》を論《ろん》ずる人《ひと》で、形《かたち》の極《きは》まつた時《とき》だけを以《もつ》てかれこれ云《い》ふ人《ひと》がありますが、それは右《みぎ》の重大《ぢうだい》な二點《てん》然《し》かも猫足《ねこあし》の最《もつと》もよいところを忘《わす》れて形骸《けいがい》を論《ろん》じて居《ゐ》ることが往々《まゝ》ありますから、讀者《どくしや》は右《みぎ》の二點《てん》について十分研究《ぶんけんきう》して見《み》て下《くだ》さい。

平安《へいあん》二段《だん》の第《だい》一動作《どうさ》と第《だい》二動作《どうさ》の場《ば》合《あひ》も此處《こゝ》でもう一度《ど》思《おも》ひ出《だ》して下《くだ》さい

▲**横受《よこうけ》と拂受《はらひうけ》（其の一）**

甲《かう》（第《だい》一動作《どうさ》――第《だい》二動作《どうさ》）

乙《おつ》（第《だい》四動作《どうさ》――第《だい》五動作《どうさ》）

甲《かう》の場合《ばあひ》。敵《てき》が我《わ》が水月《すゐげつ》をめがけて右拳《うけん》を以《もつ》て突《つ》いて來《き》た場合《ばあひ》に、我《われ》は右《みぎ》足《あし》を一歩《ほ》退《ひ》いて猫足《ねこあし》に變《へん》じ、左手《ひだりて》にて内横受《うちよこうけ》をなし、直《たゞ》ちに我《わ》が右拳《うけん》を以《もつ》て攻撃《こうげき》に移《うつ》らんとしたが、敵《てき》もさるもので最初《さいしよ》の攻撃《こうげき》が効《かう》を奏《そう》しなかつたことを知《し》るや否《いな》や、間髪《かんはつ》を容《い》れず即時《そくじ》に左《さ》拳《けん》を以《もつ》て第《だい》二彈《だん》を我《わ》が水月部《すゐげつぶ》に向《むか》つて發射《はつしや》して來《き》た。アヂなことをするものかなと我《われ》は第《だい》一彈《だん》を横受《よこうけ》した左拳《さけん》をそのまゝさつと下《した》に拂《はら》ひ落《おと》して第《だい》二彈《だん》を外拂受《そとはらひうけ》して敵《てき》の攻撃《こうげき》を封《ふう》ずると共《とも》に我《わ》が體勢《たいせい》を猫足《ねこあし》からさつと伸《の》び立ちながら、満《まん》を持《ぢ》して居《ゐ》た我《わ》が右拳《うけん》を以《もつ》て疾《しつ》風迅雷的《ぷうじんらいてき》に敵《てき》の人中《じんちう》（鼻下《はなした》）めがけて殺到《さつたう》し、以《もつ》て敵《てき》を完全《くわんぜん》に仕止《しと》めることが出來《でき》た。――といふことになります（第《だい》一一七圖《づ》參照《さんせう》）。即《すなは》ち此《こ》の時《とき》には我《わ》が右拳《うけん》の第《だい》二動作《どうさ》に於《お》ける横受《よこうけ》を上《じやう》段直突《だんちよくつき》と變《へん》じて考《かんが》へるのであります。

乙《おつ》の場合《ばあひ》。此《こ》の場合《はあひ》はすべて甲《かう》の場《ば》合《あひ》の反對《はんたい》に考《かんが》へるとよろしいのです。即《すなは》ち敵《てき》が左拳《さけん》を以《もつ》て第《だい》一彈《だん》を我《わ》が水月《すゐげつ》部《ぶ》に發射《はつしや》して來《く》るとき我《われ》は左足《ひだりあし》を退《ひ》いて猫足《ねこあし》となり右手《みぎて》にて内横受《うちよこう》けをなす敵《てき》は直《たゞ》ちに第《だい》二彈《だん》（右拳《うけん》）を以《もつ》て攻撃《こうげき》して來《く》るので、我《われ》は右手《みぎて》をそのまゝ下に落《おと》して敵《てき》の右拳《うけん》を外拂受《そとはらひうけ》すると同時《どうじ》に、我《わ》が左拳《さけん》を敵《てき》の人中《じんちう》めがけて上段《じやうだん》直突《ちよくつき》を飛《と》ばす――と云《い》ふことになります。此時《このとき》には第《だい》五動作《どうさ》の左拳《さけん》横受《よこうけ》を上《じやう》段直突《だんちよくつ》きに變《へん》じて考《かんが》へるのであります

▲拂受《はらひうけ》と小手《こて》の關係《くわんけい》

横受《よこうけ》は表小手《おもてこて》を以《もつ》て受《う》けるものであるが、拂受《はらひうけ》は裏小手《うらこて》で受《う》けるのであります。敵《てき》の表小手《おもてこて》を受《う》ける時《とき》は常《つね》に內《うち》拂受《はらひうけ》になり、敵《てき》の裏小手《うらこて》を受《う》ける時《とき》は常《つね》に外拂受《そとはらひうけ》になります。これは實際《じつさい》にやつて見《み》るとよくわかります。

▲横受《よこうけ》と拂受《はらひうけ》（其の二）

丙《へい》（第《だい》二動作《どうさ》、第《だい》六動作《どうさ》）
丁《てい》（第《だい》三動作《どうさ》、第《だい》五動作《どうさ》）

横受《よこうけ》と拂受《はらひうけ》との意味《いみ》を考《かんか》へるに際《さい》して、其《そ》の一は二種《しゆ》の動作《どうさ》を連結《れんけつ》して考《かんが》へましたが、今度《こんど》は各動作《かくどうさ》を個《こ》々獨立《どくりつ》のものとして考《かんが》へて見《み》ませう。丙《へい》の場《ば》合《あひ》は右《う》拳《けん》横受《よこうけ》、左《さ》拳《けん》拂受《はらひうけ》であり、丁《てい》の場《ば》合《あひ》は反對《はんたい》に左《さ》拳《けん》横受《よこうけ》、右拳《うけん》拂受《はらひうけ》になつて居《ゐ》ます。それ〴〵の場合《ばあひ》について考《かんが》へて見《み》ます。

丙《へい》の場合《ばあひ》、敵《てき》が左《さ》拳《けん》を以《もつ》て我《わ》が水月《するげつ》部《ぶ》を攻撃《こうげき》して來《き》たとき、我《われ》は其《そ》の儘《まゝ》の位置《ゐち》にて右《う》拳《けん》で內横受《うちよこうけ》した。すると敵《てき》は直《たゞ》ちに右《う》拳《けん》を以《もつ》て第《だい》二回《かい》の攻撃《こうげき》に移《うつ》り、我《われ》は之《これ》を左《さ》拳《けん》を以《もつ》て下《げ》段《だん》に拂《はら》ひ落《おと》し、同時《どうじ》に我《わ》が左膝頭《ひだりひざがしら》でどんと敵《てき》の

第一一七圖　左拳內横受より外拂受に變化

下《か》腹《ふく》部《ぶ》を突《つ》き上《あ》げる――と云《い》ふことになります。

丁《てい》の場合《ばあひ》。敵《てき》が右《う》拳《けん》を以《もつ》て我《わ》が水月《するげつ》部《ぶ》を攻撃《こうげき》して來《き》たとき、我《われ》は其《そ》の儘《まゝ》の位置《いち》にて左《さ》拳《けん》を以《もつ》て之《これ》を內横受《うちよこうけ》した。すると敵《てき》は直《たで》ちに左《さ》拳《けん》を以《もつ》て第《だい》二回《かい》の攻撃《こうげき》に移《うつ》り、我《われ》は之《これ》を右《う》拳《けん》にて內拂受《うちはらひうけ》をなし、同時《どうじ》に我《わ》が右膝頭《みぎひざがしら》を以《もつ》て敵《てき》の下《か》腹《ふく》部《ぶ》を突《つ》き上《あ》げる――と云《い》ふことになるのであります

▲さて此《こ》の第《だい》二、三、五、六の四動作《どうさ》は何《いづ》れも足《あし》が結《むす》び立《だち》になつて居《ゐ》ますがこれは特《とく》に意《い》味《あ》を持《も》たせて考《かんが》へると、實際的《じつさいてき》には後《うしろ》へ一歩《ほ》も退《ひ》かれぬ樣《やう》な場《ば》合《あひ》、假令《たとへ》ば後《うしろ》が塀《へい》とか石垣《いしがき》又《また》は壁等《かべなど》のやうなところを想像《さうぞう》することになります。斯樣《かやう》な場合《ばあひ》には、其儘《そのまゝ》の位置《ゐち》で敵《てき》の攻撃《こうげき》を受《う》け止《と》めるか、或《あるひ》は横受《よこうけ》のときに足《あし》も一緒《しよ》に一歩《ほ》踏《ふ》み出《だ》さなければなりません。それから横受《よこうけ》と拂受《はらひうけ》をなして、足《あし》の攻撃《こうげき》に移《うつ》する際《さい》には間《ま》合《あひ》（敵《てき》との距離《きより》）の如何《いかん》によつては膝《ひざ》でなく足《あし》で蹴《け》ることも出來《でき》ます。此等《これら》は相手《あひて》を求《もと》めて組手《くめて》で種々《いろ〳〵》とやつて見《み》て下《くだ》さい。

▲横受《よこうけ》の意注《ちうい》

平安《へいあん》三段《だん》の型《かた》に於《おい》ては全動作《ぜんどうさ》の三分《ぶん》の一以上《いじやう》の數《かず》を横受《よこうけ》のために費《つひ》やし、横受《よこうけ》の各種《かくしゆ》の場合《あひ》を練習《れんしふ》させやうと努《ど》力《りよく》したことが、型《かた》の創作者《そうさくしや》の意志《いし》として伺《うかゞ》はれます。横受《よこうけ》を斯《か》くの如《ごと》く重要《ちうえう》視《し》して居《ゐ》るのは、何故《なぜ》かと考《かんが》へますと横受《よこう》けは空手《からて》の受《う》け方《かた》の重要《ぢうえう》なものであり、之《これ》を十分《ぶん》に習熟《しふじゆく》することは最《もつと》も大切《たいせつ》だからであらうと思《おも》はれます。

▲横受《よこうけ》はまた直《す》ぐ變化《へんくわ》し得《う》る受《う》け方《かた》であると共《とも》に、横受《よこうけ》が不確《ふたし》かな場合《あひ》は敵《てき》のためにも利用《りよう》され易《やす》いものであります。横受《よこうけ》の拳《こぶし》が肩《かた》より餘《あま》り高《たか》すぎると敵《てき》から逆《ぎやく》やその他《た》の變化《へんくわ》で、死地《しち》に追《お》ひ入《い》れられることがありますから、よく氣《き》を付《つ》けなければなりません。横受《よこうけ》した自分《じぶん》の拳《こぶし》の高《たか》さは自分《じぶん》の肩《かた》の高《たか》さか、或《あるひ》はそれより心持《こゝろも》ち低《ひく》い位《くらゐ》で、臂《ひぢ》は腋《わき》から餘《あま》り離《はな》すとそこにスキが生《しやう》じますから、腋《わき》と臂《ひぢ》との間《あひだ》は拳《こぶし》が一つはいる位《くらゐ》が適當《てきたう》であります。

横受《よこう》けについてはなほ研究《けんきう》と習熟《しふじゆく》の項《こう》をよく讀《よ》んで下《くだ》さい。

▲逆《ぎやく》をとられた時《とき》のはづし方《かた》

（第《だい》九――第《だい》十――第《だい》十一動作《どうさ》）

敵《てき》が我《わ》が右手《みぎて》をとつて内側《うちがわ》へねぢられると我《わ》が體《たい》は自然《しぜん》に後向《うしろむ》きになります。或《あるひ》は又《また》、後《うしろ》から手《て》をとられてねぢられたと考《かんが》へても差支《さしつか》へありません。要《えう》するに敵《てき》に右手《みぎて》をとられ之《これ》を内側《うちがわ》へねぢられたとき、我《われ》は後向《うしろむ》きのまゝ出《で》來《き》るだけ上體《じやうたい》を十分《ぶん》前《まへ》に伸《の》ばします。（前屈《ぜんくつ》）之《これ》は次《つぎ》の動作《どうさ》に移《うつ》つて我《わ》が技《わざ》を効果《かうか》あらしめるために敵《てき》と我《わ》が身體《からだ》の間《あひだ》をなるだけ廣《ひろ》くあけさせるためであります。

次《つぎ》に前《まへ》に出《で》て居《ゐ》た我《わ》が左足《ひだりあし》を、さつと大《おほ》きく一歩《ほ》後《うしろ》へ退《ひ》いてなるべく敵《てき》の兩足《れうあし》の間《あひだ》に踏《ふ》み込《こ》むと同時《どうじ》に、我《われ》はなるべく體勢《たいせい》を低《ひく》く四股《こ》になり、我《わ》が左《ひだり》手《て》は肘《ひぢ》をぐつと後《うしろ》へひけば、敵《てき》の腕《うで》の下《した》にはいりますから、其《そ》の時《とき》我《わ》が左拳《さけん》を下《した》から上《うへ》へ勢《いきほひ》よく打《う》ち上《あ》げます。

我《わ》が左肘《ひだりひぢ》が敵《てき》の腕《うで》にひつかかりさえすれば大抵《たいてい》は逆《ぎやく》ははづれてしまひます。敵《てき》がどこまでも我《わ》が手《て》を握《にぎ》つて離《はな》さないやうに頑張《がんば》れば、敵自身《てきじしん》がかえつてその手《て》が逆《ぎやく》にかゝることになりますから、我《わ》が左拳《さけん》の勢《いきほひ》よい打《う》ちあげには大抵《たいてい》の場合《あひ》敵《てき》は思《おも》はず手《て》をはなしてしまひます。

敵《てき》は手《て》をはなすだけでなく、最初《さいしよ》前《まへ》へ強《つよ》く引張《ひつぱ》つてからぐるつと後向《うしろむ》きになられたため反動《はんどう》をくらつて、敵《てき》の體《たい》勢《せい》は崩《くづ》れてしまひます、そこをすかさずに、樂《らく》になつた我《わ》が右拳《うけん》を以《もつ》て敵《てき》を逆襲《ぎやくしふ》します。

▲挿繪《さしゑ》第《だい》一一八圖《づ》は右手《みぎて》を取《と》れたとこ

ろ。第《だい》一一九圖《づ》は左手《ひだりて》の打上《うちあ》げで逆《ぎやく》をはづし、はづれて樂《らく》になつた右手《みぎて》で逆《ぎやく》襲《しふ》して居《ゐ》るところ。なほ注意《ちうい》すべき事《こと》は打上《うちあ》げた我《わ》が左手《ひだりて》は、目的《もくてき》を達《たつ》したら直《たゞ》ちにさつとひいて腰《こし》にかまへることが必要《ひつえう》であります。插繪《さしゑ》では順序《じゆんじよ》を見《み》せるために左手《ひだりて》は打上《うちあ》げたまゝ右拳《うけん》で攻擊《こうげき》して居《ゐ》ますが、實際《じつさい》の場合《ばあひ》は右《う》拳《けん》の攻擊《こうげき》と左手《ひだりて》の引《ひ》き方《かた》は同時《どうじ》でなければいけません。ながく敵《てき》の腋下《わきした》に我《わ》が左手《ひだりて》をあづけておくことは危險《きけん》です

第一一八圖

▲若《も》し第《だい》十動作《どうさ》の如《ごと》く我《わ》が體《たい》が四股《こ》に低《ひく》くなると同時《どうじ》に敵《てき》も四股《こ》に體勢《たいせい》を落《おと》して來《き》て、我《わ》が左拳《さけん》を下《した》から打上《うちあ》げられない場合《ばあひ》があるかもわかりません。斯《かゝ》る際《さい》には反對《はんたい》に敵《てき》の顏面《がんめん》か首《くび》のところあたりへスキが生《しやう》じて居《ゐ》るに違《ちが》ひないのですから、そこへ攻擊《こうげき》を如《くわ》へて我《わ》が不利《ふり》の地位《ちゐ》を建《た》て直《なほ》します、要《えう》するに左手《ひだりて》を有利《いうり》に活用《くわつよう》することが大切《たいせつ》です。

第一一九圖

敵《てき》が我《わ》が右手《みぎて》を取《と》るのに右手《みぎて》だけでとつても兩手《れうて》でとつても、逆《ぎやく》のはづし方《かた》は同《おな》じことであります。

なほ敵《てき》が我《わ》が左手《ひだりて》をとつたときは、同《おな》じ方法《はうはふ》を反對《はんたい》に行《おこな》ひます。即《すなは》ち右手《みぎて》で打《う》ち上《あ》げをやつて左手《ひだりて》を樂《らく》にし、その左手《ひだりて》で逆襲《ぎやくしふ》します。これは左手《ひだりて》、右《みぎ》手《て》共《とも》によく練習《れんしふ》して下《くだ》さい。

▲臂受《ひぢうけ》と打込《うちこみ》

甲《かう》（第《だい》十三動作《どうさ》、第《だい》十五動作《どうさ》）

乙《おつ》（第《だい》十四動作《どうさ》）

甲《かう》の場合《ばあひ》。敵《てき》が右拳《うけん》を以《もつ》て我《わ》が水月《すゐげつ》部《ぶ》を攻擊《こうげき》して來《き》た場合《ばあひ》、我《われ》は左足《ひだりあし》を一歩《ぽ》退《ひ》いて四股《こ》になり、右臂《みぎひぢ》を以《もつ》て敵《てき》の攻擊《こうげき》を打《う》ちのけ、同時《どうじ》に右拳《うけん》を伸《の》ばして急速《きふそく》に敵《てき》の水月《すゐげつ》か腹部《ふくぶ》を打《う》つ。

乙《おつ》の場合《ばあひ》。敵《てき》が右拳《うけん》を以《もつ》て我《わ》が水月《すゐげつ》部《ぶ》を攻擊《こうげき》して來《き》た場合《ばあひ》、我《われ》は右足《みぎあし》を一歩《は》退《ひ》いて四股《こ》になり、左臂《ひだりひぢ》を以《もつ》て敵《てき》の攻擊《こうげき》を打《う》ちのけ、同時《どうじ》に左拳《さけん》を伸《の》ばし

て急速《きふそく》に敵《てき》の水月《すゐげつ》か腹部《ふくぶ》を打《う》つ。

甲《かふ》の場合《ばあひ》は敵《てき》の攻撃《こうげき》を内側《うちがは》から受《う》けるから之《これ》を内臂受《うちひぢうけ》と云《い》ひ、乙《おつ》の場合《ばあひ》は外側《そとがは》から受《う》けるから之《これ》を外臂受《そとひぢうけ》と云《い》ひます。敵《てき》が左拳《さけん》を以《もつ》て攻撃《こうげき》して來《き》た時《とき》には甲《かふ》の場合《ばあひ》が外受《そとうけ》になり、乙《おつ》の場合《あひ》が内受《うちうけ》になります。

臂受《ひぢうけ》と小手《こて》との關係《くわんけい》は、敵《てき》の表小手《おもてこて》を受《う》けた時《とき》は内受《うちうけ》となり、敵《てき》の裏小手《うらこて》を受《う》けた時《とき》は外受《そとうけ》となります。
▲打込《うちこみ》は、拳《こぶし》を正《ただ》しく握《にぎ》つた形《かたち》で甲《かふ》を横《よこ》にし拳槌《けんつい》を打《う》ち上《あ》げる樣《やう》にして打《う》ち込《こ》むのであるから、實際《じつさい》には此《こ》の場合《ばあひ》は大拳頭《だいけんとう》があたるよりも主《しゆ》として中指《なかゆび》の小拳頭《せうけんとう》の藥指側《くすりゆびがは》があたります。小拳《せうけん》頭《とう》の此《こ》の當《あ》て方《かた》も頗《すこぶ》る效果的《かうかてき》な當身《あてみ》であります。敵《てき》との間合《まあひ》によつて當《あ》たる部分《ぶぶん》と當《あ》てる部分《ぶぶん》が種々《しゆ〳〵》異《ことな》つて來《き》ますから、組手《くみて》で強《つよ》く當《あ》てずに研究《けんきう》して見《み》て下《くだ》さい。

▲後《うしろ》から抱《だ》きつかれた時《とき》のはづし方《かた》
（第《だい》十八動作《どうさ》、第《だい》十九動作《どうさ》）

第《だい》十五動作《どうさ》の右臂受《みぎひぢうけ》の後《あと》に續《つゞ》く第《だい》十六動作《どうさ》は右臂受《みぎひぢうけ》と右拳《うけん》打込《うちこみ》のために痛《いた》手《で》を受《う》けた敵《てき》を更《さら》に左足《ひだりあし》を一歩《ほ》前進《ぜんしん》しながら左拳《さけん》で追撃《ついげき》するといふ意味《いみ》に解《かい》し、第《だい》十七動作《どうさ》は次《つぎ》の動作《どうさ》との連絡《れんらく》のためにつなぎとして入《い》れたものと解《かい》します。
▲さて敵《てき》が後《うしろ》から抱《だ》きついて來《き》た時《とき》には我《われ》は先《ま》づ右《みぎ》へ一歩《ぽ》横《よこ》へ足《あし》を開《ひら》くと同《どう》時《じ》に右臂《みぎひぢ》をぐつと後《うしろ》へ、ちやうど自分《じぶん》の背骨《せぼね》まで屆《とゞ》かせる位《くらゐ》の勢《いきほひ》で、力強《ちからづよ》く引《ひ》きます。それと同時《どうじ》に左拳《さけん》は自分《じぶん》の右耳《みぎみゝ》の側《そば》を通《とほ》つて後頭部《こうとうぶ》へさつと振《ふ》り突《づ》きをします。これで敵《てき》は臂當《ひぢあて》によつて水月部《すゐげつぶ》をやられ、同時《どうじ》に振《ふ》り突《づ》きで顏面《がんめん》をやられ、我《わ》が身體《しんたい》の動作《どうさ》で自然《しぜん》にゆるみも生《しやう》じ、三つの理由《りゆう》が働《はたら》いて敵《てき》の抱《だ》きついて居《ゐ》る手《て》は離《はな》れてしまひます。臂當《ひぢあて》とは臂《ひぢ》で當身《あてみ》を喰《くら》はせるといふ意味《いみ》です。
或《あるひ》は又《また》、左《ひだり》へ横《よこ》に一歩《ぽ》足《あし》を開《ひら》くと同《どう》時《じ》に左臂當《ひだりひぢあて》と右拳《うけん》振《ぶ》り突《づ》きとで、はづすことも出來《でき》ます。實際《じつさい》の場合《ばあひ》には敵《てき》の抱《だ》きつき方《かた》によつて振《ふ》り突《づ》きの拳《こぶし》が敵《てき》に屆《とゞ》かないことがあつても、威嚇《ゐかく》となつて敵《てき》にスキを作《つく》らせることになります。また此《こ》の種《しゆ》の技法《ぎはふ》は「抱《だ》きついてから」といふよりも「抱《だ》きつかうとする時《とき》」に行《おこな》ふべきである事《こと》は、ちようど敵《てき》の拳《こぶし》が我體《わがたい》に「當《あた》つてから」受《う》けるのではなく「當《あた》らうとする時《とき》」に受《う》けるのと同《おな》じことです。

此處《こゝ》で注意《ちうい》すべきは、臂當《ひぢあて》は必《かなら》ず動《うご》いて行《い》つた方《はう》の手《て》で行《おこな》ふことです。横《よこ》に足《あし》を開《ひら》いて行《ゆ》くのは技《わざ》をかけいゝためであります。

左右共《さいうとも》に自由自在《じいうじざい》に出來《でき》るやう、平《へい》

常《じやう》の練習《れんしふ》を十分《ぶん》やつて下《くだ》さい。

第四節　平安三段の研究と習熟

平安《へいあん》三段《だん》は分解的説明《ぶんかいてきせつめい》でお話《はなし》した通《とほ》り、横受《よこうけ》、臂受《ひぢうけ》、臂當《ひぢあて》、振突《ふりづき》、逆《ぎやく》のはづし方等《かたとう》いろ〳〵重要《ぢうえう》な且《か》つ面白《おもしろ》い研《けん》究材料《きうざいれう》が含《ふく》まれて居《ゐ》ます。これから、それらの材料《ざいれう》について研究《けんきう》し同時《どうじ》にその習熟法《しふじゆくはふ》を考《かんが》へることに致《いた》しませう。

▲横受《よこうけ》の研究《けんきう》

横受《よこうけ》は平安《へいあん》三段《だん》の最《もつと》も重要《ぢうえう》な要素《えうそ》であると同時《どうじ》に、受《う》け方《かた》の基本《きほん》でもありますから、よく研究《けんきう》し習熟《しふじゆく》しておかなければなりません。

分解説明《ぶんかいせつめい》の項《かう》で、横受《よこうけ》は餘《あま》り高《たか》すぎてはいけないと云《い》ひましたが、その理《り》由《ゆう》は、受《う》ける方《はう》にスキが出來《でき》るからであります。

我《わ》が右拳《うけん》を以《もつ》て敵《てき》の水月《すゐげつ》めがけて突《とつ》撃《げき》すると、敵《てき》は左足《さそく》を退《しりぞ》いて右手《みぎて》で外《そと》横受《よこうけ》をした。その時敵《ときてき》の横受《よこうけ》の手《て》が高《たか》かつたら、我《われ》は直《たゞ》ちに我《わ》が左手《ひだりて》を伸《の》ばして敵《てき》の右拳《うけん》を握《にぎ》り、突《つ》き出《だ》したまゝ伸《の》びて居《ゐ》た我《わ》が右手《みぎて》をも同時《どうじ》に添《そ》へ兩《りやう》手《て》で敵《てき》の右拳《うけん》を左斜下《ひだりなゝめした》へ引落《ひきおと》す樣《やう》にすれば、敵《てき》の右腕《みぎうで》は我《わ》が右肘《みぎひぢ》を支點《してん》として、立派《りつぱ》に逆《ぎやく》にかゝつてしまひます。若《も》し我《わ》が動作《どうさ》が非常《ひじやう》に敏速《びんそく》ならば、敵《てき》は一瞬《しゆん》の間《あひだ》に投《な》げられてしまひます。

▲今度《こんど》は反對《はんたい》に、自分《じぶん》が若《も》し敵《てき》に右《みぎ》の樣《やう》な逆《ぎやく》をとられた時《とき》はどうすればよろしいか、此《こ》の問題《もんだい》を考《かんが》へて見《み》ませう。

逆《ぎやく》をとられたなと思《おも》つた瞬間《しゆんかん》に、我《われ》は直《たゞ》ちに我《わ》が左手《ひだりて》を以《もつ》て敵《てき》の手《て》を上《うへ》から握《にぎ》ります。丁度《ちやうど》敵味方《てきみかた》四つの手《て》が一かたまりになるわけです。我《われ》は自分《じぶん》の左手《ひだりて》の應援《おうえん》を得《う》ると共《とも》に我《わ》が右手《みぎて》の逆《ぎやく》をもどし、更《さら》にそのまゝ敵《てき》を逆《ぎやく》にかけることが出來《でき》ます。ところで此《こ》れは試《こゝろ》みにやつて見《み》ればよくわかりますが、斯《か》ういふ形《かたち》で取《と》り組《く》んだ時《とき》には結局腕《けつきよくうで》の力《ちから》の強弱《きやうじやく》が問題《もんだい》になります。

若《も》し敵《てき》の動作《どうさ》が敏捷《びんせふ》で、我《わ》が左手《ひだりて》の應援《おうえん》が間《ま》に合《あ》はぬ際《さい》は、我《われ》は敵《てき》にさからはずに敵《てき》の引《ひ》く方《はう》へ體《たい》を持《も》つて行《ゆ》きながら、我《わ》が左拳《さけん》を以《もつ》て敵《てき》の顏面《がんめん》、後《こう》頭部《とうぶ》、腋下等《わきしたとう》に出來《でき》たスキを強襲《きやうしふ》して敵《てき》のひるむ瞬間《しゆんかん》を利用《りよう》して我《わ》が頽勢《たいせい》を挽回《ばんくわい》します。

▲前述《ぜんじゆつ》の逆《ぎやく》のとり方《かた》は我《わ》が行動《かうどう》が敏速《びんそく》で、敵《てき》に何等《なんら》の間隙《かんげき》を與《あた》へなければ、美事《みごと》に逆《ぎやく》をとつて敵《てき》を投《な》げることが出《で》來《き》ますが、若《も》し少《すこ》しでも餘裕《よゆう》があれば敵《てき》は直《たゞ》ちに左拳《さけん》を以《もつ》て我《われ》を襲撃《しふげき》して來《く》るから、その時《とき》に我《われ》は左手《ひだりて》だけで敵《てき》の逆《ぎやく》をとつて、右手《みぎて》で防戰《ばうせん》します。故《ゆゑ》に

前述《ぜんじゆつ》のやうに我《わ》が兩手《りやうて》で敵《てき》の右手《みぎて》の逆《ぎやく》をとることが危險《きけん》だと思《おも》ふ際《さい》は、敵《てき》が横受《よこうけ》して高《たか》く上《あ》げすぎた右拳《うけん》を我《わ》が左《ひだり》手《て》で握《にぎ》つてしまへば、それだけでも逆《ぎやく》になりますから、我《わ》が右手《みぎて》は直《たゞ》ちに肘《ひぢ》を引《ひ》いて居《を》れば、防戰《ばうせん》が自由《じゆう》になり、敵《てき》は逆《ぎやく》をとられながらの逆襲《ぎやくしふ》だから、結局損《けつきよくそん》になることになります。

▲横受《よこうけ》が高過《たかす》ぎたら――と云《い》ふ問題《もんだい》で斯様《かやう》な際《さい》に於《お》ける逆《ぎやく》の懸引《かけひき》を簡單《かんたん》に說《せつ》明《めい》しましたから、次《つぎ》には横受《よこうけ》が丁度《てうど》適《てき》度《ど》の高《たか》さであつた場合《ばあひ》は如何《いか》なる利益《りえき》があるか、それを考《かんが》へて見《み》ませう。

　敵《てき》が我《わ》が水月部《すゐげつぶ》を右拳《うけん》で突《つ》いて來《き》た時《とき》、我《われ》は左足《さそく》を一歩退《ほしりぞ》いて右拳《うけん》で外横《そとよこ》受《うけ》をして、そのまゝ拳《こぶし》をひらきながら手首《てくび》を廻《ま》はせば敵《てき》の手首《てくび》にひつかゝります。それをぐつと握《にぎ》つて下《した》へひねり下《お》ろせば、敵《てき》は逆《ぎやく》にかゝることになります。それと同時《どうじ》に我《わ》が左拳《さけん》を以《もつ》て攻《こう》擊《げき》すれば十分《ぶん》に勝味《かちみ》が得《え》られるわけです。此《こ》の時注意《ときちゆうい》すべきは、敵《てき》の手《て》を逆《ぎやく》にとつて引《ひ》き落《おと》して來《く》る際《さい》に、我《わ》が體《たい》外《ぐわい》に外《はづ》す樣《やう》に持《も》つて行《ゆ》かなければ、下《へ》手《た》すると敵《てき》の其《そ》の拳《こぶし》がそのまゝ伸《の》びて我《わ》が水月部《すゐげつぶ》又《また》は下腹部《かふくぶ》に突《つ》つ込《こ》んで來《き》ます。故《ゆゑ》に我《わ》が體外《たいぐわい》に（右或《みぎあるひ》は左《ひだり》に）はづす樣《やう》に引《ひ》き落《おと》すことを忘《わす》れてはいけません。

▲敵《てき》の横受《よこう》けが高《たか》すぎる場合《ばあひ》は、脇腹《わきはら》及《およ》び足部《たくぶ》にもスキが出來《でき》ます。そこは讀者自身《どくしやじしん》で研究《けんきう》して見《み》て下《くだ》さい。

　なほ横受《よこうけ》について研究《けんきう》すれば、いくらでも問題《もんだい》がありますが、餘《あま》り長《なが》くなりますから、讀者自身《どくしやじしん》の研究《けんきう》にお任《まか》せして、横受《よこうけ》の習熟法《しふじゆくはふ》を別項《べつこう》でお話《はな》しすることにします。

▲臂受《ひぢうけ》と打込《うちこみ》の研究《けんきう》

　型《かた》で臂受《ひぢうけ》の動作《どうさ》をやつて居《ゐ》ると、何《なん》となしに氣《き》のきかぬ間《ま》ぬけた受方《うけかた》だと思《おも》ふ人《ひと》があるかもわかりません。然《しか》し此《こ》の臂受《ひぢうけ》は決《けつ》して輕視《けいし》すべきものではなく、實際的《じつさいてき》にも必要《ひつえう》な場合《ばあひ》が往々《わう〳〵》にしてあるものです。例《たと》へば洋服《やうふく》の人《ひと》が若《も》しポケットにでも手《て》を入《い》れて居《ゐ》る際《さい》ポケットから手《て》を出《だ》してゐる間《ま》がないときには、すぐその儘《まゝ》で臂受《ひぢうけ》して敵《てき》の攻擊《こうげき》を防《ふせ》ぎ、直《たゞ》ちに敵《てき》の下腹部《かふくぶ》へ打《う》ち込《こ》むことが出來《でき》ます。

　或《あるひ》は又《また》、和服《わふく》でふところ手《で》して居《ゐ》る時《とき》でも右《みぎ》の場合《ばあひ》と同樣《どうやう》で、臂受《ひぢうけ》でなければ間《ま》に合《あ》はぬことがあります。或《あるひ》は手《て》に何《なに》か持《も》つて居《ゐ》る時《とき》なども臂受《ひぢうけ》を活《くわつ》用《よう》することが出來《でき》ます。斯《か》くの如《ごと》く、臂受《つぢうけ》は我《わ》が不利《ふり》な條件《でうけん》の場合《ばあひ》に活用出《くわつようで》來《き》るだけでなく、又普通《またふつう》の條件《でうけん》の時《とき》でも有効《いうこう》な技法《ぎはふ》でありますから、大《おほ》いに研究習熟《けんきうしふじゆく》の必要《ひつえう》があるのであります。

▲敵《てき》が右拳《うけん》を以《もつ》て我《わ》が水月部《すゐげつぶ》を突《つ》いて來《き》たとき、我《われ》は左足《さそく》を一歩《ほ》退《ひ》いて右臂《みぎひぢ》で内受《うちうけ》すると同時《どうじ》に敵《てき》の左拳《けん》が我《わ》が脇《わき》腹《ばら》めがけて突撃《とつげき》して來《く》る。我《われ》は其《そ》の儘《まゝ》我《わ》が右臂《みぎひぢ》を後《うしろ》へさつと横《よこ》にはたけば敵《てき》の左拳《さけん》を防《ふせ》ぐことが出來《でき》、同時《どうじ》に我《わ》が右拳《うけん》は敵《てき》の水月部《すゐげつぶ》か下腹部《かふくぶ》又《また》は金的等《きんてきとう》其時《そのとき》の間合《まあひ》によつて適當《てきたう》の所《ところ》へ突撃《とつげき》して行《ゆ》きます。間合《まあひ》の關係《くわんけい》によつては、その時我《ときわれ》は右拳《うけん》を伸《の》ばさず、横向《よこむ》きのまゝ敵《てき》の水月《みづおち》へ臂當《ひぢあて》をくれることも出《で》來《き》ませう。

敵《てき》の左拳《さけん》の攻撃《こうげき》に對《たい》して我《わ》が左臂《ひだりひぢ》で内受《うちうけ》した場合《ばあひ》にも、右《みぎ》と同《おな》じことが行《おこな》はれます。よく研究《けんきう》して見《み》て下《くだ》さい。

▲臂受《ひぢうけ》の際《さい》に注意《ちうい》すべきことは、臂《ひぢ》だけを前《まへ》へ速動《そくどう》させることが必要《ひつえう》であつて、若《も》し上體全部《じやうたいぜんぶ》を同時《どうじ》に臂《ひぢ》と共《とも》に前《まへ》へ動《うご》かすときは、そこにスキが出來《でき》ますから、此點《このてん》は練習《れんしふ》の際《さい》に氣《き》を付《つ》けてやつて下《くだ》さい。

臂受《ひぢうけ》の外受《そとうけ》は分解説明《ぶんかいせつめい》のところでお話《はなし》しておきましたから、それについて理解《りかい》したら十分練習《ぶんれんしふ》して下《くだ》さい。

▲型《かた》では臂受《ひぢうけ》の後《のち》の打込《うちこみ》は下《した》から行《ゆ》きますが、下《した》から行《ゆ》かずに上方《じやうはう》へ裏拳《うらけん》を打《う》ち込《こ》むことも出來《でき》ます。これは拳《こぶし》が大《おほ》きく圓《えん》をえがいて廻《ま》はつて行《ゆ》くことになりますから、それだけおそくなり敵《てき》に防《ふせ》ぐ餘地《よち》を與《あた》へることになります然《しか》しこれも一《ひと》つの打《う》ち込《こ》み方《かた》として練《れん》習《しふ》しておけば、上下共《じやうげとも》に打《う》ち込《こ》みが自《じ》在《ざい》に利《き》くやうになります。

▲振《ふ》り受《うけ》と平貫手《ひらぬきて》の研究《けんきう》

臂受《ひぢうけ》によく似《に》た受《う》け方《かた》で、小手《こて》で受《う》ける技法《ぎはふ》について簡單《かんたん》にお話《はなし》します。

敵《てき》が右拳《うけん》を以《もつ》て我《わ》が水月部《すゐげつぶ》へ攻撃《こうげき》して來《く》る際《さい》に、我《われ》は左足《さそく》を一歩《ほ》引《ひ》きながら、我《わ》が右手《みぎて》（拳《こぶし》を握《にぎ》らず）をぶらりと前《まへ》へ振《ふ》る様《やう》にして我《わ》が表小手《おもてこて》を以《もつ》て敵《てき》の右手《みぎて》を打《う》ちはたき、同時《どうじ》に我《わ》が平《ひら》貫手《ぬきて》を以《もつ》て敵《てき》の胸部《けふぶ》へ突撃《とつげき》します。

平貫手《ひらぬきて》とは甲《かふ》を上《うへ》に向《む》け掌《てのひら》を下《した》にした形《かたち》（平安《へいあん》三段第《だんだい》八動作《どうさ》の四本貫手《ほんぬきて》は甲《かふ》を横《よこ》にしてゐるので縱貫手《たてぬきて》といふ。此處《こゝ》はそれとは違《ちが》ふ）であります。

若《も》し敵《てき》が右拳《うけん》の攻撃《こうげき》が破《やぶ》れて直《たゞ》ちに左拳《さけん》で攻撃《こうげき》をなす際《さい》は臂受《ひぢうけ》のところで述《の》べたと同様《どうやう》に、後《うしろ》へさつと右手《みぎて》を振《ふ》つて小手《こて》受《う》けして、直《たゞ》ちに平貫手《ひらぬきて》の突《とつ》撃《げき》に移《うつ》ることにすれば宜《よろ》しいのです。

此《こ》の受《う》け方《かた》は手《て》をぶらりと振《ふ》つて受《う》けるから之《これ》を振《ふ》り受《うけ》と稱《しやう》し、右《みぎ》の場合《ばあひ》は内振受《うちふりうけ》といひます。

敵《てき》の右拳攻撃《うけんこうげき》に對《たい》し、我《われ》は右足《うそく》を引《ひ》いて左手《ひだりて》で振《ふ》り受《う》けした時《とき》には外受《そとうけ》になりますから之《これ》を外振受《そとふりうけ》と稱《しやう》します。左右共《さいうとも》に内振受《うちふりうけ》、外振《そとふり》受けがありますから、よく練習《れんしふ》して下《くだ》さい。

▲振受《ふりうけ》は實際《じつさい》の場合《ばあひ》には、例《たと》へば二人《ふたり》相對《あひたい》して立《た》つて居《ゐ》る時《とき》に、相手《あひて》が不意《ふい》に我《わ》が下《か》腹部《ふくぶ》を打《う》つたり突《つ》いたりする際《さい》には、さつと體《たい》をかはしながら振《ふ》り受《う》けをなすと頗《すこぶ》る効果的《こうくわてき》であります。振受《ふりうけ》として注意《ちうい》すべきことは臂《ひぢ》を少《すこ》し曲《ま》げて手《て》を振《ふ》ることです。

振受《ふりうけ》と小手《こて》との關係《くわんけい》

振受《ふりうけ》は表小手《おもてこて》を用《もち》ひます。敵《てき》の表小手《おもてこて》を受《う》けた時《とき》が内振受《うちふりうけ》であり、裏小手《うらこて》を受《う》けた時《とき》が外振受《そとふりうけ》になります。

横受《よこうけ》、臂受《ひぢうけ》、振受等《ふりうけとう》によつて敵《てき》の表《おもて》小手《こて》を受《う》ければ内受《うちうけ》になり、裏小手《うらこて》を受《う》ければ外受《そとうけ》になることが、今《いま》までの例《れい》によつて明《あきら》かにされました。是《これ》は他《た》の受《う》け方《かた》の時《とき》も同《おな》じことですからよく記憶《きおく》して下《くだ》さい。

▲逆《ぎやく》のはづし方《かた》の研究《けんきう》

平安《へいあん》三段《だん》の第《だい》九、十、十一の連續動作《れんぞくどうさ》の意味《いみ》は、分解說明《ぶんかいせつめい》で既《すで》に充分《ぶん》おわかりになつたことゝ思《おも》ひますが、なほ此處《こゝ》で別《べつ》の方面《はうめん》から研究《けんきう》して見《み》ることにしませう。

型《かた》に現《あら》はれたところは、我《わ》が右手《みぎて》をとつてぐつと内側《うちがは》にねぢられた場合《ばあひ》の逆《ぎやく》のはづし方《かた》ですが、若《も》し反對《はんたい》に外側《そとがは》へねぢられた時《とき》にはどうなるか、その點《てん》を考《かんが》へて見《み》ませう。

先《ま》づ内側《うちがは》とか外側《そとがは》とか云《い》ふ意味《いみ》をはつきりしておきませう。敵《てき》が我《わ》が手《て》をとつて拇指側《おやゆびがは》から掌《てのひら》の中《なか》へ巻《ま》き込《こ》む様《やう》にねぢるとき、之《これ》を内側《うちがは》へねぢると云《い》ひ、反對《はんたい》に拇指側《おやゆびがは》を甲《かふ》の方《はう》へ廻《ま》はす様《やう》にねぢるとき、之《これ》を外側《そとがは》へねぢる、と云《い》ふことにしておきます。

そこで型《かた》の第《だい》九動《どう》は即《すなは》ち内側《うちがは》へ手《て》をねぢられた場合《ばあひ》で、此《こ》の時《とき》には自然《しぜん》に我《わ》が體《たい》は後向《うしろむ》きになり、敵《てき》は我手《わがて》をなるべく背中《せなか》にくつゝけて高《たか》く押《お》し上《あ》げやうとします。その時《とき》の外《は》づし方《かた》が即《すなは》ち平安《へいあん》三段《だん》の連續動作《れんぞくどうさ》の型《かた》です。ところで、今《いま》は反對《はんたい》に外側《そとがは》へねぢられた時《とき》のことを考《かんが》へて見《み》やうと云《い》ふのです。

▲敵《てき》が若《も》し右手《みぎて》を以《もつ》て我《わ》が右手《みぎて》を外側《そとがは》へねぢあげた時《とき》は、我《われ》は敵《てき》の手《て》の下《した》をぐぐつて左廻《ひだりまは》りすれば、逆《ぎやく》がはずれますから、直《たゞ》ちに他《た》の手《て》で敵《てき》を攻撃《こうげき》します。然《しか》し敵《てき》が若《も》し上《うへ》へ高《たか》くねぢ上《あ》げないで低《ひく》くさげておいてねぢる時《とき》には、我《わ》が體《たい》を左廻《ひだりまは》りにまはすことは出來《でき》ません。故《ゆゑ》に外側《そとがは》にねぢられた時《とき》は我《わ》が體《たい》を廻《ま》はして行《ゆ》くことが出來《でき》ない時《とき》もあり、場合《ばあひ》によつては目的《もくてき》を達《たつ》することが出來《でき》ません。

そこで何《なに》か外《ほか》の技法《ぎはふ》を考《かんが》へた方《はう》がよいと云《い》ふことになりますが、それには高《たか》い時《とき》と低《ひく》い時《とき》との二通《とほ》りあります。

敵《てき》が若《も》し右手《みぎて》を以《もつ》て我《わ》が右手《みぎて》を高《たか》く

外側《そとがは》へねぢ上《あ》げた時《とき》には、我《われ》は左手《ひだりて》を以《もつ》て敵《てき》の右肘《みぎひぢ》を下《した》から抑《お》し上《あ》げながら我《わ》が右手《みぎて》を下《した》へ引《ひ》きます。斯《か》くすると敵《てき》は反對《はんたい》に逆《ぎやく》をとられることになり思《おも》はず知《し》らず我《わ》が右手《みぎて》を離《はな》してしまひます。我《わ》が右手《みぎて》は樂《らく》になると同時《どうじ》に自在《じざい》に活用《くわつよう》することが出來《でき》ます。

▲敵《てき》が若《も》し我《わ》が右手《みぎて》を低《ひく》く外側《そとがは》へねぢるときには、我《わ》が左拳《さけん》を以《もつ》て直《ただ》ちに敵《てき》の顔面《がんめん》へ攻撃《こうげき》すれば、敵《てき》は必《かなら》ず之《これ》を防《ふせ》ぐために我《わ》が右手《みぎて》をとらへて居《ゐ》る手《て》にい、ゆるみが生《しやう》じます。此《こ》の時《とき》を利用《りよう》して我《われ》は右臂《みぎひぢ》をぐつと敵《てき》に當《あ》てるつもりで強《つよ》く曲《ま》げながら突《つ》き出《だ》せば、逆《ぎやく》ははづれて我《わ》が右手《みぎて》は自由《じゆう》になります。我《わ》が左拳《さけん》と右臂《みぎひぢ》との動作《どうさ》を同時《どうじ》に行《おこな》へば最《もつと》も効果《こうくわ》があります。此《こ》の左拳《さけん》の援助動《えんじよどう》作《さ》は高《たか》く逆《ぎやく》をとられた時《とき》にも効果的《こうくわてき》です。

▲或《あるひ》は又《また》、我《わ》が右手《みぎて》の逆《ぎやく》を外側《そとがは》へとられた時《とき》には、我《わ》が左手《ひだりて》を以《もつ》て我《わ》が右手《みぎて》を取《と》り、左右兩手《さいうりやうて》に同時《どうじ》に力《ちから》を入《い》れて我《わ》が手《て》を奪《うば》ひかへせば、それで逆《ぎやく》ははづれてしまひます。此時《このとき》には敵《てき》の體《たい》に當《あ》てる氣持《きも》ちで臂《ひぢ》はぐつと曲《ま》げることを忘《わす》れてはなりません。（此《こ》の逆《ぎやく》のはづし方《かた》は「セーパイ」の型《かた》にあります、摩文仁《まぶに》先生著《せんせいちよ》「十八《セイパイ》の研究《けんきう》」を御參照《ごさんせう》下《くだ》さい）。

逆《ぎやく》の取《と》り方《かた》、はづし方《かた》には無數《むすう》の種《しゆ》類《るゐ》と懸引《かけひ》きがありますが、平安第《へいあんだい》九動《どう》作《さ》に關連《くわんれん》しては、今《いま》は簡單《かんたん》に此《こ》の程度《ていど》にとゞめておきませう。讀者自身《どくしやじしん》にもよく研究《けんきう》して下《くだ》さい。

▲臂當《ひぢあて》の研究《けんきう》

平安《へいあん》三段《だん》の第《だい》十八、十九の動作《どうさ》は、臂《ひぢ》を後方《こうはう》へ突《つ》き出《だ》して後方《こうはう》から組《く》みついて來《く》る敵《てき》の水月《みぞおち》に當身《あてみ》をくれる技法《ぎはふ》でありましたが、臂當《ひぢあて》には前後縱横《ぜんごじうわう》の動《うご》きがあることは第《だい》四講《こう》に於《おい》て簡單《かんたん》に説明《せつめい》しておきました。然《しか》し此處《こゝ》では平《へい》安《あん》三段《だん》の後臂當《うしろひぢあて》を研究《けんきう》しませう。

後臂當《うしろひぢあて》の目的《もくてき》は、後《うしろ》から組《く》み付《つ》いた敵《てき》に對《たい》する當身《あてみ》ですが、若《も》し型《かた》にある樣《やう》に右又《みぎまた》は左《ひだり》へ體《たい》を開《ひら》いてもなほ後臂《うしろひぢ》當《あて》を施《ほどこ》すことの出來《でき》ないほど敵《てき》が堅《かた》く組《く》み付《つ》いて來《く》る時《とき》があります。そんな時《とき》にはどうすればよろしいでせうか。研究《けんきう》して見《み》ませう。

先《ま》づ我《わ》が臂《ひぢ》から上《うへ》を抱《だ》き付《つ》かれて居《ゐ》る時《とき》には、我《わ》が手《て》を前《まへ》へ廻《まは》して敵《てき》の指《ゆび》をとつて逆《ぎやく》に取《と》ることも一つの方法《はうはふ》です。或《あるひ》は、又《また》我《わ》が手《て》を後《うしろ》へ廻《まは》して敵《てき》の金的《きんてき》を摑《つか》むことも一つの方法《はうはふ》です。

▲然《しか》し敵《てき》が我《わ》が後《うしろ》から强《つよ》く抱《だ》きついて居《ゐ》る時《とき》は指《ゆび》の逆《ぎやく》をとることも出來《でき》ず、又敵《またてき》の金的《きんてき》を摑《つか》むことも出來《でき》ない場合《ばあひ》もありますから、斯樣《かやう》な際《さい》は我《わ》が足《あし》の踵《かゝと》を以《もつ》て敵《てき》の向《むか》ふ脛《ずね》を强《つよ》く蹴《け》（後《うしろ》へ）

りますと、大抵《たいてい》の場合《ばあひ》敵《てき》はスキを生《しやう》じるものです。その時《とき》をはづさず後《うしろ》へ手《て》を廻《まは》して金的《きんてき》をとるとか、或《あるひ》は後臂當《うしろひぢあて》を喰《くら》はすとか適切《てきせつ》な技法《ぎはふ》を施《ほどこ》せばよいのであります。若《も》し敵《てき》が體《たい》を落《おと》し兩足《りやうあし》を後《うしろ》へ引《ひ》いて居《ゐ》るために、我《わ》が足《あし》の踵《かゝと》

第一一九圖

を以《もつ》て敵《てき》の向脛《むかふずね》を蹴《け》ることが出來《でき》ない場合《ばあひ》は、我《わ》が踵《かゝと》を後方《こうはう》へポンと蹴《け》り上《あ》げる（自分《じぶん》の臀部《でんぶ》を蹴《け》るつもりで）と必《かなら》ず敵《てき》の急所《きふしよ》――金的《きんてき》か水月《すゐげつ》か敵《てき》の姿《し》勢《せい》によつて異《こと》る――へ當《あた》ります。時《とき》には又《また》後《うしろ》から抱《だ》きついて居《ゐ》る敵《てき》の足《あし》の甲《かふ》を我《わ》が踵《かゝと》でドシンと踏《ふ》みくぢくことも出來《でき》ます。以上《いじやう》の各種《かくしゆ》の方法《はうはふ》をよく心《こゝろ》得《え》て居《ゐ》て其場合《そのばあひ》によつて適切《てきせつ》な技法《ぎはふ》を用《もち》ひれば、後《うしろ》から組《く》み付《つ》いて來《く》る敵《てき》をふりほどいて我《わ》が身《み》の位置《いち》をたてなほすことが出來《でき》ます。

第一二〇圖

空手《からて》では足《あし》を後方《こうはう》へ使《つか》つて、後《うしろ》の敵《てき》の金的《きんてき》や向脛《むかふずね》を踵《かゝと》で蹴《け》ることもあるわけですから平常《へいじやう》よく心得《こゝろえ》て居《ゐ》て、いざといふ時《とき》に活用《くわつよう》すべきであります。

後《うしろ》からかたく抱《だ》き付《つ》いて居《ゐ》る時《とき》は我《わ》が後頭部《こうとうぶ》を以《もつ》て敵《てき》の顔面《がんめん》へ當《あ》てることも出來《でき》ます。然《しか》し頭《あたま》を後《うしろ》へ振《ふ》る時《とき》には必《かなら》ず口《くち》を開《ひら》くやう注意《ちうい》を要《えう》します。（口《くち》を結《むす》んだまゝ後《うしろ》へ頭《あたま》を強《つよ》く振《ふ》るとメマヒすることがあります）

▲以上《いじやう》は後臂當《うしろひぢあて》の技法《ぎはふ》を施《ほどこ》し難《がた》いときに、敵《てき》を誘《さそ》つてスキを作《つく》らせる方法《はうはふ》でしたが、後臂當《うしろひぢあて》そのものとしての注意《ちうい》をお話《はな》ししておきませう。後臂當《うしろひぢあて》はたゞ臂《ひぢ》を後《うしろ》へ強《つよ》く引《ひ》いたゞけでは充分《じうぶん》の効果《かうくわ》をあらはしません。後《うしろ》へ引《ひ》いた臂《ひぢ》を上《うへ》へ突《つ》きあげると云《い》ふときに、はじめて充分《じうぶん》に効果《かうくわ》を發揮《はつき》するものです、故《ゆゑ》に後臂當《うしろひぢあて》は後《うしろ》へ臂《ひぢ》を引《ひ》きながら臂《ひぢ》を上《うへ》へ突《つ》きあげる――これを二《ふた》つの動作《どうさ》に區切《くぎ》らずに一動作《どうさ》として平常練習《へいじやうれんしふ》しておくべきであります。

右《みぎ》も左《ひだり》も同《おな》じ要領《えうりやう》でやつて下《くだ》さい。

▲振《ふ》り突《つき》の研究《けんきう》と習熟法《しふじゆくはふ》

平安三段《へいあんさんだん》の第《だい》十八、十九の動作《どうさ》にあ

る振《ふ》り突《つ》きは後方《こうはう》から抱《だ》きついた敵《てき》に對《たい》して振《ふ》り突《つ》くので、拳《こぶし》は自分《じぶん》の顎《あご》の前《まへ》を通《とほ》つて後《うしろ》へ行《ゆ》きますから、之《これ》を上《じやう》段《だん》の後振突《うしろふりつき》と名《な》づけます。

振突《ふりつ》きに必《かなら》ずしも後方《こうはう》だけでなく、前面《ぜんめん》の敵《てき》に對《たい》しても上段振突《じやうだんふりつき》、中段振《ちうだんふり》突《つき》を活用《くわつよう》することが度々《たびたび》あります。

上段振突《じやうだんふりつき》は横面《よこめん》をねらひ、中段振突《ちうだんふりつ》きは横腹《よこはら》をねらひます。然《しか》し此等《これら》は型《かた》に出《で》て來《く》る時《とき》にお話《はな》ししませう。此處《こゝ》では上段《じやうだん》の後振突《うしろふりつき》について注意《ちうい》すべき點《てん》を述《の》べておきます。

▲上段後振突《じやうだんうしろふりつ》きは、頭《かしら》を眞直《まつす》ぐにして居《ゐ》て振突《ふりつ》きすると、自分《じぶん》の腕《うで》で顎《あご》を打《う》つことがありますから、首《くび》を横《よこ》へ廻《ま》はすとか、横《よこ》へ曲《ま》げるとかして、拳《こぶし》が充分後方《じうぶんこうはう》へ廻《ま》はる様《やう》にしなければいけません。又平常《またへいじやう》から後《うしろ》へ拳《こぶし》を飛《と》ばす練習《れんしふ》も必要《ひつえう》ですが、それには次《つぎ》の方法《はうはふ》で稽古《けいこ》します。

右臂《みぎひぢ》の下《した》から左拳《さけん》の甲《かふ》を當《あ》て丶、右拳後振突《けんうしろふりつ》きのときに充分後方《じうぶんこうはう》へ右拳《うけん》が行《ゆ》く様《やう》に左拳《さけん》で押《お》し上《あ》げます。これを連續的《れんぞくてき》に幾度《いくたび》も幾度《いくたび》も練習《れんしふ》します。左拳後振突《けんうしろふりつ》きの練習《れんしふ》には右拳《うけん》の甲《かふ》を左臂《ひだりひぢ》下《した》に當《あ》てがつて、強《つよ》く押《お》し上《あ》げます。臂《ひぢ》を伸《の》ばしたり振《ふ》り突《つ》きしたり（其間《そのかん》絶《た》えず他《た》の拳《こぶし》は臂《ひぢ》を離《はな》さずに）幾度《いくたび》も練習《れんしふ》して居《ゐ》るうちには、後方《こうはう》へ充分廻《じうぶんま》はる様《やう》になります。拳《こぶし》がよく後方《こうはう》へ屆《とゞ》くやうになつたら今度《こんど》は少《すこ》し頭《から》を後《うしろ》へそらしておいて、左右交互《さいうこうご》に（他《た》の拳《こぶし》の補助《ほじよ》を受《う》けずに）後振突《うしろふりつ》きの速度《そくど》をつける練習《れんしふ》をします。

斯《か》くして振突《ふりつき》の拳《こぶし》がよく後《うしろ》へ廻《ま》はること（正確《せいかく》に）そして速《はや》く突《つ》くこと（迅速《じんそく》に）に習熟《しふじゆく》すれば後振突《うしろふりつ》きの効果《かうくわ》を充分《じうぶん》に發揮《はつき》することが出來《でき》ます。習熟《しふじゆく》の理想《りさう》は「正確《せいかく》に迅速《じんそく》に」と云《い》ふことを忘《わす》れないやうにして下《た》さい。

▲右《みぎ》に述《の》べた上段後振突《じやうだんうしろふりつ》きは、型《かた》にある通《とほ》り右拳《うけん》を左肩上《さけんじやう》へ振《ふ》り突《つ》き、左拳《さけん》を右肩上《うけんじやう》へ振《ふ》り突《つ》くのですから之《これ》を横《よこ》振突《ふりづき》と稱《しやう》します。なほ後振突《うしろふりつき》には縱縱《たてふり》突《づき》と云《い》ふのがあります。是《これ》は右拳《うけん》を以《もつ》て右肩上《うけんじやう》から後方《こうはう》へ振《ふ》り突《つ》き、左拳《さけん》は左肩上《さけんじやう》から後方《こうはう》へ縱《たて》に振《ふ》り突《つ》く技法《わざ》ですから縱振突《たてふりづき》と稱《しやう》するのであります。縱振突《たてふりつけ》は甲《こう》を外向《そとむ》きにして突《つ》きます。その習熟方法《しふじゆくはうはふ》は横振突《よこふりづき》の習熟法《しふじゆくほふ》と同《おな》じ要領《えうれう》で「正確《せいかく》に迅速《じんそく》に」の理想《りさう》にかなふ様《やう》にやります。

上段後振突《じやうだんうしろふりつき》の縱横《じうわう》は共《とも》に拳《こぶし》の引《ひ》き方《かた》を極《きは》めて迅速《じんそく》に引《ひ》きもどします。總《すべ》ての攻撃《こうげき》の技法《わざ》は突《つ》き出《だ》した手《て》を引《ひ》くときが大事《だいじ》ですが、後方《こうはう》への振突《ふりつ》きの時《とき》は特《とく》に敏速《びんそく》に引《ひ》くことを練習《れんしふ》しておくことが肝要《かんえう》であります。

▲横受《よこうけ》の習熟法《しふじゆくはふ》

横受《よこうけ》は空手《からて》の重要《ぢうえう》な受方《うけかた》でありますから、その練習《れんしふ》も充分《じうぶん》に行《おこな》つておかなければなりません。一人《ひとり》での練習法《れんしふはふ》と二人《ふたり》での練習法《れんしふはふ》を述《の》べる事《こと》にします。

受《う》け方《かた》の時《とき》は必《かなら》ず第《だい》二彈《だん》に對《たい》する用《よう》心《じん》を怠《おこた》つてはいけません。故《ゆへ》に横受《よこうけ》と拂受《はらひうけ》とは常《つね》に連結《れんけつ》して習慣的《しふくわんてき》に無意識《むいしき》的《てき》に第《だい》二彈《だん》の防禦《ばうぎよ》が出來《でき》る樣《やう》習熟《しふじゆく》しておく事《こと》が必要《ひつえう》であります。平安《へいあん》三段《だん》の第《だい》二動作《どうさ》第《だい》三動作、第《だい》五動作《どうさ》第《だい》六動作《どうさ》は無言《むごん》のうちに此《こ》の連結練習《れんけつれんしふ》の重要性《ぢうえうせい》を訓《をし》へて居《ゐ》るものであります。次《つぎ》に横《よこ》受《うけ》と振受《はらひうけ》の連結練習法《れんけつれんしふはふ》を色々《いろいろ》に工夫《くふう》して見《み》ませう。

▲一、横受《よこうけ》と拂受《はらひうけ》の連結《れんけつ》（その一）

結《むす》び立《たち》又《また》は外八字立《そとじだち》として型《かた》の通《とほ》り反覆練習《はんぷくれんしふ》をなす。

▲二、横受《よこうけ》と拂受《はらひうけ》の連結《れんけつ》（その二）

横受《よこうけ》と拂受《はらひうけ》の連結《れんけつ》だけでなくそれに左右《さいう》の直突《ちよくつき》を連結《れんけつ》させて練習《れんしふ》する方法《はうはふ》ははじめ一人《ひとり》でやり、後《のち》二人《ふたり》でやると「正確《せいかく》に迅速《じんそく》に」と云《い》ふ習熟法《しふじゆくはふ》の理想《りさう》を達《たつ》するに最《もつと》も有力《いうりよく》な方法《はうはふ》であります。

立《た》ち方《かた》はすべて八字立《じだち》又《また》は三戰立。

▲第《だい》一練習《れんしふ》——（イ）右拳中段直突《うけんちうだんちよくつき》。（ロ）左拳中段直突《さけんちうだんちよくつき》、右拳《うけん》は腰《こし》に引《ひ》く。（ハ）直突《ちよくつき》した左拳《さけん》をそのまゝ横受《よこうけ》に變《へん》ずる。（ニ）横受《よこうけ》した左拳《さけん》をそのまゝ拂《はらひ》受《うけ》に變《へん》ずる。これだけを一區切《くぎり》として反覆練習《はんぷくれんしふ》します。ニからイに戻《もど》る時《とき》は無論《むろん》右拳直突《けんちよくつき》と左拳《さけん》を左腰《ひだりこし》に引《ひ》くのとは同時《どうじ》でなければなりません。

▲第《だ》二練習《れんしふ》——（イ）左拳中段直突《さけんちうだんちよくつき》。（ロ）右拳直突《うけんちよくつき》、左拳腰《さけんこし》に引《ひ》く。（ハ）直《ちよく》突《つき》した右拳《うけん》を直《たゞ》ちに横受《よこうけ》に變《へん》ず。（ニ）横受《よこうけ》した右拳《うけん》を直《たゞ》ちに拂受《はらひうけ》に變《へん》ず。以《い》上《じやう》を一區切《くぎり》として反覆練習《はんぷくれんしふ》します。

第《だい》一練習《れんしふ》、第《だい》二練習共《れんしふとも》に、はじめは靜《しづ》かにゆつくりやつて見《み》て、順序《じゆんじよ》をおぼえたらいくらか力《ちから》を入《い》れてやります熟練《じゆくれん》したら速度《そくど》をはやくしても、順序《じゆんじよ》が狂《くる》はず手《て》がきまつて來《こ》なければいけません。第《だい》一、第《だい》二の練習《れんしふ》は一人《ひとり》で行《おこな》ひます。單獨練習《たんどくれんしふ》を積《つ》んで熟練《じゆくれん》したら二人《にん》で組《く》んで、第《だい》三練習《れんしふ》と第《だい》四練習《しんしふ》を行《おこな》ひます。

▲第《だい》三練習《れんしふ》——甲乙《かふおつ》相對《あひたい》して八字立《じだち》又《また》は三戰立《せんだち》に立《た》ちます。間合《まあひ》は拳《こぶし》を突《つ》き出《だ》して相手《あひて》の體《たい》に五寸位《すんぐらゐ》スキのある程《てい》度《ど》、然《しか》し熟練《じゆくれん》したらもつと間合《まあひ》をちゞめてやります。先《ま》づ（イ）甲《かふ》が右拳《うけん》で直突《ちよくつき》すると、乙《おつ》は之《これ》を左手《ひだりて》で内横受《うちよこうけ》する。（ロ）甲《かふ》は直《たゞ》ちに右拳《うけん》を引《ひ》き左拳《さけん》を以《もつ》て第《だい》二彈《だん》を送《おく》る、乙《おつ》は横受《よこうけ》した左手《ひだりて》をその位置《いち》から直《たゞ》ちに拂受《はらひうけ》で甲《かふ》の第《だい》二彈《だん》を受《う》ける、それと同時《どうじ》に（ハ）乙《おつ》は右拳直突《うけんちよくつき》を以《もつ》て甲《かふ》に逆襲第《ぎやくしふだい》一彈《だん》を送《おく》る甲《かふ》は左手横受《さしゆよこうけ》を以《もつ》て之《これ》に應《おう》ずる。（ニ）乙《おつ》は何《かに》をツと左拳直突《さけんちよくつき》の逆襲第《ぎやくしふだい》二彈《だん》を

飛《と》ばせば、甲《かふ》は得《え》たりとばかり左手《さしゆ》を横受《よこうけ》から拂受《はらひうけ》に變《へん》じて應戰《おうせん》する——之《これ》が一區切《くぎり》で、ニからイにかへり幾十回《いくくわい》も反覆練習《はんぷくれんしふ》を行《おこな》ひます。

▲第《だい》四練習《れんしふ》——（イ）甲左《かふさ》拳直突《けんちよくつき》、乙右《おつみぎ》手《て》横受《よこうけ》。（ロ）甲右《かふう》拳直突《けんちよくつき》、乙右手拂受《おつみぎてはらひうけ》（ハ）乙左《おつさ》拳直突《けんちよくつき》、甲右手《かふみぎて》横受《よこうけ》。（ニ）乙《おつ》右《う》拳直突《けんちよくつき》、甲右手拂受《かふみぎてはらひうけ》——ニよりイにかへり反覆練習《はんぷくれんしふ》。

第《だい》三練習《れんしふ》と第《だい》四練習《れんしふ》は非常《ひじやう》に効果《こうくわ》の大《おほ》きい受方練習《うけかたれんしふ》でありますから、是非《ぜひ》しつかりきたへて下《くだ》さい、此《こ》の受方練習《うけかたれんしふ》によつて得《う》るところは（一）小手《こて》を鍛練《たんれん》すること、（二）受《う》けられたら直《す》ぐ第《だい》二彈《だん》を發射《はつしや》する習慣《しふくわん》、（三）受《う》ける方《はう》としては受方《うけかた》が正確《せいかく》に迅速《じんそく》になる事《こと》、（四）横受《よこうけ》から拂受《はらひうけ》に即時變化《そくじへんくわ》の習慣《しふくわん》、（五）目《め》をならすこと、（六）受《う》けることに自信《じしん》と落着《おちつき》が出來《でき》る——等《とう》まだいくらでも其《そ》の効果《こうくわ》をあげ得《う》るのであります。

この練習法《れんしふはふ》を以《もつ》て絶《た》えず稽古《けいこ》をはげんで居《ゐ》ると非常《ひじやう》にワザが敏速《びんそく》になり、其《そ》の練習《れんしふ》を見《み》て居《ゐ》る人《ひと》が受《う》けや突《つ》きの手《て》がどう動《うご》いて居《ゐ》るかわからぬ位《くらゐ》になります。斯《か》くして此《こ》の受方練習《うけかたれんしふ》を積《つ》むと、眞劍組手《しんけんくみて》の時《とき》などに突《つ》きも受《う》けも「迅速正確《じんそくせいかく》」になり、利《り》するところまことに大《だい》なるものがあります。

相手《あひて》のない時《とき》は第《だい》一練習《れんしふ》と第《だい》二練習《れんしふ》とを單獨《たんどく》に毎日怠《まいにちおこた》らずやつて下《くだ》さい。

なほ横受《よこうけ》と拂受《はらひうけ》の連結練習法《れんけつれんしふはふ》で變《かは》つたやり方《かた》もありますが、それは摩文仁《まぶに》先生著《せんせいちよ》「十八《セーパイ》の研究《けんきう》」に寫眞《しやしん》入りで出《で》て居《を》りますから此處《こゝ》には省略《せうりやく》します。同書《どうしよ》を參照《さんせう》して下《くだ》さい。

▲三、横受《よこうけ》と下段拂《げだんばらひ》との連結練習《れんけつれんしふ》

（イ）右足《うそく》を一歩《ぽ》前進《ぜんしん》しながら右拳《うけん》横《よこ》受《うけ》をなし、（ロ）そのまゝ前屈《ぜんくつ》（右足《うそく》）となり横受《よこうけ》より下段拂《げだんばらひ》に變《へん》ず。イロの動作《どうさ》の間左拳《あひださけん》は左腰《ひだりこし》に構《かま》へておく。次に左足左拳《さそくさけん》を以《もつ》てイロの動作《どうさ》をなす。左右交互《さいうこうご》に前進後退共《ぜんしんこうたいとも》に行《おこな》ひます。

▲臂受《ひぢうけ》と打込《うちこみ》との連結練習《れんけつれんしふ》

型《かた》には前進《ぜんしん》だけしかありませんが、前進後退共《ぜんしんこうたいとも》に練習《れんしふ》します。後退《こうたい》の時《とき》は視線《しせん》と動作《どうさ》は前進《ぜんしん》の時《とき》と同《おな》じ方向《はうかう》に行《おこな》ひ、たゞ足《あし》の運《はこ》びだけが後退《こうたい》することは他《た》の後退《こうたい》の場合《ばあひ》と同《おな》じであります。

第十八章　補習的研究諸問題

第五五節　受方内外と八方轉身法

▲受《うけ》方《かた》の内外《うちそと》

問「敵《てき》の右拳攻撃《けんこうげき》に對《たい》して、我《われ》は横《よこ》受《うけ》ならば左《ひだり》で内受《うちうけ》になり、臂受《ひぢうけ》ならば右《みぎ》で内受《うちうけ》になりますネ。各種《かくしゆ》の受技《うけわざ》によつて内受外受《うちうけそとうけ》の關係《くわんけい》が異《ことな》つて居《ゐ》てはその種類《しゆるゐ》が受技《うけわざ》の數《かず》ほどあることになつて記憶《おぼ》えるのに、隨分《ずいぶん》骨《ほね》が折《を》れるだらうと思《おも》ひますが……?」

答「内受外受《うちうけそとうけ》の關係《くわんけい》は、そんなむづかしいものではなく至極簡單《しごくかんたん》です。つまり敵《てき》の内側《うちがは》から受《う》けるときを内受《うちうけ》と云《い》ひ、外側《そとがは》から受《う》けるときを外受《そとうけ》と云《い》ふことに決定《きめ》ておくのです。

さうすると内外《うちそと》の關係《くわんけい》がはつきりしてきます。なるほど受技《うけわざ》の種類《しゆるゐ》によつて左《ひだり》で内受《うちうけ》になつたり、右《みぎ》で内受《うちうけ》になつたりしますが、然《しか》しこれを一つの表《へう》にして見《み》ると其《そ》の關係《くわんけい》は一目《ひとめ》で瞭然《はつきり》します。試《こゝろ》みに第《だい》一二一圖《づ》を見《み》て下《くだ》さい。受技《うけわざ》の内外《ないぐわい》の關係《くわんけい》はすべてこの表《へう》の中《なか》にはいつてしまひます。」

問「なるほど、内受外受共《うちうけそとうけとも》に二通《ふたとほ》り合《あは》せて四通《よとほ》りになつて居《を》りますネ。此《こ》の四通《よとほ》りの間《あひだ》に何《なに》か相互關係《さうごくわんけい》がありますか。」

答「あります。その相互關係《さうごくわんけい》を二組《くみ》に分《わ》けることが出來《でき》ます。

第一組《だいくみ》　甲《こう》と丁《てい》

第二組《だいくみ》　乙《おつ》と丙《へい》

例《たと》へば前《さき》に貴君《あなた》が問題《もんだい》にした横受《よこうけ》は第《だい》一組《くみ》に屬《ぞく》し、臂受《ひぢうけ》は第二組《くみ》になります。其他《そのた》各種《かくしゆ》の受技《うけわざ》の内受外受《うちうけそとうけ》の關係《くわんけい》は、右《みぎ》の第《だい》一組《くみ》か第《だい》二組《くみ》かの何《いづ》れかにはいつてしまひます。」

▲演武《えんぶ》八方《はう》と轉身《てんしん》八方《ぱう》

問「受方《うけかた》の五つの原理《げんり》といふお話《はなし》を承《うけたまは》つてからは、何《なん》だか斯《か》うほのぼのと目《め》の前《まへ》が開《ひら》けて明《あか》るくなつて來《き》つつある様《やう》に思《おも》はれますが、轉身法《てんしんはふ》についてその様《やう》な原理的《げんりてき》な法則《はふそく》はないものでせうか。」

答「ありますとも、八方轉身《ぱうてんしん》の法《はふ》といふ原則《げんそく》があります。それを一通《とほ》りお話《はな》し致《いた》しませう。

先《ま》づ第四講《だいかう》のところで演武線《えんぶせん》のこと

をお話《はなし》しましたネ。あれを思《おも》ひだして下《くだ》さい。おぼえて居《ゐ》ますか。」

問「東西《とうざい》に引《ひ》いた線《せん》と南北《なんぼく》に引《ひ》いた線《せん》とが直角《ちよくかく》に交叉《かうさ》する、これを基本演《きほんえん》武線《ぶせん》とし、その直角《ちよくかく》を等分《とうぶん》して準基本《じゆんきほん》演武線《えんぶせん》が……」

答「さう〳〵、そこのところです。つまり基點《きてん》に立《た》つた自分《じぶん》の周圍《しうゐ》八方《ぱう》に走《はし》る線《せん》になりましたネ。あの基本線《きほんせん》と準基本線《じゆんきほんせん》との指示《しじ》する八方《はう》を東西南北《とうざいなんぼく》といふ語《ご》をつかはずに第《だい》一二一圖《づ》の様《やう》に言《い》ひ現《あら》はすことも出來《でき》ます。即《すなは》ち基點《きてん》に立《た》つて東方《とうはう》に向《むか》へば次《つぎ》の通《とほ》りです

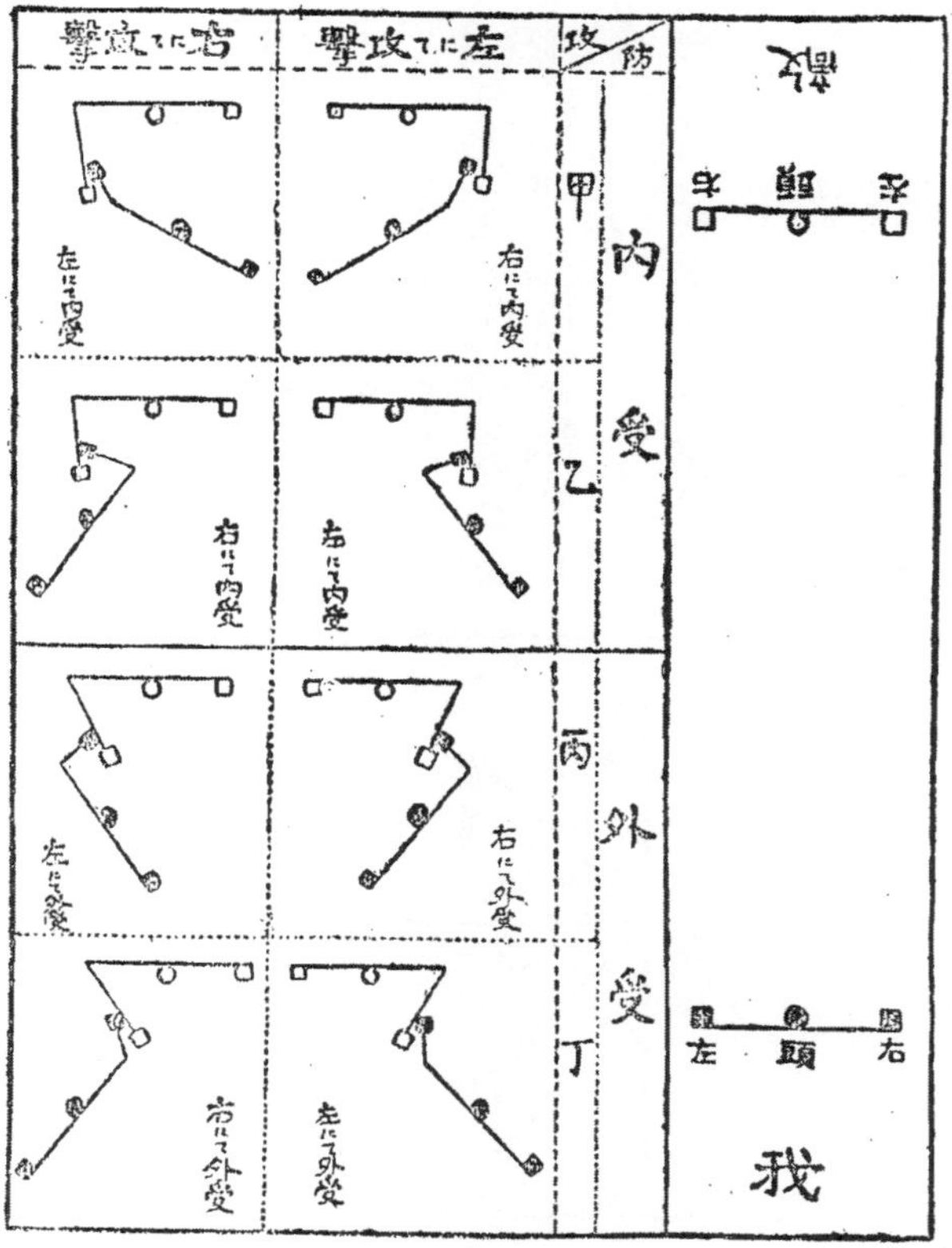

第一二一圖　内受外受表

東《ひがし》　眞《ま》ン前《まへ》
西《にし》　眞《ま》後《うしろ》
南《みなみ》　右《みぎ》横《よこ》
北《きた》　左《ひだり》横《よこ》
東南《とうなん》　右《みぎ》斜前《なゝめまへ》
西南《せいなん》　右《みぎ》斜後《なゝめうしろ》
東北《とうほく》　左《ひだり》斜前《なゝめまへ》
西北《せいほく》　左《ひだり》斜後《なゝめうしろ》

ところで型《かた》の演武《えんぶ》の時《とき》には基點《きてん》は一定《てい》しておかなければ、型《かた》の動作《どうさ》の方向《はうかう》を規定《きてい》することが困難《こんなん》ですから東西南《とうざいなん》北《ぼく》の方向《はうかう》で呼《よ》ぶのが便利《べんり》ですが、組手《くみて》の時《とき》には常《つね》に自己《じこ》の現在《げんざい》の位置《ゐち》を基點《きてん》として方向《はうかう》を指示《しじ》した方《はう》が便利《べんり》です。即《すなは》ち型《かた》の時《とき》には基點《きてん》を不動《ふどう》として方向《はうかう》

を定め、組手《くみて》の時には基點《きてん》は移動《いどう》するものとして方向《はうかう》を定《さだ》めた方《はう》が便利《べんり》になります。故《ゆえ》にこの二通《とほ》りの方向指示《はうかうしじ》を混亂《こんらん》せぬ樣《やう》にするために、演武《えんぶ》八方《ぱう》及《およ》び轉身《てんしん》八方《はう》と名《な》づけることにします。卽《すなは》ち右《みぎ》の對照表《たいせうへう》の上段《じやうだん》が演武《えんぶ》八方《はう》の名《めい》稱《しよう》で、下段《げだん》が轉身《てんしん》八方《ぱう》の名稱《めいしよう》です。

さて八方轉身法《ぱうてんしんはふ》とは卽《すなは》ち此《こ》の『轉身《てんしん》八方《ぱう》』の方向《はうかう》へ自在《じざい》に體《たい》を轉換《かは》すことです」

問「では、八方以外《はういぐわい》の方向《はうかう》に轉身《てんしん》してはいけないのですか」

答「空手《からて》は四肢《し》五體《たい》の機能《きのう》を自由自《じゆうじ》在《ざい》に働《はたら》かせる武術《ぶじゆつ》ですから方向《はうかう》も自由《じゆう》自在《じざい》です」

問「八方轉身《はうてんしん》といふと八方《はう》に制限《せいげん》されませんか」

答「そこをも少《すこ》しよく考《かんが》へて御覽《ごらん》なさい。演武《えんぶ》八方《ぱう》は不動基《ふどうき》點《てん》だから方向《はうかう》も固定《こてい》しますが、然《しか》し轉身《てんしん》八方《ぱう》は移動《ゐどう》基點《てん》ですから轉身《てんしん》の方向《はうかう》は自在無礙《じざいむげ》です。」

問「なるほど、よくわかりました。」

答「演武《えんぶ》八方《はう》は八方轉身法《ぱうてんしんはふ》の原則《げんそく》を示《しめ》し、轉身《てんしん》八方《はう》は其《そ》の原則《げんそく》の實地活用《じつちくわつよう》です。故《ゆえ》に移動基點《ゐどうきてん》によつて指示《しじ》する轉身《てんしん》八方《ぱう》の方向《はうかう》は十六方《はう》になり、三十二方《はう》になり、六十四方《はう》になり、百二十八方《はう》になり、二百五十六方《はう》になり、五百十二方《はう》になり、卽《すなは》ち方向《はうかう》を細分《さいぶん》すれば無限《むげん》になるわけですが、古代《こだい》の數論《すうろん》派《は》でない限《かぎ》りそんなことを言《い》ふ必要《ひつえう》はないでせう。我々《われく》は實際上《じつさいじやう》には移動基《ゐどうき》點《てん》に於《お》ける轉身《てんしん》八方《ぱう》といふだけで轉身《てんしん》の方向《はうかう》が自在《じざい》であることが理解《りかい》されさえすればよろしいでせう。」

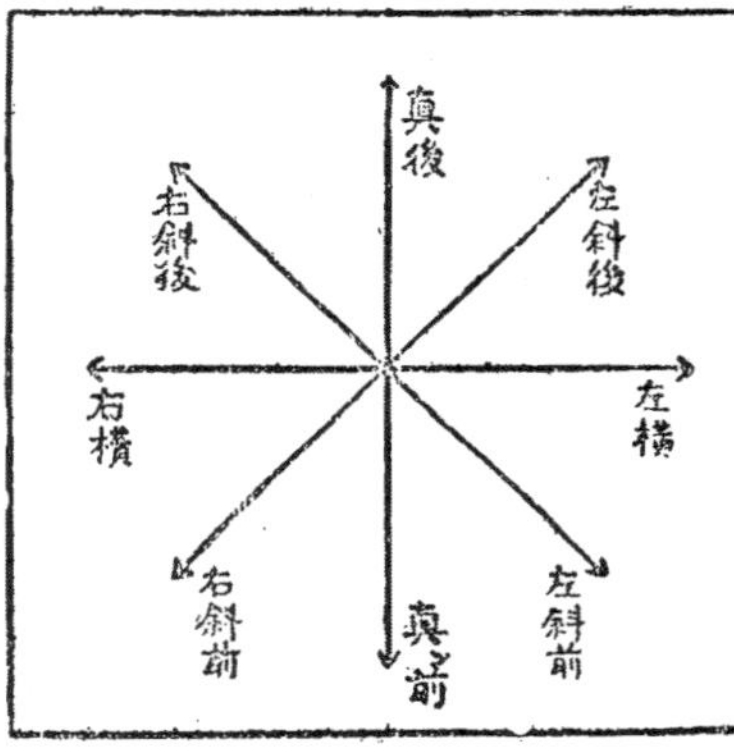

第一二二圖　轉身八方

問「空手《からて》の型《かた》に三百六十度《と》の廻轉《かいてん》がありますか。」

答「ありますとも、近《ちか》く（第二《にい》卷參《かんさん》照《せう》）講義《かうぎ》をすることになつてゐる鷲牌《ろうはい》初段《しよだん》にもあるし、その他《た》の型《かた》にもあります。」

問「轉身法《てんしんはふ》としては三百六十度《ど》廻轉《かいてん》して元《もと》の方向《はうかう》へもどることは、およそ意味《ゐみ》ないことであり、更《さら》に對敵行動中《たいてきかうどうちう》にそんなことは頗《すこぶ》る危險《きけん》なことだと思《おも》はれますが、何故《なぜ》に型《かた》の中《なか》にそんな全《ぜん》廻轉《かいてん》を取《と》り入《い》れてあるのでせうか。」

答「いやなか〱理窟《りくつ》つぽくなつて

來《き》ましたネ。昔風《むかしふう》な素讀《そどく》主義《しゆぎ》の先生方《せんせいかた》にさう理窟《りくつ》責めをして行《ゆ》くと怒《おこ》られますよ。何《なん》でも昔《むかし》は學問《がくもん》をやるにも、讀《よ》書《しよ》百遍義《へんぎ》自《おのづか》ら通《つう》ずとかで、先《ま》づ素讀《そどく》といつて意味《いみ》がわからぬことを讀《よ》まされ、何冊《なんさつ》も何冊《なんさつ》も素讀《そどく》だけさせられたものです。空手《からて》に於《おい》ても同《おな》じことで型《かた》の動作《どうさ》の意味《いみ》がわからずに繰返《くりかへ》し繰《くり》返《かへ》し練習《れんしふ》ばかりやらせたのです。そして餘程《よほど》技倆《ぎりやう》があり頭腦《づのう》があるものだけに、その動作《どうさ》の意味《いみ》がわかるやうに指導《しだう》されたものですから、昔《むかし》の人《ひと》には型《かた》は知《し》つて居《ゐ》てもその意味《いみ》を知《し》らぬ人《ひと》が多《おほ》かつたのです。

だが小學校時代《せうがくかうじだい》から一課《くわ》づゝ讀方《よみかた》と講義《かうぎ》とを同時《どうじ》にかたづける樣《やう》な精讀主《せいどくしゆ》義《ぎ》の教育《けういく》を受《う》けて來《き》た我々《われ〳〵》には、空手《からて》の修業《しうげふ》に型《かた》の素讀《そどく》ばかりやらされたのでは、何《なん》の興味《きやうみ》もなく感激《かんげき》もないから研究熱《けんきうねつ》がすぐさめてしまひます。空手《からて》でも若手《わかて》の大家先生《たいかせんせい》たちは型《かた》一つやるとすぐ意味《いみ》を解説《かいせつ》し、型《かた》の修練《しうれん》と共《とも》に技法《ぎはふ》の變化《へんくわ》についての研究《けんきう》を徹底《てつてい》させて行《ゆ》く、理《り》と技《ぎ》との並行《へいかう》した近代教育《きんだいけういく》法《はふ》が採用《さいよう》されつつありますから、貴君《あなた》のやうな理窟責《りくつぜ》めも一向差支《かうさしつか》へないわけです。然《しか》し空手《からて》は武術《ぶじゆつ》ですから、單《たん》に理窟《りくつ》だけをこねても仕樣《しやう》がないので理窟《りくつ》と技術《ぎじゆつ》とを兼修《けんしう》して行《ゆ》く樣《やう》にしたいものです。

さて話《はなし》がすつかり横道《よこみち》にそれましたが、空手《からて》の型《かた》にある三百六十度廻轉《どかいてん》は一支點《してん》の場合《ばあひ》と二支點《してん》の場合《ばあひ》とがあります。然《しか》し貴君《あなた》のいふ樣《やう》な無意味《むいみ》な危《き》險《けん》なものではなく、反對《はんたい》にかへつて有《いう》意義《いぎ》なものです。一支點《してん》とは一つの足《あし》を軸《ぢく》として一點《てん》に於《お》ける全廻轉《ぜんかいてん》であり二支點《してん》とは一歩進《ぽすゝ》みながら全廻轉《ぜんかいてん》する時《とき》です。一まわり廻《まわ》つてもふら〳〵とならずに、きちんと踏《ふ》みとどまつて體《たい》勢《せい》を崩《くづ》さない樣《やう》に身構《みがま》へると云《い》ふことは修練《しうれん》を積《つ》んでおかなければ出來《でき》るものではないのです。實際的《じつさいてき》にそんな必《ひつ》要《えう》があるかと云《い》ふでせうが無論《むろん》いくらでもありますとも。例《たと》へば平安《へいあん》二段《だん》の型《かた》にある下段《げだん》の手刀受《しゆたうう》け拂受《はらひうけ》の變化《へんくわ》、或《あるひ》は拔塞大《ばつさいだい》の型《かた》にある振捨《ふりす》ての樣《やう》な技《わざ》にかけられた時《とき》は、三百六十度廻轉《どかいてん》しても身體《しんたい》の平均《へいきん》を失《うしな》はずに身構《みがま》へ得《う》る心得《こゝろえ》がなければ、それこそ危險《きけん》です。其他《そのた》いろ〳〵實例《じつれい》をあげ得《う》るのですがそれは型《かた》に出《で》て來《く》る時《とき》にお話《はな》しすることにしませう。」

▲轉步《てんぽ》五足《ごそく》の法《はふ》

問「八方轉身法《はうてんしんはふ》とは轉身《てんしん》八方《ぱう》と稱《しよう》する方向《はうかう》の訓《をしへ》だけで、移動《いどう》の手段方法《しゆだんはうはふ》についての訓《をしへ》はありませんか。」

答「轉步《てんぽ》五足《そく》の法《はふ》といふのがあります。五足《そく》とは左《さ》の通《とほ》りです。

出足《であし》、引足《ひきあし》、寄足《よりあし》、廻足《まわりあし》、跳足《とびあし》

次《つぎ》に此《こ》の五足《そく》について簡單《かんたん》に説明《せつめい》いたしませう。

△**出足《であし》** これは前方《ぜんぽう》又《また》は側方《そくほう》へ足《あし》を踏《ふ》み出《だ》す事《こと》。

△**引足《ひきあし》** 後方《こうほう》へ足《あし》を引《ひ》く事《こと》。

△**寄足《よりあし》** 左右《さいう》の足《あし》の配置《はいち》をかえずに左《さ》右《いう》又《また》は前後《ぜんご》へ身體《しんたい》の位置《ゐち》をかえる事《こと》。

△**廻足《まわりあし》** 大《おほ》きく又《また》は小《ちい》さく身體《しんたい》の方向《はうかう》をかえる事《こと》。

△**跳足《とびあし》** 跳《と》んで身體《しんたい》の位置《ゐち》をかえる事《こと》

此《こ》の轉歩《てんぽ》五足《そく》は敵《てき》の攻撃《こうげき》に對《たい》する時《とき》の轉《てん》身《しん》の時《とき》だけでなく、自《みづか》ら攻撃《こうげき》する時《とき》の移動《いどう》にも通用《つうよう》することは勿論《もちろん》です。

別《べつ》にむづかしいことではないのですが斯《か》うして法則《はうそく》として並《なら》べて見《み》るとはっきり頭《あたま》にはいり、その運用《うんよう》にも便利《べんり》でせう。」

問「八方轉身法《はつぽうてんしんはふ》とはつまり轉身《てんしん》八方《ぱう》の方向《はうかう》へ五足《そく》の法《はふ》によつて移動《いどう》するといふことになるわけですネ」

答「その通《とほ》りです。そこで受方《うけかた》の五つの原則《げんそく》即《すなは》ち落花《らくくわ》、流水《りうすゐ》、屈伸《くつしん》、轉位《てんゐ》反撃《はんげき》の五法則《はうそく》と轉身《てんしん》八方《ぱう》及《およ》び轉歩《てんぽ》五足《そく》の法《はふ》とがいろ〱に結合《けつがふ》し複合《ふくがふ》して、千變萬化《へんばんくわ》の巧妙《かうめう》な受方《うけかた》が出《で》て來《く》るのです。先《ま》づ此等《これら》の法則《はふそく》のあることを知《し》つて型《かた》や組手《くみて》を研究《けんきう》して行《ゆ》くと、修業《しうげふ》が無駄《むだ》なく進歩《しんぽ》が速《はや》いわけです。道《みち》に志《こころ》ざす者《もの》は必《かな》ず理《り》と技《わざ》との兼修《けんしう》を怠《おこた》つてはいけません。」

第五六節　組手の研究

△組手觀戰記

組手《くみて》の研究《けんきう》には、技法《ぎはふ》の變化《へんくわ》についてゆつくり考《かんが》へながらやつて見《み》る場合《ばあひ》もあり、或《あるひ》は何等《なんら》約束《やくそく》なき自由《じゆう》な眞劍《しんけん》組手《くみて》をやつて見《み》て、その時《とき》に自然《しぜん》に急《きふ》速《そく》に變化《へんくわ》する技法《ぎはふ》を觀察《くわんさつ》する場合《ばあひ》もあります。故《ゆえ》に此《こ》の節《せつ》は二項《かう》に小分《こわけ》して組手觀戰記《くみてくわんせんき》と組手考察錄《くみてかうさつろく》との二形式《けいしき》にして書《か》いて見《み》ます。

△**流し空受《ながしからうけ》**

甲《かう》と乙《おつ》とが向《むか》ひあつて構《かま》へました。

甲乙《かうおつ》共《とも》に右足《うそく》を一歩《ぽ》引《ひ》き、左拳《さけん》を下段《げだん》に右拳《うけん》を腰《こし》に構《かま》へて居《ゐ》ます。(第《だい》一二三圖《づ》參照《さんせう》)腰《こし》に引《ひ》く程度《ていど》は甲《かう》は淺《あさ》く、乙《おつ》は深《ふか》く引《ひ》いてゐますが、それ〲の個《こ》性《せい》と作戰《さくせん》とがあることですから、何《いづ》れ

第一二三圖　組手構へ

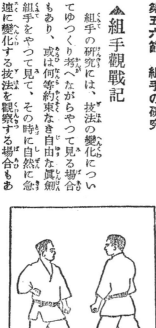

がよいとは決《き》められません。互《たがひ》ににらみあつて居《ゐ》ます。

それつ！　甲《こう》が突《つ》きを入《い》れました。右出《みぎで》足右《あしう》拳《けん》の上段突撃《じやうだんとつげき》！　顔面《がんめん》をねらつたらしいがいくらか低《ひく》かつた様《やう》です

乙《おつ》はびくともせず、右足《みぎあし》を右斜後《みぎなゝめうしろ》へさつと引《ひ》いて、甲《こう》に空《くう》を突《つ》かせながら敢《あへ》て右拳《うけん》右腰《みぎごし》の構《かまへ》をさへ崩《くず》さうとはしません。（第《だい》一二四圖《づ》參照《さんせう》）

若《も》し甲《こう》の腰《こし》と肩《かた》がしつかりして居《ゐ》なければ、乙《おつ》の轉位《てんゐ》による流《なが》し空受《からうけ》にひつかかつて、甲《こう》は乙《おつ》の目《め》の前《まへ》を流《なが》れてしまつたかもわからぬが、然《しか》し甲《こう》もさるもの、流石《さすが》に敵《てき》の目《め》の前《まへ》でそんな醜《しう》體《たい》は演《えん》ぜず、直《たゞ》ちに陣容《じんよう》を立《た》てなほしました。

然《しか》るに一方乙《おつ》はまだ戰鬪氣《せんたうき》分《ぶん》が高潮《かうてう》して來《こ》ないのか、折角《せつかく》の好機《チヤンス》を空《むな》しく見送《みおく》つてしまひました。

第一二四圖　流し空受

第一二五圖　鈎手受

▲鈎手《かぎて》引流《ひきなが》し

甲《こう》は仕損《しそ》んじたとわかると、直《たゞ》ちに右手右足《みぎてみぎあし》を引《ひ》きながら、右斜前《みぎなゝめまへ》へ廻《まわ》りこんで再《ふたゝ》び乙《おつ》と正面《しやうめん》に對《むか》ひあひました（注意《ちうゐ》　甲乙共《こうおつとも》に方向《はうかう》は轉身《てんしん》八方《はう》の法則《はふそく》により彼等自身《かれらじしん》の移動基點《いどうきてん》即《すなは》ちその時《とき》の立場《たちば》からの方向《はうかう》を指《さ》す）

甲《こう》は頗《すこぶ》る調子《てうし》がよいと見《み》えて、再《ふたゝ》び積極《せつきよく》に出《で》やうとするらしい氣分《きぶん》が感《かん》ぜられます、やツ！　案《あん》の定《ぢやう》！　再《ふたゝ》び右《みぎ》出足右《であしう》拳《けん》の突撃《とつげき》！　今度《こんど》は水月《すゐげつ》をねら

第一二六圖　鈎手引流し

つての中段直突《ちゆうだんちよくつき》。

乙《おつ》は此《こ》の事《こと》ありと豫期《よき》したかの如《ごと》くさつとばかりに左足《さそく》を後方《うしろ》へ引《ひ》いて猫《ねこ》足《あし》に體勢《たいせい》を落《おと》しながら、右鈎手受《みぎかぎてうけ》にて敵《てき》の右拳《うけん》を鈎《かぎ》にかけて引《ひ》き落《おと》しつゝ、體勢《たいせい》を伸《の》ばすと共《とも》に左掌《さしやう》にて甲《こう》の顔面《がんめん》に一本美事《ほんみごと》に入《い》れました。
◎鈎手受《かぎてうけ》から引流《ひきながし》になつて引《ひ》くときは拇指《ぼし》と小指《こゆび》、藥指《くすりゆび》の三本《ぼん》に力《ちから》をとり、他《た》の指《ゆび》はただ添《そ》えておく程《てい》度《ど》です。第《だい》一二五圖《づ》は鈎手受《かぎてうけ》した

第一二七圖　指鋏咽喉攻

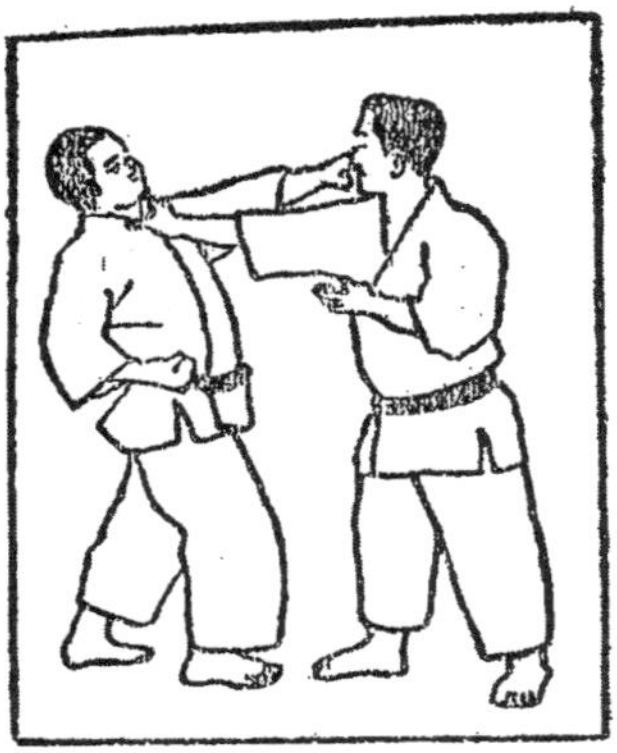

刹那《せつな》、第《だい》一二六圖《づ》は引手《ひきて》にかけて將《ま》さに左掌《さしやう》の攻撃《こうげき》にうつらんとする刹那《せつな》（鈎手《かぎて》の構《かま》へは「セーパイの研究《けんきう》」參照《さんせう》）
◎此《こ》の鈎手引《かぎてひ》き流《なが》しは、乙《おつ》が左手《ひだりて》の攻撃《こうげき》をせずに引《ひ》き流《なが》しを力強《ちからつよ》くやれば甲《こう》はその方向《はうかう》に泳《およ》がされてしまひますが、その時更《ときさら》に乙《おつ》が泳《およ》ぎかけた甲《こう》の背後《はいご》からドンと押《お》すか蹴《け》るかすれば、甲《こう》はその儘前傾倒《まゝまへのめり》してしまひます。

第一二八圖　揚受引落

△指鋏咽喉《ゆびはさみのど》攻《ぜ》め
二度《ど》右拳《うけん》攻撃《こうげき》で失敗《しつぱい》した甲《こう》は何事《なにごと》か心中《しんちう》に計劃《けいくわく》するものゝ如《ごと》く、右拳《うけん》を下《げ》段《だん》に伸《の》ばし左拳《きけん》を腰《こし》に構《かま》へながら左《ひだり》へ左《ひだり》へと小《こ》きざみに廻《まわ》つて行《ゆ》きます。
之《これ》に對《たい》して乙《おつ》は右半身《みぎはんみ》に、體勢《たいせい》を低《ひく》くして中段鈎手《ちうだんかぎて》の構《かま》へを以《もつ》て油斷《ゆだん》なく甲《こう》の廻轉《かいてん》に伴《つ》れて同《おな》じく小《こ》きざみに廻《まわ》り合《あ》ひ側面《そくめん》に敵《てき》の攻撃《こうげき》を受《う》けぬ用心《ようじん》を怠《おこた》つて居《を》りません。
甲《こう》は果《はた》して、左足《さそく》で輕《かる》く誘《さそ》ひの蹴《け》りを入《い》れその儘左足《まゝさそく》を後方《こうはう》へ引《ひ》くと同時《どうじ》に左拳《さけん》を以《もつ》て上段《じやうだん》に猛射《まうしや》して來《き》ましたが、然《しか》し乙《おつ》は甲《こう》の左足蹴《さそくげ》りを誘《さそ》ひと見《み》破《やぶ》つたか少《すこ》しもそれに應酬《おうしう》しやうとはせず、却《かへ》つて乙《おつ》の左足《さそく》の引《ひ》きを追《お》ひかけるが如《ごと》く體勢《たいせい》を高《たか》く伸《の》び立《だ》ちながら右手《みぎて》中段《ちうだん》の鈎手《かぎて》を指鋏《ゆびはさみ》の奇手《きしゆ》に變《へん》じて甲《こう》の咽喉《のど》へ肉迫《にくはく》しました。（第《だい》一二七圖《づ》參照《さんせう》）

甲《こう》の左拳《さけん》の上段攻撃《じやうだんこうげき》と乙《おつ》の右手指鋏《みぎてゆびはさみ》とは時間《しかん》にしては一瞬《しゆん》の差《さ》で乙《おつ》が速《はや》いのみならず、乙《おつ》は內《うち》からの反撃《はんよき》で完全《くわんぜん》に効《かう》を奏《そう》するが、甲《こう》の攻撃《こうげき》は外側《そとがは》へ押《お》し出《だ》されたために當《あ》たりがなく二度《ど》乙《おつ》をして名《な》をなさしめることになつたのであります。

乙《おつ》が若《も》し右手指鋏《みぎてゆびはさみ》の反撃《はんげき》に出《で》ず、何《なに》か他《ほか》の受技《うけわざ》を用《もち》ひたとすれば、或《あるひ》は待《たい》機《き》して居《ゐ》る甲《こう》の右翼軍《うよくぐん》と乙《おつ》の左翼軍《さよくぐん》との間《あつだ》に猛烈《まうれつ》なる白兵戰《はくへいせん》が展開《てんかい》されたことでせうか、然《しか》し甲城既《こうじやうすで》に陷落《かんらく》してしまつては殘兵《ざんぺい》も又旗《またはた》を卷《ま》くの外《ほか》はありません。

▲揚受引落《あげうけひきおと》し

甲《こう》は度々《たびたび》の失敗《しつぱい》にいらだつ心《こころ》を抑《お》し鎭《しづ》めて愼重《しんちやう》に構《かま》へて居《ゐ》ます。乙《おつ》は續《つゞ》けさまの好運《かううん》に大分活氣《だいぶくわつき》づいて來《き》た樣《やう》です。今《いま》に積極的《せつきよくてき》に技《わざ》を爲《し》かけて行《ゆ》くことでせう。

それッ—　乙《おつ》の右拳《うけん》が甲《こう》の顏面《がんめん》めがけて上段直突《じやうだんちよくつき》に出《で》ました。甲《こう》は直《たゞ》ちに、左手揚受《ひだりてあげうけ》を以《もつ》て下《した》から上《うへ》にはねあげましたが、揚受《あげうけ》が幾分淺《いくぶんあさ》かつたので

第一二九圖　揚受逆押え

乙《おつ》はさつとさがつて再《ふたゝ》び陣容《ぢんよう》を立《た》て直《なほ》すか左拳直突《さけんちよくつき》で中段《ちうだん》に第二彈《だいにだん》を送《おく》るかすべき筈《はず》のところを、乙《おつ》にそのスキを與《あた》へぬ甲《こう》の手練《しゆれん》の速技《はやわざ》、淺《あさ》い揚受《あげうけ》からその場《ば》の變手《へんて》に出《で》て、乙《おつ》の右手首《みぎてくび》を握《にぎ》つて右斜下《みぎなゝめした》に引《ひ》き落《おと》すと同時《どうじ》に、滿《まん》を持《ぢ》して居《ゐ》た右拳《うけん》を以《もつ》て乙《おつ》の人中《じんちう》にとどめをさしました。（第《だい》一二八圖參照《づさんせう》）

甲《こう》が揚受《あげうけ》からの引落《ひきおと》しをなす時《とき》、若《も》し甲自身《こうじしん》の身邊近《しんぺんちか》くへ引《ひ》き落《おと》したとしたら、乙《おつ》は好機逸《かうきいつ》すべからずとばかり體當《たいあた》り的《てき》にその儘甲《まゝこう》の下腹部《かふくぶ》へ右拳《うけん》を押《お》し出《だ》して行《い》つたことでせう。斯《か》くなれば甲《こう》は乙《おつ》の右拳《うけん》をわざ〳〵自分《じぶん》の手《て》で引《ひ》つぱつて來《き》て自分自身《じぶんじしん》の下腹《したはら》へぶつつけさせることになるわけですが、然《しか》しそこは甲《こう》も心得《こゝろえ》たもので、引落《ひきおと》しをなるべく自分《じぶん》の體《からだ》から遠《とほ》く〳〵右斜下《みぎなゝめした》へぐわんと引《ひ》つぱつたので、完全《くわんぜん》に乙《おつ》の右肩《みぎかた》を殺《ころ》すと同時《どうじ》に乙《おつ》の連突《れんとう》に出《で》るべき右拳《うけん》の出動《しゆつどう》をも封《ふう》じてしまふことが出來《でき》ました。

㊟今《いま》の內揚受《うちあげうけ》から引落《ひきおと》しに變《へん》ずるには揚受《あげうけ》の時《とき》は我《わ》が裏小手《うらこて》が敵《てき》の手首《くび》に接《せつ》して居《ゐ》るので、我《われ》は敵《てき》の手《て》

首《くび》と離《はな》れないやうにくつつけて居《ゐ》ながら拳《こぶし》をひらき敵《てき》の平小手《ひらこて》の方《はう》から其《そ》の手首《てくび》を握《にぎ》つて、外《そと》から内《うち》へ引落《ひきおと》せば、落《お》ちた時《とき》に敵味方共《てきみかたとも》に手《て》の甲《こう》が下《した》になり、敵《てき》の手はいくらか逆《ぎやく》になります。

▲揚受逆押《あげうけぎやくおさ》へ

甲乙兩人《こうおつりやうにん》再《ふたゝ》び相對《あひたい》して構《かま》へました乙《おつ》は一度《ど》失敗《しくじ》つたが、些《すこし》のひるむ色《いろ》もなく張《は》りきつて居《をり》ます。忽《たちま》ち、乙《おつ》の面《めん》上決意《じやうけつゐ》の色動《いろうご》くかと見《み》えた途端《とたん》、右出《みぎで》足右拳上段直突《あしうけんじやうだんちよくつき》と出《で》ました。先《さき》と同《おな》じ攻撃《こうげき》です。

甲《こう》は同《おな》じ攻撃《こうげき》に對《たい》して此度《こんど》は外揚受《そとあげうけ》け、右手《みぎて》を以《もつ》ての淺《あさ》い外揚受《そとあげうけ》に出《で》て、例《れい》の乙《おつ》の左拳連突《けんれんとつ》の作戰《さくせん》の裏《うら》をかき、例の速技《はやわざ》を以《もつ》て又《また》しても乙《おつ》の右手首《みぎてくび》を摑《つか》み取《と》るよと見《み》る間《ま》に、右足《みぎあし》を大《おほ》きく右斜《みぎなゝめ》後《うしろ》へ引《ひ》きながら右手《みぎて》をぐつと横《よこ》へ引《ひ》きのばすと共《とも》に、左裏小手《ひだりうらこて》を以《もつ》て下《した》から上《うへ》へしめあげるが如《ごと》く、甲《こう》の右肘關節《みぎひぢくわんせつ》部《ぶ》を逆押《ぎやくおさ》へにかけました。(第《だい》一二九圖《づ》參照《さんせう》)

乙《おつ》は逸早《いちはや》く左《ひだり》から廻《まは》り込《こ》んで、逆技《ぎやくわざ》を破《やぶ》らうとしましたが、甲《こう》が左手《ひだりて》で押《おさ》えつつ右手《みぎて》を引張《ひつぱ》る確《たし》かな技振《わざぶ》りに、逆《ぎやく》は完全《くわんぜん》に極《き》まつてしまひました。

第一三〇圖　揚受寄足投

▲揚受逆押投《あげうけぎやくおさへなげ》

甲乙《こうおつ》にらみあつて構《かま》へました。

甲《こう》は、何思《なにおも》ひけん突如《とつじよ》として右出足《みぎであ》右拳上段《うけんじやうだん》の直突《ちよくつき》に出《で》ました。

乙《おつ》は、してやつたりとばかり、作戰《さくせん》圖星《づぼし》にあたつて巧《たく》みに甲《こう》を誘《さそ》ひ出《だ》しておき、今《いま》の今《いま》、甲《こう》がやつたと同《おな》じ右手《みぎて》外揚受《そとあげうけ》からの變手《へんて》を以《もつ》て甲《こう》を逆押《ぎやくおさへ》にかけ、それだけでは物足《ものた》らぬとばかり敵《てき》の右足《みぎあし》の後《うしろ》にあつた我《わ》が左足《ひだりあし》を敵右《てきみぎ》足《あし》の前面《ぜんめん》へ廻《ま》はしたかと見《み》る間《ま》に、後《うしろ》踵《かゝと》を敵《てき》の足首《あしくび》にかけて刈《か》り込《こ》む。此《こ》の投技《なげわざ》が見事《みごと》に極《き》まつて甲《こう》は腹這《はらばひ》になつてしまひ、乙《おつ》は忽《たちま》ち作戰通《さくせんとほ》りの勝利《せうり》をかち得《え》ました。

▲揚受寄足投《あげうけよりあしなげ》

甲乙共《こうおつとも》に闘志《とうし》は愈々《いよ／＼》張《は》りきつて來《き》ました。物凄《ものすご》くにらみあつて居《を》ります。此《こ》のところ互《たがひ》に相手《あひて》の顔面《がんめん》に必殺《ひつさつ》の一擊《げき》を見舞《みま》はんものといきり立《た》つものの様《やう》であります、勝負《しようぶ》の程《ほど》はにはかに豫《よ》想《そう》を許《ゆる》しません。
闘志横溢《とうしやういつ》するところ見學《けんがく》の我等《われら》も知《し》らず識《し》らず手《て》に汗《あせ》を握《にぎ》つて、咳《しはぶき》一つせず氣息《いき》をのんで控《ひか》へて居《を》ります。

やツ！　短刀《たんたう》の白刃《はくじん》を思《おも》はせる様《やう》な短《みじ》かく鋭《するど》い氣合《きあひ》と共《とも》に、乙《おつ》は思《おも》ひ切《き》つた右出足《みぎであし》右拳上段《けんじやうだん》の直突《ちよくつき》に出《で》ました。

乙《おつ》は見《み》ン事《こと》してやられたかと思《おも》ひきや必死《ひつし》の意氣《いき》を以《もつ》て右引足《みぎひきあし》で體勢《たいせい》を低目《ひくめ》にして下《した》から上《うへ》へ思《おも》ひきつてはねあげた深目《ふかめ》の左上段外揚受《ひだりじやうだんそとあげうけ》の冴《さ》えた技《わざ》、乙《おつ》は臂《ひぢ》をはねあげられて思《おも》はず體勢《たいせい》を崩《くづ》されてたぢ〳〵となるところを、間髪《かんぱつ》を容《い》れずに甲《かう》は乙《おつ》の右出足《みぎであし》の後《うしろ》へ其《そ》の儘左半身《まゝひだりはんみ》に寄《よ》り込《こ》んで、左手《ひだりて》は其儘《そのまゝ》乙《おつ》の胸《むね》へかけ、右手《みぎて》で乙《おつ》の右足《みぎあし》を掬《すく》ひあげてどつとばかりに投《な》げをかけました。（第《だい》一三〇圖參照《づさんせう》）

▲揚受入身投《あげうけいりみなげ》

甲乙兩氏共《かうおつりやうしとも》に三勝《せう》三敗《はい》、何《いづ》れが菖蒲《しやうぶ》花《はな》アヤメ、技倆《うでまへ》に優劣《いうれつ》の見分《みわ》けはつけられぬ壯烈《さうれつ》な激戰《げきせん》であります。

乙《おつ》は此度《このたび》は構《かま》へをかへて何事《なにごと》か新《あた》らしい試《こゝろ》みを爲《な》さんとするものの如《ごと》く、左半身《ひだりはんみ》に中段横受《ちうだんよこうけ》の構《かまへ》になり體勢《たいせい》を低《ひく》く落《おと》して居《を》ります。

甲《かう》は乙《おつ》の意《い》をはかりかねてか、用心《ようじん》深《ぶか》くやゝ遠間合《とほまあひ》にさがつて油斷《ゆだん》なく警《けい》戒《かい》して居《を》ります。

乙《おつ》は此《こ》の甲《かう》の態度《たいど》に變化《へんくわ》の來《く》る間《ま》をまだるこしと見《み》たか、左半身《ひだりはんみ》にさつと寄《よ》り進《すゝ》んで左拳中段《けんちうだん》横受《よこうけ》の構《かま》へから拳《けん》甲《かう》をひるがへして平拳《ひらけん》を上段《じやうだん》へ發射《はつしや》しましたが、甲《かう》は何《なに》をとばかり輕《かる》く頭《あたま》を横《よこ》へ倒して目標《もくへう》をはづすと同時《どうじ》に、疾《はや》風《て》の如《ごと》く右平貫手《みぎひらぬきて》で逆襲《ぎやくしふ》に出《で》ました。

流石《さすが》の乙氏《おつし》も今度《こんど》こそは四騎《き》並列《なみれつ》の指《し》頭暈《とうだん》に一たまりもなくやられてしまつたかと、見學《けんがく》の諸氏《しよし》思《おも》はず目《め》をつぶらんとする一瞬《しゆん》、何事《なにごと》ぞ！　ドシンと地《ち》響立《ひきだ》てゝ投《な》げ出《だ》されたは、そも誰《だれ》ぞや乙氏《おつし》にあらで甲氏《かうし》であります。

最高潮《クライマツクス》に達《たつ》したる此《こ》の一戰《せん》、勝敗《せうはい》の機《き》の分《わか》るるところは、乙《おつ》の迅雷《じんらい》の如《ごと》き揚受入身《あげうけいりみ》投《な》げの速技《はやわざ》が極《き》まつたためでありました。即《すなは》ち乙《おつ》ははじみ左拳中段《けんちうだん》の横受《よこうけ》からその儘左平拳《まゝひだりひらけん》を伸《の》ばして上段攻撃《じやうだんこうげき》に出《で》たが、甲《かう》に輕《かる》く空流《からなが》され、左拳《けん》を引《ひ》いて構《かま》へなほさんとした時《とき》、間髪《かんぱつ》を容《い》れざる甲《かう》の逆襲《ぎやくしふ》がピンと第《だい》六感《かん》にひゞくや否《いな》や其儘《そのまゝ》左拳《けん》を揚受《あげうけ》に變《へん》じたので都合《つがふ》よく深《ふか》く揚受《あげうけ》がきくと同《どう》時《じ》に右足《みぎあし》を左斜前《ひだりななめまへ》に踏《ふ》み込《こ》み（即《すなは》ち甲《かう》の右出足《みぎであし》の後《うしろ》へ）入身《いりみ》になると共《とも》に右拳《けん》を短《みぢ》かく鋭《するど》く水月《すゐげつ》へ直突《ちよくつき》して――揚受《あげうけ》、入身《いりみ》、水月《すゐげつ》の三技《わざ》が同時《どうじ》にはいつたので、見學《けんがく》の諸氏《しよし》をしてあつけにとられさせる速技《はやわざ》になつたのでありました。

▲揚受刈倒《あげうけかりたふし》

鐵拳《てつけん》去來《きよらい》し肉彈《にくだん》相搏《あひう》つ所《ところ》、觀《み》る者《もの》をして膚《はだへ》に粟《あは》を生《しやう》ぜしむるのでありますが、兩戰士《りやうせんし》の血《ち》はいやが上《うへ》にも湧《わ》き立《た》つて意氣《いき》益々《ますます》軒昂《けんこう》。されど、血《ち》に狂《くる》ふ猛獸《まうじう》の死鬪《しとう》にはあらず、又《また》惡鬼《あつき》羅刹《らせつ》の邪鬪《じやとう》にもあらず、生死《せいし》を超越《てうえつ》したる氣《き》魄《はく》の相剋《さうこく》、互《たがひ》に鐵火《てつくわ》相搏《あひう》つてきたえあげる精神《こゝろ》の鍛冶場《たんやじやう》。鍛《きた》えあげ磨《みが》きあぐるは日本男《やまとを》の子《こ》の信《しん》の一念《ねん》！　富貴《ふき》も淫《いん》する能《あた》はず、水火《すゐくわ》も侵《をか》す能《あた》はざる大和日子等《やまとひこら》の輝《かゞや》ける魂《たましひ》であります。

烈々《れつ〳〵》たる意氣《いき》、滿々《まん〳〵》たる鬪志《とうし》根限《こんかぎ》り精限《せいかぎ》りの激戰奮鬪《げきせんふんとう》既《すで》に七八合《かふ》されど死地《しち》に入《はい》りて愈々《いよ〳〵》不撓《ふとう》の空手《からて》精神《せいしん》を發揮《はつき》する兩勇士《りやうゆうし》は、今《いま》や一擊《げき》以《もつ》て戰局《せんきよく》の大勢《たいせい》を決定《けつてい》せんものと、互《たがひ》に斷乎《だんこ》たる決意《けつい》を眉宇《びう》の間《あひだ》に漲《みなぎ》らせつつ、焰《ほのほ》となつて閃《ひら》めき燃《も》ゆるかと思《おも》はるる阿吽《あうん》の呼吸《こきふ》をはかりあつて居《を》ります。

乙《おつ》は用心堅固《ようじんけんご》に左半身《ひだりはんみ》に手刀中段《しゆたうちうだん》の構《かま》へ、甲《かう》は之《これ》に對《たい》して右拳上段揚受右《うけんじやうだんあげうけみぎ》前屈《ぜんくつ》の備《そな》へ堅《かた》く、互《たがひ》に睨《にら》みあつて進《すゝ》みも退《しりぞ》きもせず、寄《よ》らば突《つ》くぞの無言《むごん》の威嚇《ゐかく》、何時《いつ》果《は》つべしとも見《み》えません。

猪突《ちよとつ》は戒《いまし》むべし、されど戰場《せんじやう》に臨《のぞ》んでの因循姑息《いんじゆんこそく》は男子《だんし》の本懷《ほんくわい》にあらず、よしさらば退《しりぞ》いて瓦《かはら》たらんより進《すゝ》んで玉碎《ぎよくさい》せんものをと決心《けつしん》の臍《ほぞ》を堅《かた》めた乙《おつ》氏《し》は、敵《てき》の右翼《うよく》から冒險的誘導《ぼうけんてきさそひ》をかけて上段《じやうだん》の守備軍《しゆびぐん》を之《これ》に誘《おび》き寄《よ》せ、その虛《きよ》に乘《じやう》じて敵《てき》の本丸《ほんまる》を一擧《きよ》に乘取《のりと》らんとの作戰《さくせん》成《な》るや、突如左横《とつじよひだりよこ》に大《おほ》きく一歩《ほ》左足《ひだりあし》を踏《ふ》み出《だ》すと同時《どうじ》に、右上足底《みぎじやうそくてい》を以《もつ》て肋骨《あばら》も折《を》れよとばかりの猛蹴《まうしう》を試《こゝろ》みましたが、甲氏《かうし》は右膝《みぎひざ》を伸《の》ばし少《すこ》しく腰《こし》を内《うち》にねぢむけながら、上段《じやうだん》の右拳《うけん》を手刀《しゆたう》にかへて横斜《よこなゝめ》への薙《な》ぎ落《おと》しを以《もつ》て強《したゝ》かに乙氏《おつし》の右足首《みぎあしくび》を切《か》りました。右足《みぎあし》の誘導《さそひ》に敵《てき》の上段《じやうだん》の備《そな》へを誘《お》びき寄《よ》せることは出來《でき》たが然《しか》し誘導《さそひ》が餘《あま》りに猛烈《まうれつ》に深入《ふかい》りしすぎたために乙《おつ》の受《う》けた打擊《だげき》は意外《いぐわい》に大《おほ》きく左拳《さけん》の出動《しゆつどう》に志氣《しき》の沮喪《そさう》を來《き》たしはせぬかと危《あや》ぶれたが、然《しか》し乙《おつ》は玉碎《ぎよくさい》の意氣《ゐき》物凄《ものすご》く我《わ》が計略成《けいりやくな》れりと一氣《き》に敵《てき》の顏面目《がんめんめ》がけて殺到《さつとう》しました。あはや甲城《かうじやう》の本《ほん》丸《まる》忽《たちま》ち敵軍《てきぐん》の奪取《だつしゆ》に委《ゆだ》ぬるかと見《み》れば手刀下段受《しゆたうげだんうけ》に伸《の》びて居《ゐ》た甲《かう》の右手《みぎて》は拳《こぶし》の握《にぎ》りに斷乎《だんこ》たる意志《いし》を堅《かた》めて上段揚《じやうだんあげ》受《う》けに變《へん》じ、乙《おつ》の左拳《さけん》を深《ふか》くはねあげると同時《どうじ》に、左拳《さけん》を以《もつ》て水月《すゐげつ》に猛襲《まうしふ》し右足後踵《みぎあしうしろかゝと》を乙《おつ》の右足後踵《みぎあしうしろかゝと》にかけて刈《か》り込《こ》みましたので、上段揚受《じやうだんあげうけ》、中段《ちうだん》水月攻《すゐげつぜめ》、下段後踵刈込《げだんうしろかゝとかりこみ》の三拍子《ひやうし》揃《そろ》つては流石《さすが》の乙《おつ》も一《ひと》たまりもなく、どつと後《うしろ》に倒《たほ》れて、男《をとこ》らしく玉碎《ぎよくさい》してしまひましたが、全力《ぜんりよく》を盡《つく》しての戰死《せんし》は男子《だんし》

第一三一圖　組手構へ

第一三二圖　內横打

の本懐《ほんくわい》であります。

(組手《くみて》觀戰記《くわんせんき》は主《しゆ》として、上段揚受《じやうだんあげうけ》を以上《いじやう》の様《やう》に戰記的《せんきてき》に書《か》いて見《み》ました。上段《じやうだん》の受方《うけかた》は揚受《あげうけ》の外《ほか》にも種々《しゆじゆ》の技法《ぎはふ》があります。)

▲組手考察錄

組手觀戰記《くみてくわんせんき》によつて、讀者《どくしや》は組手《くみて》の眞劍《しんけん》な氣分《きぶん》を想像《さうざう》することが出來《でき》たことと思《おも》ひます。次《つぎ》には組手《くみて》の材料《ざいれう》の一部分《ぶぶん》を集《あつ》めて、それに簡單《かんたん》な說明《せつめい》を附《ふ》しておきますから、讀者自身《どくしやじしん》に於《おい》て此等《これら》の材料《ざいれう》を用《もち》ひていろ〳〵に組手《くみて》を考案《かうあん》し研究《けんきう》して下《くだ》さい。勿論本書《もちろんほんしよ》は入門書《にふもんしよ》として初歩的《しよほてき》なことしか書《か》けませんが、第二卷《だいかん》、三卷《かん》と繼續刊行《けいぞくかんかう》されます故引續《ゆえひきつゞ》き研究《けんきう》して行《ゆ》かれゝば組手《くみて》に關《くわん》する深《ふか》い研究《けんきう》が出來《でき》るわけであります。

▲横打《よこうち》の變化《へんくわ》

第《だい》一三一圖《ず》——甲乙相對《かふおつあひたい》して構《かま》へて居《をり》ます。甲《かふ》は右《みぎ》、乙《おつ》は左《ひだり》。

第《だい》一三二圖《ず》——乙《おつ》が右出《みぎで》足右拳直突《あしうけんちよくつき》にて中段《ちうだん》に攻《せ》めて來《き》たので、甲《かふ》は右足《みぎあし》を軸《ぢく》として左足《ひだりあし》を眞後《まうしろ》へ引《ひ》き(即《すなは》ち乙《おつ》の突《つ》く方向《はうかう》と並行《へいかう》になる様《やう》に轉位《てんゐ》す)同時《どうじ》に右裏小手《みぎうらこて》を以《もつ》て乙《おつ》の右表小手《みぎおもてこて》を強《つよ》く打《う》つ。之《これ》を內横打《うちよこうち》と稱《しよう》す。

第《だい》一三三圖《ず》——內横打《うちよこうけ》をなすと同時《どうじ》に甲《かふ》は其儘《そのまゝ》右拳《けん》(正拳《せいけん》又《また》は平拳《ひらけん》)を以《もつ》て乙《おつ》の人中《じんちう》(鼻下《はなした》)或《あるひ》は下昆《げこん》(下脣《したくちびる》の下《した》)を突《つ》く。

◉注意《ちうゐ》　甲《かふ》は左足《ひだりあし》をあまり深《ふか》く引《ひ》ぎすぎて斜後《なゝめうしろ》まで行《ゆ》くと乙《おつ》の左拳《きけん》で攻撃《こうげき》されますから足《あし》の引《ひ》き方《かた》特《とく》に注意《ちうゐ》を要《えう》す。

▲平鋏獨古打《ひらはさみどくこうち》

拳《こぶし》を握《にぎ》らずに横打《よこうち》する時《とき》はその儘敵《まゝてき》の獨古《とくこ》(耳《みゝ》の下《した》)松風《まつかぜ》(頸《くび》の横側《よこがは》)等《とう》へ平鋏《ひらはさみ》(第四講參照)を打込《うちこみ》ます。

第一三三圖　内横打より變化突

第一三四圖　掬ひ止め

第一三五圖　空受反蹴

第一三六圖　押へ裏打

第一三七圖　拂ひ裏打

第一三八圖　反し裏突

▲裏拳獨古打

拳《こぶし》を握《にぎ》つて居《ゐ》て横打《よこうち》する時《とき》は裏拳《うらけん》を以《もつ》て前《まへ》と同《おな》じ攻擊《こうげき》が出來《でき》ます。

▲裏拳霞打《うらけんかすみうち》

外横打《そとよこうち》（我《わ》が裏小手《うらこて》にて敵《てき》の裏小手《うらこて》を強《つよ》く打《う》つ）からの變化《へんくわ》は敵《てき》の霞《かすみりよう》（兩眼《がん》の間《あひだ》）へ裏拳《うらけん》を打《う》ち込《こ》む。

▲掬《すく》ひ向《と》め

第《だい》一三四圖《づ》――内横打《うちよこうち》から變手《へんて》の攻《こう》擊《げき》にうつる時敵《ときてき》がひるまず左足《ひだりあし》で蹴《け》つて來《き》たので、甲《こう》は腰《こし》を内側《うちがは》にひねりながら右手《みぎて》を以《もつ》て掬《すく》ひ止《と》めした。右足《みぎあし》で蹴《け》つて來《く》れば左手刀《ひだりしゆたう》にて切《き》り落《おと》す。

▲空受反擊《からうけはんげき》

第《だい》一三五圖《づ》――甲《こう》が右拳《うけん》で突《つ》いて來《き》たので乙《おつ》は右足《みぎあし》を大《おほ》きく後《うしろ》へ引《ひ》いて四股《こ》の低《ひく》い體勢《たいせい》となり、同時《どうじ》に左拳《さけん》を以《もつ》て右腋下《みぎわきした》に反擊《はんげき》す。

▲押《おさ》へ裏打《うらうち》

第《だい》一三六圖《づ》――（此圖《このづ》以降《いかう》、甲《こう》は左《ひだり》乙《おつ》は右《みぎ》）乙《おつ》が右拳《うけん》で突《つ》いて來《き》たので甲《こう》は右足《みぎあし》を引《ひ》きながら左掌《さしやう》にて押受《おさへうけ》して右拳《うけん》で敵《てき》の顔面《がんめん》に裏打《うらうち》をなす。

▲拂《はら》ひ裏打《うらうち》

第《だい》一三七圖《づ》――同《おな》じ場合《ばあひ》を左拳《さけん》で内《うち》拂受《はらひうけ》して右拳裏打《うけんうらうち》をなす。

▲反《かへ》し裏突《うらつき》

第《だい》一三八圖《づ》――乙《おつ》が拂受《はらひうけ》で餘《あま》り外《そと》へ拂《はら》ひ過《す》ぎたので、、スキを生《せう》じ、裏打《うらう》ちする前《まへ》に甲《こう》が四股《こ》に低《ひく》くなつて反對《はんたい》に乙《おつ》の水月《すゐげつ》へ右拳《うけん》の裏突《うらつき》（甲《こう》を下《した》にして）を入《い》れる。

第一三九圖　外手刀受

第一四〇圖　外受表投

第一四一圖　外横受

第一四二圖　外受裏投

▲外受表投《そとうけおもてなげ》

第《だい》一三九圖《づ》——甲《こう》が右出《みぎで》足《あし》右拳《うけん》直突《ちよくつき》に來《き》たので、乙《おつ》は左足《ひだりあし》を左《ひだり》斜《なゝ》後《うしろ》へ引《ひ》いて猫足《ねこあし》となり、右手刀《みぎしゆたう》を以《もつ》て深《ふか》く甲《こう》の右《みぎ》二の腕《うで》を打《う》つ（即《すなは》ち外受《そとうけ》）

第《だい》一四〇圖《づ》——外受《そとうけ》すると同時《どうじ》に其《その》儘右掌《まゝうしやう》を以《もつ》て敵《てき》の腕《うで》を押《お》さえ、左掌《さしやう》にて腰《こし》を押《お》さえ、右足《みぎあし》にて敵《てき》の右足《みぎあし》を拂《はら》ひ三拍子《びやうし》揃《そろ》えて表投《おもてなげ》（前倒《まへだほし》）をなす。

▲外受裏投《そとうけうらなげ》

第《だい》一四一圖《づ》——甲右攻《こうみぎぜめ》、乙右外横受《おつみぎそとよこうけ》

第《だい》一四二圖《づ》——乙《おつ》は右外受《みぎそとうけ》をなすと同時《どうじ》に左手《ひだりて》を以《もつ》て甲《こう》の右腕《みぎうで》を下《した》から強《つよ》くはねあげ、左足《ひだりあし》を以《もつ》て甲《こう》の右膝《みぎひざ》を裏《うら》から刈《か》り込《こ》み、右拳《うけん》を以《もつ》て甲《こう》の水月《すゐげつ》を突《つ》き、三拍子《びやうしそろ》揃えて裏投《うらなげ》（後倒《うしろだほし》）をなす（表裏共《おもてうらとも》に手刀受横受何《しゆたうけよこうけいづ》れにても可《よろし》）

第一四三圖　片手襟取り

第一四四圖　片手襟取の反し逆突

第一四五圖　片手襟取り逆反し

△襟《えり》をとって咽喉《のど》を締《し》めた時《とき》

これに對《たい》する方法《はうはふ》はいろ〳〵ありますが、その中《うち》二三を說明《せつめい》します。

一、兩手《りやうて》で締《し》めて來《き》たら、敵《てき》の顔面《がんめん》横《よこ》面《めん》にある澤山《たくさん》の急所《きうしよ》を、正拳《せいけん》、平拳《ひらけん》を以《もつ》て突《つ》き或《あるひ》は打《う》つことも出來《でき》るし、水《すゐ》月《げつ》を突《つ》くことも出來《でき》るし、金的《きんてき》を蹴《け》ることも出示《でき》ます。敵《てき》はスキだらけですからこちらの自由《じゆう》に出來《でき》ます。

二、敵《てき》が左手《ひだりて》で襟《えり》をとつたら、直《す》ぐその手《て》の甲に我《わ》が右掌《うしやう》を當《あ》てて敵《てき》の拇指《はし》の逆《ぎやく》を取《と》ることも出來《でき》るが、最《もつと》も簡單《かんたん》で効果《かうくわ》のあるのは日頃《ごろ》手錬《しゆれん》の我《わ》が右平拳《みぎひらけん》を以《もつ》て敵《てき》の手《て》の甲《こう》を骨《ほね》も摧《くだけ》よとばかり強打《きやうだ》することです。

三、右《みぎ》の場合《はあひ》、手《て》の甲《こう》を打《う》つ間《ま》のないうちに敵《てき》が右拳《うけん》で突《つ》いて來《き》たら、我《われ》は左手《ひだりて》にて敵《てき》の左手《ひだりて》を押《お》さえつつ左足《ひだりあし》を引《ひい》て體《たい》を落《おと》し同時《どうじ》に右拳《うけん》にて敵《てき》の水月《すゐげつ》を突《つ》く。（第《だい》一四四圖《づ》）

第《だい》一四五圖《づ》は前《まへ》の如《ごと》くして水月《すゐげつ》を突《つ》くと同時《どうじ》に敵《てき》の手首《てくび》を握《にぎ》り、ぐるりと廻《まわ》り敵《てき》の腕關節《うでくわんせつ》を肩《かた》にかついで逆《ぎやく》をとり、同時《どうじ》に右肘《みぎひぢ》にて強《つよ》く後臂當《うしろひぢあて》をなす臂當《ひぢあて》をして後右手《のちみぎて》は更《さら》に伸《の》びて金的攻《きんてきこう》擊《げき》（打《う》ち又《また》は摑《つか》む）をなすことを得《う》。

第一四六圖　片手襟取り

第一四七圖　片手襟取反し投

第一四八圖　外掬ひ止め

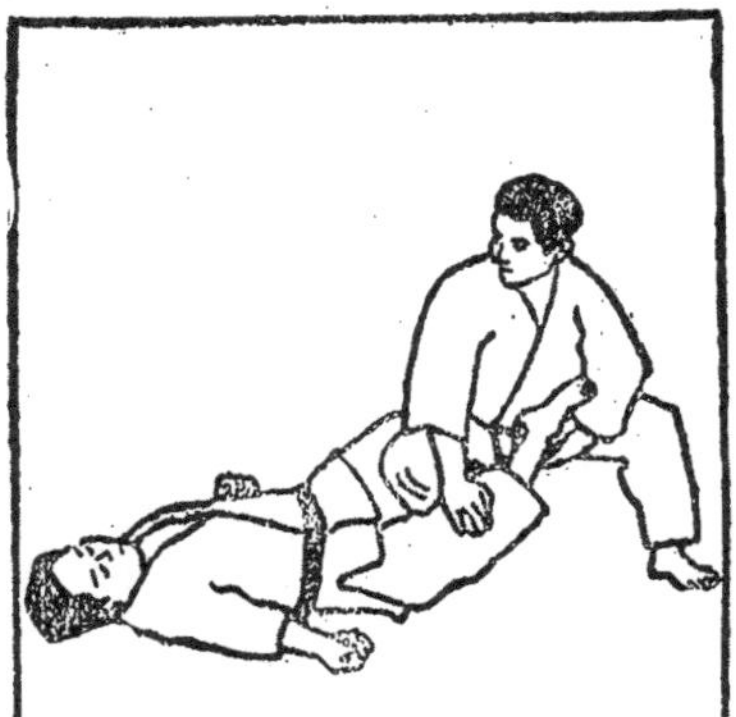

第一四九圖　外掬ひ止め逆投げ

▲ネクタイ締《じ》めにかゝつた時《とき》

ネクタイを摑《つか》んで引張《ひつぱ》られた時《とき》は我《わ》は片手《かたて》で同《おな》じく我《わ》がネクタイを握《にぎ》つて引《ひ》き寄《よ》せるか或《あるひ》は進《すゝ》むかして、締《し》められてしまわぬ樣《やう》にしながら、ネクタイを摑《つか》んで居《ゐ》る敵《てき》の手《て》の甲《こう》を平拳《ひらけん》で強《つよ》く打《う》つ。

▲襟取《えりと》り片手《かたて》打《うち》は投《な》げる

左手《ひだりて》で襟《えり》を取《と》つて右手《みぎて》で毆《なぐ》つて來《き》たときは、我《われ》は右手《みぎて》で敵《てき》の左袖《ひだりそで》(肩《かた》の所《ところ》)を握《にぎ》つて引《ひ》きながら左足《ひだりあし》を左斜前《ひだりななめまへ》に大《おほ》きく移《うつ》して體《たい》を落《おと》し、毆《なぐ》つて來《く》る右《みぎ》手《て》を我《わ》が左手《ひだりて》にて下《した》から摑《つか》んで引《ひ》けば敵《てき》はころりと投《な》げ出《だ》されてしまふ。(第《だい》一四六・一四七圖《づ》)

▲掬止《すくひどめ》と逆投《ぎやくなげ》

第《だい》一四八圖《づ》——甲《こう》が右足《みぎあし》で蹴《け》つて來《き》たので乙《おつ》は之《これ》を圖《づ》の如《ごと》く掬止《すくひと》めた。

第《だい》一四九圖《づ》——掬止《すくひと》めた手《て》を高《たか》くあげて倒《たほ》すもよし。或《あるひ》は掬止《すくひどめ》と同時《どうじ》に右《みぎ》

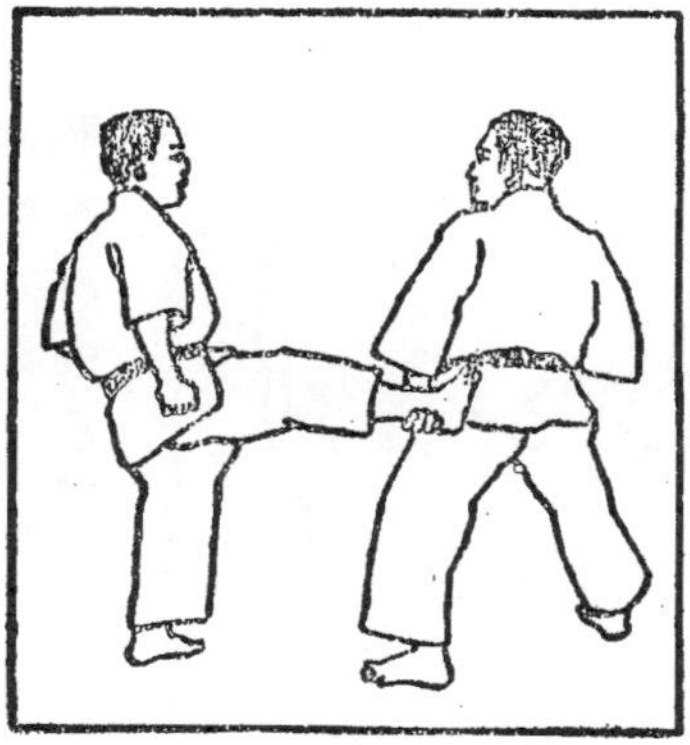

第一五〇圖　内掬ひ止め

第一五一圖　内掬ひ止め膝かへし

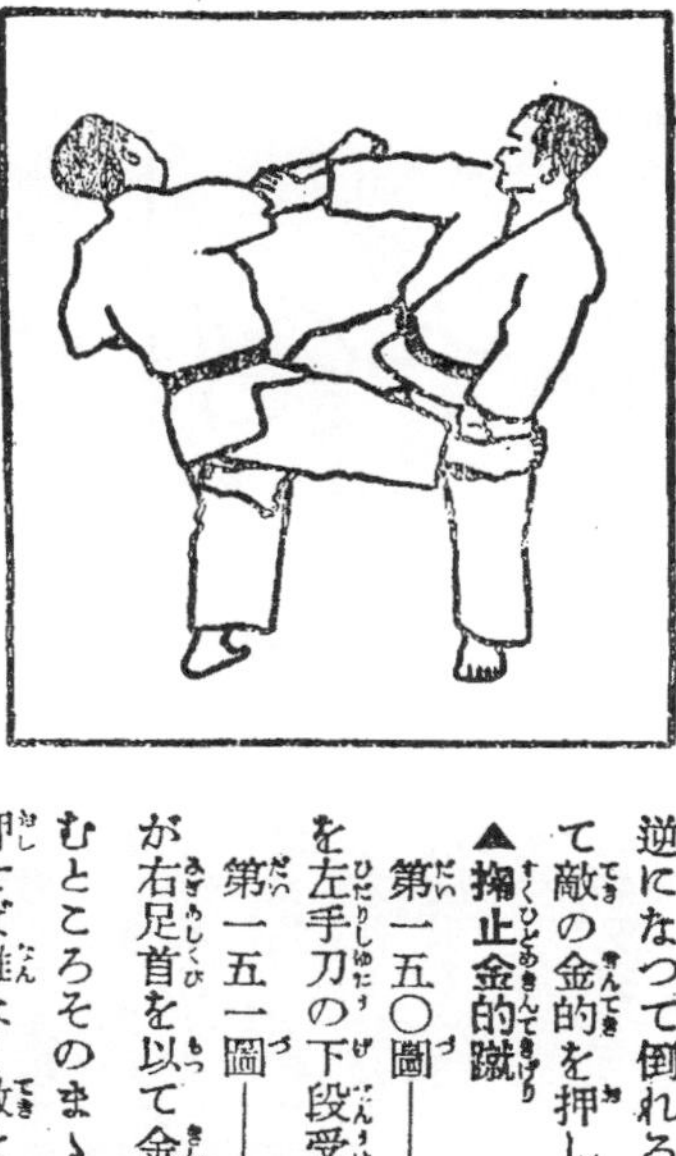

第一五二圖　内掬ひ止め

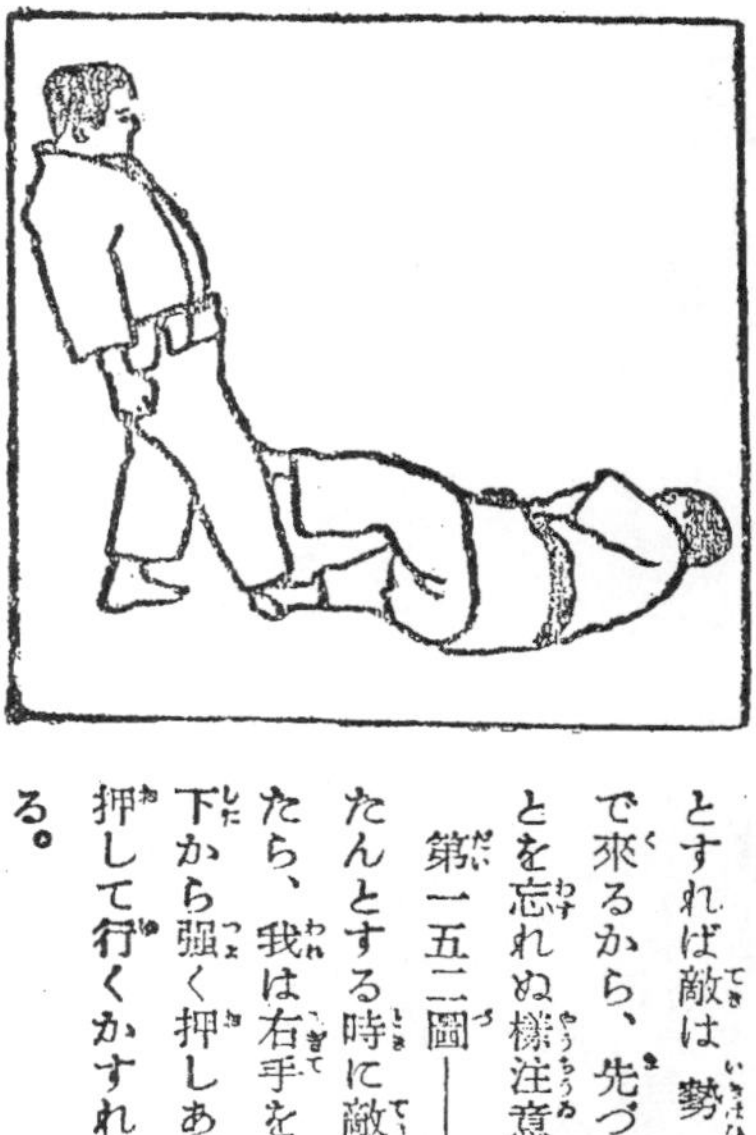

第一五三圖　剪　投

手《て》で敵《てき》の右膝關節《みぎひざくわんせつ》を内《うち》から押《お》せば膝《ひざ》は逆《ぎやく》になつて倒《たほ》れるから、我《わ》が右膝《みぎひざ》を以《もつ》て敵《てき》の金的《きんてき》を押《お》して行《ゆ》く。

▲**掬止金的蹴《すくひどめきんてきげり》**

第《だい》一五〇圖《づ》——蹴《け》つて來《く》る敵《てき》の右足《みぎあし》を左手刀《ひだりしゆたう》の下《げ》段受《だんうけ》を變化《へんくわ》して掬止《すくひと》めた

第《だい》一五一圖《づ》——掬止《すくひと》めると同時《どうじ》に我《わ》が右足首《みぎあしくび》を以《もつ》て金的《きんてき》を蹴《け》り、敵《てき》のひるむところそのまゝ我膝《わがひざ》にて敵《てき》の膝《ひざ》を逆《ぎやく》に押《お》せば難《なん》なく敵《てき》を倒《たほ》すことが出來《でき》る。

金的蹴《きんてきげ》りをなさずして膝《ひざ》の逆《ぎやく》をとらんとすれば敵《てき》は勢《いきほひ》よく右足《みぎあし》を踏《ふ》み込《こ》んで來《く》るから、先《ま》づ金的蹴《きんてきげ》りを入《い》れることを忘《わす》れぬ様注意《やうちうゐ》すべし。

第《だい》一五二圖《づ》——右《みぎ》の場合《ばあひ》、投《な》げを打《う》たんとする時《とき》に敵《てき》が右拳《うけん》の突《つ》きを入《い》れたら、我《われ》は右手《みぎて》を以《もつ》て外受《そとうけ》し其儘臂《そのまゝひぢ》を下《した》から強《つよ》く押《お》しあげるか、臂《ひぢ》を摑《つか》んで押《お》して行《ゆ》くかすれば、投《なげ》は完全《くわんぜん》にきまる。

第一五四圖　内足裏拂受

第一五五圖　内足裏拂受の變化蹴

第一五六圖　刺叉受

第一五七圖　振り捨て

▲足《あし》だけで逆投《ぎやくなげ》（剪投《はさみなげ》）

第《だい》一五三圖《づ》――敵《てき》の右足《みぎあし》後踵《うしろかゝと》に我《わ》右足首《みぎあしくび》をかけて強《つよ》く引《ひ》き、左足裏《ひだりあしうら》にて敵《てき》の膝《ひざ》を内側《うちがは》から強《つよ》く踏《ふ》めば、足《あし》のみにて投《な》げを打《う》つ事《こと》が出來《でき》る。心得《こゝろ》えおきて活用《くわつよう》すべし。斯《か》かる時我《ときわ》が左右《さいう》の拳《こぶし》は常《つね》に水月《すゐげつ》及《およ》び金的《きんてき》の守護《しゆご》を忘《わす》れずに足《あし》を用《もち》ひる樣《やう》、心掛《こゝろが》くることが肝要《かんえう》であります。

▲膝叉《ひざまた》は足裏《あしうら》にて足《あし》を受《う》ける方法《はうはふ》

敵《てき》が右足《みぎあし》にて我《わ》が金的《きんてき》を蹴《け》つて來《く》る時《とき》、我《われ》は右膝《みぎひざ》を左腿《ひだりもゝ》の處《ところ》へ高《たか》く曲《ま》げて出《だ》せば敵《てき》の蹴《け》りを受《う》けることが出來《でき》る或《あるひ》は右足裏《みぎあしうら》にて拂受《はらひうけ》する。同時《どうじ》に其《その》まゝ右足《みぎあし》を伸《の》ばして敵《てき》の金的《きんてき》を蹴《け》ることが出來《でき》る。（第《だい》一五四圖《づ》は右足裏《みぎあしうら》にて内《うち》拂受《はらひうけ》。第《だい》一五五圖《づ》は其《そ》の儘蹴込《まゝけかこむ》）

▲刺叉受《さすまたうけ》

第《だい》一五六圖《づ》――蹴《け》つて來《く》る足《あし》を、ぐつと體《たい》を落《お》して兩手《りやうて》（掌底《しやうてい》）で向脛《むかうずね》を

第一五八圖　組手棒へ

第一五九圖　流し押へ受

第一六〇圖　棒取り

突《つ》く心持《こゝろもち》にて受《う》け、同時《どうじ》に變化《へんくわ》して投《な》げる。

△振《ふ》り捨《す》て

第《だい》一五七圖《づ》——蹴《け》つて來《く》る足《あし》を、内《うち》横受《よこうけ》の要領《えうりよう》で受《う》けて強《つよ》く外側《そとがは》へ振《ふ》り捨《す》てる。左振捨《ひだりふりすて》の時《とき》は體《たい》を右《みぎ》へ、右振捨《みぎふりすて》の時《とき》は體《たい》を左《ひだり》へ、斜前屈《なゝめぜんくつ》となる。

△棒《ぼう》にて打《う》つて來《き》た時《とき》

第《だい》一五八圖《づ》——甲《こう》が棒《ぼう》を持《もつ》て將《ま》さに打《う》ちかゝらんとするところ。

第《だい》一五九圖《づ》——甲《こう》が打《う》つてかゝれば乙《おつ》は左足《ひだりあし》を軸《じく》として右足《みぎあし》を大《おほ》きく左横《ひだりよこ》まで後《うしろ》へ廻《まわ》し（棒《ぼう》の打《う》ち下《おろ》された方向《はうかう》に左半身《ひだりはんみ》に直角《ちよくかく》の位置《ゐち》になる）同時《どうじ》に左手《ひだりて》を以《もつ》て甲《こう》の右手關節《みぎてくわんせつ》を押《おさ》へ取《と》る。

第《だい》一六〇圖《づ》——直《たゞ》ちに棒《ぼう》を持《も》てる手《て》首《くび》を右手《みぎて》にて強《つよ》く握《にぎ》ると同時《どうじ》に、右足《みぎあし》にて強《つよ》く脇腹《わきはら》を蹴《け》つて抵抗力《ていかうりよく》を弱《よは》め、右足《みぎあし》を元《もと》へもどすと共《とも》に其儘逆押《そのまゝぎやくお》しに押《お》し倒《たほ》して後棒《のちばう》を奪《うば》ひとる。

棒《ぼう》を持《も》てる手首《てくび》を握《にぎ》るには上卽《うへすなは》ち甲《こう》の側《かは》から握《にぎ》るよりも、下卽《したすなは》ち掌《てのひら》の側《かは》から握《にぎ》つた方《はう》が臂《つち》の逆《ぎやく》にはよく効《き》く。若《も》し甲《こう》の方《はう》から握《にぎ》つてしまつた時《とき》はなるべく強《つよ》く握《にぎ》つて離《はな》されぬ様注意《やうちうゐ》すること。

▲羽交締《はがひしめ》にかけられた時《とき》の投《な》げ方《かた》

裏投《うらなげ》——兩腋下《りようわきした》から手《て》を入《い》れて羽交《はがひ》締《しめ》にかけられた時《とき》は、我《われ》はなるべく兩《りよう》手《て》を上《うへ》へあげて手《て》の甲《こう》と甲《こう》をくつつける様《やう》にすれば敵《てき》は勢《いきほ》ひに生《せう》じて愈々《いよいよ》締《し》めつけんとするから、その時《とき》に思《おも》ひきつて強《つよ》く天井《てんじやう》からぶらさがつて居《ゐ》る繩《なは》を引《ひ》き切《き》る心持《こゝろもち》にて全身《ぜんしん》の體力《たいりよく》を以《も》て左右《さいう》の臂《ひぢ》を下方《かはう》へぐわんと眞直《まつす》ぐ突《つ》き落《おと》す（砂俵《すなだはら》に下《さ》げ臂當《ひぢあて》の鍛練《たんれん》をなした如《ごと》く敵《てき》の腕《うで》に手練《しゆれん》の下《さ》げ臂當《ひぢあて》をなす）

此《こ》の時《とき》敵《てき》は思《おも》はず羽交締《はがひしめ》をゆるめてしまふ故《ゆゑ》、直《たゞ》ちに後頭部《こうとうぶ》を以《もつ》て敵《てき》の顔《がん》面《めん》を打《う》ち（若《も》し敵《てき》がすつかり兩手《りようて》を我《わ》が腋下《わきした》まで落《おと》されて居《を》れば我《わ》が後頭部《こうとうぶ》は敵《てき》の咽喉《のど》又《また》は胸《むね》にあたるであらう）ながらさつと體《たい》を落《おと》して、後《うしろ》へ兩手《りようて》を廻《まわ》して敵《てき》の足《あし》をとり、後頭《こうとう》を以《もつ》て後方《こうはう》へ當《あ》て倒《たほ》す。

注意　後頭部《こうとうぶ》を以《もつ》て頭突《づつ》きするときは口《くち》を開《ひら》くべし。さうでないと我自《われみづか》らメマヒすることがあります。

襄投《おもてなげ》——若《も》し、敵《てき》がしつかりして居《ゐ》て我《わ》が下《さ》げ臂當《ひぢあて》で羽交締《はがひしめ》をゆるめない時《とき》は、我《われ》はお尻《しり》を以《もつ》てぽんと後《うしろ》へ突《つ》きあげるやうにして敵《てき》の金的《きんてき》に當《あ》てると敵《てき》は少《すこ》しく腹《はら》をへこます故《ゆゑ》、其時直《そのときたゞ》ちに我《われ》は思《おも》ひきつて兩手《りようて》を以《もつ》て逆立《さかだち》する様《やう》に強《つよ》く腰《こし》を曲《ま》げ上體《じやうたい》を斜《なゝ》へ倒《たほ》し頭《あたま》を低《ひく》く下《さ》げれば敵《てき》はもんどりうつて前《まへ》へ投《な》げ出《だ》されます。

第一六一圖　羽交締

第一六二圖　羽交締はづし

第一六三圖　羽交締反し襄投

▲組手《くみて》観戦記《くわんせんき》及《およ》び組手《くみて》考察錄《かうさつろく》に出《で》て居《ゐ》るところは、すべて相手《あひて》と二人《ふたり》でやつて見《み》てよく研究《けんきう》して下《くだ》さい。はじめは順序《じゆんじよ》をおぼえて、後《あと》でしつかり練習《れんしふ》することは例《れい》の通《とほ》りです。

▲逆及び投げに就いて

（剛柔流研究の必要）

從來《いままで》東京《とうけう》には空手《からて》の僅《わづ》かに一部分《ぶぶん》しか紹介《せうかい》されて居《ゐ》ないので、東京《とうけう》で空手《からて》を修業《しゆげふ》した人々《ひとびと》は空手《からて》は當身《あてみ》と蹴技《けりわざ》ばかりの様《やう》に思《おも》ひ、逆技《ぎやくわざ》や投技《なげわざ》と云《い》へば柔術《じうじゆつ》や柔道《じうだう》とのみ考《かんが》へて居《ゐ》るのは甚《はなは》だ空手《からて》そのものに對《たい》する認識不足《にんしきふそく》と言《い》はなければなりません。それは空手《からて》の紹《せう》介《かい》が僅《わづ》かにその半面《はんめん》しかなされて居《ゐ》ない實状《じつじやう》から生《しやう》じた止《や》むを得《え》ない認識不《にんしきふ》足《そく》であるとは言《い》へ、空手道《からてだう》の普及上《ふきふじやう》甚《はなは》だ遺憾《ゐかん》なことであつて、空手道《からてだう》の将來《しやうらい》を思《おも》ふ志《こころざし》ある人《ひと》は、決《けつ》して一流《りう》一派《ぱ》の殼《から》にとぢこもる偏狭《へんけう》な心《こころ》を持たず、空手全體《からてぜんたい》を綜合的《そうがふてき》に研究《けんきう》されんことをお奨《すす》め致《いた》します。

剛柔派《がうじうりう》の型《かた》には從來東京《じうらいとうけう》に紹介《せうかい》されて居《ゐ》ない空手《からて》の投技《なげわざ》や逆技《ぎやくわざ》の面白《おもしろ》いものが種々《しゆじゆ》あるし、その流派《りうは》の人々《ひとびと》は投《なげ》技《わざ》や逆技《ぎやくわざ》についての研究《けんきう》も怠《おこた》つて居《を》りません。（羽交締《はがひじ》めをはずす投技《なげわざ》は剛柔《がうじう》派《は》の型《かた》にある一例《れい》です。）

剛柔流《がうじうは》には進《すす》んで研究《けんきう》すべき材料《ざいれう》が豐富《ほうふ》にあるのですから、空手修業者《からてしうげふしや》は「自由《じいう》にして強《つよ》い日本精神《にほんせいしん》」を以《もつ》て大《おほ》いに進取《しんしゆ》の氣象《きしやう》を發揮《はつき》して頂《いただ》きたいと思《おも》ひます。

空手道入門・解題

摩文仁　賢榮

本書は、父摩文仁賢和が、空手道を学ぶ者にとって欠くことのできない、空手の基礎的な知識と心構えを伝えるために、昭和十三年に発表したものです。武道としての空手の由来と歴史、体育としての科学的な説明が示され、空手道入門者にとっては正しい空手道を理解する上で有益であり、また、空手道を指導する先生方にとっても、大いに役立つことと確信します。

私も、父賢和の跡をつぎ、長きにわたって糸東流空手道の指導に努めておりますが、いつも手元に置いて参考にし、一つ一つかみしめて学んでおります。

私の父、摩文仁賢和は一八八九年十一月十四日、沖縄県首里市に生まれました。摩文仁家の祖先は旧琉球国時代、武勇で名を知られ〝鬼大城〟として有名でした。幼少の頃、頗る虚弱であった父は、祖先の武勇伝に感じるところがあり、なんとか強健な体になりたいと思っていました。

当時、空手の達人として有名な糸洲安恒先生が首里市に住んでおられました。知人の紹介を得て、その門下に入ることを許されたのは十三歳の頃です。糸洲先生の門下からは、今日の空手道の発展に貢献された幾多の著名な人物が輩出しています。屋部憲通、花城長茂、山川朝棟、知花朝信、徳田安文、城間真範、摩文仁賢和等です。

糸洲先生の門下に入ってからは、稽古を一日たりとも休んだことはありませんでした。台風の襲来で風雨の強い日でも休まず先生宅に行き、かえって先生のおしかりを受けたこともあったそうです。糸洲先生は毎朝きまった時刻に、一日たりとも休むことなく、巻きワラを数百回は突いて鍛練を重ね、拳は黒い石のようになっていたそうです。

当時は現在のように空手道が広く一般に普及されて、立派な道場で稽古をできるような時代ではありませんでした。自分の家の庭が道場であり、屋外で稽古をするのが当然であったのです。私が子供の頃、父が庭先でハダカ電球の下、上半身はだかで、巻きワラを突いたり、チーシーで鍛練しているのを見ていた記憶があります。その頃の糸洲先生は道場を構えて一般から弟子をとるということはなく、限られた人だけを指導されていたようです。

現在、平安の形（当時はピンアン）は一般的に指導されていますが、この形は糸洲先生が公相君の形から創案されて、初級から五段までに分けて指導されたのが始まりです。賢和は、首里手のすべてを糸洲先生の許で修業いたしました。しかし、糸洲先生も八十五歳で故人となられました。その後父は、二十歳の頃から空手で親交のあった宮城長順氏の紹介で、宮城氏の師である東恩納寛量先生のもとで那覇手を学ぶことになるのです。東恩納先生は若い頃より、中国福州に渡り福建派拳法を修業して帰国、那覇手の基を築いた人です。

賢和は中学を出て兵役をすませてから警察官として採用されると、柔剣道はもとより、好きな道である空手道の稽古に人一倍励みました。職業柄犯人逮捕やその他のことでも、空手を学んだことが大いに実地に役立った、と父から聞いたことがあります。

父は、空手の他に琉球古武道として、新垣先生に釵術を、多和田真八先生に添石先生に添石流棒術を学びました。このように、あらゆる武道を学ぶ機会に恵まれたのも、おそらく警察官として各地方を廻ったからだと思います。地方のかくれたその道の達人から首里手、那覇手以外の空手の形や技を学び得たのもそのおかげであると、常に話をしておりました。

明治以降、空手道の発展指導に貢献された先生方はたくさんおられますが、空手の中の「形」は一つ位しか指導されておりません。たとえば、本部朝基先生も内歩進の形しか指導されておりません。富名腰義珍先生は安里安恒先生に師事されて、首里手（糸洲安恒）の形は習得されておりませんでしたので、のちにご子息義豪先生を沖縄へゆかせて、摩文仁賢和のもとで首里手の形を学ばれました。

その点で、摩文仁賢和は首里手の糸洲先生、那覇手の東恩納寛量先生について学び、さらに警察官として沖縄各地を廻り、著名な先生はもちろんのこと、かくれた生方と出会い、棒・釵等沖縄伝統のあらゆる武道を習得する幸運にめぐまれたわけです。本土に居を移してからも、甲賀流忍術の藤田西湘先生、あるいは古流柔術の諸先生方との交際も広く、とにかく武道を学ぶことに打込んでおりました。

当時の空手には、現在のような組手方式はありませんでしたので、空手を修業している若者たちは、お互いの間で掛け試し（現在の自由組手のようなもの）をやってほしいと申し込みがあると、街角とか空地とか適当な場所で、双方が立会人を付けて掛け試しをやったものです。当時は街灯もなく日が暮れると暗いので、数人が提灯を高くかかげて足下を照らして組手をやるのですが、やがて頃合をみはからって立会人が中止させ、君の方はまだ稽古が足りないとか、いろいろアドバイスをして判定を下し、そのようななかで個々人の技術的な評価が定められていったようです。父も、何回か掛け試しを申し込まれたり、友人の立会人になったこともあると語っていました。

一九〇一年頃、県立師範学校で体育として空手が採用されて、はじめて一般に普及されて大衆化されていきました。しかし、現在のようなブームはその頃からはとても考えられなかった時代です。

父は夜間、電灯を庭先につるして稽古をつけていました。稽古をしている者は上半身裸で、巻きわらを突いて拳足をきたえ、砂袋で拳肘指先を鍛え、クバ笠蹴り（クバ笠のなるべくツバの広いものをかぶり、自分の足で笠のふちを蹴る）などの練習をします。稽古は個人々の練習が主でした。

父の空手に対する情熱は一日たりとも衰えず、若い頃から諸先輩方とともに空手の研究を怠らなかったのです。一九一八年は、父二十九歳、私賢栄の誕生した年です。この年に、自宅を会合所として空手研究会を設立しています。その顔ぶれは、富名腰義珍、大城朝恕、知花朝信、徳田安文、城間真繁、徳村政澄、石川逢行の諸先生方です。私の家には昼夜を問わず、空手関係の人の出入は絶えることがありませんでした。私が物心つくようになってからは、そのような稽古を毎日見ていたので、門前の小僧で形の真似事をしていたようです。

父は、一九一八年久迩宮・華宮両殿下が県下御成りの時、師範学校に於いて空手道演武、一九二四年県立水産学校教授、同年師範学校空手道教授を嘱託、同年秩父宮殿下が県下に御成りの際、空手道演武を行なっております。

一九二五年十月には念願の沖縄空手研究クラブを設立、はじめて沖縄に道場を設けて子弟育成に着手しています。指導者クラスには、許田重発、宮城長順、本部朝勇、花城長茂、大城朝恕、知花朝信、また中国拳法の呉賢貴も参加しています。その時の主任教授は若手の宮城長順、摩文仁賢和が担当しています。

道場は私の家の裏手にあり、いろいろな補助鍛練具も設備されてありました。巻ワラ、下げ巻ワラ、横棒、巻揚、手刀、肘をきたえる用具、掛手、引手、貫手をきたえる用具、鉄下駄、石下駄、サーシ、据石、釵、甕（砂または水を入れて指先で口を握り握力をきたえる）、砂箱（指先をきたえる）等あらゆる用具が完備され、理想的な道場でした。当時の空手の稽古は、基礎体力を作ることが第一で、技術的なことは自分自身で実際に組手をやって体験することだったのです。

弟子が師に、技について指導を請うと「掛ってこい」と、自由に突き蹴りの攻撃をさせ、それを受け外し「どうだ分かった」かというわけです。しかし「アッ」という間の技であり、もちろん一度や二度で分かるはずがなく、何回も何回も体験を重ねてようやく理解するしかなかったのです。形にしても、現在のようにどんな難しい形でも本やビデオ等で簡単に順序だけは直ぐ覚えられますが、しかし当時は師について一つの形を習うのが当然で、しかも多くの形は教えなかったのです。例えば、誰々のパッサイ、何処のパッサイとか、師の名か地名で呼ばれていました。そして、それがそれぞれの個性を表していました。

一九二七年、柔道有段者会道場開きのため、講道館館長嘉納治五郎先生が沖縄に来られた際に、宮城長順、摩文仁賢和が空手道の演武を行い、その解説をしました。その時嘉納先生から、攻防自在、こんな理想的な武道は広く全国に宣伝してはと、賛辞の言葉を受けたのです。

父賢和が、沖縄より日本本土へ空手を広く一般に指導普及するために来阪したのは昭和初期の頃です。当時は体育館はなく、警察署の道場の春秋の武道大会あるいは県人会等において、空手の演武をして解説し、一般の人々に宣伝し空手への理解の普及につとめたものです。

しかし、空手そのものは理解されず、例えば上半身上衣をぬいで「三戰」の形を見せ、あるいはその他いくつか形の演武を見せても、ただの「ゲンコツ踊り」としか思われなかったようです。それではと、瓦や板を数枚重ねて試し割りを見せて、はじめて空手の拳の威力がわかったようです。その反面、空手を習っている人は喧嘩に空手を用い、相手を傷つける危険があるとして敬遠されることもありました。また、警察官が犯人逮捕の際に拳で傷つけては過剰防衛になるとして、警察官に習得させることは不向きであるとして、反対する者もあったようです。

賢和が大阪に居を移し、空手道の本格的な普及指導活動をはじめた当初は、空手の普及はまだ浅く、生活も苦しかったようです。やがて関西の大学生が空手に興味を持ち、次第に門下生も増えました。そして大学でも空手道部が認められるようになったのです。

当時は空手道に流派はなく、単に首里手（糸洲先生の系統）、那覇手（東恩納先生の系統）が主でした。大日本武徳会で空手道もようやく認められて演武するようになりましたが、しかし柔道のなかの一部としてでありました。その関係で空手道も流派名を名のるようになり、宮城先生の剛柔流、摩文仁の糸東流、大塚先生の和道流、富名腰先生の松濤館流が名乗りをあげ、これが四大流派の元になったのです。

糸東流は糸洲先生と東恩納先生の頭文字を一字づついただいたものです。首里手・那覇手の形と技を正しく伝えるためです。大阪に居を移してから道場を構え、養秀館と名付け、日本空手道会（後に糸東会）を設立しました。そして、糸東流空手道の普及発展と指導者の育成に全力をそそいだのです。

また、女子の空手道に対する理解に努め、護身術そして健康法として指導し女子の「形」として「明星」「青

昭和8年4月摩文仁賢和を中心に、後列左より富名越義珍、2人とんで小西康裕、摩文仁賢榮

柳」の形を創案して用いました。大阪の明星女学校で、はじめて女子の空手道指導講師を担当しました。

こうして、賢和は次第に関西の各大学の運動部で空手の指導に当たるようになりました。日本拳法の創始者として活躍された故沢山勝氏も、関西大学在学中父賢和に空手道の指導を受けたものです。

賢和は、師糸洲先生の訓を固く守り、空手道は「君子の拳」であるとして、みだりに拳足を使用することを常に戒めていました。当時、空手道も武道として認識されるようになりましたが、大学の大会等で学生たちは盛んに板、瓦等の試割を披露しました。一般の人達は拳足の威力は認めたものの、格闘技としての興味本位のものだったのです。そうしたなかで、『攻防拳法空手道入門』を発表しました。空手道があらゆる武道の根幹をなすものであり、はじめて空手道を学ぶ人はもちろんのこと、指導者にとっても参考書として大いに役立ててもらいたいという思いをこめて、書かれたものです。

入門書の写真に松原利左衛門氏（奈良県会議員）と防具を着用した場面がありますが、父賢和は修練の時の安全を考慮して、わざわざ安全具を作らせていろいろ工夫研究しておりました。

賢和は、関東・関西と休む日もなく往来して、空手道の発展に全力をそそいできましたが、その間一度も沖縄に帰っておりません。糸東流の門下生が沖縄に少ないのもその故と思います。

著書には『空手道入門』の外に『護身術空手拳法、十八の研究』等があります。

とにかく武道が好きで、空手道のことは一日たりとも念頭からはなれなかったのです。

何事も打ち忘れたり、ひたすらに、
　武の島さして、漕ぐがたのしき

父賢和の修業感です。

一九五二年五月二十三日他界。

最近の空手道の普及発展はめざましいものがあり、沖縄より日本本土へ、そして世界各国へと大きく飛躍してまいりました。日本国内では国民体育大会にも参加し、世界空手道連合も結成されて、オリンピックにも参加すべく、世界各国の指導者が日夜努力を重ねております。現在では、世界中どこへ行っても「カラテ」といえば、その内容は知らなくても「カラテ」の名は知っています。

父賢和が本書『空手道入門』を発表した当時に比べると隔世の感があります。まさに感無量です。そして、賢和の空手の真髄を伝える本書が再び発行され、多くの人々の座右の書として活用される機会を得ましたことを、無量の喜びとするものであります。

摩文仁賢和《まぶにけんわ》（1889 ～ 1952）

首里に生る。糸洲安恒・東恩納寛量に師事し、又多和田流のサイを習う。1917 年、唐手研究会を結成。1934 年、糸洲・東恩納両師の頭文字をとって「糸東流」を名乗り、その開祖となる。

著書『攻防自在　護身術空手拳法』(1934)、『攻防自在空手拳法十八の研究』(1934)、『攻防自在護身拳法空手道入門』（1935）

仲宗根源和《なかそねげんわ》（1895 ～ 1978）

沖縄県本部間切渡久地村に生る。1915 年沖縄師範卒。東京で堺利彦らの社会主義運動に参加。1933 年頃から空手関係書の出版を手がける。

戦後は沖縄諮詢会委員、沖縄民政議会議員を勤める。

著書『沖縄から琉球へ』（1973）

摩文仁賢榮《まぶにけんえい》（1918 ～ 2016）

1918 年、摩文仁賢和の長男として沖縄県首里市に生る。幼少より父賢和の指導を受け、1952 年、糸東流二代目を継ぐ。1969 年、全日本空手道連盟設立とともに中央資格審議員、世界空手道連盟審査員をつとめる。1984 年、日本武道協議会より武道功労賞受賞。1993 年、世界糸東流空手道連盟を設立し、総裁に就任。日本空手道糸東会宗家として空手道の普及につとめる。

著書　『空手道』(1965)、『空手道教範』(1968)、『テクニック空手』(1979)、『武道空手への招待』（2001）

ISBN 978-4-89805-209-9 C0075

攻防拳法　**空手道入門**　（普及版）

1938 年 3 月 25 日　初 版 発 行
1996 年 2 月 28 日　復 刻 版 発 行
2006 年 7 月 30 日　普 及 版 発 行
2018 年 7 月 7 日　普及版第 2 版

著作者　摩文仁賢和・仲宗根源和

発行者　武 石 和 実

発行所　榕 樹 書 林

〒 901-2211　沖縄県宜野湾市宜野湾 3-2-2
TEL 098-893-4076　FAX 098-893-6708
郵便振替 00170-1-362904
Email:gajumaru@chive.ocn.ne.jp

Printed in Ryukyu

空手道大観 改訂縮刷 （復刻／初版・昭和十三年）

●仲宗根源和編　宮城篤正解題

Ａ５・上製函入・四五二頁・定価（本体七、八〇〇円＋税）

執筆　仲宗根源和・富名腰義珍・城間真繁・摩文仁賢和・大塚博紀・花城朝茂・知花朝信・平信賢。近代空手史上の伝説的名人達人が豊富な写真と図版で、黎明期の空手道を紹介した幻の本。本文に対応する県内実力者による型演武ＤＶＤ付。

琉球拳法 唐手 普及版 （復刻／初版・大正十一年）

●富名腰義珍著　宮城篤正解題

Ｂ６・並製・三三〇頁・定価（本体二、五〇〇円＋税）

沖縄の空手を全国へと普及させた最大の功労者である、松濤館流の開祖富名腰（船越）義珍による本邦初の空手本の復刻。本書によって空手の全体像が初めて広く知られるようになり、その後の発展の基礎をつくった。

愛蔵版 空手道一路 附 船越家秘蔵空手写真帳 富名腰義珍先生還暦記念詩文集

●船越義珍著

Ａ５・上製布装・貼函入・三六〇頁・定価（本体四、八〇〇円＋税）

沖縄の空手を日本に紹介し、今日に見る隆盛の基礎を作った最大の功労者であり、松濤館の流祖である船越（旧姓・富名腰）義珍が、昭和三十一年にその生涯をふり返って刊行した名著の新編増補の愛蔵版。

空手道教範

（復刻／初版・昭和十年、改訂十六年版）

●船越義珍著　宮城篤正解題　附録『天の形』添付　Ａ５・並製・三五二頁・定価（本体二、八〇〇円＋税）

「日本空手道の父」と尊称される船越義珍が前二著を更に発展させ、文字通りの松濤館流空手の教本として体系化したテキスト。空手道の歴史と課題、そして空手道の体系が詳細に記録され、松濤館空手の発展の原動力となった名著の復刻。

唐手拳法

（復刻／初版・昭和八年）

●陸奥瑞穂著　金城　裕解説　Ｂ５・上製・布装・函入・定価（本体一五、〇〇〇円＋税）

船越義珍によって伝えられた空手と日本古来の柔術とを統合し体系的に理論化せんとした稀書の拡大復刻版。著者は当時東京帝大空手部部長。

拳法概説

（復刻／初版・昭和五年）

●三木二三郎・高田（陸奥）瑞穂編著　金城　裕解説　Ａ５・上製・布装・函入・二八四頁・定価（本体三、八〇〇円＋税）

本土での空手の普及に伴う様々な課題を克服する為に昭和四年の沖縄実地調査の成果をまとめた稀覯の名著の復刻。近代空手黎明期の最重要の書。

増訂 剛柔拳舎空手道教本（附録DVD沖縄佑直の空手）

●大塚忠彦著／監修＝比嘉佑直・市川素水　B5・上製・布装・四七〇頁・定価（本体一五、〇〇〇円＋税）

一九七七年に全十三冊で非売本として少部数刊行されたテキストを改訂増補し、加えてDVD「沖縄佑直（ユチク）の空手」を附録した剛柔流テキストの決定版。

攻防自在空手拳法 十八（セーパイ）の研究（復刻／初版・昭和九年）

●摩文仁賢和著／津波清解説　B6・並製・一九八頁・定価（本体一、六〇〇円＋税）

著者自身の型分解写真四四枚によって那覇手の基本技であるセーパイを詳しく紹介した幻の名著（附・武備誌）。

攻防自在 護身術空手拳法（復刻／初版・昭和九年）

●摩文仁賢和著／宮城篤正解説　B6・並製・一六六頁・定価（本体一、六〇〇円＋税）

著者による糸東流創設のマニフェストというべき書。「三戦」「開手」の分解の他、富名腰義珍・小西康裕・松本静史・田中吉太郎による「研究余録」を収録。

拳父 上地完文風雲録―上地流流祖の足跡を訪ねて

●藤本恵祐著　B6・並製・一八六頁・定価（本体一、六〇〇円＋税）

上地流流祖の異国での苦難の修行、和歌山での道場開設、そして伊江島での晩年を、地道な調査を元に復元し、上地流の黎明期に光をあてる。